JN272407

精神分析技法の基礎

ブルース・フィンク Bruce Fink　　ラカン派臨床の実際

FUNDAMENTALS OF PSYCHOANALYTIC TECHNIQUE

A Lacanian Approach for Practitioners

椿田貴史・中西之信・信友建志・上尾真道 訳

Takashi Tsubakita, Yukinobu Nakanishi, Kenji Nobutomo, Masamichi Ueo

誠信書房

Fundamentals of Psychoanalytic Technique: A Lacanian Approach for Practitioners

by Bruce Fink

Copyright © 2007 by Bruce Fink

Japanese translation rights arranged with W.W. Norton & Company, Inc.

through Japan UNI Agency, Inc., Tokyo.

これまでに出会った私の分析主体たち，
そしてスーパーヴァイジーたちへ

目　次

まえがき　*vii*

第1章　聴く listening と聞く hearing ——————— 1
理解を遅らせる　*8*
「自由に漂う注意」　*13*
話は意味をなさない（あるいは意味がありすぎる）　*16*
疑いの論理としての分析　*18*
聞きたいことのみを聞く　*22*
トレーニングの落とし穴　*29*

第2章　質問をする ——————————————— 31
神は細部に宿る　*39*
求めているものを手に入れる　*41*
「なぜかを知らない」　*43*

第3章　句読点を打つ ——————————————— 47
抑圧されたものを目指す　*48*
言わずもがなの否定と強調しすぎる断言　*53*
文脈から取り出す　*55*
「一貫性のなさ」歓迎　*58*
芸術家としての分析家　*59*

第4章　区切りを入れる（可変時間セッション） ——— 61
区切りと「治療枠組み」　*65*
ミニ去勢としての区切り　*69*
時は金なり，金は時なり　*75*
教条主義者による誤用　*77*

セッションの内的論理　*78*
　　　区切りとスケジュール設定　*94*

第5章　解釈する ― *97*
　　　真実はいつも他所に　*98*
　　　衝撃 対 意味　*105*
　　　解釈はメタ言語を提供するわけではない　*115*
　　　多義的な解釈の例　*120*
　　　簡潔さは機知の精髄　*125*

第6章　夢，白昼夢，幻想による作業 ― *133*
　　　夢の願望を見出す　*141*
　　　白昼夢と幻想　*150*
　　　人間の欲望は《他者》の欲望である　*154*
　　　不安夢と悪夢　*158*
　　　根源的幻想　*162*

第7章　転移と逆転移の扱い ― *165*
　　　転移の認識　*165*
　　　転移をどう扱うか　*178*
　　　転移／逆転移の袋小路の扱い　*205*
　　　投射同一化　*215*

第8章　「電話分析」（精神分析状況のヴァリエーション） ― *247*
　　　想像的現象　*250*
　　　分析家の現前　*253*
　　　ボディランゲージ　*256*
　　　電話分析に特有の難問　*259*
　　　共通の実践　*266*

第9章　正常化を行わない分析 ― *269*
　　　人間本性の普遍理論？　*275*

誰にとって正常なのか？　*278*
　　「不適切な情動」　*283*
　　「高機能」と「低機能」　*288*
　　「現実検討」　*290*
　　「障害」「機能障害」「ストレス」その他　*298*

第 10 章　精神病を治療する ───────── *301*
　　精神病者にしてはならないこと　*304*
　　精神病を診断する　*309*
　　精神病者にとって分析家はどのような《他者》か？　*323*
　　治療の目標　*330*
　　治療者には注意を　*337*
　　「境界例」　*338*
　　サントーム　*341*
　　一般化されたクッション綴じ　*345*
　　結論的見解　*354*

あとがき　*355*
　　技法は絶えず発展しなくてはならない　*357*
　　客観性をどこに見出すべきか？　*359*
　　将来，収束するのか？　*361*

参考文献　*363*

訳者あとがき　*381*

索　引　*385*

凡　例

- 原文で強調のためにイタリックになっている箇所は，太文字ゴシックで示した．
- 原文で" "で示された引用や強調箇所は，訳文では「　」とした．
- 原文を残すことが理解の上で必要と思われる箇所は，訳文の後にこれを残した．
- 原文，原註で挙げられた文献で邦訳のあるものは，原文献の頁数のあとに邦訳の頁数（漢数字）を示した．
- 原文で引用されている著作については，既存の邦訳がある場合はそれを参照し，訳者が適宜，改訳した．
- 原註は本文中に註番号を示し，頁末に記した．
- 訳註は適宜本文・原註中に〔　〕によって挿入した．

まえがき

> 私は分析主体からすべてを学びます。精神分析の何たるかを。
> ——ラカン（Lacan, 1976, p. 34）

　分析において大切なのは技法ではなく，分析家が分析主体に対して分析作業をするよう促すことである，私はいつもこう考えてきた。さまざまな分析家がそれぞれの流儀によって，分析主体にだいたい同じような作業を促しているのだと私は考えていた。ところが，合衆国のさまざまな精神分析団体の分析家たちと話を重ねるうちに，今日の団体や機関で教えられている類の技法は，私が分析の作業として理解していることを奨励していないばかりか，そうした作業を排斥している，といった印象を強く抱くようになった。精神分析治療への現代のアプローチは，フロイトやラカンなど分析の開拓者たちによってもたらされた基本的な洞察の多くを見失っているように思える。そして，彼らは心理学，特に発達心理学に由来する観点を採用しているが，それは無意識や抑圧，反復強迫など精神分析の基本的教義と相容れない面がある。

　以上の理由から，私は精神分析の基本的教義を見失わないための技法の手引書を著すという，途方もない仕事に着手したのである。本書が重点的に扱う事柄は，初歩的な技法として譲れない点であり（私が考えているほど，多くの臨床家には初歩的とは見なされないようだが），分析に関する基本的教義の長々とした理論的説明ではない。この点を心にとどめながら，私はラカンのことや精神分析一般に関する予備知識がない読者に向けて書いたつもりである。この入門書が初心者のみならず熟練した臨床家にとっても何らかの形で役立つものであることを願うばかりである。

　本書で提示している技法は，私には有効に機能していることを，ここではっきり述べておきたい。実際，これらの技法によって私なりに，精神分析が成し遂げようとしていることの多くを達成することができた。しかし，こうした技

法が他の人々すべてに有効であるわけではないし，皆同じように使えるわけでもないことも付け加えておく。そもそも，**すべての人に使えるものなどない**。それでも，私が過去十数年間，多くの臨床家たち（臨床心理学の大学院生，ソーシャル・ワーカー，精神科医，心理学者，そして精神分析家）にスーパーヴァイズした経験から言えることは，これらの技法が多くの臨床家に有用であることは確かであり，わずか数か月という短い間に，彼らの実践を根本的に変えてしまうこともめずらしくない。こうした理由から私は本書のような形で技法を提示することにしたのである。

　ここで提示している技法のほとんどは神経症者の治療で用いられるもので，精神病者の治療には対応していない。本書では神経症と精神病の区別についてそれほど論じていないが，それについては，既にかなりの紙幅を費やして別の著書で説明している（Fink, 1995, 1997, 2005b）。私見によれば，精神病者との作業では，神経症者とは異なる技法へのアプローチが必要であり，第 10 章でその異なる技法について大まかに示しておいた。私が提案するように，神経症者の治療を方向づける導きの糸が抑圧だとすれば，精神病者での抑圧の不在が示唆しているのは，彼らには神経症者とは異なる治療の方向性が必要だということである。現代の多くの分析家たちは，大半の患者は「神経症水準の問題」に苦しんでいるわけではないと思い込んでいるようである。しかし，私からすれば大半の分析家がもはや「神経症水準の問題」を認識できなくなっていると言いたい。彼らには，抑圧と無意識がもはや導きの糸ではなくなってしまっているからに他ならない（一方，ラカンは分析家たちは無意識によって「騙された者」であるべきだと議論している。つまり，分析家たちは無意識がどこへ向かおうが無意識に付いていかねばならない，たとえ，あちこち連れ回されることになったとしても，そうであるべきだ，としている（Lacan, 1973-1974, 1973 年 11 月 13 日））。こうして分析家たちは神経症と精神病を混同して，何に対しても適用できるとする精神分析作業のアプローチを定式化するようになっている（実際，今日の主要な「診断的」区別は「高機能」とそれほど高機能でない個人ということらしい）。本書で提示する神経症者へのアプローチは，現代の多くの臨床家がみている患者のほとんどに適用可能だろう（もちろん，例外はある）。そして，第 10 章で提示した精神病者の治療アプローチについて読んでいただければ，臨床家は私と同じ考えを持つようになるだろう。

精神分析をするという経験は非常に複雑であり，その全容を扱うことなど誰にもできない。たとえ一生かけて書いたとしても無理だろう。本書で選んだ主題は，特に今日の精神分析家や精神療法家の基本的な養成過程で見過ごされていると思われるものばかりである。たとえば，私は情動や逆転移に関する議論にそれほど紙幅を費やしていない（第7章は例外である）。他書に当たれば，それらのことは十分すぎるほど書かれているし，そうであるならなおさら，バランスをとるためにもそうした話題は避けたほうが無難だと思ったからである。また，分析の後半と最終段階についてはそれほど説明していない。どちらかと言えば，本書が入門的なテキストを意図して書かれているからである。この意味で，本書は完全なトレーニング・マニュアルとはとても言えない。むしろ，読者は本書の他に多くを読み，本書で扱っていない事柄を補うべきである。そのいくつかは巻末の参考文献に示したので役立ててほしい。

　本書では私のアプローチを可能な限り他のアプローチと比べ，際立たせようとした。しかし，その方面の専門家からすれば，彼らのアプローチについての私の知識が穴だらけであることは私も自覚している。ミッチェルとブラックが述べているように「現在のところ，二つ以上のアプローチ（たとえば，クライン派，ラカン派，自我心理学，自己心理学など）に深く精通している精神分析家は見出せないだろう（Mitchell & Black, 1995, p. 207）。それぞれの学派の文献は膨大で，臨床感覚においてもそれぞれが際立った特殊性を持つので，どの分析家にとっても，それらをすべて消化しようとするのは至難の業だろう」。私は時として苦痛にしか思えないラカンのフランス語と格闘しながら，何とかして彼の洞察を臨床に活かす方途を四半世紀にわたり探し求め，ようやく今になって，より広い精神分析の世界を見渡せるようになった。そして，私のアプローチを他のものと比較して際立たせる試みはいささか風刺的な形で実現することになった。

　本書で俎上に載せるラカン派ではない分析家は，私には非常に近づきやすく説得力がある仕事をした人たちである。たとえ彼らの見解にいかなる同意もできない（たとえば，「正常」，「投射同一化」などに関して）にせよ，説得力はある。私の目的は他のアプローチを包括的に提示することではないので，これらの分析家たちの考えに対して私は明らかに公平ではない。たとえば，彼らの文章をその文脈から切り離してその視点を単純化するなどだが，そうすれば必

然的にその微妙な含みを欠くことになる。しかし私は二次文献，つまり，そうした分析家たちの考えに関する注釈を活用するのをできるだけ避けた。それは，他のすべての分野でも同様だが，創始者である思想家の考えのほうがより包括的で説得力があることが多いからである。二次文献に頼ったときでも，常に一次文献にまで立ち戻り，二次文献の正確さを確かめるようにした。そして，分析家たちがお互いの仕事を読んだり解釈したりする際に，彼らがいかに大雑把であるかを知るに及んで大いに驚いた。その著書が比較的理解しやすいように書かれていたとしても大雑把だった。ある分析家の理論的見解に関して，こうした類の注釈に基づいて予備的に出した結論はそのすべてを捨て去ることはなかったにせよ，根本的に見直す必要があったのである！　今回本書を執筆するに当たり，ラカンの仕事に関する英語圏での注釈は総じて，かなり頼りないものであることは既に分かっていた。これまでそのことの原因はラカンの書いたものの難解さと英語圏の分析家がまったくフランス語に通じていないためだと気楽に考えていたが，今，私はこのような事情の背後には他の要因もあるに違いないと考えている。

　本書の副題が示すように，本書はラカン派アプローチの決定版ではなく，**一つの**ラカン派のアプローチを提供するにすぎない〔副題は A Lacanian Approach for Practitioners と不定冠詞 a が付されている〕。ラカンの仕事は膨大かつ複雑なため，多くの異なる（もちろん互いに関連している）アプローチを正当化し得るため，ラカニアンの数だけさまざまなラカン派アプローチがあると言ってもよいほどである。これ以上増えてもらっても困るが。結局他の人々と同様，ラカン派の分析家も時とともに自分の意見を変える傾向がある。技法に関する入門書を提供するという今回の目的に鑑みて，私はラカンの多くの定式を単純化した。たとえば，解釈や転移といった概念について，ラカン思想の初期から後期にかけてどのように発展したかといった歴史的な視点からは解説しなかった。そうした事柄，特に 1970 年代以降の文献に見られる繊細で複雑な説明については，脚注の中で少しだけ触れるにとどめた（同様に，できるだけ本文を読みやすくするために，他の分析家たちの観点に関する詳細なコメントは，多少長くなってしまったが，脚注として掲載した）。本書では特定の正統性を遵守しようなどとはしていない（特に，ラカンが後期の著作によって自分の初期の観点を否定している場合でも，それをどうにか和解させようなどとはしな

かった)。代わりに,私はラカンの技法に関する考えのうち,私から見て最も意味をなし,最も役に立つものを提示した。そして,それらの技法を提示するに当たり,少なくとも第6章までは,実際の分析でそれらが用いられる順序に従うよう努めた。

英語圏の人々は,ラカン派はごく少数だと思い込んでいるようである。おそらく,合衆国,カナダ,オーストラリア,そして英国でもラカン派の人数が非常に少ないからだろう。しかし,こうした傾向は今は変わっていると考えたほうがよいかもしれない。ヨーロッパと南アメリカのラカン派の数はここ数十年で驚くほど増加している。一方,英語圏での新しい精神分析家の志願者は減少傾向にある。とりわけ,国際精神分析学協会傘下の旧来の教育機関ではこの傾向が顕著である(Kirsner, 2000)。ラカン派以外の方法を用いる分析家の数よりも,ラカン派の方法で精神分析を行う分析家のほうが実際には多いと思われる。こう書いたからといって,もちろんラカン派の人々が皆同じ意見を共有しているというわけではない。12以上ものラカン学派があるし,本書で述べた多くの点に関して,彼らのうちの一部でさえ,同意するとは限らない。

代名詞の使用を簡略化するために,本書では以下のような方針をとった。奇数章では,常に分析家を彼女に,分析主体を彼とした。偶数章ではこのルールを逆にした〔訳では文意を明確にするため「分析主体」,「分析家」のように代名詞を元に戻して訳している場合も多い〕。フランス語の著作からの翻訳はすべて,既存の英語版を参照していない場合は,私自身の翻訳である。英語版を引用した場合はたいてい,その訳を大幅に修正した(翻訳に関する見解は,Fink, 2005aを参照)。ラカンの『エクリ』についての参照は英語版(2006)の余白にあるフランス語版の頁づけに対応している。

エロイーズ・フィンクとルズ・マンリケはカバー〔原書の〕にあるヨハン・セバスチャン・バッハの平均律クラヴィーア曲集より『変イ長調のフーガ』を選ぶよう示唆してくれた。ノートン社のデボラ・マルムド,ミカエル・マクガンディ,そしてクリステン・ホルト・ブロウニングは一緒に仕事をする歓びを与えてくれた。ヤエル・ボールドウィンは草稿の段階で有益なコメントをして

くれ，おかげで本書に多くの追加と修正を加えられた。皆に感謝の意を表したい。

2006 年，ピッツバーグにて

精神分析技法の基礎

ラカン派臨床の実際

第 1 章

聴く listening と聞く hearing

> フロイトは，特別な意味を持つ，ある種の発話があるだろうと述べました。それがそれほどまでに価値を持つのは，端的にその時まで言うことを禁止されていたからに他なりません。要するに，発言の間，行間でのみ語られたにすぎなかったのです。彼が抑圧されたものと呼んだのはこのことに他なりません。
> ——ラカン（Lacan, 1974-1975, 1975 年 4 月 8 日）

　精神分析家の最初の課題は聴くこと，しかも注意深く聴くことである。この点は多くの著者たちによって強調されてきたものの，精神療法の世界で良い聴き手は驚くほど少ないのが実情である。なぜだろうか？　これにはいくつかの理由が考えられる。まず分析家の個人的要因を挙げることができるだろう。あるいはもっと構造的な要因もあるかもしれない。しかし，最も重要な理由の一つは，私たちはすべてを自分自身に関連させて聞く傾向を持っている，ということである。誰かが私たちに話をしているとき，私たちは次に相手に話すかもしれない，似たような話（あるいは相手の話よりも極端な話）について考える。私たちは手始めに自分自身に起きた出来事で，相手の経験に「関連づけ」のできるものについて考えることで，相手の体験がどのようなものだったかを「知ろう」としたり，あるいは少なくとも自分が相手の立場ならばどのように感じただろうか，などと想像する。
　言い換えると，**普段の私たちは，かなりの程度，自分自身を中心に据えて聴いているのである**。私たちは，似たような自分の人生経験や感覚，視点を中心に据えている。他人と似通った自分自身の経験，感じ，視点を見出せるとき，私たちはその人と「関わっている」と思うのである。つまり「分かります」「そう」「ちゃんと聞いていますよ」「あなたの気持ち，分かります」あるいは「辛いのですね」（おそらくこれは「嬉しいのですね」という発言よりも頻度は

少ない）などと言う。こうしたとき，私たちは目の前にいる自分自身のような相手に対して共感，同情，あるいは哀れみを感じる。「それはさぞ辛かった（嬉しかった）でしょう」などと言いながら，私たちは自分が同様の状況に置かれたときに経験するかもしれない痛み（や喜び）を想像するのである。

相手の経験や感覚，物の見方と似たものを想定できないとき，私たちは相手を理解でき**ない**という感覚を抱く。それどころか，私たちはその人物のことを，鈍感だとか分別がないとまでは言わないにしても，おかしな人だと思うかもしれない。私たちと異なる仕方で物事に対処したり，ある状況に対して私たちと異なる反応をする人たちがいると，私たちは戸惑い，彼らに疑いの目を向け，場合によっては驚きの目で見てしまう。こうした状況では，他者の視点を正そうとして，当該の苦境に置かれたときに自分がとる物の見方や感じ方を押しつけようとしてしまいがちである。もっと極端な場合には，独善的になり，どうしたらあのような信念や行動，感じ方をすることができるのだろう，などと考えたりする。

端的に言えば，**私たちの普段の聴き方は他者の他者性を見過ごしているか，拒否しているのである**。私たちは，相手によって語られる話を個性的なものにしていること，つまりその人だけに特別なものに耳を傾けることは稀なのである。私たちは，それを，相手が自分自身について語った既に聞いた話や，自分が自分自身について言いそうな話と同じようなものと考えてしまい，相手が語っている話と私たちが既に慣れ親しんでいる話との違いを見過ごしてしまう。そして，話の違いをすぐにごまかし，まったく同一とまでは考えないにせよ，相手の話を似たような話であると見なしてしまうのである。私たちは軽率に相手と共通する何かを持つことで他者と同一化するが，その際，たいていは受け入れ難いはずの相手の話をむりやり自分に受け入れやすいものにし，既に知っていることへと還元してしまう。[1] 私たちが最も聞くのが難しいのは，新奇で異質な考え，経験，感情であり，それらは私たち自身にとってまったくなじみが薄く，これまで知ることができたどのような事柄とも異なっているのであ

---

[1] これはほとんどの種類の同一化に当てはまる。任意の二者の間で同一化が確立されるためには，物事や経験のある一定の面が消し去られたり，無視されたりするのが常である。ケースメントが述べたように「未知のものは既知であるかのように扱われる」（Casement, 1991, p. 9）〔I，六頁〕のである。

る。

　人間は世界に対する感じ方や反応の多くが同じであり、それを共有している、と私たちは多くの場合信じており、それによって程度の差こそあれ、理解し合えると考えている。またそれが私たちの共有する人間性の基盤をなすとみなしている。精神分析家のある種のステレオタイプとは、世情に疎い冷酷な科学者であって、生きて呼吸をする人間ではないといった人物像だが、こうしたイメージを打破しようという意図から、臨床家の中には、しっかりとした治療同盟を確立するために分析家は、分析主体と共有しているものを強調して、分析主体とつねに共感すべきだと主張する者もいる。このような治療者は良かれと思ってそうしているのだろう（たとえば、分析家が客観的であるという信仰を否定するために）。しかし、分析家が共感を表現してしまうと、分析家と分析主体が共有する人間観がある意味において、共有されていない人間観の諸側面を覆い隠し、むりやり踏みにじっていることをも際立たせる。[2]

---

[2] フロイトは「共感的な理解」をある程度分析主体に示すことを分析家に勧めている（Freud, 1913/1958, pp. 139-140）〔全集第一三巻、二六三頁〕。しかし、彼の言わんとするところは、私たちが分析主体のように告白したり、分析主体に同意したり、彼の話を信じるべきだということではない。むしろ、私たちが非常に親身に、注意深く聴いており、彼の言っていることに付いて行こうとしていることを示すべきだということである（フロイトが使ったドイツ語の **Einfühlung** は**理解すること**、**共感**あるいは**感受性**と訳されることが多い）。マーガレット・リトルは「共感の基礎は……同一化である」と鋭い指摘をしている（Margaret Little, 1951, p. 35）〔四八頁〕。私の観点は、マックウィリアムズのように「私たちのところに助けを求めて来る人たちを理解しようとするとき私たちが有する主要な『道具』は共感である」（McWilliams, 2004, p. 36）〔六〇頁〕と信じる人々の観点とは正反対である。こうした人々は、ハインツ・コフートのように「他人の経験を我がことのように感じる内観」を用いる分析家の能力や「他人の内的生活の中に自己自身のことを思い感じる能力 vicarious introspection」（Kohut, 1984, p. 82）〔一二〇頁〕を確かなものと考えている。ラカンは分析家たちによる共感への訴えには、「見て見ぬふり」を伴っていることが多いことを指摘している（Lacan, 2006, p. 339）〔第二巻、二二頁〕。分析家が分析主体の「内的生活の中に」自分自身のことを思い感じることができるためには、分析家と分析主体が異なっていることも、重なることのない特殊性もすべて無視しなければならない。言い換えれば、分析家は愚かにも自分たちが根本的に似通っていると信じ、ありとあらゆる違いを切り捨ててしまっているのである。しかし、A が A に等しいと言い得るのは数学の中だけである。

　私自身は共感（哲学および精神分析の伝統はそれについて千差万別の定義を下している）とは何かについて、互いに折り合えない矛盾する説明を聞かされ続けてきた。ある状況で共感的なことをするとは、共感を示さないことだ、といった説明まで耳にしたこともある。たとえば、患者が共感を、家父長的な態度として受け止めているか、腰が低いと受け止めているのかは、ふつう事前には知ることができない（マリ・カルディナル『血と言葉：被精神分析者の手記』[Marie Cardinal, *The Words to Say It*, 1983] の事例がそうである。特に pp. 27-28 〔三二-三四頁〕を参照）。治療に

特定の状況での二人の人物の思考と感じ方を子細に検討すればするほど，類似点よりも違いが大きいことに気づかざるを得ず，私たちの間にある違いは，思いの他大きいのである。[3]いずれにしても，分析家の側の共感的な反応によって協力関係を築くことができるとされているが（たとえば，長く続いた人間関係の破綻について，分析家がさぞ痛ましい体験に違いないと思い込んで「それはさぞ辛かったでしょう」と言うようなこと），そうした協力関係は分析主体にその体験を話させるだけでも築けるのであり（「それはあなたにとってどのような体験だったのですか」），それには，分析主体に誘導的には話させないという利点がある（第2章参照）。精神療法家の多くの同僚たちをスーパーヴァイズしている中で分かったことは，彼らは共感的になろうとするあまり，患者の中に「分かってもらえた」という感覚を抱かせようと試みるのだが，それはたいてい的外れである。その証拠に患者は「いえ，辛くはなかったです。実際，思っていたよりも，ずっと平静でいられました。こんなに良いものだとは」などと言うのである。共感的に反応するという誘惑に屈してしまう分析家は，共感したと思っているまさにそのとき，実際には分析主体とは同じ思いを共有していないことを知ることが多いのである。[4]

　おける共感の支持者たちは，すべての事例においてその適用が正当であることを示そうとして，かなり無理のある概念的アクロバットを演じざるを得ない羽目に陥っていると思われる。

[3] マックウィリアムズのような人の観点（McWilliams, 2004, p. 148）〔一八一頁〕と私の観点は多くの点で根本的に異なっているが，これはその一例である。彼女は「私たちは人間として，違いよりも多くの共通点がある」と述べているが，彼女の著書の終わり（p. 254）〔二九七頁〕ではこの見解を多少割り引いている。マランは同じような仮説を次のように展開している。

　　　心理療法家が持つべき最も重要な特質の一つ……は**人間についての知**であり，その大部分は正規の訓練や書物から得られるのでなく，個人的経験からのみ得られる。自分自身や身近な人々の体験の中に，無邪気にもみえる三角関係が持つ潜在的危険性，情動的発散のためだけでなく援助の懇願のためにも涙が使われること……を観察したことがない人がいるだろうか。（Malan, 1995/2001, p. 3）〔三頁〕

実際には**多くの人**は彼が述べたようなことを経験していない。私見によれば，私たちと（人種的，文化的，言語的，宗教的，社会経済的，性的，診断的に）異なっている人々に同一化しようとしたり，自分たちと似ているとみなそうとすることは，彼らを理解し援助する際の助けにはならない。

[4] *Webster's Third New International Dictionary*（完全版）が与える次のような共感の第一の定義を検討しよう：「主観的な状態の想像的な投射であり，感情，意欲，認知などの状態をある対象へと投射することで対象はその状態に満たされているように見える。すなわち，自分の心的状態や意欲を対象の中に読みとるのである」。分析主体自身が非常に辛い状況として語ったことについてなにが

実際，他人の経験を自分自身の経験に関連させたり，同化させるやり方によっては，私たちはその経験のほんの一握りでさえ理解することはできない。人生経験を広く深く重ねることで，この問題を乗り越えることができると考えたくなるかもしれない。分析主体は私たちが年老いて賢く見えたり，初めて会ったとき既に十分に長い人生経験を持っているように見えたりしない限り，自分のことを理解してもらえるなどとは思っていない，というのもよくある。私たち自身も，あちこち旅して廻り，自分とは違う人々や言語，宗教，階級，文化について学んで自分の限界を広げさえすれば，多様な分析主体をより深く理解できるなどという考えに陥りがちである。しかし，博覧強記が実際に何かの助けになるとしても，それは，私たちが「隣の芝がどのような様子か」，あるいは，他人は実際のところどのように物事に対処しているのかを理解できるからではないだろう。むしろ，皆と自分を同じ程度の存在としてみなして比較することをやめるからである。すなわち，私たちの参照枠が変化し，もはやすぐには他の人たちを自分の物事の見方や処し方によって判断しないからである。

　私が精神分析の臨床を始めた頃，五十代の女性が私のところに来て，自分の結婚と離婚そして後に同じ男性と再婚したことなど，涙ながらに話したことがあった。私はそのとき，こうした類の話はハリウッドだけのものだと考えて容易に信じられなかった。私は驚いたような，あるいは当惑した表情を浮かべていたに違いない。言うまでもなく，その女性は私のことを見かけでしか判断しない人間であると思ったに違いなく，二度と現れることはなかった。もちろん彼女は来なくて当然である。なぜなら，私は彼女の立場にいる自分を想像しようとして，それがまったく不可能か，少なくとも受け入れ難いと感じていたからである。

　私たちの普通の聴き方はかなりナルシシズム的で自己本位であるが，それは他人が私たちに話すことすべてを自分（私たち自身）に関連づけるためである。私たちは自分自身を彼らと比較して，彼らの経験よりも良い，あるいは悪い経験をしたかどうかを評価する。そして，彼らの話が自分にどう反響してく

　しかの共感を表すなら，分析主体に思いやりのある視線を投げかけるか，いつもよりも温かい感じで"hmm"（疑問の言い方にとられないように）と言って，彼が話しているのを聞いていることを示すだけでよいことが多い。

るのか，また彼らと自分との関係にどう反響してくるのか，良いのか悪いのか，親密になるのか険悪になるのか，を評価する。ラカンはこれを一言で，経験の**想像的**次元と呼んでいる。聴き手としての分析家は他者を自分自身と常に比較対照させて，たえず他者の語らいを，自分にはね返ってくる**イメージ**のようなもの——それが良い（悪い）人のイメージにせよ，すばやい（のろい）人のイメージにせよ，あるいは洞察力のある（役に立たない）人のイメージにせよ——として判断する。想像的次元は，単なる錯覚ではなく，イメージ，たとえば私たち自身のイメージに関係しているのである（Lacan, 2006, pp. 349-350）〔第二巻，三三-三五頁〕。[5]

経験の想像的次元が作用している場合，分析家は分析主体のほうからはね返ってくる自分自身のイメージに合わすことになる。そして，分析主体の話を，それが自分に影響するときだけ聞くのである。ここで分析家が気にするのは，分析主体の語らいが自分にどのような意味があるのか，自分がどのように語られているのか，ということである。分析主体は，自分に怒りを感じている[6]

---

[5] ウィニコットの観点は，ラカンや私自身の観点とは概して異なるのだが，彼でさえ患者について次のように述べている（Winnicott, 1949, p. 70）〔二二九頁〕。患者たちは「自分が感じられるものを分析家の中に認識することができるにすぎない。動機について言うなら，強迫的な患者は，分析家を，無益で強迫的なやり方で仕事をする人として考えやすいだろう」。彼はさらに他の診断カテゴリにある患者についても同じように述べている。同様のことはもちろん，訓練中の分析家やかなり経験を積んだ分析家が患者の話を聴く際にも当てはまる。

極めて興味深いのは，精神力動的観点を持っている治療者でも，こうしたナルシシスティックな聴き方を活用するよう推奨する者がおり，それとは異なる聴き方をするよう促しはしない。たとえば，マランは治療者が（患者との）「同一化の過程において，**自分自身の感情についての知識を使うこと**」を勧めている。それは，「**理論的**にのみならず**直観的**に必要な事柄を知るためである」（Malan, 1995/2001, p. 26）〔三三頁〕。さらに彼は「精神科医は患者に同一化して，同じ状況にあったら自分は何を感じるかを理解しようとする必要がある」（p. 28）〔三六頁〕と述べている。このやり方はエドガー・アラン・ポーの『盗まれた手紙』（Poe, 1847/1938）に描かれていることと奇妙に類似している。その中で，ある少年は「丁半」遊びでクラスメート全員に勝つことができるのだが，彼は相手の知能の程度と同一化してみせる。つまり自分の顔を相手の顔に似せることによって，自分の顔に相手の知性あるいは愚かさを映し出そうとする。そうして彼は相手が半から丁に切り替えるだけの単純な奴か，あるいはもっと複雑なことをしそうな奴かを推測するのである。この戦略はラカン（Lacan, 2006, p. 20）〔第一巻，一八頁〕が経験の純粋な**想像的**次元と呼んだものにすぎない。

[6] 多くの人たちは，精神分析の文献を初めて読むときこのような読み方をする。つまり，理論や他者の分析について読んでいる際，基本的に自分自身を理解しようとしている。第7章で述べたように，転移の解釈をとりわけ重んじる分析家たちは，このような陥穽におちいっている。ジルはリヒ

のか？　自分に夢中になっているのか？　分析主体は自分のことを知的で信頼でき，頼りになると言っているのか，それとも鈍く，信頼できない役立たずだと言っているのか？　分析主体が表向き母親について口では不平を言っていても，実際には彼の批判は分析家である自分に向かっているのではないかと考え，分析主体から悪い母親ではなく，良い母親として見られたい，などと感じる。分析主体が成績や GRE のスコアや収入などを話題にすると，心の中で自分の成績やスコア，収入と比較し始める，等々。

　こうしたことをすべて聴いている（listening）と，分析家が分析主体の言う多くのことを構造的に聞き（hearing）のがしてしまう。まず指摘できるのは，言い間違いである。多くの場合，言い間違いは無意味なものとして，すぐには分析家にはね返ってこないために無視されてしまうことが非常に多い。分析家が想像的次元や領域の内部で分析を扱っている限り，自身の経験（分析家の自己感覚，つまり自身の自我 ego）と容易に比較できないすべての事柄は，注意を向けられず，単に聞かれないままになっていることは稀ではない。[7]　手っとり

テンベルグとスラップ（Lichtenberg & Slap, 1977）について，以下のように肯定的に言及している（Gill, 1982）。すなわち，彼らは

> 分析状況の中で分析家は常に，被分析者がいかに自分（分析家）を体験しているかに「耳を傾けて」いると論じられている。言い換えると，患者の意見あるいは沈黙さえも，その表だった焦点が何であろうと「環境と相互作用をしている患者自身の感覚の一つか（たいてい）複数の側面が，常に分析家との関係に関連している」。（p. 72）〔七四頁〕

[7] ラカンはこれを「双数的関係」と呼んでいる。その意味は，こうした事例では，分析関係が二つの自我の間の関係としてのみ構成されているのである（Lacan, 2006, p. 595）〔第三巻，一八頁〕。
　私がスーパーヴァイズしていた分析家は，重い抑うつから少し回復した患者が治療から離れようとするのをとめようとしなかった。私は彼女に，なぜ患者を治療にとどめて彼の抑うつがさらになくなるかどうかを確かめようとしなかったのかと尋ねた。すると彼女は，自分にとって人生とは憂うつなものであることは当然であり，抑うつのような状態は私たちの時代では，人生に対する理にかなった反応なのではないか，と私に食ってかかった。私は次のように指摘せざるを得なかった。「あなたがその主題についてどのような理論的見解を持とうが勝手だが，自分の患者が抑うつ的になった理由があなた自身の見解（あるいはあなたが自分の意見だと信じているもの）と同じだと仮定しているようだが，患者が抑うつ的になる理由はあなたの見解とはまったく違うかもしれない」と。患者の理由と彼女自身の見解を比較することで，彼女は，彼ら二人が潜在的には異なったあり方をしている点を聞き損ねた，あるいは除外したのである。ラカンは悲しみと抑うつを道徳的欠陥や道徳的弱さとみなす極めて独特な見解を下しているが，時として「無意識の拒絶」（Lacan, 1990, p. 22）〔六〇頁〕とまでみなし，その点で排除 forclosure と同様の位置づけをしていること

早く意味をつかめる事柄のみが比較されるため，すぐには意味をなさなかったり，理解できないこと——不明瞭な発音，吃音，こもったような言い方，不明瞭な話し方，頭音転換，中断，ちょっとした言い違い，曖昧なフレーズ，言葉の誤用，二重三重の意味を持つ言い回しなど——は注意を払われることなく無視される。分析家が理解できないことやその経験の範囲にないものは，どのような事柄であれ，見過ごされ無視されてしまうのである。

以上のことから，**分析家がこうした想像的な水準で分析を行えば，それだけ多くを聞き逃がす**ということが分かる。私たちの通常の聴き方 listening というものは「普通の市民」としてであれ，分析家としてであれ，第一に想像的な審級が関わっているのであり，それによって私たちは聞くこと hearing が難しくなっているのである。では，どうしたら私たちはもっとよく聞こえるようになるのだろうか。

理解を遅らせる

> （分析家は，）外界においてと同様自らの内部においても，常に新たな何かを見出そうとしなければならない。
> ——フロイト（Freud, 1912b/1958, p. 117）〔全集第一二巻，二五四頁〕

> 分析家がもはや「発話を支え」ないのなら，無意識というものは閉じられてしまう。なぜなら，そのとき，分析家はその発話が言わんとすることを既に知っている，あるいは既に知っているつもりになっているからである。
> ——ラカン（Lacan, 2006, p. 359）〔第二巻，四六頁〕

「理解」しようとする私たちの試みが，必然的に相手の話していることを既に知っていると思っていることへと還元することだとすれば（実際，これが一般的な理解の定義に他ならないが）[8]，私たちがまずしなければならないのは，

を指摘しておこう（第10章参照）。
[8] 「あることを説明するとは，それを既に知っていることにさかのぼることである」(Freud, 1900/1958, p. 549; Freud, 1916-1917, p. 280)。パトリック・ケースメント（Casement, 1991, pp. 3, 8-9)〔五，九-十一頁〕も同様のことを述べている。彼はとりわけ事後的に理解することの重要性を強調し，また，臨床であれ文献においてであれ，分析家がそれまでに出会ったすべての分析主

あまりにも早く理解しようとはしないことである。分析主体と治療関係を築くのは，彼の話を理解している素振りを見せることによってではない。そうした試みは完全に失敗することが多く，逆に私たちの無理解をさらすだけであることを考えれば，むしろ，分析主体の話を以前にはまったく聴いたことがない，といった態度で聴くことによってこそ，分析主体と治療関係を築けるのである。なぜなら「人間同士の語らいの基礎は他ならぬ誤解である」から，分析主体と確固たる関係を築くための理解というものには信を置くことができないのである（Lacan, 1993, p. 184）。その代わり，私たちは「分析主体に対して大いに関心を抱いていることを示」さなければならない。それは，私たちがそれまで耳にしたことがなかったという態度で分析主体が話すことに注意を払っていることを示して，話を聴くことなのである（Freud, 1913/1958, p. 139）〔全集第一三巻，二六四-二六五頁〕。

分析主体の話をそれまでにすでに聴いたことがある人々の場合はほとんど，彼に少ししか話す時間を与えず，自分たち自身の話，視点，忠告を彼に返している。しかし，分析家の場合には，分析主体に十分話す時間を与え，話を遮るときがあったとしても，それは彼が話したことを明確化したり，あることについてはさらに詳細を求めたり，似たような内容の例を話すよう促したりする場合だけである。分析家というものは，それまで分析主体の話を聴いたことのあるどの人々とも異なっている。分析家は，分析主体がセッションの最初に彼の妻の人となりを話す際に用いた言葉や表現が，30分後に――あるいはその数セッション後に――彼の祖母の人となりを表現する際にも同じように使っているといった事実に着目する。分析家は，分析主体の話すことが自分〔分析家〕にとってどのような意味を持っているのかに目を向けてしまうと，分析主体が話す多くの細かな内容，たとえば，分析主体の幼年時代の出来事や，きょうだいの名前，現在の親族関係などを覚えておけなくなる。

分析家は分析主体の語らいの中で自分のことが話題になっていると考えないようにし，また，分析主体の語らいが自分にどのようにはね返っているのかを

体といかに患者が異なっているかを「患者から学ぶ」ことが重要だとしている。
9 助言をすることに関してラカンは「しかじかの状況で結婚したほうが良いのかどうか告げることはできない，いや正直に言えば言うのを遠慮してしまうのは，分析主体の生活についてほとんど何も知らないという単純な理由からではない。それは，誰にとっても，結婚の意味そのものが開かれたままの一つの問いに他ならないからである」（Lacan, 1993, p. 152）と述べている。

考えなければ、それだけ容易に分析主体の語らいを覚えていられるようになるだろう。[10]（分析家が分析主体の話したことを自分自身の言葉で要約するだけで、一語一語どう語ったのかを思い出せないとき、たいていそれは好ましくない兆候だと私は見なしている。）分析家が分析主体の語らいに含まれるすべての事柄を判断するのに自分自身を基準としなければ、それだけいっそう分析家は分析主体の語らいに、それ自身の言葉と基準によって接近できる。このような方法によってのみ、分析家は、分析主体が見、経験している世界を探索できるのである。それは「外側」からなされるのではない——外側からのアプローチとは、分析家自身の処世術、生活様式を分析主体に押しつけることによってなされる。そうではなくて、多かれ少なかれ「内側」からなされる（ここで私は「内側」「外側」という語をかなり大まかに使っている）。[11]

これは、分析家は最後には分析主体の世界を分析主体が見ているように見ていくべきだ、という意味ではない。なぜなら、分析主体もたいてい、自分の世界の一部しか見ていないからである。彼は、世界の他の部分、特に、面白くないとか、不愉快だとか不快に思っている部分に目を向けたくないのである。[12] 分析家は分析主体が語る話を熱心に聴くが、耳に入るすべてを信じてはならない。たとえ、あまりに露骨な不信感を最初から表さないようにと何度も忠告されていたとしても、信じるべきではない。私たちが話のすべて——分析主体の特定の出来事の話であれ、彼の生活一般の話についてであれ——を聞いているのか、それともその話の特定部分を巧みに編集された状態で聞いているに

---

[10] ラカンが述べるように「分析主体の語らいにおいてあなたが何と言われているかということに執着し始めるなら、あなたは彼の語らいの中にはまだいない」(Lacan, 1968a, p. 22)。分析家が親戚や親しい友人に精神分析をするのがほとんど不可能なのは、こうした理由による。つまり、転移が分析家と親戚や友達との関係をこじれさせる恐れがあるからではなく（フロイトは家族や友人を分析対象にするなら、その人物との親密な関係をすべて永遠に失うことになるに違いないと述べている）、分析家が想像的なモード以外の聴き方をすることが困難になりやすいからである。

[11] ラカンは次のように述べている。「私は外界を反映する内的世界が存在するなどと信じていないし、その反対も信じていません。私はもっと込み入った組織化を想定せざるを得ないものを定式化しようとしてきました」(Lacan, 1976, p. 47)。

[12] 実際、分析主体が自分の世界について語ったことがすべてであるとすれば、それ以上語られるべき事は何もないし、なされるべき事も何もないことになろう。おそらく、他にあるとすれば、家を出るとか、離婚するなどといった非常に実際的な行動をとることくらいだろう。もし分析主体がそうした行動をとるのに躊躇しているなら、それは彼の語る話の流れから除外されていることと関係しているに違いない。

すぎないのか疑ってみるにしても，たいていの場合，ゆっくりとことを進めるべきである。さもなければ，分析主体は自分が言うことを分析家が信じていないという印象を受けるかもしれず，自分の話を信じてくれる他の誰かを捜そうとしがちになる。これはとりわけ分析主体に結婚生活上の問題があって，妻に強要されて分析にやってきたような場合に重要なことだろう。分析主体が分析家——少なくとも分析主体の立場からの話をだいたいにおいて信じてくれそうな人——と一時的にせよ同盟を結んでいないなら，彼は自分の側に立とうとする治療者を別に探そうとするだろう。

一方，大人をまんまと騙すのはお手の物といった青年に対しては，初めから分析家は懐疑的な態度で会うほうが望ましい。分析家がその青年の話——たとえば，自分は実際何も悪いことはしていないし，状況の犠牲者にすぎないなど——を鵜呑みにするならば，分析は，いわば軌道に乗る前から分析的でなくなってしまう公算が高い。分析の初期に懐疑的な態度を見せるのは，以前に治療を受けたことのある分析主体や，精神分析理論にかなり親しんでいる分析主体にも有効である。

日常の語らいではたいてい，相手に対して話を聞いていることを示すのに，頷いたり，「はい（yes）」や「うん（yeah）」などと言う。これらはすべて賛同を示唆しているが，それはつまり，私たちが同意している，語られている話の内容を受け入れているということである。一方，分析の語らいでは，こうした振舞いとは異なるものが必要である。つまり，私たちは聞いていることについて信じているか信じないかを示さずに，熱心に聴いていることを示すことが必要となる。

分析家はまた，関心があることを儀礼的な仕方で示すのは避けるべきである。たとえば「興味深い」や「面白い」などの言い方は平凡に過ぎ，時としてこうした発言は相手を見下し，距離をとっているような態度を示唆してしまう。さらに，こうした発言は分析家が分析主体の言ったことを理解していると思っていることも示してしまう。その代わりに，分析家は"hmms〔「んー」などに相当すると考えられる〕"とか"huhs〔「ふん」などに相当すると考えられる〕"（"uh-huhs"ではない。これはアメリカ英語に限って言うと，同意を示すことになってしまう）と言うにしても，さまざまな長さ，調子，強弱をつけた言い方を身につけておくべきである。分析家はこうした言い方を使って分析主体に

対して，今話していることをさらに続けてもっと説明するよう促したり，自分が話を聞いており，とにかく居眠りをしていないことを知らせたり，分析主体に先を続けるよう促すことができる。こうした音の利点は，その意味するところがすぐには明確にならないことであり，分析主体はどのような音に対しても多種多様な意味を投射することができる。

たとえば，私は"hmms"と言うことがよくあるのだが，これは単に分析主体が話したことを聞いている，ということを示すためである。この一音は時として分析主体によって懐疑的な音として解釈されることがある。この場合，分析主体は自分が話している物の見方にそれほどしっくりきておらず，分析家が自分のものの見方に疑問を示していると信じているのである。この特定の音を私が言うときには，そうした意図は特にないことがほとんどなのだが，"hmms"は極めて曖昧であって，自分の動機やものの見方に確信を持てない分析主体にとっては，その物の見方をもっと掘り下げるようにという要求として「聞こえる」。彼は私に対して自分の疑念を投射するのだが，彼の疑念はまず私の疑念であるとされないと，前面に現れず，検討できないのである。

日常会話の暗黙のルールでは，会話参加者それぞれが順番に話さなくてはならないとされているが（しかし日常生活で出会う人々はたいてい，こうした類のルールを守っていない），たとえそうだとしても，分析家は分析主体に対して話し続けるよう促さなければならない。通常の会話であったら分析主体がちょっと話をとめて，分析家が口を挟めるようにするといったことが考えられるとしても，である。要するに，分析家の聴き方は受動的ではないということである。実際，極めて積極的でなければならない。分析家が分析主体にほとんどアイコンタクトをしないとか，分析主体が言ったことを一語一句書きとめるとしても，それは分析主体に対してもっと話すよう促していることにはならない。もし分析家が分析主体を分析過程に引き入れようとするなら，決して，公平で客観的な観察者であってはならない。分析家はそのような過程に自らの積極的な関与を示すべきである。分析家がより分析過程に入ろうとするなら，それだけ，分析主体もその過程に従事していると感じるだろう。つまり，それは偏見を持たずに関心を抱き，励ますような関わりであって，防衛的で息が詰まるような関わりでもなく，何か自己開示をするような関わりでもない。私の分析主体はセッションで「（私の）"hmms"や"huhs"の波に乗っているような

感覚がします」と言うことがある。分析主体はこれらの波がいつもより少ないと感じるとき——すなわち，私がいつもよりも積極性をもって聞いていないように感じるとき——に，そうコメントするようである。

以上は，ある意味で「分析家の中立性」が神話であることを示している。つまり，分析家は分析という舞台では決して中立的でも，無関心でも，受け身的な人物でもないのである。この点について第4章でさらに掘り下げて考察する。

「自由に漂う注意」

> 誰でもある程度意識的に注意を集中するとすぐに，眼前の素材から選択するようになる。心の中のある点について，とりわけはっきりとした形で注意が集中し，その他の点には注意が払われなくなる。そのような選択をするに当たり，人は自らの期待や意向に従うだろう。しかし，これこそしてはならないことである。選択するに際して，自分の期待に従ってしまうと，既に知っていること以外のものを決して見つけられない危険に陥る。
> ——フロイト（Freud, 1912b/1958, p. 112）〔全集第一二巻，二四八頁〕

分析家は何を聴いているのだろうか。この問いは分析家が耳を傾けるべき**特別な**ことがあることを前提にしているが，経験を積んだ分析家の間でおおよそ意見が一致しているのは，ある特定の分析で現れると予想される素材がどのようなものであれ，分析家はいつもそれを見出して驚くということである。フロイトは適切にも，どんな新たな事例に対しても，初めての事例であるかのようにアプローチすることを薦めている（Freud, 1912b/1958, p. 111）〔全集第一二巻，二四七頁〕。初めてというのは，これから起きる事柄について何も前提としてはならないという意味であり「平等に漂う注意」——「均一に漂う注意」や「自由に漂う注意」としても知られている——を採用することで，分析主体の「自由連想」で現れるいかなる事柄についても聞くことができるようになる。「自由に漂う注意」によって分析主体の話から新たなことを聞くことができるようになるが，これは私たちが聞きたいこと，予め聞こうと思っていることを単に聞くこととは正反対である。私たちはそのような注意（それを保ち続

けるのは容易でないが）の実践を，他者の他者性，つまり私たちとの差異を認識する試みの一部として推奨している。[13]

しかし，「自由に漂う注意」とはそもそも何か。それは分析主体が言った特定の発言にしがみついたり，つまりその発言を心に刻みつけたり，考え抜いたり，他の事柄と結びつけたりするために，分析主体の次の発言を聞き逃したりするような注意ではない。それは，一つの点から次の点へ，発言から発言へと漂う注意であり，必ずしも何らかの結論を引き出し，解釈し，寄せ集め，要約しようと試みることはない。**それは少なくとも一定の水準で意味を把握しながらも，言葉とそれらが発せられた仕方**――速さ，声の大きさ，調子，情動，つかえる，ためらいなど――**のすべてに耳を傾ける注意のあり方なのである。**

ラカン（Lacan, 2006）はある分析家たち（とりわけテオドール・ライクReik）が第三の耳を探求していることについて，皮肉を込めて次のように述べている。第三の耳によっておそらく，彼らは神秘的な意味，分析主体の話に既に見出せる意味を越えた意味を聞きとろうとしている。

> しかしながら，分析家がもう一つ余分に耳を持つ必要性などどこにあるでしょう，二つでも多すぎると思われるのに。というのも，分析家は向こう見ずにも理解することとの関わりによって根本的に誤解するのですから。私は学生たちに繰り返し「理解しようとするな！」と言っています。……耳がひとつ聞こえなくなれば，もう片方の耳の聞こえが鋭くなるでしょう。その耳で音，音素，単語，文章を聞き，休止，区切り，中断，ピリオド，そして対句などを聴き逃さないようにすべきです。(p. 471)〔第二巻，二一一頁〕

このラカンの発言の要点をまとめよう。分析主体が意識的に伝えようとしている意味を理解することにこだわりすぎると，分析家は話す内容の複雑さに注

---

[13] 自由に漂う（均一に漂う）注意は，フロイト（Freud, 1912b/1958, p. 112）〔全集第一二巻，二四八頁〕およびラカン（2006, p. 471）〔第二巻，二一一頁〕も言っているように，分析主体の「自由連想」に対応するものとして，分析家の側にある。しかし，臨床家として最初に気がつくのは，分析主体の連想が決して自由でないということである。分析主体は気がつけば，特定の話題に直接向かうというより，むしろその話題の周囲をさまよわざるを得ないのであり，そうした話題に結びついている記憶と思考が過剰に備給されている場合には，そこから完全に方向を変えざるを得ないのである。

目してしまい，分析主体が話の内容を伝えているときの話し方，つまり彼が使う言葉や表現，言い間違いや不明瞭な発音などを聴き逃してしまう。そうならないためには，分析家は分析主体が示唆する意味だけを聴く耳をふさげば済むことで，話そのものを聞くためにわざわざ余分な第三の耳を加えるようなことはしなくてよい。たとえば，分析主体が「一方では（on the one hand）」という言葉で文を始めたら，彼の心の中には「もう一方」があることは確かだろう。しかし，最初の「一方」を説明する頃には，彼は「もう一方」を忘れているかもしれない。そうした場合，彼は「まあ，とにかく」などと言って，気軽に他の事柄に話題転換する。しかし，分析家はそれを気軽には受けとめてはならない。実際，「もう一方」は何だろうか。（少なくとも一時的に）その「もう一方」が忘れられたという動かし難い事実から，それが重要であることが分かるのである。

　新米の分析家にとって，語られている話にとらわれてしまうことが，最も大きなわなである。新米の分析家たちは，自分の関心に近いとか，個人であれ臨床家としてであれ彼らに関わっていたり，影響することのように思えると，それだけその話にたやすくとらわれてしまう。分析主体にとって最も重要なことは，特に分析の開始時では，分析家が――分析以外の生活で話をする人たちと同じように――自分の話の要点をつかんでくれること，自分が一番伝えたいと思っていることを把握してくれることである。分析主体は，自分が話していることのうち，意識的に理解してもらおうと考えていること以外のことを分析家に聞きとってほしいなどという期待をはっきり抱いて分析を始めることはほとんどない。一方，分析家は通常の習慣的な仕方で話を聴く態度から離れること，話の内容を理解することより，むしろその話が語られる仕方を聞くことが重要であることを自覚しなければならない。

　自由に漂う注意とは，**理解せずに聞く**ことを私たちに教えるための実践であり訓練である。分析家が一般に自分自身を中心にしがちになることや，多くの想像的な現象（たとえば，既に述べたが，分析家が分析主体と自分を比較したり，分析主体の話からはね返ってくる自己イメージを気にかけたりすること）を持ち込んでしまうことは別として，分析主体の語らいには，理解し得る大切なことはとにかくほとんどないのである。それはなぜだろうか。

話は意味をなさない（あるいは意味がありすぎる）

> 無意識は記憶を失うことと関係ありません。知っていることを思い出すこととも関係ありません。
>
> ――ラカン（Lacan, 1968b, p. 35）

　分析主体が自分について語る話は，次の二つの意味で，かなり部分的なものである。まず，分析主体は話の大部分を話さないままにしておくのである――これは重要ではないとか，これはいいだろうなどと考えたり，自分を良く見せようとか，単に「忘れて」しまったなどと考えながら。また，分析主体は自分がはっきりとした役割，例えば，英雄，犠牲者，「良い人」，あるいは（あまり一般的ではないが）愚か者や犯罪者のような役割を演じているかのように話すのである。分析主体が話す内容はいつも細切れで断片的であり，断絶や空白に満ちていて，本質的に彼以外には理解できない。それは，分析主体だけが話されていない事柄に通じていて（時に彼自身にも分かっていないこともあるが），自分の苦境に関する自分の見方を完全に抱えこんでいるからである。そのときでさえ，分析主体はその話の中での自分の関わりについて，二つの気持ち（あるいはそれ以上の気持ち）でいるかもしれない。つまり，セッションで自分が状況の犠牲者以外の何者でもないと分析家を納得させようとし，自分でもそうだと納得しようとするのだが，心の奥底ではその見方を完全には認めていないかもしれないのである。分析家の仕事の一部は，こうした見方を認めていないほうの分析主体に少しでも話す機会を持たせ，自分（分析家）は公平に聞くようにすることである。

　語られる話は，たいてい聴き手にとって何の意味もない。たとえそれが独創的で，鋭い内容だとしてもである。なぜなら，あまりにも多くの事柄が語られていないままだからである。こうした場合，分析家の課題は，分析主体に空白を埋める試みをさせることである（フロイトが分析主体の歴史の空白を埋めることが分析の主な目的である，と述べていることを思い出そう）[14]。しかし，また別の場合では，話は上品なまでにきちんとまとまっているのに，その話に付

着している情動とは釣り合わないように見えたり，それまで分析主体によって話された人生の文脈とどのような意味のあるつながりもつけられない，あるいはその話があまりにも月並みに思えたりする，ということもある。実際，分析主体は出来事についての自分の説明に非常に満足しているようなのに，分析家のほうは——分析主体がその説明にしっくり来ているとして——なぜその話がそもそも持ち出されたのか，疑問に思うかもしれない。何かしっくりこないというのは，意味をなさないということではない——つまり，話の内容そのものの問題ではなく，その話が治療の特定の時点での分析セッションで語られているという事実が問題なのである。

分析で分析家がとりわけ耳を傾けるべきことが実際にあるとすれば，それは，つじつまの合わないことや，意味をなさないこと，あるいはあまりにも意味がありすぎて問題だと思われることである。これらはすべて**抑圧**と関係している。分析主体がある要素を覆い隠すことで話を切り詰めているとき，彼はそれを意識的にしており，分析家に対してある仕方で（良く見せようと悪く見せようと）自分自身を提示しようとしていることを自覚しているかもしれないし，自分でもその理由に気づかずに，無意識的にそうしているのかもしれない。分析主体は自分が分析家を心的経済の中に位置づけるその仕方——つまり，分析家に対して抱いている転移の種類や質——や，分析家との関係で成し遂げようとしていることに気がついていないかもしれない（気がつくことに抵抗があるのかもしれない）。同様に，彼は自分の話のある要素についてはすっかり忘れてしまい，分析作業をかなり経てからでないとそれを思い出さないかもしれない。

分析主体がほんの数分しかかけないである特定の話を説明した場合，重要な細部が語られないままということがあるかもしれないが，そうした細部は彼が自分の人生について語るというより広い話の場合でも語られないことがあるだろう。ある分析主体は治療の初期に，自分は「ろくでなし」でいつも「悪魔の

---

14 フロイト（Freud, 1916-1917/1963, p. 282）〔全集第一五巻，三四四頁〕を参照のこと。フロイトはねずみ男に何度も例の鼻眼鏡の話（彼を分析へと導いた危機）をしなければならなかったが，それで初めてねずみ男はその話を筋が通るものとして理解できるようになったことを想起されたい。さらにフロイトが「分析の努力の目的はさまざまな形で言い表すことができます——無意識を意識化すること，抑圧を解除すること，記憶の隙間を埋めることなど——が，それらのことはすべて同じことを意味しています」（p. 435）〔五二四頁〕と述べていることにも注意しよう。

核」を抱えていたように感じると語った。しかし，彼が最初の数週間の相談で語った人生の話は，特に不愉快であったり，卑劣ではなかった。彼が指摘できると思われた最も悪い行動は，子どもの頃のことで，近所の植えたばかりの苗木を踏みつけたことぐらいだった。私がまず立てた作業仮説は，彼が非常に批判的な超自我を持っているということだった（おそらく彼は幼少時代にお金を盗んだことを父親にとがめられたことでそうなったのだろうが，それについては彼にも思い当たる節があった）。さらにそれから数か月セッションを重ねて，分析主体はいくつかの夢に対する連想をしたが，その作業を通じて，家族の入院や以前の交際相手の妊娠をめぐる状況，そして彼が決して以前には語らなかったような罪の意識を思い出したのである。自分に対する分析主体の厳しい見方の理由——それを彼自身あまり理解していなかったのだが，それというのも彼は自分を本質的に良い人間だと思っていたためである——は，彼が以上の出来事を思い出したときに明確になったが，そうした厳しさが最終的に消えたのは，彼がそれらを思い出して話し合ったからに他ならない。

疑いの論理としての分析

> 「話す」という行為（Un "dire"）は出来事と似ている。それは手早く理解することではないし，知る契機でもない。……すべての発話が話す行為なのではない。もしそうでないなら，すべての話は出来事であるとされるだろうし，私たちは「価値のない語」について話すことはないだろう。
> ——ラカン（Lacan, 1973-1974, 1973 年 12 月 18 日）

> 無意識が語らいとなるとき，曖昧な言葉や意味の複数性を好むのです。
> ——ラカン（Lacan, 1976, p. 36）

抑圧は精神分析における灯台である（抑圧は普通，暗闇を連想させるのでいささか逆説的な隠喩だが）。私たちが分析家として行うどのようなことも，多少なりとも直接抑圧されたものを突きとめるためのものでなくてはならない。引用符の外に残されたもの，語られなかったこと，分析主体が自分や自分の人生について表現されていないことに私たちが焦点を当て続けるのは，そのため

である。また，話が最初に語られた際に「たまたま」語られることのなかった細部に特別な注意を払うのも同様である。さらに，分析主体が親友の名前を突然思い出せなくなったとき，私たちが耳をそばだてるのも，同じ理由からである。ある文が途絶えて，別の場所から新たに語り直されたとき（私たちの関心は語りの断絶にあり，その連続性ではない），私たちが興味深いと感じるのも，この理由からである。フロイト（Freud, 1900/1958, p. 518）のように，夢が初め語られているときには忘れられていて，後になってその夢について分析主体が連想しているときに初めて思い出される夢の中の一要素，そういったものが重要だと私たちが考えるのもこうした理由からである。分析主体がセッション終了後にドアから出ようとするときになされる，本筋から外れた発言や何気ない一言が最も重要だと考えるのも，そのためである。

　分析家にとって，分析主体が話すことはすべて疑わしいのである。話はたんに不十分だったり，できすぎていたりするだけでなく，おそらくある戦術的な目的から今ここで語られてもいる。たとえば，分析家を喜ばせたり不愉快にさせたり，怒らせたり，分析家に仮定した愛を得ようとしたり失おうとしたり，あるイメージを支持したり破壊したりするための戦術である。こうした目的は表に現れていないものの，その話がとる最終的な形態と形式において重要な役割を果たしている。

　私たちが新たに出会う分析主体に対して初めての分析主体であるかのように彼自身の言葉によってアプローチすることは，私たちが精神分析について何も知らないように振舞わなければならないということではない。たとえば，次のことを知らないかのように振舞うことではない。①分析主体の生活の中で症状が現れていることは抑圧の印である（なぜなら症状は抑圧されたものの回帰であるから）こと，②言い間違いや失錯行為なども抑圧されたものの回帰としての小さな症状であること，③主体の言い回しからどこに抑圧があるか見当がつくこと（リスト中の最も重要な要素は，最後にやってくる。たとえば，「私の友人でも，いとこでも，もちろん母親でもありません」などは逆言法 paralipsis あるいは省略 preterition である。また，ある質問に対する最もあり得そうな答えは否定という見せかけのもとで言及されることが多い。たとえば，「私を最も罰した人ですか？　私の父親だとはとても思えません」）。[15]

　分析主体の多様な修辞的策略について，それらがどのような防衛的な動きを

しているかという観点から検討するのが精神分析家である。夢の形式が圧縮と置き換え——ラカンはこれらを隠喩と換喩に結びつけている——に従って無意識の願望を偽装するように，分析主体の語らいの機能は，他にも数多くの無意識を抑制するためのメカニズムに従っている (Lacan, 2006, pp. 511-515)〔第二巻，二六〇-二六六頁〕。分析主体は（文法学者や言語学者にはよく知られている）修辞的な形式を使って，あることを口にしないように，ある考えが思い浮かばないようにしている。彼は結局この試みに失敗して，それらをうっかり口にしてしまう。分析家はそうした修辞的な策略を見抜くよう訓練されており——ラカンによると「精神分析家は修辞学者である」——，その戦略をくじくにはどこで介入すべきか，知っている (Lacan, 1977-1978, 1977 年 11 月 15 日)。

たとえば，**混喩** mixed metaphor〔二つ以上の性質の違う隠喩を混用する比喩。その結果ちぐはぐな印象を与える〕が使われるのは，多くの場合，最初に浮かんだ隠喩の中にある一つの語がその人にとって邪魔だからである。ある私の分析主体があるとき，「その問題についてあれこれ考えるのをやめる stop beating around the issue」と言ったのだが，そのとき「茂み bush」〔本来は stop beating around the bush＝あれこれ回りくどく言うのをやめる，というべきところだった〕という語にはかなり性的な意味合いがあり，彼が話したくない性的な考えを取り上げることになりかねないからである（こうした置き換えが素早くなされるのには驚かされる）。同様に，「廻りくどい言い方はやめろ stop circling around the bush」と言い換えられたとしたら，叩くこと beating に関するある種のサ

---

15 こうした例から，はっきりしているのは，精神分析について何も知らないかのように振舞ってはならないと私が言う場合，摂食障害は x や y や z のせいで生じるとか，吃音は p や q や r によって生じるということを「知る」のが重要だという意味でない。この種の「分析家が経験を積んで蓄積した知は想像的なもの」であり，「分析訓練（の過程）には何の価値もない」(Lacan, 2006, p. 357)〔第二巻，四三-四四頁〕。つまり，症状の原因は主体によってさまざまであり，そうした大雑把な主張は役に立たない。私が言いたいのは，次のような精神分析理論の最も基本的な理論的原則を常に心にとめておくべきだということである——たとえば，恐れは願望を覆い隠し，嫌悪の表出は抑圧の印であることが多い。不快だと感じていたり，怖いと言っている多くの事柄に人はゾクゾク感じるのである。「失錯行為は常に成功した唯一の行為である」(Lacan, 2007, p. 65) など——。こうした原則を通して，精神分析理論から，他の理論による場合よりもはるかに多くのことを理解できる。ボウルビーは「経験を積んだ自然学者は，鳥や植物の外観や性質に関する膨大な情報を持っており，初学者が見ているものよりはるかに多くを見ている」と述べている (Bowlby, 1982, p. 111)〔一三三頁〕。

ディスティックあるいはマゾヒスティックな考えをその人物が隠したり，心から払いのけたいからかもしれない。

　混喩は分析にも日常生活にもよく出てくる。それを使った本人すら自覚のないまま何となく隠喩が使われているにすぎないのかもしれない。しかし，ネイティブ・スピーカーのほとんどは，何気なく用いている慣用表現を数多く知っていることは確かであり，彼らになぜ言い回しを変えたのかを考えさせるには，分析家がその変化した言い回しを分析主体に対して繰り返すだけでよい。「問題をあれこれ考える beating around the issue」という混喩は「回りくどい言い方をする beating around the bush」と「問題を避ける skirting the issue」の妥協形成として理解できる。これは，修辞学的には**比喩の誤用 catachresis**と言われるものと考えられる。いずれにしても，こうした表現は，注意深い臨床家にとり，**何かが避けられていること**，つまり，元の考えの系列が完結するのを，別の考えの系列が妨げていることを示唆するものとなる。

　別の修辞学的手法あるいは比喩的用法を考察しよう。控えめな表現として知られる**緩叙法** litotes は，常にセッションで使われているが，これが使われる前にはほんの少しだけ沈黙が生じる。ある私の分析主体は（後から分析主体が明らかにしたのだが）「親友の妻に激しい欲情を感じる」と言おうとしたが，低い調子で「彼女はそんなに魅力的とは思えない」と言ったのである。彼が挟み込んだわずかな沈黙は，高度に構築された二重否定と結びついて，おそらく何かが言われないままであることを示唆していると私には思われた。やはり，ある一つの考えが口にされずに避けられたのだが，それは，分析主体がその考えを受け入れ難いと判断したからだった。彼はこのとき「親友の妻に欲情するなんて，自分はなんて下品な男なのだろう」と考えたのである。

　別の分析主体は，ある文の最後の二つの言葉——「やめて to stop」——を言おうとしなかった。「それ（両親が息ができなくなるほど彼女を押さえつけてくすぐったこと）はある程度までは楽しかったのですが，私はそれを……ほしかった（It would be fan up to a point and then I'd want it…）」。彼女が「やめて to stop」という言葉の**省略**をしたのは，そのときの文脈において省略しても分かるだろうと感じたからだろう。しかし私には，その省略は，やや異なる思考系列，それも，彼女にとっては直接口にするのが憚られるような思考系列を示唆していると思われた。すなわち，彼女は両親にそれをずっとしていて

ほしかったのであり，もっと強く，性的なものにまで達することを望んでいたのである。私は「彼女が言っていなくても，彼女の言わんとしていることは分かる」と自分で納得することもできただろう。しかし，私が彼女の不完全な言い回し「you'd want it…」を彼女に返すと，彼女は自分がそれを言っているとき，当惑してしまうようなはっきりしない考えに混乱したことにふれた。こうした省略や削除は日常彼女が友達と話しているときには気がつかれないままかもしれなかったが，分析では隠蔽の指標，動かぬ証拠となる。

他でも述べたが（Fink, 2004, pp. 72-75），冗語法，脱線，迂言法，撤回，アイロニーなどのような他の修辞学的手法は，とりわけ分析の文脈では，防衛的な性質を帯びる。上述した三つの事例を通じて，こうした発話の形態がどの程度「単なる話し方」とは異なっているのか理解できよう。分析主体は単なる話し方の問題として片づけてしまうのだが，注意深い聴き手であれば，抑圧されたものに至る道筋に立てられた道標としてそれらを読むことができる。夢で働いている無意識は圧縮と置き換えを用いるのだが，夢について話している分析主体はほとんどあらゆる修辞学的な比喩やあやを用いる。**分析家にとって，「単なる発話の形態の一つ」として済ますことのできるものはない**。分析家は，表出されたことと表出されなかったこと，また，はっきりと言われたことと言われなかったことに注意を向けて聴く。要するに，分析家はすべての発話を妥協形成として，競合する力によって産出されたものとして読むのである。

提示された話の内容や概念的なポイントについてだけ注意を集中してしまうような分析家は，使われている発話の形態について聞けなくなり，一つの水準（分析主体が意識的に伝えようとしている意味の水準）でしか聞いていないことになる。こうして分析家は，分析主体の語らいという楽曲が実際に書かれているいくつものパート譜を読みとることに失敗するのである。

聞きたいことのみを聞く

言語活動の本質はコミュニケーションの機能を果たすことでは決してない。
――ラカン（Lacan, 2005a, p. 106）

知覚されるもの perceptum は［言語活動によって］既に構造化されている。
——ソレル（Soler, 2002, p. 33）

　分析家にとって分析主体の言うことを正確に聞くことが難しい理由はもちろん他にもある。少なくとも，その理由のいくつかは言語活動と知覚の相互作用に関係している。神経生物学者と精神科医は「感覚ゲーティング sensory gating」がどれほど重要であるかを示してきた。それは，目の前にある課題や目的達成にとって重要ではないような紛らわしい知覚刺激を無視するために欠くことのできないものである（Green, 2001, pp. 77-79）。脳と知覚システムに関する膨大な研究が示すところでは，自閉症者，統合失調症者，精神病者として分類された人々は，一般的に（私は彼らの間にある重要な差異がないと言っているのではない）「感覚入力が『一気に流れ込んでいる』かのようで，……関係のない刺激を取り除くことができない」（p. 78）。ここで言われている「関係のない刺激」とは，ある特定の瞬間に注意を払うことが望ましいとは必ずしも言えない知覚であり，それが彼らを混乱させるのである。つまり，彼らは，ほとんどの人がやっているような，多くの刺激を取り除く作業ができないのである。ほとんどの人にはいわば「ゲート」があり，それにより特定の刺激を受け入れ，他の刺激を閉め出しているのだが，それは意識の外側で生じていること，つまり意識に先立って生じていることのうち何が重要で何が重要ではないかを判断する査定に基づいていると考えられている。ゲートを通過することができた刺激だけが——目下の課題に関連すると見なされるものだけが——意識に入ることが許されるのである。

　この研究は精神病患者によって報告された「感覚的過負荷」の多くの事例によって臨床的に裏付けられているようである。こうした患者の場合，以前ならば聞こえてくることはなく周囲の音にまぎれていたノイズがあふれるようになったり（うるさくて，しつこく，無視できないほどに），以前はかぐことも気がつくこともなかった匂いが突然耐え難いまでに強くなる。同様に，色，形，運動など，以前ならばそれほど目立たなかったものが突然意識の中を独占して圧倒してくる。これらの知覚がそうした主体に作用を及ぼすときというのは，非常にストレスの強いときであり，主体が精神病の発症やエピソード（精神病ではない人の場合でも，長期の不眠によって，刺激に対して「ゲートを構

成する」ことができなくなる）を経験するという危機にあることを示している。自閉症や統合失調症の主体の中には，つねに刺激を濾過することが困難であっても，必ずしも何らかの切迫した危険を示しているわけではない場合もあるが，この困難は，パラノイアの事例のように現れては消えるようなものではない。パラノイアの場合は，発症の後にはっきりとした寛解期があったり，後にさらに悪化したりする。

　生物学的な志向を持つほとんどの研究者は，刺激を濾過することの困難を厳密な生理学的な問題と考え，それらがある特定の脳構造の奇形や何らかの化学的不均衡によるものとしているが，私には，刺激を濾過する能力には，言語活動が同じくらい（それ以上とは言わないが）重要な役割を果たしていると思われる。なぜなら，通常の仕方で知覚を濾過できない人々は一般に，それができる人々と同じようには話したり考えたりしないからである。おそらく，ゲートを構成することの困難が言語獲得の問題を引き起こしているのではなく，言語獲得の問題がゲートを構成することの困難を引き起こしているのである。

　こうした主体では，言語活動はいわゆる「通常の神経症者」と同じ仕方では吸収されていないし，機能していない。他で論じたように，言語活動への参入の仕方には少なくとも二つの大きな違いがある（Fink, 1997, 2005b）。すなわち，「通常の神経症的方法」と「精神病的方法」である。普通の神経症的な方法によって，言語活動を基盤とした思考（視覚的思考法や他の思考法とは対立する）が通常支配的となり，意識と無意識の分裂（そして精神分析では「両価性」と言われる広く観察される感情間の葛藤，すなわち，大まかに言うと，ある感情は意識され，他の感情は無意識となる）[16]が生じ，ある言語表現の文字通りの意味と比喩的意味を同時に聞きとる能力が獲得される。精神病的な方法では，模倣によってのみ言語学習がなされ，意識と無意識の分裂は生じず（したがって「両価性」自体も生じない），表現の文字通りの意味と比喩的な意味を同時に聞きとることができない。

---

[16] 情動 affect と抑圧の関係についての議論は第7章を参照。ミレールは言語活動への参入における神経症と精神病の違いを次のように対比させている（Miller, 2002, p. 25）。「父の名 Name-of-the-Father の不在（すなわち精神病）においては，言語活動はなくララングしかない」。ララングはラカンの用語で，後の脚注で手短に論じることにする。さらに「父の名の不在においては，身体も厳密に言うと存在せず，肉体のようなものしかない。肉，有機体，物質，そしてイメージである。そこには，身体的な出来事，つまり身体を破壊する出来事がある」。

ここでこれ以上くわしく説明はしないが、テンプル・グランディンが自分自身と言語活動との関係について語っていること（Grandin & Johnson, 2005）をとりあげて、例証しよう。彼女は動物行動、自閉症、そして両者の関係について研究しており、自分も自閉症であると考えている（実際そうである）。

　（高校で喧嘩をした）原因は、クラスメイトにからかわれたことだった。「知恵おくれ」とか「テープレコーダー」などと悪口をいわれたのである。
　私がテープレコーダーといわれたのは、たくさんの文句を記憶にたくわえておいて、おしゃべりをするたびに、何回もしつこく繰り返したからである。(p. 1)〔一〇頁〕
　私は会話の中の特定の言葉や文章をほとんど覚えていないから、何を聞かれたか記憶にない。自閉症の人は絵で考えるからである。頭の中では、まったくといっていいほど、言葉はめぐっていない。(p. 10)〔二一-二二頁〕
　人と話をするときには、思い浮かんだイメージを、頭の中の「テープ」にたくわえている語句や文章に翻訳する。……私はテープレコーダーなのである。それが私の話し方だ。今はもうテープレコーダーのように聞こえないのは、語句や文章をたくさんたくわえていて、新しい組み合わせができるからである。(p. 18)〔三一頁〕
　動物と自閉症の人には抑圧があるように見えない。……私自身にはフロイトのいう防衛機制がないと思うし、普通の人が防衛機制を見せると、いつも驚かされる。ひとつは、否認である。……はた目には明らかでも、悪い状況の中にいる人は、受け入れる覚悟ができるまで防衛機制が働いて目を逸らすから、それが分からない。それが否認で、私には、まったく理解できない。それどころか、どんなものか想像すらできない。
　というのも、私には無意識がないからである。……なぜ私には無意識がないように思えるのか分からないが、私が思うに、言語の問題がそれと大いに関係していると思う。(p. 92)〔一二五-一二六頁〕[17]

---

[17] グランディンは他の箇所で、彼女が自閉症と統合失調症は「神経学的障害」だと信じていることを示唆しているが、彼女の見解から、むしろ、そうではないと考えることができる（Grandin, 1995, pp. 49, 85）〔五八、一〇七頁〕。

グランディンは，話すことができる者がするように，刺激を危険なものと危険でないものに分類することが自分にはできないと明言している。彼女は何年もの間，無害な雑音（たとえば，トラックがバックするときに出す音など）を常に恐れている。彼女はほとんどの人がやっているような仕方で刺激を無視できないのである。長年の学習のおかげで，通常の人々は特定の文脈において見ることを期待されていない物は単に見ない。たとえば，バスケットボールの試合の真最中にいた「ゴリラの着ぐるみを着た女性」は見ないし，被験者がパイロットとして飛行機を着陸させようとしている，その同じ滑走路に止めてある大きな飛行機などは見ないのである（Grandin & Johnson, 2005, pp. 24-25）〔三八-四〇頁〕。「不注意性盲目 inattentional blindness」と呼ばれる事態では，私たちの多くは——グランディンや多くの精神病者を除き——状況を意識化する前に振り分けて，結局，主として見聞きするつもりのものを見聞きするのである（Mack & Rock, 1998）。

「通常の神経症的方法」で言語活動に参入している私たちにとり，言語活動に浸っている領域はあまりにも広範囲であり，私たちの世界は完全に言語によって染め上げられている。その結果，私たちは社会・言語的文脈に応じて，見たり聞いたりしようと思うものを選択的に見たり聞いたりする。私たちの想定外のものは，多くの場合，たんに見られないし聞かれないのである。[18]

このことは臨床家にはかなり不利になり得る。最も良心的な臨床家でさえ，分析主体が実際に話している，普通ではなく無意味でさえあるようなことを聞くのとは反対に，心の中では，特定の文脈で分析主体が話していることの意味を思わず聞きとってしまう。最も注意深い分析家でさえもが，たいてい分析主体が言いそうなことを聞くだけで，分析主体のちょっとした言い間違いや不明瞭な発音を聞き逃してしまう。私たちは生涯ずっと，相手が話していること

---

18 グランディンの研究によって，神経症者と精神病者が互いに理解し合おうとしてもまったくうまく行かない可能性が示唆される。要するに，両者は根本的に異なる原則に基づいて事をなしているのである。グランディンと同様，私たちは他人の立場に立って「それがどんな感じかを想像することすらできない」ことが多い。グランディンは，人間は，一緒に働いたり住んだりしている動物の視点から物事を見ることがほとんど不可能だという自分の議論の中で，雄弁にこの点を指摘している。『自閉症の才能開発：自閉症と天才をつなぐ環』を参照（Grandin, 1995）。

ラカンは，感覚と知覚は決して純粋ではなく，象徴・言語的フィルターを通じて歪んでいることを指摘している（Lacan, 2007, pp. 52-53）。

に——その話にまったく一貫性がないとしても——意味を見つけるようになっている。そして，ほんの部分的なことしか話していないのに全体のイメージ（ゲシュタルト）を見ようとしたり，明らかに部分的だったり一貫性のない考えが述べられているにすぎないときでも，全体として一貫性のある考えとして聞こうとする場合が少なくない。私たちは隙間を埋めて足りない言葉を補い，文法を修正し，言葉の誤用を訂正しようとする——私たちは，それをたいてい，意識することさえなく頭の中でやってしまうのである。

　特定の語彙や表現を知らないと，私たちはその言葉の代わりに別の言葉として聞くようになる（外国語を苦労して学んでいる人なら容易に分かることである。つまり，人がその外国語で話しかけてきたとき，私たちはよく知らない言葉の代わりに，それを発音が似ている知っている語句や表現として聞きがちである）。たとえば，もし，分析主体が何かをするのに，「根気よく財務省を説き伏せようとしていた was sedulously attempting to persuade the Exchequer」と言ったとして，分析家が「sedulously 根気よく」や「Exchequer 財務省」という言葉を知らない場合，分析家は，たとえば「assiduously せっせと（あるいは，credulously 軽率にも）スペルチェッカー spell checker を説き伏せようとしていた」などのようにまったく違ったふうに聞くだろう。こうした分析家の側での聞きとり方がその文脈において全部意味をなさないかもしれないが，その聞きとりが，分析家が理解している英語（英語をすべて理解できている人などいないだろう）の総体に照らして，分析主体の言い回しの中に見出せる最良の意味であるかもしれない。人が話しているのを聞きとることは，言語学では「音のリボン」(Saussure, 1916/1959) と呼ばれている。発せられた言葉はつながる傾向があり，連続したリボンのようなものを形成する。そして，一つの語が終わり次の語が始まるところは必ずしも，それほど明確ではない（これも外国語学習ではよくある問題だろう）。

　私たちは，自分が知っていると思っている言語活動に基づいて，その音のリボンを個別の単位にほぼ自動的に分割することに慣れている。さらに，その際，普通に聞きとろうと思っていることや，特定の対話し相手から期待するようになっていることにも基づいている。聞いていることの意味を理解しようとする絶えざるこうした活動により，聞く行為自体が意味理解することの背景に隠れてしまうのである。つまり，知覚そのものが解釈のために抑えられてしま

うのである。その結果，私たちはある意味で，構造的に聴覚障害だということになる。

しかし，精神分析を実践するためには，このような抜き難い習慣を断ち切らなければならない。これはかなり困難な作業である。患者が失錯行為や不明瞭な発音をしないとこぼす治療者がよくいるが，私の経験では誰であれ5分か10分おきに失錯行為をする（もちろん，これより多い場合も少ない場合もある）。問題はむしろ，治療者がそれらに対して無頓着な場合である。ではどうすれば，そうしたことに注意深くなれるのだろうか。有益な訓練として，テレビやラジオのニュース・アナウンサーの話を聴いているとき，内容を聴く代わりに，言い間違いつっかえるのを聴きとることである。初めはそれほど関心のない番組を聴くようにすればよいだろう。そうすれば，内容にばかり注意が集中するようなことはない。また，テレビ画面を最初は見ないようにするのがよい。話し手を見てしまうと，聞くという行為に支障が出るおそれがあるからである（多くの分析家は患者をカウチに寝かせたほうが，対面の場合よりもよく彼らの話を聞けると言う。それは身体的に近いからではなく，分析家が患者の外見や顔の表情などに気を散らされないためである）。それほど関心のないことについての話の中の失錯行為や言い間違いをしっかりと聞けるようになれば，次に，より関心のある番組にチャンネルを替えて，意味を理解しながらもできるだけ音のリボンに集中する練習をする。しかし，このときも，意味にこだわったり，気にしたりしないようにすべきである（たとえば，以前聞いたことと比べたり，深読みするなど）。

臨床家が失錯行為や言い間違いに注意を向けられるようになれば，自分自身や友人，同僚についても同じように気がつくようになるだろう。しかし，それでも分析主体とのセッション中に錯誤行為や言い間違いを聞きとれるようになるまでには，もう少し時間がかかる。なぜなら，分析家は分析状況では，他の場合よりも意味によりいっそうの注意を向けるからである。分析主体が実際に話していることに対し，平等に漂う注意を払う能力を磨き上げるためには，音楽教師の言う「練習，練習，そしてまた練習」あるのみである。

トレーニングの落とし穴

> 今年度私がセミナーでお話していることは，無意識に騙される（ことを潔しとしない）者は彷徨う者である，ということを強調するなら，**edupation**［dupe（騙されやすい人）と education からなる造語］という言葉で言い表すことができます。
>
> ——ラカン（Lacan, 1973-1974, 1974 年 1 月 8 日）

　分析主体の話すさまざまなこと（たとえば，かなり激しい強迫）を分析家が構造上聞きとることができない理由は多くあるが，私たちのトレーニングそのものに最も大きな理由があることは間違いない。ソーシャル・ワーク，心理学，精神分析あるいは精神医学など多くの養成プログラムによって，学生たちは，「専門知識のシステム」——DSM（精神障害の診断と統計の手引き）に見られる「知識」の体系——のようなものが存在し，臨床家は力の及ぶ限りそれらをできるだけ迅速に適用するにすぎない，と信じ込まされる。私の聞くところによると，こうした領域の教師たちは学生たちに，獲得した専門知識をクライアントや患者に適用すべきで，もしそうしない場合は，（いわゆる）経験的に妥当な治療（EVT）と科学的根拠に基づく治療（EBTs）のすべてに背いていることになる。結局，彼らの議論によると，心理学と精神医学はいまや科学的な基礎に立脚しており，推論の作業を臨床的実践から排斥しているのである。臨床家がすべきことは大まかな仕方で聴くだけであり，それによって目の前の患者を診断マニュアルにより理解すればよいのである。この診断マニュアルはアメリカ精神医学会（APA）のいわばお墨つきを得ており，そのマニュアル（とその補足資料）がどの技法を用いるべきかを指示している。もし，私たちが診断を確定したり治療するために，教えられた通りのパターンやパターン群だけを聴き取ろうとし始めるなら，DSM というレーダー画面に現れないものについては聞く耳を持たなくなってしまうだろう。

　幸い，すべてのプログラムや教師が臨床実践の科学的根拠を信じ込んでいるわけではないし，チェックリストを施すだけの診断や治療を推奨してはいない！　実際，医学界でも——医学は心理学者や精神分析家にとって，あらゆ

る面で見習うべき業界であると見なされている（社会的地位や威信，収入や前提とする科学性などにおいて）——ここ数十年繰り返し，処置や治療のほとんどにそれほど科学的証拠が存在しないという点が議論されている。そうした医療行為の多くが中止されたり，市場から消えており，医療は科学というよりもはるかにアート（技術）に近いものとして作用していると多くの医師が認めるほどである。[19] しかし，高等教育の構造自体や私たちの文化におけるその位置づけから，多くの場合，臨床家たちは，レベルの高い学位によって自分たちはその分野の専門技能に関して信頼されていて，さらなる研究や患者から学ぶものはほとんどないと思い込んでいる。継続的な卒後教育を受けることは，たわいもない練習，あるいは，ちょっとした付加的知識を身につける程度のものとみなされている。臨床実践には生涯にわたる学習プロセスが必要なことを臨床家に分からせる最良の方法が教育課程を続けることかどうかはともかく，臨床家が肝に銘じておくべきは，自分の受けた教育は氷山の一角にすぎないこと，自分の分野に関する文献を熱心に読み続けることがよいこと，そして，「洞察力」のほとんどない患者によって言われた，一見ほとんど深みのない発言に対しても心を開くことである。

---

[19] デヴィッド・エディ博士（デューク大学 Center for Health Policy Research & Education のセンター長で，「科学的根拠に基づく医学」運動の急先鋒である）によれば，医師が行う処置のうち「しっかりとした証拠がある」もの（つまり臨床試験を通ったもの）はたった 15%にすぎない。他の多くの医師や保健衛生研究者は 20 から 25%と見積もっている（Carey, 2006）。いわゆる医療での標準ケア——つまり，具体的事例で医師が提供するはずの治療（たとえば，医療過誤として告発されることのない）——には，ほとんどしっかりとした根拠はないのである。堅固な科学的基礎があると思われる場合でも，臨床試験の 3 分の 1 の結論が，後の臨床試験で覆されることに留意すべきである（Carey, 2006, p. 77）。精神療法の研究が医学の言う「科学的な基礎」を何とか模倣できていると信じている人々は，どちらの領域の文献にも目を通しているとは思えない！

医学，精神分析，心理学の科学性に関する主張と密接に関係する，科学の歴史と哲学についての複雑な議論にはここでは入らない。この点に関する簡潔な検討は拙書を参照（Fink, 1995, 第 10 章）。

第2章

質問をする

> 問題を抱き続けることのほうが，それを解決することよりも重要です。
> ——ラカン（Lacan, 1998b, p. 425）

　分析主体が分析家にする話が抑圧や転移によって一部省略されたり調整されたりすることを考えると，分析家の仕事のかなりの部分は，分析主体に質問をすることから成っており，それによって，分析主体は省略した細部を埋めて，中途の文を最後まで言い，自分が言ったある要素によって何を言いたかったのかを説明することになる。このとき，分析過程に対する分析家自身の抵抗が生じやすい。分析家が必要以上に話してしまいがちにもなる。

　予備面接——これはカウチを使う分析に先立つ対面のセッションで，長いときもあれば短いときもある（時には1年以上になる）——の間，分析家は分析主体が言ったことの後に，眉毛をつり上げたり，分析主体にいぶかしげな顔つきを向けたりするなど単純な動作を示すことによって，質問を投げかける。しかし，そうしたクエスチョンマークはそれほど的確であることはない。投げかけた質問は，今し方分析主体が話したこと全体についてか，最後に話した部分についてか，話し方についてか，あるいは，自分（分析主体）がそれを言っている間，怒ったり，笑ったりしたことに対してなのか，要するに，特定の部分に向けられているわけではない。このとき，分析主体は眉毛をつり上げることやいぶかしげな顔つきをどうにでも解釈できる。たとえば，それを不同意，批判のサインとして，あるいは，自分（分析主体）が話していることを自分（分析主体）自身が分かっていないことを示唆しているとか，さらに詳しく話すよう要求している，などと解釈する。したがって，話していることすべてについて分析家は批判的だと考えがちな分析主体に対して，特に重要なのは，

より正確に質問をすることである。しかし，すべての発話が潜在的に曖昧であることを考えると，分析家がなるべく話さないようにすれば，それだけ分析家の質問は正確になる（後述するが，分析家が「それについてはどうですか」のような開かれた質問を意図してする場合は別である）。込み入った長い質問はたいてい分析主体を迷わせるか，混乱させる。そしてそうした質問によって，分析主体が直前に話したことは，まったく忘れられるわけではないにしても，ほとんどいつも背後に追いやられてしまう。

たとえば，分析主体が「小学校のとき，家族が引っ越しばかりしていたのでとてもしんどい思いをしました」と言ったとする。分析家がどのようなしんどさだったのかを知りたい場合，たいてい，ただ「しんどい？」と言えば十分である。分析家がそう言わずに「どのようなしんどさなのか例を挙げてもらえますか？」と言ってしまうと，分析主体のしんどさの例ではなく，町から町への引っ越しがどのようなものだったのかその例を聞かされることになるだろう。質問をするときは，言葉が少ないほどより多くの答えを引き出すことができる。そして，「しんどい？」という質問に対して分析主体が単に「ええ，しんどかったです」と答えるのであれば，分析家は「どのようなしんどさだったのです？」と付け加えるだけでよい。

正確さはもちろん必ずしも生産的ではない。とりわけ，分析主体は分析家の質問の中に，分析家がもともと意図していなかったことを聞きとってしまうこともあり，その質問への答えが，分析家が初めに尋ねようと思っていたことの答え（後に聞くことになる）よりもずっと興味深いこともめずらしくない。なぜそうなるかと言えば，分析主体はとかく分析家の話すことに，自分が既に考えていたことを（私たちも皆そうするように）投射するためである[20]。

にもかかわらず，分析家が分析主体に対して，特定の出来事——そして夢，白昼夢，幻想などの無意識の形成物——を検討する気にさせることは非常に重要である。特に分析主体が最も省略しやすい話の細部をある地点ではっきりさせるべきである。分析主体は話題を避けたり，不快だったり不謹慎だと思っ

---

[20] 分析家の発話（質問でも陳述の形でも）は分析主体の発話にくらべて曖昧になりにくいと考えるべきではない。**発話**はすべて潜在的に多義的であり，その受け止められ方は一つだけではないからである。いずれにしても，人が話したことの意味は常に他者によって決まる。意味は《他者》(the Other) の場で決定される (Fink, 2005b, pp. 574-575)。

ている話の細部を避けるために，ある種の修辞的戦略を使うが，分析家がいったんそうした戦略に調子を合わせてしまうと，多くの場合，そうした話題や話の細部を取り上げることがかなり難しくなる。分析家は，分析主体が直面する準備ができていないことを，無理に明らかにさせるべきではないが，辛く困難な話題について話をするよう分析主体に働きかけることについて恥ずかしがってはならない。

　ここで分析家自身の抵抗が入り込む。分析家にとっては，傍観して，分析主体が話したいと思うことを何でも話すがままにさせておくほうが，過去の辛い外傷体験について分析主体とともに明確化する作業よりもずっと楽だからである。分析主体は辛い出来事に深入りするのは嫌だろうが，もし分析家が腰を引いて，分析主体にそうしたことについて話してほしいという態度を示さないと──今日話せないなら，明日にしましょう（そして明日になって分析主体が自発的にそうしなくとも，分析家は忘れずにその話題を取り上げなくてはならない）──分析家は治療の方向を，常に分析を先に進めようとする分析家としての欲望ではなく，分析家自身の抵抗に委ねてしまうことになる。

　分析主体は辛い経験や悩ましい幻想について話す必要があることを，ある水準では知っている（時には**話したい**とさえ思っている）ことが多い。それでも，彼らは（さまざまな理由から，たとえば，拒絶されるのが怖いとか，それまでは心の中の幻影でしかないと考えていたのが現実になる不安，そして，新事実が明らかになることなどによって分析家を興奮させてしまう不安などから）そうしたことを話し合うことは難しいと感じている。[21] ある私の分析主体は

---

21 フロイトが指摘しているように，分析主体は自分の考えや幻想について，治療の開始時には驚くほど分かっていないので，それらに注意を向けるよう促す必要がある（Freud, 1914a/1958）。

　　治療が開始されるとまず早々に，患者は，それまで病気に対して持っていた自らの意識を変えねばならなくなる。それまで患者は通例，病気を嘆き，ばかげたものとして見くびり，その意義を過小評価してすませる一方で，病気の現れということに対しては，抑圧的な姿勢，すなわち病気の源を見ないようにするダチョウ政策（現実逃避政策）をとり続けてきた。その結果，患者は，自分の恐怖症を引き起こした条件が何であるかをきちんと知らず，自分の強迫観念の正しい意味内容に真剣に目を向けようとしない。……患者は勇気を出して，自身の病気の諸々の現象にきちんと注意を向けなければならない。(p.152)〔全集第一三巻，三〇一－三〇二頁〕

分析主体にそうした勇気を与えるのはもちろん，分析家なのである。

十代の頃に母親のクローゼットからディルド〔ペニスのような形をした大人の玩具〕を見つけたのだが，そのことを3年の分析を経てもまだ，恥ずかしいと思っていて私に話すことができずにいた。分析主体はセッションでそのことが心に浮かんだとき，その話題は私たちが話していたこと（書くときの不安）にそぐわないと思ったと言ったが，私が心に浮かんだことは話すようにと彼に促してから，渋々とそのことを話したのである。その話を彼がためらったのは，それが両親の関係を示唆したり，彼自身の性的幻想と経験を呼び起こすことを彼が嫌ったからである。

　分析家が分析主体に対して，こうしたことについて話し合うように促さないなら，分析主体は実にさまざまな結論を導き出すだろう。たとえば，分析家がそうした話題に関心をそれほど持っていないからだとか，分析を成功させるための努力を惜しんでいるとか，あるいは，分析家は分析主体の生活や空想を良からぬものと考えていて，そうした話を聞きたいと思っていないのだとか，分析家はそうした話題を聞くことに堪えられない，もしくはそうした話題は結局のところ話すに値しないのだ，などと考えるのである。いずれの結論にせよ，分析はすぐに頓挫してしまうだろう。

　辛い経験や記憶について分析主体の話を引き出す質問をするためには，分析家は自分の言葉で言うより分析主体と厳密に同じ言葉と表現を用いるのがよい。（自分の言葉に置き換える）翻訳は裏切りである。それは文字を裏切ることであり，分析主体の精神を，語らいを裏切ることである。私が，分析主体がある人やもののことを言うのに使った言葉をたまたま正確に思い出せず，代わりに別の言葉を使ったとする。すると分析主体はすぐさま，それは自分が言ったのとは違う，と伝えることが多い。あるとき，分析主体が言ったことを質問の中で繰り返そうと思い，正確な言い回しを思い出せずに，私は「では，あなたは言い合いの後，愛し合ったのですね？」と言った。すると分析主体は私の言ったことを素早く訂正し「私たちはセックスしました」と言った（彼女の考えでは，愛はなかった。だから彼女は「愛し合う make love」という言い回しを考えなかったのである）。言葉は中立的でも交換可能でもない。一語一句にこだわるほうが良い。分析主体の言葉がどれほど過激だったり分析家の感覚には攻撃的に聞こえるとしても，そうなのである（うまくいけば分析家による分析によって，分析主体の言葉はおおかた和らぐだろう）。分析主体が使う卑猥

な言葉（かなりの情動的興奮を伴っていることが多い）を繰り返すのを分析家が避ける場合，その分析家はそうした言葉——あるいは，さらにそうした言葉に結びつく身体部位や活動さえも——をよくないと思っているからである。また，分析家が分析主体の生活や幻想生活の生々しさに耐えられないとも考えられる。こうしたこともすぐに分析を頓挫させるだろう。[22]

　分析家が探索的な質問を繰り返しすることによって，分析主体が経験を明確に話せるよう手助けしなければならない場合もある。そうした手助けがないと，分析主体はかなり早期に違いない経験の記憶に圧倒され，途方に暮れてしまうのである。こうした質問では，**abuse（虐待，悪口，乱用）**などのような曖昧な言葉は避けるべきである。人によって意味のとり方が違うので，分析家はできるだけ細かく段階を踏んで，分析主体が修正しながら細部を埋められるようにしなければならない。「彼が指であなたを触ったのですか」は「彼があなたに痴漢をしたのですか」よりもずっと好ましい。

　ある私の分析主体が死体を見たときに性的とも思える反応をしたことに恐ろしさを感じたことを話していたとき，私は，彼がそれを考えるのも嫌だなどとならないように，実に多くの質問をする必要があった。彼がそのことについて自由連想できなかったのは，死体（彼はナチの映画で死体を見たことがあった）を見たとたんペニスに刺激を感じたのは，とても不道徳だと感じたからである。彼の心の中では，それは自分が怪物であることを示すものだった。彼が感じていた罪悪感がいくぶん和らいだように見えたのは，死体が調和して統一的に動いているのではなく，バラバラな身体部位の寄せ集めにすぎず，そのため自分のペニスが（そうした他の身体部位と同じようにバラバラにならないようにしている中で）縮むように感じたことがはっきりしてからである。分析主

---

[22] 分析家が自分から下品な言葉を使う必要があるといっているわけではない。分析家は単に，分析主体が言った言葉を優先し，遠回しな言い方を避けるべきである。分析家はありのままに言うことを恐れてはならない。しかし，それは，分析家が分析主体の使う性的言い回しすべてを強調したり，可能な性的連想すべてをしつこく聞きとるべきだということではない。だが，性 sexuality は人生の重要部分なのに，一部の現代の分析家はそれを忘れているようである。分析家は，性的な言い回しやほのめかしが私たちの言語活動の中に浸透している仕方や，セックスが主体の自己感覚の核にまで達していて，人間関係のかなりの面を色づけている仕方にもっと注意を払うのが良いだろう。

　また，分析家は，そもそも分析主体が理解できないような語彙を使いたいという誘惑は避けるべきである（たとえば，分析主体になじみのない精神分析の専門用語を使うなど）。

体には，あらゆる人間的感覚の領域から自分を締め出すほどに自分の性的志向が倒錯的であることの意味より，去勢不安のほうがずっと楽に取り組めた。それにもかかわらず，彼の初期の自己非難——そうしたペニスの感覚によって間違いなく，アドルフ・ヒットラーやジル・ド・レの列に自分は引き渡されるに違いないという予感に基づいている——は非常に強く，私は，彼がそれについて話すことへの抵抗を克服するために次から次へ質問をしなければならなかった。こうした作業なしに，彼が自己非難から自由になることはできなかったと思われる。

分析主体の母語ではない言語で分析作業をする場合，分析家は，分析主体が時に母語を分析家の理解できる言葉へと翻訳しているかもしれず，その翻訳はたいていまったく信用がおけないという点に留意すべきである。その翻訳はある一定の意味を裏切っているとも言えるし，（漏らしているという意味で）裏切っていないとも言える。分析家は，分析主体に，話の中や特に夢や幻想の中に出てくる主要な言葉や言い回しを母語ではどう発音するのかをときに尋ねるべきである。また，たとえ分析家がその言語に通じていないとしても，分析主体に大きな声でそうした言葉を発音させるべきである。なぜなら，分析主体が大きな声でそうした語句の発音を耳にして初めて，分析主体は，それらの音（意味が異なる語句がほぼ同じように発音されることはよくある）や語句の二重，三重の意味がきっかけになり，連想が湧いてくるかもしれないからである。

英語が母語ではない分析主体があるとき私に「不愉快な夢」を話してくれた。その夢で彼は「在庫 stocks」の営業担当をしていたが，多くの人を訪ねても誰も在庫を買いたいとは言わず，彼は「在庫」を買ってくれるよう頼まなければならなかった。このセッションに来る前に浮かんだ唯一の連想は，彼が準備していた会議のことで，有名な講演者に会議で話してくれるよう依頼をしなければならないと思っているというものだった。初めから私は文脈からすると分析主体が使った**在庫 stocks** という語が曖昧で少し奇異な感じがするという印象を持った。その語をどういう意味で言ったのか彼に尋ねたところ，私の疑念は当たり，彼はアメリカ英語なら通常「商品」や「製品」と言おうとしていたのだった。そこで私は彼に，彼の記憶にある母語の中にある言葉かどうかを尋ねた。彼はあると答えたので，私はそれを声に出して発音するよう求め

た。私が彼の母語を話せないことは彼も分かっていたので、彼はびっくりしていた。私はその言葉を正確に発音して彼に返すのに四苦八苦したことを認めなければならないが、その結果、彼はその言葉を他人の口から聞くことができた（「同じこと」でも違う人が言うと違ったふうに聞こえやすい。つまり、自分が話しているときよりも他人が話すのを聞いているときのほうが、より多義的に、両義的に聞きやすい。なぜなら、自分自身が話すときは主に伝えたいと思っている意味のほうに注意を向けることが多いからである）。私はその音をできる限り正確に繰り返し、その音を聞いて何か思い起こさないか彼に尋ねた。思い出すことはないと彼が言うので、私はその言葉には母語では他の意味があるのではないかと尋ねてみた。彼はしばらく考え込んで、笑いながら、贈り物とペニスという意味もあると言った[23]。このことがきっかけとなり、私たちはその夢の別の意味について話し合うようになった。その夢は分析主体が妻や他の女性を十分に興奮させることができないと感じていることや、彼が最近彼女らに一緒に寝てくれるよう頼むほどになったことと関係していた。この話題を彼はセッションでどのように出してよいのか分からなかった。彼はそれを非常に屈辱的に思っていて、その話を切り出せなかったのである。商品、贈り物、ペニスを意味する語を選ぶことによって、彼の夢がその話題を切り出すきっかけをもたらしたと言えるかもしれない。私たちが彼の母語でのその言葉

---

[23] ある言語内で可能で、他の言語ではあり得ない言葉遊びの類に関して、ラカン（Lacan, 1973, p. 47）は次のように述べている。「あるひとつの言語とは、その言語の歴史によって、その内部に存続しつづけてきた曖昧な言葉の総体にほかならない」。

　後に述べるように、分析では笑いはさまざまな役割を果たし、多くのことを意味し得る。ここでは、分析主体が話をした後に続けて生じる笑いについて指摘し、質問をすることの重要性を強調するにとどめよう。こうした笑いが分析主体の心に生じたことは、そのとき話したことと同じように重要であることを示している場合が多いからである。ある男性の分析主体は、母親が死んだらどんなに悲しいか話していて、次に彼が言ったのは母親が起きた後に母親のベッドでうたた寝をしたとき、シーツのにおいをかいで楽しんだということだった。彼はそれを言った後に笑ったのだが、私は初め、彼が笑ったのは、彼がこの二十年ばかり母親のベッドで寝たりしなかったので、それを言うのにばかばかしさを感じたから笑ったのだと思った。しかし、彼が笑ってから少し黙った後、何がおかしかったのかを聞いてみた。彼は、精神分析の本を何冊か読み、母親が彼に授乳を一度もしなかったことを知ってから、その「口唇的固着」の原因は母親だと面と向かって非難したことを思い出したと言ったのである。彼は、前回のセッションでは「口唇的固着」と父親を結びつけていたこと、そして、母親は父親にはすべてに反対していたと言って母親を非難していたので、このことはとても驚きだった。私がこのように促さなければ、彼は、笑いを起こさせた束の間の記憶を言葉にしなかったであろう。精神分析では笑いは、かなり注意を払うべきものである。

の意味を探らなかったら，このきっかけは得られなかった。

　分析主体の母語ではない言葉で分析する際（もちろん，分析家の母語ではない言葉で分析する際にも），多くのやっかいな問題が生じ得るが，分析家がとりわけ注意すべきなのは，異なる言語間で生じる現象である。たとえば，分析主体の話す一方の言語で発音される語や名前が，彼が話すもう一つの言語では他のことを意味したり示したりする場合である。このような「クロスオーバーする」語や名は，私が合衆国に住むフランス語使用者との分析経験から言うと，夢の解読の鍵となることが多い（それらは特にバイリンガルや一部バイリンガルの人々の夢作業で使われる，かなり言い回しのうまい偽装を可能にする）。そして，分析家が話さない母語で話す分析主体と分析をする際は，分析家はこうした言葉に可能な限り注意し，分析主体にもそうするよう強く促さなければならない。[24]

　そうした語句は完ぺきな同音異義語だったり，まったく同じ綴りである必要はない。ある事例では，自分が女性のつま先を吸っているという夢の話をした。足の親指は男根の象徴であるとすぐには仮定せず（もちろんそうした結論を排除はしなかった），むしろ私はあなたの母語で「足の親指」をどのように発音するのかと質問すると，彼は英語で「傘 umbrella」と聞こえるような語を発音した。[25] 彼がすぐに連想したのは，子どもの頃，あるとき退屈して先がかなりとがっていた傘で遊び始めたが，彼はその鋭い先っぽを足元の柔らかな泥に繰り返し突き刺していて，失敗して自分の足の親指を刺してしまい，ひどい傷になり病院に行かねばならなかった。どれほどひどくつま先を傷つけたか話すとき，彼は足がかなり腫れ上がったと言わずに，膝の上で両手でそれがどれほど大きかったかを大げさなジェスチャーで示しながら「傘が腫れた」と言い間違えたのである。この自傷の怪我と一種の自己去勢 self-castration との結びつき（傘のような対象として足の親指は伸びたり，縮まったり，しゃぶられた

---

[24] ある種の文学作品を解釈するとき，こうしたことに注意を払うべきである。ジェームス・ジョイスの『フィネガンズ・ウェイク』にある，次のいささか無意味な例を考えてみよう。Who ails tongue coddeau aspace of dumbillsilly?　これを大きな声で言うと，Oú es ton cadeau, espéce d' imbécile?（どこにおまえの贈り物はあるんだ，ばか）とフランス語のように聞こえる。この例はラカンが検討している（Lacan, 2005b, p. 166）。

[25] 足についてのフロイトのコメント（Freud, 1905a/1953, p. 155, 脚注 2）〔全集第六巻，一九九頁〕を参照。

りする）は異なる二つの言語の各語句の部分的な関係によっている。この夢はこの簡単な結びつきよりもはるかに複雑であり，親密すぎる母親との関係のために，父親に罰せられるべきだという感覚に関連がある。ともかく私が彼の母語について彼に尋ねなかったとしたら，二つの言語間の単純な結びつきは，それほど容易に生じなかっただろう。分析家はすべての言語，文化，習慣について知ることなどもちろんできないが，だからこそ，分析主体にとってさまざまなこと，言葉，活動がどのような意味を持っているのかを知ろうとするなら，たえず探究しなくてはならない。[26]

神は細部に宿る

> 精神分析は分析主体に無意識の知を詳しく語らせようとするが，その知は分析主体の中，深部にあるのではなく，ガンとして存在する。
> ——ラカン（Lacan, 1973-1974, 1974年6月11日）

　私がスーパーヴァイズしている臨床家たちに，分析主体に関するいたって簡単な質問をしたときでも，彼らはそれに答えられないことがあり，よく驚かされる。たとえば，分析主体の家族の名前，ある出来事があったときの分析主体の年齢などである。この百年の間に，分析家は名前や日付はほとんど重要でないと考えるようになったのかと思われる。ところが，家族の名前とボーイフレンドや夫の名前との間に重要なつながりが見られることはかなり多い。また，分析主体がしかじかのときに生じたと報告したある出来事が，実際には最初に想起した時点よりもやや早く，または遅く生じていたことは稀でない。それは，分析主体がその出来事を再三その重要性を軽視していた別の出来事だと考えていたからである。分析家がそれぞれの出来事が起きたときに分析主体が何歳で，何年生だったのか，尋ねる労を惜しんでいると，出来事の間にいかなる結びつきも見出すことはできない。
　ある私の分析主体で，自分は本当にほしいものは求めない，と中学生の頃に

---

[26] この点についてはラカンの北アフリカ出身の患者との分析作業に関する説明（Lacan, 1988a, pp. 196-198）と私のコメント（Fink, 2004, pp. 9-10）を参照されたい。

「意識的に決断」した者がいた。彼はどの男も本当にほしい女は手に入らないと結論づけていた（彼によれば，自分の周りにいる男たちは皆「理想の女」に恋いこがれて，結局はひとりぼっちになって後悔するのだった）。意識的な決断をしたときに何が起きたのか，という私の質問に対し，彼は何も思い出せなかった。私はその数週間前に彼が別の質問に答えて語ったことを思い出した。それは彼が14歳（たいていの人は中学生）のときに起きた特別な出来事で，彼にとって「すべてを変える」出来事だった。彼と妹はその何年も前から性的な遊びをしていて，14歳のときに彼はその最中に初めて射精した。そのとき，彼は何が起きているのか分からなかったが，彼と妹はそのことにたいそうショックを受けたようだった。その後，彼はもう一度「よりを戻そう」としたのだが，妹は決して性的遊びをしようとしなかった。本当にほしいと思ったもの（この場合は妹だが，結局母親でもある）を求めないという彼の意識的な決断は，悪い状況下での最善の方法だったのだろう。

　この分析主体は，妹との関係が変化したことにどれほどうろたえたかを強く訴えることもあれば，それを軽視することもあった。私が意識的な決断は本当はこの変化の時期にしたのではないか，と尋ねると，彼はその関係の変化が起きたのは意識的決断の数年前だったとはっきりと言った。「少なくともそう思っているのは確かです」と続け「そうでないと（妹と遊んでいたとき）ただの子どもではなかったことになっちゃいますね」と言った。後のセッションで彼は妹との関係の変化の時期を14歳から12歳に変える必要があると感じたのだと思われる。そうすれば，彼は責任をそれほど感じないで済むだろうし，そのとき「分別のあるはずの」大人といってもよい年齢だったと思わなかっただろう。もし，日付の情報を得ていなかったなら，私は分析主体の（ほとんど大人で「若い堕落者」であるという考えに対する）防衛を許してしまい，妹との親密な接触の喪失と彼自身の欲望の断念との間にあるつながりを立証できなかっただろう。分析主体が妹との関係の「すべてを変えた」出来事や，自分がした「意識的決断」を忘れていなかったことに注意しよう。無意識的なもの――つまり抑圧されたもの――がそれらの間のつながりだったのである。そして実際に，抑圧は二つの異なる出来事間の結びつきや思考を消し去ることによって作用することが多い[27]。

　まさに次のセッションで，彼は自分の妹がまさしく理想の女性だとは考えて

いなかったから，性的幻想に別の男性を入れるようになったのではないかと考えた。つまり，妹と一緒にいるのを直接想像することは強く禁じられ，その幻想（たいていの幻想にはある程度偽装が必要である）をやめることになったのだろう。代わりに彼は幻想の中で妹と別の男性の関係を性愛化させたのである。それはちょうど彼が十代の後半に妹を親友に紹介したときにそうしたのと同様だった。彼は長い間，性的幻想の中での仲介人という役割に当惑していた。14歳での結びつきによって，彼は初めてその解釈をして，ついに彼の幻想は別の道筋を見つけ変化したのである。

求めているものを手に入れる

> 真理を，真理だけを，すべての真理を語ると誓うこと，それはまさしく何も語られないということでしょう。主体がほんの少しでも真理を語ろうと思ったなら，それは主体は語らないということでしょう。
> 　　　　　　　　　　　　　　　　　　　——ラカン（Lacan, 1976, p. 35）

私たちが受けとる答えは，ほとんど私たちの問い次第であるというのは周知の事実である。もし投票者に対して，予め準備されたリストを使って，重要な問題にランクづけをするよう頼むなら，私たちは彼らにとり最も重要な問題は何かを知るための賢明なやり方をしたことにはならないだろう。というのは，私たちはそのリストにその問題を入れていなかったかもしれないからである。

---

27 もちろん，フロイトが「事後性 Nachträglichkeit」と呼ぶものによって，同時期に起きたのではない，あるいは時間的空間的に近くで生じたのではない思考，空想，出来事などの間に重要な結びつきも存在し得る（Fink, 1995, pp. 26, 64）。
　ある分析主体は，自分の姉から一度オーラルセックスをされたことがあると話した。彼が8歳頃のことだった。数週間後，彼は女の子が初めて彼にフェラチオをしてくれたのは16歳頃のことで，それには耐えられなかったと話した。私は「それは以前にもありましたね」と言ったときに，彼は「あ，そうです。私よりも私に詳しいですね」と言った。彼は明らかに二つの出来事の間を結びつけたことはなかったのである。この意味で，この関係やつながりは抑圧の活動によって壊されていたと言い得る。それにもかかわらず，2回目の出来事に対する彼の反応は，疑いなく最初の経験や，彼が性行動について学んだそれ以降の年月の間に最初の経験が持つようになった意味によって，色づけられていた。

もしその頁に投票者が自分で自分の問題を書き込めるような空欄がないと，彼らにとって何が最も重要なのか，何も分からないままになろう。

　同様に，分析作業での最良の策は「それであなたは笑ったのですか，泣いたのですか」（たいてい「どちらでもありません，胃がむかついてきました！」のような答えが返ってくる）と尋ねるのではなく，自由回答の質問 open-ended question をすることである。A か B か，あるいは ABC を提示して選ばせることよりもむしろ，一般に分析主体にこちらからは言わないほうがよい。ある状況に対し分析主体のしそうな反応を推測しようとするより，「そして？」「それはどんな様子？」あるいは「どう反応したのです？」などと簡潔に言うほうがはるかに意味があることが多い（この経験則に対する例外は前に述べた通りだが，そこではかなり的確な質問が要求される）。こうした問い方のほうが，ずっと楽に分析主体は自分の好きなように答えられる。

　問い方によって答えはある程度決まる。「それはあなたにとって辛かったですか」と言えば，おそらく「辛い」という語を含んだ反応が返ってきやすくなるだろう。一方「それについてはどうですか」とだけ尋ねれば，まったく異なることを分析主体は強調したかもしれない。私は夢や空想について作業をする際に特に自由回答の質問が有効だと思っている。分析主体はあるとき夢のほんの断片——彼の父とレインコート——しか思い出せなかった。彼は作業するには素材が少なすぎると思うと言ったが，私はいつもの仕方で，「レインコートについてはどうですか？」と尋ねてみた。「何も」と彼は行った。「何も？」と私は 10 秒ほど間をおいて質問した。その間に彼はある特定のレインコートのイメージが思い浮かび，すぐにそれは父がある日，ある店で着ていたものだったと分かった。そのとき，幼い分析主体はたまたま間違ったレインコートをつかんでくっついていき，見知らぬ人とその店の駐車場に立っていることにすぐ気がついた。この時まで，彼はその話がどのように結末を迎えるか決して思い出せなかったが，突然父親が駐車場からそれほど遠くない場所にいて，彼のところに走って来たことを思い出した。父親は彼を抱き上げた。「まるで父親が私を欲しているかのようでした。……たぶん，父親は結局子どもがほしかったのでしょう」。分析主体の母親は父親が決して子どもを欲しがらなかったことを何が何でも分析主体に認めさせようとした。それで分析主体と父親の関係はかなり悪くなったのである。

自由回答の質問をすればそれだけ，答えは予想外で期待していなかった，かなり生産的なものとなる。

「なぜかを知らない」

> 私は真理を発見しない。作り出すのです。
> ——ラカン（Lacan, 1973-1974, 1974年2月19日）

　分析の初期段階で分析家が多くの質問をするなら，とにかくある程度分析主体に自問するよう促すことになる。分析主体が自分から問いを発し始め，自分の経験したことにあれこれと疑問を持ち始めないと，本当の意味で分析に入ることにならない。それまでは，夫が分析に行ってほしいと要求したり，上司が治療を受けるよう強く勧めたから，分析主体は分析に来ているのだろう。分析家が突きつける質問に分析主体は熱心に答えるようになるだろうが，それでも分析主体はまだ自分のために，自分の理由から，自分自身の動機によって何かを明らかにしようとして，分析しているのではない。

　ラカンが述べているように，主体とは一つの問いであり，分析主体が自分自身で一つの問い（あるいはいくつかの問い）を明確に述べるとき，私たちは初めて分析主体が分析に対して主体的に関与していることを確信できる（Lacan, 2006, p. 251）〔第一巻，三四二-三四三頁〕。この問い——なぜいつも自分は怒っているのか，なぜその性的嗜好を持っているのか，なぜ最も興味のある分野に進めないのか，望むことを何も探せないのか，など——への分析主体による備給こそ，夢，白昼夢，幻想，そして，分析主体の人生のあらゆることを通して分析主体に答えを求めさせる動機を与えるのである。この問いによって，分析主体は，たとえそれが困難で辛い作業だとしても分析を続けられる。

　この問いは，こうして分析の重要な原動力なのだが，分析主体がそうした問いをはっきり言えるように分析家がするための明確で確実な方法があるわけではない。[28] 分析主体は皆違う。分析家のオフィスに来るずっと以前から問いがはっきりしている者もいれば，決して問いを明確にしようとしているとは思えない者もいる（「夫のどこに問題があるのでしょうか」「ここでいったい何をす

るのですか」といった問いは別として)。長短さまざまな予備面接を経て，分析家の促しによって，問いをはっきりさせようとする者もいる。このような分析主体は，分析家が明示的にせよ示唆的にせよ「なぜ」という問い(なぜあなたは20歳もあなたより若い男性を父親のようだと考えるのですか。なぜあなたは彼と激しく言い争い続けていると考えるのですか。なぜあなたはアルコール中毒の治療に初めて行った日に自分のアルコール依存症のことを母親に話さなければと感じたのですか)を繰り返し投げかけていると，問うということを自分自身のものとするのである。セッションのときに分析家のする特定の質問をめぐってセッションとセッション中に少しずつあれこれ考えるようになり，やがて分析主体は問うという姿勢を自分のものにすると思われる。分析主体は夢の連想として過去の出来事を思い出すとき，「なぜあのときあのように行動したのだろう」と考え，**なぜ**そうしたのかを自問するのである。

　分析家が「なぜ？」と繰り返し問うことによって，なぜかを知ろうとする欲望に結びつくようになる事例があるだろう。ラカン(Lacan, 1998a, p. 1)は，人生での私たちの一般的態度は，知ろうとしない意志であると指摘している。何が自分を悩ませるのかを知ろうとしない，なぜ自分はそうするのかを知ろうとしない，自分が密かに享楽していることを知ろうとしない，自分が享楽していることをなぜ享楽しているのか知ろうとしない，など。そうした知ろうとしない意志を克服するには，強い動機，かなりの備給が必要であり，分析家にとって最も扱いにくい課題のひとつが，そうした備給を分析主体に奮い起こさせる方法を見つけることである。分析家が繰り返す質問を通じて示されるように，分析家の知ろうとする意志によって，ともかく分析主体にも知る欲望があ

28　フロイトは分析の動因は患者の良くなろうとする意志であると仮定したが，患者はとりわけ以前の状態のように物事を元に戻したいと考えているにすぎず，本当に良くなりたいとは考えていないことが多い(Fink, 1997, 第1章)。
29　このように分析主体によってさまざまだが，それは，分析家が分析主体を惹きつけ，精神分析という冒険に分析主体を「留まらせる hooked」ための最初の手が非常に多様であるということである。精神分析では，チェスのように第一手の数が限られているわけではない。
30　他の精神分析の見方をする分析家はこのことを違ったふうに説明するだろう。たとえば，分析主体が分析家に同一化したり分析家を取り入れることとして，あるいは「観察する自我 observing ego」を分析主体の中に育てることとして，捉えるだろう。第5章，第7章で理由は明らかになるが，ここではラカン(Lacan, 2006, p. 628)〔第三巻，六三頁〕のよく知られた定式「人間の欲望は《他者》の欲望である」を引用しておきたい。

る程度生じるだろう。分析主体に執拗に問うことによって，分析家は分析主体があれこれと考える原因，なぜかを知ろうとする分析主体の欲望の原因になるのである。[31]

---

[31] 拙著（Fink, 1997, pp. 11-14）〔一五-二〇頁〕で指摘したように，分析主体が自分の人生行路のさまざまな謎について自分自身で多くの問いを明確にする時点が，対面での予備面接の終わりとなる。つまり，このとき分析家は分析主体をカウチへと移すことを検討すべきである。
そうは言っても，分析家はあまりに多くの質問を投げかけて，セッションで話題にすること，しないことを方向づけないよう注意すべきである。扱う主題やセッションの方向性全般については分析主体に委ねるべきであり，例外は分析主体が明らかに重要な作業を避けているときに限る。

第**3**章

句読点を打つ

> 聖書にせよ，中国の標準的なテクストにせよ，象徴記号による書き物の写本の研究では明らかなことだが，句読法の欠如が曖昧さの源泉になっている。句読法はいったん挿入されると意味を確定するが，句読法を変えると意味は一新されたり，覆ったりする。句読法が正確でないと意味をゆがめる。
> ——ラカン（Lacan, 2006, pp. 313-314）〔第一巻，四二八頁〕

　話し手とは，書かれたテクストに見られる句読法と同じように，自分自身の語りに句読点を打つ者と見なすことができる。一定の句点を入れて止めたり，ある語を強調したり，他の語はささっと言ったりぼそぼそ言ったり，特定の語句を繰り返す。これはある意味で既存の句読法といえる。話し手自身が示す読みに応じて，語りに入れられた句読法であり，話し手が自分で自分の発話に与える意味に応じた句読法である。この既存の句読法では一つの読み——読みとるのがあまりに簡単すぎて話し手にとっても浅薄でつまらないと思われる読み——しかできないことがある。しかし，その句読法ではテクストを読みとるのがどうしても難しいという場合もある。聞き手が時に出くわすのは，ぼそぼそ話すために特に重要でデリケートなポイントを追っていくのが難しくなったり，ある発言のうちもっと重要な部分だと思われる部分とは別の部分をわざと強調したり，また，調子よく世間話をしていたかと思うと，急にデリケートな話題について次々話し始めたり（こうした言葉の連発は，隠そうとする願望を裏切っているように思える）などである。以上のように既存の句読法は話し手による意味を曖昧にしたり，話し手の言葉を伝えたい意味だけが伝わるように提示するものと思われる。

　分析家は，分析主体に対して，もう少しゆっくり話をさせたり，小さい声でつぶやいている言葉をもっとはっきり言わせたり，自分のことをもう少したく

さんしゃべらせることによって，既存の句読法を変化させようとする。ある分析主体が，「私の兄はまったくつまらない人間でした」と述べた後，少し間をあけたことがあった。私はその間をコンマ（読点）と読み替え，その分析主体を促しそのコメントについてさらに詳しく述べさせようとして，尋ねるように"Hmm？"と言うと，彼はちょっとためらってから，あるとき友人から言われたことが心に浮かんできたのだった。「僕は兄貴が嫌いだ。なぜ兄貴を殺しちゃいけないんだ？」と疑問符（？）を加えることにより（第2章で見たように），前に言ったことの意味をまったく逆にする一言を引き出すことができる（殺したいと思っているような人物は少しも「つまらない人間」には見えない！）。

　分析家の仕事の一つは，少し異なった句読法――分析主体の発話の「テキスト」においてそれまで見えなかった意味を引き出す句読法――を与えることである。聖書やアリストテレスの著作のように，最初期の形ではまったく句読法がないことの多いテキストでは，句読点のつけ方を変えれば，それに応じてかなり違った理解が可能となるため，何世紀にもわたり正しい解釈について激しい論争が行われてきた。分析の状況では，分析主体の発話に正しい句読法や解釈があると仮定して始める必要はないが，結論としては，より生産的な句読点の打ち方というものがある。分析主体が付けたでき合いの句読点を持つテキストから始めて，分析主体の受けとっている意味を揺さぶり覆し，分析主体を変化させるようにそのテキストを読んでゆくのである。

抑圧されたものを目指す

> 私たちが自由に漂う注意によって分析主体が言ったことを聞くのは，時として，一種のあいまいな言葉，つまり素材の等価性〔二つの語や表現がまったく同じに聞こえる〕があるためです。分析主体が語ったことをまったく違うように理解できることを私たちは知っています。そしてまさしくまったく違うように聞くことによって，分析主体に，自分の思考がどこから生じているのか気づかせるのです。分析主体の思考はララングという外‐在 ex-sistence から生じているのに他なりません。ララングは，分析主体が思い込んでいる自分の世界以外のところに外‐在 ex-sistence しているのです。[32]
>
> ――ラカン（Lacan, 1973-1974, 1974年6月11日）

句読点を打つべきところはどのように分かるのか？　分析主体はとにかく，かなりいろいろなことを言うのだが，どの一言に句読点を打つべきだろうか？

神経症者に対する分析家の全般的な方略の一部は（分析主体の言葉を分析家がきちんと聴いていることにより，分析主体が分析家に相当の信頼をおくようになっていれば），抑圧されたものを目指すことであるから，その答えは簡単である。無意識の現れ（もしできるならそのすべて）に対して句読点を打てばよい。すなわち，繰り返して言う，強調して復唱する，続けてきっぱりと"hmm？"と言えばよいのである。[33] 無意識の現れは，通常の言い間違いや，分析主体が言おうとしていることを突然忘れるといったことよりはるかに多いが，驚くべきことに，長い間臨床をしている人たちも，そうした明らかな無意識の現れでさえ，聞くことも追求もしないのである。

以下では，無意識の現れ（分かりやすいものもあれば，それほど分かりやすくないものもある）について，いくつか例を挙げよう。

- よくあることだが，言葉が始まっては止まり，また始まるといったような場合，別の読みができることがある。たとえば，ある私の分析主体は「頭に来ています（exasperated）」とはっきり言おうとしたのに，「あ（ex-），あ（ex-），あ（ex-），……頭に来ています」とつかえたのだった。それは，彼女が分析で話題にしていた男に「捨てられ」，自分がその男の「元カノ（ex-lover）」になってしまったことにかなり頭に来ていた（exasperated）ことを強調するもの（無意識だが）として読めるだろう〔「exasperated（頭に来ている）」の接頭辞「ex-」には，「前の」，「前-」，「かつて」の意味がある〕。
- 間違った位置から言葉が始まることがよくある。ある私の分析主体は「my behavior（私の行動）」と言い始めて，「behavior」の「be」を落としてし

---

[32] ララング lalangue はラカンの仕事の中でも複雑な概念である。ここで詳しく論じることはしないが，セクト sects とセックス sex のような二つの語が，しゃべる場合にはまったく同じように聞こえるのは，ララングによってである，とだけ言っておこう。

[33] ギル（Gill, 1982, p. 63）〔六五頁〕は中立性を「患者の表出すべて（すなわち，セッションの過程で患者が言ったり行ったりすることすべて）に平等な注意を与えること」と定義している。ここで行っているように，無意識に焦点を当てることによって，中立性という概念が生産的な精神分析の作業にとりいかに不適切か，明らかになるだろう。ギル自身は，ほのめかしにせよ抵抗にせよ転移の感じがするものに対して，他のものよりもかなり注意を向けており（第7章を参照），彼自身のアプローチが決して中立的ではないことが分かる。

まった。彼は「my hate」のように発音した後すぐに気づいて止めたのである。少し伸ばすような発音だったので（「hav」は「haven」〔/héiv(ə)n/避難所〕の第一音節のように発音され，「hate」とまったく同じ発音ではないが，響きが似ていた），もし分析主体が，話に出していた人物に対してかなり怒っていたことをそのとき明らかにしていなかったなら，私はそこに句読点を打っていなかっただろう。しかし実際には，その句読点が非常に効果的に働き，分析主体の行動のターゲットであった男に対してほとんど表さなかった怒りについて分析主体に話をさせることができたのである。

- 文を言い始めても次第に声が小さくなることがよくある。ある私の分析主体は自分の母親のことを話していて，こう言った。「私の母はすごく pretty，すごく，すごく……」。その後，彼がしばらく間をあけたので（後で分かったのだが，そのとき，平凡 prosaic という語を探していた），私はそこで文を止めて，次のように言った。「あなたのお母さんは可愛い pretty？」。話し手（分析主体）が強調しなかった語や表現を強調することによって，同じテキストなのに違った解釈を与えて，話し手にそこに注意を向けさせ，それについて詳しく話すよう促すのである。

話し手は多くの場合，ある一定の文を言い始めた後，次のようなことをする。

- 文の真ん中でやめて，違う話題について新たに文を始める（たとえば，「本当にやりたかったのは……，とにかく問題は……」など）。ここでなすべきなのは，分析主体に最初言い始めた考えについて最後まで話をさせることである。この最初の考えは，分析主体により避けられたか，検閲されていると思われる。おそらく，それについて一度議論しかけて，途中で否認されたのである。
- 途中でやめて，文を作り直す。だが，同じ考えを持ち続けていて，最初に心に浮かんだ文の中で，次に来るはずだった言葉を避けている（話し手の心に実際，どの程度文が予め浮かんでいるのかはともかくとして）。もう一度，ここで分析家は分析主体を元へ戻らせ，最初に言おうとした考えを完成させるようにしなくてはならない。

話しながら自分の文を几帳面に作り直すという人たちがいるのは確かだが，だからといって，回避とは異なる何かがそこで作用していると思わなくてもよい。回避や言い逃れは，他の人々以上に彼らの話し方にかなり特有のものだろう。[34]

　実際，第 1 章で指摘したように，分析家は発話におけるあらゆる回避の形式を注意深く見つけなくてはならない。その回避が，省略（意図的にせよ意図的でないにせよ文中のある語を省く）や婉曲表現（頭に浮かんだ言葉や慣用表現ではなく，複雑で難しい表現を使う），その他どのような修辞的表現によって生じているかにかかわりなく，そうする必要がある。

　回避とは話の一部が省略されているということであり，その欠けた部分を可能な限り回復させるのが私たちの責任である。話をすべて語ること（ラカン Lacan, 1973, p.8 が言ったように，真理をすべて語ること）は決してできないけれども，分析主体を促し，経過中ある特定の時点でできる限り多くの話を語らせることは重要である。そうしないというのは，分析家が抑圧されたものの徴候や痕跡すべてを積極的に追求していないということであり，それは結局，分析の進行に対する分析家側の抵抗と同じである。この意味で，それは分析家の逆転移の重要部分であると考えられる（第 4 章，第 7 章を参照）。

　「あなたにはばかばかしい考えでしょう」，「今すごく非常識なことが思い浮かびました」，「これはきっと何にも関係はありません」，「まったく無関係ですが」というように否認を表す発言から始まる言い方には，常に最大の注意を払わなければならない（退屈を表すあくび，まったく平板な声の調子のような非言語的手がかりも否認 disclaimer を示す言葉と同様に機能し得るだろう）。こうした否認を表す言葉が出るのは，多くの場合，分析家が何かを強調したり解釈をしたりして分析主体が次第に少し黙り込んだ後，「どんなことが浮かんできますか」とお決まりの問いかけをしたときである。分析主体は介入されて心によぎったことを考えたいとは思わず，その重要性を軽視しようとする。分析主体が自分の心に浮かんできた観念を「くだらない」，「無関係です」，「こじつけです」，「ばかな」，「陳腐な」，「ばかげた」，「思いもかけない」などと言うなら，分析家はそれはそうではないと確信できる。ラカン（Lacan, 1998a, pp.

---

[34] アメリカでは，演説する際に自分の文を絶えず作り直す政治家がいることが知られている。このことは彼らの率直さ（あるいは，その欠如）を測る指標と見なすべきだろう。

11-13)は，まさしくそうしたばかげた言動について私たちは分析しているのだとさえ言っている。そうした言葉は，分析主体がみっともない，話題にしたくない，そして触れてほしくないと思っている思考に対する防衛なのである。

　よくあることだが，初めは目下の話題から注意が逸れたり，気が逸れたりしていると思われる思考（「私はまた上司のことを考えていました」）が，探求してゆくと必ず密接に関連していることが分かってくる。間違いなく以上の理由から，分析家の句読法や解釈の直後にそうした思考が分析主体に生じるのである。こうした否認を分析主体の「不誠実さ」とか「意図的な」抵抗を示すものと見なさなくてもよい。分析主体はかなり多くの場合，治療中のある時に生じる，見た目では関係のないイメージや思考，感情に騙され，日常会話の慣習に従って同じ話題を続けようとするのである（分析家は，この生産的でない習慣から分析主体が抜け出せるようにしなければならない）。

　否認を示す言葉に表れるのと同じやり方は，分析主体がとるに足らないことを示すかのようにそっけなく話すコメントにも見られる。セッションの開始すぐに，悪夢であったような夢が何気なく語られたりするが，その夢そのものが語られるときには，悪夢という特徴については何も話されることはない。分析家が分析主体に，初めの頃語ったことを思い起こさせるときになり，ようやく分析主体は悪夢の特徴をはっきり述べたり，以前には無視していたその夢の悪夢的な部分を詳しく話すのである。分析主体は，あたかも分析家に何らかの重要なことを話してから「どうかそのことを私に話させようとしないで」と言うかのように，分析家にそこに注意は向けさせないといった方法をとっているかのようである。つまり，分析主体は，分析家に何かを気づいてほしいとも気づいてほしくないとも見えるのだが，分析家は常に，（分析主体の防衛にではなく）気づいてほしいという分析主体のほうを支持しなくてはならない。

　分析主体が肘掛椅子や寝椅子から立ち上がり，ドアから出ようとしたときに，夢の中の出来事や人物についての重要な連想が，ふとした何気ない一言として現れることがときどきある。そのとき，分析主体は「今日はもう遅すぎて話題にはできない」などと思うのである（可変時間セッションを実践している臨床家なら，その時点で分析主体を肘掛椅子や寝椅子に連れ戻し，セッションを延長するだろう。第4章を参照）。分析主体がその一言に触れなかったり，忘れてしまっているようなら，分析家は次のセッションで必ず分析主体にその

一言を思い出させるようにしなければならない。

夢のいくつかの部分は，最初話したときには除外されていて，セッション中に連想の過程が始まると思い出される場合がある。夢の理解に特に重要なのは，たいていそうした部分である。同様に，分析主体との分析作業が最初の段階を越えて進んでくると，分析家は，それまで分析主体が自分からは連想しなかった夢の要素について連想するよう促すことだけに努力を注ぐことができるし，その結果，分析主体が**連想し解釈する作業から除外されてきたものを強調する**ことができる。分析主体を積極的に促して夢のありとあらゆる要素について連想させる，といった必要がなくなる。もしそれが必要となると，分析家の側にかなりの作業量がもたらされ，分析主体が自分の夢を解釈するのに手っとり早い方法を使わないのなら，1か月に何度も連想させ続けなくてはならないことが多くなる。（特別の出来事，家族力動，夢，幻想，あるいは白昼夢を物語る）話から除外されてきたものを絶えず強調することによって，分析家は抑圧されたものに目標を定め続けることができる。[35]

言わずもがなの否定と強調しすぎる断言

> 否定は何かを認める仕方でもある。
> ――ラカン（Lacan, 1974-1975, 1975年3月18日）

　分析家が通常句読点を打つべき別の種類の発言は，私が「言わずもがなの否定」と呼んでいるものである。分析主体はこの形式の否定によって，誰もそれは本当だと主張していないときでも，本当**ではない**と言い張るのである。ある分析主体がかつて，「最後のセッションが終わってから，一つの思い出が頭に浮かんで来ました」と語ったことがあったが，急いでこう付け加えた。「それ

---

[35] ここで私は，ある話から除外されているものが実際に抑圧されているかのように述べているが，厳密な意味で抑圧は普通もっと包括的になされるものである。つまり，抑圧されるのは分析主体が語る話**すべて**から除外されている何かである。しかし，脚注が元の本文と抑圧された関係を持っているように，特定の文や話から除外されているものが抑圧されているという考え方には，何かを発見するのに役立つものがあると私は考えている。しかし厳密に言えば，以上のことを示す用語としては，**禁圧（suppression）**が正しいのかもしれない。

は私の性的志向とは何も関係がありません」。それから，彼はこう続けた。「6歳のとき，いとこたちが『おまえはもうすぐ女の子になるんだ』としつこく言ってきました。そして『僕たちも前は違う性だったんだけど，おまえくらいの年で，性が変わったんだよ』と言ったのです」。彼らは彼にこのことを秘密にするよう誓わせて，母親に話さないよう約束させたのである。彼のこの言わずもがなの否定では，「ない not」を事実上取り除いてもそれほど無理があるとは思えないし，この出来事（当時はかなり悩んだことを彼は認めている）が彼の現在の性的志向に対して何らかの役割を果たしていることを彼自身がある水準で認めているかのように，それを読みとってもこじつけにはならないと思われる。

こうした言わずもがなの否定の事例については，なぜそのときの文脈（この事例では，分析という文脈）で誰も少しも口にしたり肯定したりしていないことに時間とエネルギーを費やして否定する人がいるのか，常に問うてよい。分析主体が精神分析家について知っていることを考えれば，彼は分析家が結論を急いでいるのだろうと思い込み，単にその結論を先取りしようとしているだけだと反論することもできるだろう。ある分析家たちの場合はその通りかもしれない。しかし，思考は，拒絶された形や投射された形でも——すなわち，その考えは後からそれについて話し合う人のものとされるにせよ——まず分析主体の頭に浮かんだものである。そして実際，今述べてきた分析主体の場合，そのことが彼の現在の性的志向にかなり関係しているという考えを，最初に私の頭へもたらしたのは彼自身だったのである（私はまだその話を聞いてさえいなかった）。

こうした言わずもがなの否定は，治療状況においてと同様，日常生活でも普通に見られる。「批判するつもりはありませんが……」という冒頭の一言は，あなたの対話者は批判的ですよという露骨な警告である。同様に「厳しくするつもりはありませんが，ただ私が言っているのは……」という一言は，あなたの対話者はとにかくある水準で，実際には厳しくしようとしていることを認めていることを明確に示している。

「言わずもがなの否定」と似ているものに，私が「強調しすぎる断言」と呼んでいることがある。聞いている人がなぜだろうと不思議に思い始めるほど，力を込めて繰り返し何かを断言する分析主体（あるいは，政治家，会社社長な

ど）がいる。自分の言っていることをそれほど熱烈に信じているのなら，なぜその話し手は，はっきり感じられるほどそれを強調しなくてはならないと思うのだろうか。ある私の分析主体が「私は完全に，絶対に，はっきり覚えています……」と言ったが，それで私は，おそらく，彼は覚えていると主張していることを実際にはそれほどしっかりとは覚えていないのではないかと怪しんだ。それ以前に，私は疑っている様子を見せたわけではまったくなかった。分析主体は新たな話題を話し始めたばかりのところであり，私は彼が何を言おうとしているのか，まだ何も分からなかったからである。このときもこの話し手は「むきになって言い張っている」ように思われる。

文脈から取り出す

　　（精神分析は）無意識という外-在 ex-sistence に基づく実践である。
　　　　　　　　　　　　　──ラカン（Lacan, 1973-1974，1974年6月11日）

　人の語りに句読点を打つ分かりやすい方法は，その人の言葉通りそのまま繰り返すことである。それによっていわば強調したり，下線を引くのである。他の人によって正確に同じ言葉が繰り返されるのを聞くだけで，その言葉に新たな光が当てられ，違うように聞くことができる場合がある。また別の場合には，分析主体の語りのうちいくつかの言葉だけを繰り返すことがさらに役立つかもしれない。一つか二つの言葉だけを元の文脈から切り離して繰り返し言うことによって，たとえば，分析主体が数分前に母親のことを話すのに使ったのとまったく同じ言い回しを恋人のことを言うときにも使っていたことを強調できる。

　慣用表現の多くは多義的であり，分析主体が話の中で使った慣用表現を繰り返すだけでも，分析主体が最初に意図していた文の意味に対してかなり違った光を当てることになろう。たとえば，ある私の分析主体が夢について話していて，「夢で私は何かを持っていて，それをあげようと彼女のところにちょっと立ち寄りました」と言ったとき，私は「それをあげようと彼女のところに」とだけ繰り返して，分析主体の性的幻想の中でこの語句が重要であることを思い

出させた(幻想では誰とははっきり分からない人物がそう言っていて,彼に女性とセックスするように告げている)。表現を切り離すことによって,分析主体は,(実際これといった特徴のない)夢に出てきた対象の不思議な点や,それを誰かに贈り物としてあげるということがどういう意味なのか,それほどいろいろ考えずに,表現の比喩的意味のうちの一つを考慮に入れることができたのである。

同じ分析主体は別の夢では,知り合いの女性を見て,赤いブラウスを着ているのに気がついた。それから,彼は「赤を見たいかのように,その赤を彼女の上半身から下半身のほうへ移してゆきたいかのように」見下ろした。「赤を見る see red」は明らかに「かっとなる get angry」という意味でもあり,分析主体の発言全体ではなく,こうした多義的な言葉だけを繰り返すほうが意味を持っていることは確かである(この事例では,分析主体自身が二重の意味に気づき,それによってさまざまな観念を関連づけるようになった)。

慣用表現自体が曖昧なのではなく,むしろその慣用表現が分析主体の話し方の文法に組み入れられているその仕方が曖昧なことがある。たとえば,ある私の分析主体は妻との関係について話していて,「I was trying to earn her keep. 私は彼女の世話になろうと/彼女の食いぶちを稼ごうと/していました」と口にした。私が「Her keep? 彼女の世話/彼女の食いぶち?」と尋ねると,彼は,自分が彼女の世話になろうとしていると言っているのか,彼女の食いぶちを払おうとしていると言っているのかはっきりしないほど,言っていることの意味が変わるのに気がついたのである。少し経って,同じ分析主体が別の女性について話していて,「私に対する彼女の関心が萎えていた(withering)」と不平を言った。「萎える(withering)?」と私が答えると,彼はそれを,性的な意味と,自分についての彼女の良い意見が減っていった,という彼の思っていた意味との両方(おそらく文脈によってしか分からない)に聞いた。そして彼は,**関心 regard** という語が熟視 gaze や見る look に理解できることに気がついた。彼女によって見られていることが彼を委縮させたのである。[36]

---

[36] ケースメント(Casement, 1991〔I〕)は,分析主体が言うことを文脈から取り出す興味深い例を挙げている:

> 患者が「私の上司は私に腹を立てているのです」と言ったとすると,それをそのまま「誰かが誰かに腹を立てている」として取り出せます。このとき,誰が誰に腹を立てているのかは

夢が長くて複雑なために，分析主体がほとんど連想が湧いてこないと最初にはっきり言うような場合，夢の中の語や語句を強調することが役に立つことが多い。その言葉や語句の多義性によって，夢はいくつか違う方向へ導かれる。ある分析主体が私に語ったいくつかの場面を持つ詳細な夢では，ある所で数人の修道士が円卓に座って皆で楽しい歌を歌っていた。彼は「偽の指輪を持っていました」とコメントした。「円卓」が二つの違った思考のつながりを生じさせたのは明らかだったが，私が分析主体に対して「偽の指輪」という言葉を繰り返したとき，この言葉が彼の結婚を素材とする数回のセッションをもたらしたのである——結婚に至った外的な事情（ビザの問題），そのときに買った偽の指輪の類（金ではなくて銀），最後は金の指輪に交換したがその指輪をその後，火事で失くしたことなど。「私たちは事を深刻には考えていませんでした」と彼は言った。そして，父親を連想する結婚という制度から逃れたいことを明らかにした。彼の父親は「楽しくなくてはいけない」といつも言っていたが，その言葉は分析主体には本当とは思えなかった。むしろ，それは見せかけで，「父親は（家族の）ために楽しそうなふりをしている」ように思われた。分析主体にとって，夫になることは父親のようになることだった。彼は父親を，性とは無関係で所帯じみていて，欲望のない正直者で，立派な共同体の一員だと見なしていた。実際，分析主体は，結婚前は自分の妻になる人と互いに激しく

はっきりしないままです。客観的に事実を報告した一言かもしれません。上司に投射された患者の怒りのことを言っているのかもしれません。転移や怒っている治療者のことを置き換えて言っているのかもしれません。患者が治療者に腹を立てていることを遠回しに言っているのかもしれません。(p. 37)〔四五頁〕

結局，ケースメントは文脈から「**怒り anger**」という語を取り出しただけであり，それによって彼ができるだけいろいろなことを考えられるということである。さらに一言付け加えておくが，分析家がこのように語や語句を文脈から取り出し，分析主体にその言葉をそのまま返すと，分析主体は「実は母親がいつも使っていた言葉です」と答えることが多い。

分析家は文脈から語や表現を取り出すことで，無意識が夢形成の過程で行っていることを逆にしているだけであることに注意しよう。フロイト（Freud, 1900/1958, pp. 165-188）〔全集第四巻，二一八-二四八頁〕が述べているように，夢は，誰かが言ったコメント，前日にどこかで読んだ言葉のような「日中残滓」を取り上げ，夢で本当に問題になっていることを隠すためにそれらの日中残滓を違う形に作り直すのである。分析家は夢の顕在内容の文脈からそれらを取り出すとき，分析主体に日中残滓——すべての事例でそうだと仮定すべきではないが，分析家を含んでいるかもしれない残滓（それは数ある中の一つの可能性にすぎない）——での最初の出所を思い出させるのである。

愛し合ったが、その後、彼女にそれほど魅力を感じなくなっていた。多義的な語となり得る「偽の指輪」を文脈から取り出すことによって、それまで検討しなかった多くの素材がもたらされたのである。「私を癒し、私を完全にしてくれて……、私はリラックスしてもともとそうであるはずの本当の存在になれるだろう」、そういう「特別な一人」への誓いとしての結婚に関する彼の考え方について話し合うことができたのである。

「一貫性のなさ」歓迎

レトリック以外には何もありません。
——ラカン（Lacan, 1974-1975, 1975年1月21日）

　無意識の現れに限って句読法を使うことは、分析家が採用できる最も安全なアプローチであることは確かである。それにより、分析家自身による治療計画——患者に特定の何かを理解させたい、ある具体的な地点へ到達させたい、一定の目標を達成させたいなど——の影響は最小限にとどまり、治療経過の指針として、分析主体の無意識を最も忠実に採用することができる。
　しかし、そうした現れが、分析をスムーズに始めるには十分でない場合がある。初期のセッションではほとんど言い間違いをしない患者もいるし、夢、白昼夢、幻想を思い出さないとはっきりいう患者もある。こうした患者は、臨床家にほとんど句読点を打たせず、よく注意して聞いていることを患者に示す以外には何もやらせないのである。
　このとき、分析家は何を浮き彫りにし、繰り返して言い、句読点を打てばよいのか。分析主体が分析家に話すとき、懸命に一貫性を保とうとしていると思われるものなら何でもよい。たとえば、分析主体は「でも話が長くなります」などと言って、話題を変えようとするかもしれないし、「でもそれは私が知ろうとしていることではありません」と言うかもしれない。こうした言葉は、自分の身の上話のある特定の範囲に関する患者の連想や思考の傾向（おそらく意図しない）を示しているが、そうした連想や思考は、患者が強調しようとしているポイントを想起しようとするとき、検閲を被るのである。このような事例

では，一貫性を保ち脱線しないという意識的意図，分析家に対して自分をやましさのない道理にかなった者として表現するという意識的意図によって，患者の連想の「より自由な」方向は無視されるのだが，分析家は患者に対してそうした自由な流れに任せるよう促すのがよい。分析家は分析主体に対して首尾一貫していることを少しも要求していないことを暗に示すのである。自分の思考や発話に一貫性を持たせようとするのは分析主体の自我であり，他方，抑圧されたものを感知できるのは分析主体の「自由連想」（より深い意味では，自由連想は結局，自由ではないのだが）によってである。

分析主体の心は一つということはない。事実，分析主体には相反する思考や欲望，意識，前意識，無意識が内在している。私たちは，分析主体の口から出てくるものに一貫性や無矛盾性を課そうとする分析主体の自我と共犯になりたいとはまったく思わないし，矛盾が出現したとき，分析主体を矛盾していると非難することは決してない。分析家は実際，どのように分析主体の心が一つではないのか，どのように分析主体は「分割された主体」（Lacan, 2006, p. 693）〔第三巻，一五七頁〕であるのかを浮き彫りにしようとするのである。

芸術家としての分析家

> 主体の語りが織りなす楽譜は三つか四つの譜表によって構成されており，それをもとに総譜が読みとれるのだが，そうした譜表をそもそもの始まりから（引き出すのが私たちの仕事である）。
> ——ラカン（Lacan, 2006, p. 253）〔第一巻，三四五頁〕

優れた画家とは，人々が見るのと「同じもの」を見て，何か異なるものを見てとり，それを私たちに見えるようにする者だと考えられている。画家はそれまで見えていなかったものを露わにし，知覚できるようにするのである。ヴァン・ゴッホの場合なら，それは古靴から見てとれる人間性であろうし，モネの場合なら，盛夏の太陽の日差しの下，庭に揺らめくさまざまな色だろう。写真家は光と質感で同じことをする。フィルム，フィルター，シャッタースピード，絞りを使って，そこにあるものを明らかにする。それは既にそこにあるの

だが，いわば見られるのを待っていたのであり，写真家の手がなければ見られないものである。駆け出しの音楽家は楽譜の音符に従ってほぼ正確なスピードで演奏しようとするが，熟達した音楽家は，スピードやアクセントを変えることによって，まったく同じ音符に暗黙のうちに含まれる多様なメロディーや声を巧妙に引き出す（本書〔原著〕のカバーにあるバッハのフーガのように）。

　治療者として私たちも同じように行っていると見なすのは，有益な考え方だろう。私たちはそこにあるもの——既にあり，聞かれるのを待っているもの——を明らかにするのだが，それは私たちの手助けがなければ聞かれないものである。「自分の欲望はささやきのようなものでした。分析を始めるまで，心のささやきは，それまで誰も，自分でさえも聞くことがなかったほど，かすかなものでした」。ある私の分析主体がかつて言ったことである。

第4章

区切りを入れる
（可変時間セッション）

> セッションの中断は，主体にとって，セッションの進展に打ち込まれた句読点として経験される他ない。私たちがよく知るように，主体はセッションの終わりの時を計算して，それを自分自身の時間的猶予と結びつけ，さらに逃げ口上に使おうとするものである。あるいは，それを武器みたいに考えて，避難壕へ逃げ込むときのようにして，その時を待ち焦がれているものなのだ。
> ——ラカン（Lacan, 2006, p. 313）〔第一巻，四二八頁〕

英語圏で知られているラカンの概念の中でも，おそらく**区切り** scansion は最も広く理解されていると同時に，最も浅くしか理解されていないものだろう。最も広く理解されているというのは，多くの人が，分析家がセッションをある状況のもとで突然ぶっきらぼうに終わらせる行為がそれに当たると思っているという意味である（おそらくかなり多くの読者に関して，どのラカンの概念についてにせよ何か本質的なことをつかんでいるというのは稀だろう）。しかし，やはりおそらくそれは最も浅くしか理解されていない。というのは，区切りを利用する理由と方法について説明できる人は少ないと思われるからである。実際，合衆国の精神分析学会で私が話をするときには，私がどのような論点を提示するにせよ，議論は毎回，可変時間セッションの問題へと向かう。場合によっては，私自身が，誰か聴衆に区切りとは別のことについて質問のある人はないかと尋ねてしまうほどである。

この章では区切りのさまざまな根拠についていくつかの点を説明してみようと思う。まずはいくつかの誤った認識を改めることから始めよう。セッションの時間を変化させるからといって，必ずしも，合衆国の他の臨床家たちが実践しているセッション時間よりも短くなるというわけではない。ところで今日，世界のさまざまな場所で実践を行うさまざまな臨床家たち（しばしば同じ国内

の別の臨床家たち，あるいは同じ都市の別の臨床家たち）によって，標準として採用されているセッション時間は，30 分，40 分，45 分，50 分，55 分とさまざまである。しかし誰もこうした類の可変性[37]については驚きを表明してはいないようである。

　少なくとも理論上から言うと，セッション時間を変えることにより，分析家は規定のセッション時間の枠を超えてセッションを継続させることができるようになる（フロイト自身が時にこれを行っていたことが以下で示されている。Freud, 1913/1958, pp. 127-128.〔全集第一三巻，二四七-二四八頁〕）。こうしていくつかのことが可能となる。まず，非常に有益な方向へ進展中の作業を続けさせることができる。また，幻想や夢の解釈を中途半端に終わらせることなく，ある程度まで完成させることができる。さらに，何らかの理由で（別の言語圏で育ったためだったり，老齢のためだったり，地域のなまりや単に個人の習慣や能力のため）ゆっくりと話さざるを得ない分析主体や，問題に取り組み始めるのに時間がかかる分析主体と分析作業を行う際に，作業の展開を促進させることができる。こうした点とはやや異なる脈絡だが，予期せぬことや突発的なことが起こらないようセッションに大量の素材を体系的に用意してくる分析主体や，分析家との別れの間際に限って非常に意義深い発言をするような分析主体の裏をかくこともできる。分析の最初の数週間は，私自身，45 分が経たないうちにセッションを終わらせることは滅多にない。この最初の数週間のセッションは，分析主体の生活の全体像をできるだけ完全に知ろうとするため，しばしば 1 時間 15 分を越えることもある（これにより，私は，分析主体と一緒に作業を行うことができるかどうか，治療の方針をどのようにするかを素早く決められるし，また分析主体は，私と一緒に行う作業がどんな種類のものなのかをすぐに味わうことができる）。分析が進展するにつれ，セッション時間はある程度まで減っていく傾向にある（他の人に比べて格段に減る分析主体もある）。しかし時には 45 分以上のセッションも行われる。

　私がときどき耳にする第二の誤った認識は，ラカンが，分析家はセッションを恣意的あるいはランダムに終わらせる（あるいは "区切る scand"——これ

---

[37] 治療者がそれぞれ，ある標準を採用してそれにしがみついているという事実がある限り，治療的枠組みの支持者たちが〔敢えて議論の必要はないものとみなしてその状況に〕満足しているのは明らかである。

は区切りの動詞形として私が採用した用語であり，フランス語の scander を元としている。英語における動詞 scan には他に多くの無関係の意味があるからである）ように勧めているというものである。しかし，実際それとは反対に，ラカンが勧めているのは，時を捉えて，セッションを最もハッとするポイントで終わらせることである。つまり，分析主体が，セッションの中で最もハッとすることを述べたり，問うたりするときである。このことは，そのポイント，発言，問いがその意味に関して自明で透明，明らかであらねばならないということだとみなしてはならない。しばしば分析家がそこでセッションを区切るこの発言や問いは，いくつか異なった仕方で理解することができるものであり，分析主体はそのセッションから次のセッションまでの間に，それらのすべての理解の仕方について考えさせられることになる。こうしたポイントでセッションを区切ることは，各セッションの間にも分析主体に，意識的にであれ無意識的にであれ作業を続けてもらうことを意図したものなのである。最後に聞いたこと（自分が言ったこと）が最もよく記憶に残るというだけではなく，しばしばやり残された仕事のほうが，やり遂げられた仕事よりも多く頭を占める（これは心理学で「ツァイガルニーク効果」として知られている）。多義的で，曖昧で，謎めいた発言は，曖昧さのない透明な発言よりも，分析を進展させるのにはるかに役立つ。ここでの目標は，分析主体がただセッションにおいてのみならず，その外でも，できるだけ多くの作業を行えるように確保することである。分析主体自身に浮かぶ連想や解釈は一般に，分析家が行った連想や解釈よりも，彼自身にとってより納得のいくものであるからである。[38]

---

[38] 治療を徐々に短いプロセスにしていく動きが，こうした分析主体の作業をどうしても端折ってしまいがちなのは必然的ともいえるが，ここ数年はとりわけ保険会社や政府出資のクリニックが短縮化を開始し，同様の立場の治療者が多かれ少なかれ不承不承にそれに従っている。治療者は，「解釈を通じて洞察を与える」(Malan, 1995/2001, p. 3)〔四頁〕よう奨励されており，分析主体に本人の解釈を表明する時間を与えるよう奨励されているのではない。これは，この洞察と知識が本人からではなく誰か他人に由来し続けるという意味で，主体の疎外を引き延ばしているだけである。さらにこれは，フロイトの根本的な洞察の一つを全般的に無視している（Freud, 1925b/1961, pp. 235-236)〔全集第一九巻，三-四頁〕。すなわち，何らかの知識（現在のことと過去のことの間のつながりや，隠されていたり，忘れられていたりする感情について知ること）は，必ずしも，「抑圧の解除」を為さないということである。普通分析主体は次のように言う。「かくかくしかじかのことはよく分かっています。けれどまだ同じように感じるのです」，「けれどまだ同じように行動し続けています」と。何かについて抽象的に，あるいは意識的に知っていると述べたからといって，問題が解決されたことにはならない。フロイトが次のように述べているとおりである。「その結果，

区切りは，句読法の特に強調された形にすぎない。分析家がセッションを終わらせるとき，実際上，文の終わりや段落の終わりだけでなく，テキストの節や章の終わりにも，ピリオド，感嘆符，疑問符を置いている。したがって，「セッションをいつ区切るか，どうやって分かるのか」という問いは，前章で議論した，「セッションにおいて句読点を打つべきところは，どうやって分かるのか」という問いと密接に関係している。

ここで，私自身が行った二つの「強調句読法」の例について述べよう。ひとつは，ある男性について話す女性分析主体の事例で，彼女はこの男性を「凄い人」と述べていた。彼女は，彼を 25 年来知っていた。セッションの最初の時間，そして実際このセッションの前の数セッションの間，彼女は「誰かを愛すること」が自分にとっていかに大事か話していた。この「凄い人」についてしばらくしゃべった後で，彼女は，二人の間に「親密さや満足がある」と言ったのだが，ただし「contentment 満足」という代わりに，彼女は「contention 論争」と言ったのである。彼女はすぐに言い間違いに気づいて，笑い出した。私はそこでセッションを終わらせ，私たちが以前のセッションで少し議論していたこと，つまり，彼女の人間関係の多くを特徴づけている競争やライバル関係について強調したのである。

彼女の言い間違いには，彼女が「言おうとした」こととは正反対の何かが含まれていた。この場合の言い間違いは，はじめからまったく意味が不明で，しばらくかけて分析主体が連想し，内容を取り出さなければならない，といった類のものではなかった。反対に，彼女の笑いが示していたのは，自分が実際に言ったことが自分の人間関係について描こうとしたものと正反対であることを彼女が認識していたということである。こうした無意識の顕れは，ある事柄に

一種の知的な承認がなされるが，しかし抑圧の本質的な部分は何も変わっていない」（p. 236）〔全集第一九巻，四頁〕。知ることにはいくつか異なる種類がある。何かを抽象的に知ることは，それを骨身に感じることができること，いわば新たな仕方で経験することとは，まったく違う。フロイトが指摘するように，私たちは多くの場合，「抑圧物の完全に知的な承認を成し遂げること」さえあるが，「しかし，抑圧過程そのものは解除されていない」（p. 236）〔全集第一九巻，四頁〕のである。フェルディナン・ド・ソシュールもまた，「真理を発見することは，それを正しい位置に割り当てることよりもしばしばやさしい」と述べて，同様のことにふれている（Saussure, 1916/1959, p. 68）〔九八頁〕。

区切りもまた，最もハッとする点を強調するのとは別の仕方で使われているのかもしれない（たとえば，Carrade, 2000 を参照）。

ついて長らく議論した後に生じるものだが，これこそ，セッションを終わらせるための特に有益な注目点だと私は思う。なぜならそれらによって，分析主体は自分自身の内部の矛盾についてよく考えるように促されることがあるからである。

　別の事例は，スピリチュアルな実践であり，かつ生活スタイルとしての仏教と自分との関係について，何らかの決断をするために治療を所望していた男性の分析主体である（彼は仏教が，特に自分の性的習慣と衝突するものだと考えていた）。数か月の分析の後に，彼は次のようなことを私に話した。彼の言葉によれば，彼が分析を始める際の「口実」は，より良い仏教徒になるということであり，「自分の頭を飼いならす to tame」ということだった。このように言う際に，彼は言い間違えて「to time〔拍子を合わせる〕」と言った。これは音としては「two-time〔不貞を働く〕」と同一である。私が彼にこの「to/two-time」という言葉を繰り返すと，彼は一瞬固まった後に次のように言った。「ですから今私はあなたとともに仏教に不貞を働いているわけですね……あるいは仏教によってあなたに不貞を働いているのでしょうか？」私はそこでセッションを終え，分析主体に，まさに彼自身が提起した問いについて考えるようにさせた。実際，彼はそれをよく考え，次のセッションの始めにそれを持ち出した。

　セッションで，相応しい区切りを行うためのポイントにはさまざまな種類があり，それらのうちほんのわずかでさえリストアップすることは不可能である（さらなる例を参照したい方は，後の節「セッションの内的論理」を参照のこと）。今述べてきた例では，いくつかの分析作業の中から，目下の問題点に関わるものについての最も簡単なアウトラインだけを提供した。個々のケースをいくら詳しく説明したとしても，区切りの適切さについて読者を納得させられないだろうから，以下ではより一般的な論点へと向かうことにしたい。

区切りと「治療枠組み」

　　　確かに，セッションの長さをその都度決めるという規則を厳密に用いようとする
　　　際に私たちが示す中立的態度が，行動しないという私たちの方針の支えとなって

いる。だが，非行動といっても限界がある。でなければそもそも介入をまったく行わないことになる。しかしどうして，この論点をこれほど特権化して，介入さえ不可能にしてしまう必要があるのだろうか？
——ラカン（Lacan, 2006, p. 314）〔第一巻，四二八頁〕

　分析家は皆何らかの仕方でセッションに句読点を打っている（もちろん，彼ら全員が同一の句読法の技法を用いているわけではない）。また，そのような句読法についてのラカンの概念に異を唱えている分析家を，私は耳にしたことがない。けれどもやはり，区切りについては，多くの分析家がそれを問題含みのものとして取り上げている。すぐ後で取り上げるが，彼らのほとんどは「治療枠組み」の重要さを連呼している。その一方で，多くの分析家は私に対して，自分がうんざりしたり，疲れたり，苛立ったり，はたまた他のことがしたいからセッションを区切ってけりをつけようとしているのではないかとの懸念を述べている。つまり，彼らは，自ら行っている分析に**何らかの**介入をしようとする際，彼ら自身の動機に自信を持てていないのである。彼らは，自分を健康的に律する方法として固定時間セッションの話を持ち出すのである。まるで彼らは，自分たちがこの重要な句読法を使うことを任されておらず，そうした自分たちの信用のなさのために，互いを拘束する法によって分析主体たちを守らなくてはならない，と感じているかのようである。もし彼らが，分析のさらなる進展となりそうな点でセッションを終えてよいのかどうかについて，ほとんど自信がないのだとすれば，果たして，分析主体の語らいの中の潜在的に重要な別の部分に句読点を入れる自分の能力に自信を持っているのかどうかも，怪しいものである。

　彼らが有効な句読法を行う自分の能力を信じられないということには，大なり小なり，分析が治癒をもたらす仕方や理由について，現代の分析家が抱いている見解の大きな変化が関わっているのではないだろうか。フロイトがやったように分析主体の歴史と自己理解との溝を埋めることを強調したり（Freud, 1916-1917/1963, p. 282）〔全集第一五巻，三四四頁〕，ラカンのように治療をもたらすのが唯一象徴的次元であることを強調することよりも，現代の分析家は多くの場合，分析家が何か特定のことを言ったり，分析主体に言う気にさせることではなく，分析主体が分析家と持つ関係そのもの（この関係はしばしば，

「非特性因子」や「共通因子」という項目に含められている)[39]が治癒をもたらすという考えを支持している[40]。それゆえ注意は治療における象徴化の作業から逸らされており，その一方で，安全に組み立てられた保護的な関係が真に重要と考えられているのである。こうしたアプローチは既に 1950 年代のフランスで広まっていた。ラカンはある同僚を引き合いに出して，こう言っている。「この分析家は，自分が言うことによって治療するのではなく，自分が何者であるかによって治療している」[41]と。こうした分析家の人格や関係性の強調によって，分析主体と分析家が一緒になって，分析主体の歴史と欲望を表明しようと取り組む作業が脇に追いやられることとなった。こうして 20 世紀後半や 21 世紀の初めには，臨床家たちは「治療枠組み」の重要性を高く見積もることとなったのである[42]。

ウィニコットは分析状況での保護的境界の忠実な支持者であり，安全で信頼に足る予測可能な設定が，精神病の患者にとっては特に不可欠であると考えていた（Winnicott, 1954/1958b, pp. 279-289）〔三三六-三五〇頁〕。彼の発達モデルによれば，精神病者は早期の段階へと退行することで，これまで封鎖されて

---

[39] 「非特性因子」という概念はロジャーズが導入したものと思われる（Rogers, 1951）。これには治療者の共感，温かみ，誠実さといった特徴が含まれる。

[40] この考えはさまざまな形態の心理療法を比較する研究によって支持されているといわれている（たとえば Frieswyck et al., 1986; Gaston, 1990; Coldfried, 1991; Castonguay et al., 1996; Ablon & Jones, 1998）。これらの研究が結論として示そうとしているのは，治療者が採用する治療技法にかかわらず，治療者と良い関係（良い「治療同盟」）を保てているときに，患者は一般に，治療が自分に役立っていると言い張るということである。「治療同盟」については本章および第 7 章での私の見解を参照のこと。

[41] ラカン（Lacan, 2006, p. 587）〔第三巻，六頁〕が「治療方針」で引用しているサーシャ・ナハトのこと（Sacha Nacht, 1956, p. 136）。こうした概念はしばしば，分析家が分析主体に「情緒再教育」や「修正情動体験」（Alexander & French, 1946）を提供するべきだという信条，あるいは分析家が「ほど良い母親」（Winnicott, 1949/1958a, p. 245〔二九ев頁〕, 1960/1965a, p. 145〔一七七頁〕）として分析主体に役に立つべきといった信条とともに行き渡っている。

[42] 「枠組み」の比喩は，どうやらホセ・ブレヘルが分析状況の背景としての（「非自我の」）コンテクストを記述するために初めて導入したものであり，ウィニコットのような「抱える環境」として分析をとらえたものではないようである（Bleger, 1967）。それゆえ，ブレヘルの比喩は明らかに独自の運命を辿ることとなった。

　マリオン・ミルナーは「枠組み」という語をさらに早くから使用しているが，概念化しているわけではない（Marion Milner, 1952, p. 194）。彼女は次のように書いている。「患者は，分析関係という象徴的現実性と，セッションの枠組みの外のリビード的満足という文字通りの現実性との間の差異に，より十分に耐えられるようになるとき，良くなる」。

いたある種の自然の発達プロセスの封鎖解除を行い、それを修正しなければならないという。同時に、この種の退行へと赴くのに十分なほどに患者が治療者を信頼するためには、安全な枠組みが必要であるとウィニコットは感じていた。彼自身が常に厳しく固定時間セッションを遵守していたとは私は思わない（マーガレット・リトルを参照。彼女が受けたウィニコットとの分析についての記載を見ると、いくつかのセッションは、他のものよりも長く続けられているようである。Margaret Little, 1990)。このことは、安全な枠組みは必ずしもセッション時間の可変性と両立できないわけではないことを示唆している。退行の重要性についてのウィニコットの信条を認めるか否かはともかく、固定されたセッション時間に厳密にこだわらなくとも、精神病患者との間に信頼を打ち立てることはまったく可能のように思われる。

　ここで強調すべきはむしろ次の点である。ラカンは区切り——時にはセッションを不意に終わらせることもある——を定式化するに当たっては、神経症者との作業においてそれを行ったのであり、精神病者との作業においてではない。ここで私は敢えてこう主張したい。ラカンは、分析家が精神病者に対して多義的で曖昧で謎めいたことを述べたり、彼ら自身が述べたことの曖昧さを強調することは適切なことだとは考えておらず、さらに、それらがセッション

43　発達モデルについては第9章での私の見解を参照のこと。
44　精神分析における退行については、ウィニコットによる、どちらかと言えば狭い定義が、例のとおり広まっていることに注意すること。この広がりについて彼は以下のように言わねばならなかった。

> ちなみに私は、病歴に幼児的な行動が現れるときにいつでも退行という言葉を用いるのは有効ではないように思う。退行という言葉は、われわれが敢えて採用する必要がないような通俗的な意味を担ってきている。精神分析の中で退行について語るとき、われわれは自我組織という存在と混沌の脅威を意味している。(Winnicott, 1954/1958b, p. 281)〔三三九頁〕

また、ウィニコットは大枠において、退行を精神病者に限定し、次のように述べている。「分析家が患者に退行してほしいなどと思う理由は、あまりに病的な理由を除いてはない」(p. 290)〔三五二頁〕。退行に関してラカンが残しているいくつかのコメントについては以下を参照。Lacan, 1998b, p. 426〔下巻、二六四頁〕, 2006, pp. 617-618〔第三巻、四八頁〕。
45　神経症者との作業については、ウィニコットは以下のように述べている (Winnicott, 1955-1956/1958c, p. 297)〔三六一頁〕。「健全な自我があり、最早期の育児についての詳細を分析家が当然のものとすることができるなら、分析の環境は、解釈の作業ほど重要ではない（環境という言葉によって、私は細かなマネジメントすべてを意味している）」。

を終わらせるのに適切なポイントであるとも考えていない(これは、少なくとも一部は、精神病では通常の「ボタン綴じ」がないことに由来する。これについては第10章で確認したい)。精神病者との分析の目標は、意味を再構築することであって、破壊することではない。区切りの技法は明らかに、神経症の分析主体の自己理解を揺るがし、問いに付し、破壊することを意図している。どうも、多くの分析家の頭の中で神経症と精神病の区別がだんだんと消え、それとともに両方に適切だと想定されるような分析技法が形成されるにつれて、唐突でショックを与える技法の利用すべてがのきなみ姿を消したようである。もしすべての診断カテゴリの患者が同じ技法を使って治療されるべきということであれば、明らかに区切りは除外されねばならず、さらには、もっと穏やかな見かけをした多数の形態の句読法が除外されねばならないことになる[46]。しかし、ラカンは神経症と精神病の区別を頑なに保っており(たとえ実践においてそれを見分けるのがいつも容易ではないとはいえ)、これら異なる二つの診断グループに対する治療について、大きく異なったアプローチをそれぞれに定式化している。

ミニ去勢としての区切り

> 区切りが、突き詰めると禅の名で知られる技法と似通ってくることを指摘しているのは私だけではない……。
> 　禅の技法は、私たちの技法に課せられたいくつかの制限とは正反対であるから、私たちは禅ほどの極みにまで行くことはできないが、その原理を分析に慎重に応用することは、抵抗分析と呼ばれるようないくつかの手法よりもずっと許容できるだろう。その応用それ自体は、主体の疎外の危険を一切そのうちに含んでいないのだから。
> 　というのも、この技法が語らいを遮るのは、ただ発話を生み出すためなのだから。
> 　　　　　──ラカン(Lacan, 2006, pp. 315-316)〔第一巻、四三一頁〕

---

[46] しかし注意してほしいが、あらゆる診断カテゴリの患者に対して使用する一つの形の技法を提示している分析家マックウィリアムズ(McWilliams, 2004, p. xi)〔五-六頁〕でさえ、少なくともここで述べたいくつかの理由から、セッション時間を数分変化させることを認めている(p. 113)〔一四三頁〕。

ラカンは時折，区切りを「切断」と言っている。また，セッションを固定された時間できっちり終わらせる臨床家であれ，1，2分ずれて終わらせる臨床家であれ，可変時間セッションを体系的に実践している臨床家であれ，彼らの多くが気づいているように，分析主体は，分析家がセッションを終える際に，分析家から切断されているように感じるのである。文を途中で切られているということかもしれないし，思考や物語が半ばで切断されたということだったり，今や注意を別の患者に向け始めた分析家から突然自分が切り離されたということでもあろう。分析主体はときどき区切りをミニ去勢として語る。そしてセッションの区切りは，実際，「不十分な去勢」(Fink, 1997, pp. 66-71〔九九-一〇七頁〕，184-193〔二六七-二七九頁〕)[47]と呼べるものに苦しむ神経症者のうち，去勢を促進させるのに利用できる場合がある。しかし，精神病者にとっては，いかなる去勢も生じず，ある発言をことさら強調したり問いに付したりすることを意図した唐突な区切りは，精神病の分析主体を怒らせるだけだったり，パニックに陥らせたりしかねない。精神病の場合，あるテーマごとにセッションを終わらせるほうが，いっそう意味があると思われる。つまり，いくつかの出来事や経験，夢についての話し合いの途中ではなく，それらが多かれ少なかれ完了した後に終わらせることが，いっそう理にかなっているように思われる。固定時間セッションを実践することを主張する臨床家でさえ，精神病の分析主体の場合には，唐突な終わり方を避けるために数分時間をずらしてセッションを終わらせているのではないだろうか。彼らが暗に理解しているように，秒針の動きに基づいたセッションの終了は，乱暴な行為として経験されかねない。彼らは，それを去勢と関連づけて考えているにせよいないにせよ，経験から，精神病者よりも神経症者のほうが随分とよくそれに耐えることができることは分かっているのである。[48]

神経症者に対してさえ固定時間セッションを用いることを擁護するためによ

---

[47] これを言い換えるなら，彼らは自分に多大な不満足をもたらしている活動や症状から，同時にある満足を引き出し続けているということである。区切りは，彼らをこうした両価的な満足から（つまり，重んじられているラカンの用語を使えば，こうした「享楽」から）分離するのに効果的な技法であり得る。またそれは，近親相姦的満足や他の症状による満足の，辛くはあるが健康的な去勢として経験され得る。

[48] ウィニコットは，固定時間以降にセッションを終えることは分析家の側の憎しみの表現であるとしている（Winnicott, 1954/1958b, p. 285）〔三四五頁〕。

くなされる別の主張は，固定時間セッションによって，分析家の逆転移が広がる領域が制限される，というものである。ここでは分析家は，分析主体の状態ではなく，自分自身の状態（疲れや嫌悪感，混乱，うまくいかない感じ，失敗など）に由来するある特定の瞬間に，セッションを終わらせるものとして考えられている。「メスは切れなければ，治療の役に立たないのです」とはフロイトがわれわれに言っていることであり（Freud, 1916-1917/1963, pp. 462-463）〔全集第一五巻，五六二頁〕，「乱用から予め守られている医療道具や医療手続きはない」。不明なのは，なぜ，区切りの技法の誤用が，解釈や暗示やいわゆる直面化（Greenson, 1967）のような，分析家の黒カバンに納められた他のどの技法の誤用よりも深刻に受けとられているかである。分析家の逆転移は，もし分析家がそれに適切に対処する仕方を分かっていなければ，分析における技法群の中で，区切りの技法と少なくとも同じくらい危険なものと見なせるのではないだろうか。多くの意見として特に役立つとされている技法を締め出すよりも，重要なのは，分析家が自分自身の逆転移をうまく扱えるようになることである[49]。

ラカンが分析家の位置について言わねばならなかったことを考察してみよう（Lacan, 1991）。そして，それが中立性，あるいはラカンがそこで「アパシー」〔無関心・無感動〕として述べていることを特徴とするというのは，どういうことか考えてみよう。

> よく分析されている分析家ほど，相手（分析主体）に対して率直に恋に落ちることも，率直に嫌うこともできるでしょう。
> ここで私が言うことはちょっと極端なので，気まずくなるかもしれません。分析的なアパシーの要求のうちには何か根拠のあるものがあるはずだとわれわれが考えるとしても，この要求の根は別のところになくてはなりません。……
> 大衆的イメージの中の分析家がアパシーを備えているとしたら，それはつまり彼が，問題となるようなさまざまな欲望，つまり患者にそのことを打ち明けて，

---

[49] フロイトは逆転移について以下のように述べている。「できれば，医者は自分自身の内にあるこの逆転移に気づいてこれを制圧しなければならないという要求を掲げたいと考えています……。私たちは，どんな精神分析家も，自分自身のコンプレクスや内的抵抗が許容する範囲でしか進んでいけないことに気づいています」（Freud, 1910/1957, pp. 144-145）〔全集第一一巻，一九五-一九六頁〕。

腕に抱きしめたいとか，窓から放り出したいとかいう欲望よりも，いっそう強い欲望に取りつかれている限りでのことです。

患者を放り出したくなることもやはりあるのです。敢えて言いますが，こういうことを感じたことのない人の先行きは良くないでしょうね。しかし結局，そうしたことがあり得ることは別にして，やはり，普通にあってよいことではありません。

なぜあってはならないのでしょうか。分析を全面的に想像的な次元で解放することを避けるべきだという，消極的な理由からでしょうか。……そうではありません。それは，分析家は「私はもっと強い欲望に取りつかれている」と言うものであるからダメなのです。彼は，自分の欲望に一つの変化が生じているかぎりにおいて，分析家としてそのように言うことにより分析家であるのです。(pp. 220-221)

ラカンがここで示唆しているのは，分析家は分析主体について何も感じる必要はない，分析主体を抱擁したり窓から放り出す欲望を持つ必要はない，ということである。なぜなら，分析家が十分に分析されていたと想定すれば，分析主体に対する彼の感情や欲望は，まさに精神分析の欲望に置き換えられているはずだからである。精神分析の欲望とは，つまり，分析作業が進むことへの欲望であり，分析主体が話し，連想し，解釈することへの欲望である。ラカンはこのまさしく精神分析の欲望を，「分析家の欲望」と呼んでいる（Lacan, 2006, p. 854）〔第三巻，三八四頁〕。明らかなのは，精神分析の欲望によって，分析家は，自分の中に沸き起こる他のさまざまな欲望を押し殺し，制止することが必要とされるのではない。単にそれらさまざまな欲望を分析作業の最中に脇に避けておくようになることが要求されるのである。[50] ラカンが分析家の「欲

---

[50] ラカンは分析家の欲望についてまた別の議論を行っている（Lacan, 1978, pp. 156, 160-161）〔二〇五頁，二〇八-二一一頁〕。別のところで私はそれについて次のように述べた。

> ラカンの「分析家の欲望」という表現は，分析家の逆転移的な感情を指すのではなく，むしろ，分析家に固有の「純化された欲望」のことである。つまり，分析家とは，感情を持った一個人ではなく，一つの機能，役割，それもさまざまな人間によって担われ得る役割なのである。「分析家の欲望」とは，分析に，しかも分析にのみ関わる欲望である……。患者に良くなってほしい，人生で成功してほしい，幸せになってほしい，自分自身を理解してほしい，学校に行くようになってほしい，自らの希望を実現してほしいといった願望，あるい

望の経済」と呼んだものにおいて変化が起きていなければならないのである。これは，分析家が自分自身の徹底的な分析に耐えて初めて起こり得る変化である。

現代のアメリカの心理学の制度によれば，どんな人でも，自分が治療を受けることなく，心理療法を実践することが許されているという，大変に滑稽な事態が生じているが，私は，そして多くの人も同意してくれるだろうが，最良の治療者の養成は自分自身の治療であると考えている。治療が深く進んでいくほど，治療者の育成もまたよく進むのである。宗教カウンセラー，麻薬・アルコールカウンセラー，ソーシャル・ワーカー，スクールカウンセラー，行動療法心理学者，分析家，精神科医らと数か月カウンセリングしても，治療者が自分の「欲望の経済」を変容させる上ではほとんど価値がない。自分自身のゆがんだ複雑な快，欲望，苦悩の深みに降りていって初めて，自分の分析主体が探究せねばならない快や欲望，苦悩の多様性と「倒錯性」，そして自分が分析主体の話を聞きながら経験することになる多様な感情や欲望や不快に何とか備えることができるのである。

ラカン自身は個人分析と教育分析とを区別していない。どんな個人分析も教育分析であり，もし教育分析が個人的でなければ，それはまったく分析と呼べないというのが彼の考えである。けれども，精神分析の特に最初の時代に，教育分析をしばしば「個人分析」よりも短くしていた古い実践については，それを逆にすることが重要だとラカンが思っているのは明らかである（Lacan, 2006, p. 231）〔第一巻，三一二-三一三頁〕。こうした短い教育分析は，20世紀の初めには，訓練を受ける者たちがフロイトや他の誰か先駆者の下で分析を受けるために故郷の町や国を離れねばならないという事情により，正当化されてきたのかもしれない。そのため，2, 3か月の短い期間だけ何かが行われるのが普通だったのである。しかし，短期教育分析の伝統は，この初期段階を過ぎてもなお続いているように思われる。今でさえ多くの組織が要求しているのは，たった週に3回のセッションを4年続けるだけの分析である。この段階を過ぎて分析を続けた人に聞いてみれば，分析のさらに後の段階では，驚くほどに

は，何か特別なことを言ってほしい……などという願望は「分析家の欲望」ではない。分析家の欲望は謎めいた欲望であり，患者にこんなことを言ってくれとか，あんなことをしてくれとは言わないものである。（Fink, 1997, p. 6）〔七-八頁〕

さらに多くのことが欲望の経済に生じるということを教えてくれるだろう。ラカンは，分析は，分析主体が「生きているのが楽しく」なるところまで行けばよいと提案しているが（Lacan, 1976, p. 15），しかし彼は，やはり分析の「治療的」目的と，分析家の欲望が染み込んだ「分析家をつくる」のに必要な，治療を越えたものとを区別している（Lacan, 2006, p. 854）〔第三巻，三八四頁〕。人が精神分析家として幸福に作業できるようになるためには，分析の治療上の成功だけでは必ずしも十分ではない。分析そのものを行う欲望が染み込まなければならない。[51]

しかしどんなに広範囲に及んでいるとしても，自分自身の分析だけでは，実践上，分析家が自らの逆転移のすべての影響を消し去れるようになるわけではない。特にそれは，いわば理論で目隠しされている領域ではなおさらである。ラカンは，含蓄豊かな表現によって逆転移を次のように定義している（Lacan, 2006, p. 225）〔第一巻，三〇一頁〕。「弁証法的過程のある一定の瞬間における，分析家の偏見，情念，当惑，不十分な情報の総計」。[52]自分自身の分析は自分の情念に大きな影響を与えるだろうが，自分の偏見に対してはそれほどでもなく，さらに自分の「情報」への影響はより少ないだろう。これはつまり，分析家は，定期的に事例を再検討し，無数の人間経験の領野を研究して，何年もスーパーヴィジョンを見直し続け，連続して自己分析の過程に取り組まなければならないということである（それがどの程度可能なのかについては，第7章を参照）。このほうが，固定セッション時間に頑なにしがみつくよりも，おそ

---

[51] おそらくラカンは，「治療は精神分析療法の付随的な利益であり」（Lacan, 2006, p. 324）〔第二巻，五頁〕，直接の目的でないという発言によって最もよく知られているが，彼が分析の治療利益をまったく軽視しているというわけではない。神経症者についての彼のコメントを考えてみよう。「彼らは困難な生活を営んでおり，私たちは彼らの生き難さを緩和しようとするのです」（Lacan, 1976, p. 15）。分析主体にとっては，彼が楽しく生きられるようなたった一つの機会を指摘することだけでは十分ではない。というのも，彼は——ある日まさに同じ言葉を述べた私の分析主体がそうだったが——次のセッションでは自分の調子をまったくがらりと変えてくることもあるからだ！ 持続するのは全体的な感覚であるべきであり，はかなく過ぎる感情ではない。

おそらくフロイトは，精神分析の科学的目的を治療目的の前に位置づけたことでかなりよく知られているが，彼は時折，反対のことを主張していた。「精神分析の科学的帰結は，現在では単にその治療目的の副産物でしかない」（Freud, 1909/1955, p. 208, 脚注〔全集第一〇巻，二三五頁〕）。「初めから学術的利用に供すると決められ，学術的欲求に基づいて治療される症例は結果に支障が出るものである」（Freud, 1912b/1958, p. 114〔全集第一二巻，二五一頁〕）。

[52] Lacan, 1988a, p. 23.〔上巻，三七頁〕も参照のこと。

らく分析家の逆転移の悪影響を制限できるだろう。[53]

時は金なり，金は時なり

> 不思議なことに，分析の目標がその重要性を失うにつれて，儀礼的形式の技法がより価値を持つようになる。
> ——ラカン（Lacan, 2006, p. 464）〔第二巻，二〇三頁〕

　固定時間セッションは，資本主義の基本原理「時は金なり，金は時なり」に頑なにしがみついている点でも批判できるだろう。しかし，時間と金はどのような単純で直接的な見方からも現実原理と等しくないのに，多くの分析家によって現実原理と完全に混同されていると思われる。彼らはそれゆえ，時間と金の間は他に関係などあり得ないと思っているようである（彼らは，時間と金の等式は，世界の大部分からすればごく最近のものにすぎないということにおそらく気づいていない）。この資本主義の原理が現実原理と等しいとしても，分析家の仕事は分析主体を現実原理になじませることであるとの考え方自体，誤りである。だが，この考え方によって，分析家たちは，第9章で見るように，分析主体に自分の現実の見方を押しつけようと躍起になっている。

　固定時間セッションは分析主体に対して，分析家に会いに来るとき，自分は何かしらのサービスに金を払うのだという誤った印象を与える。分析主体にとって，このサービスの条件は，ある種の契約協定で管理されており，この協定によって分析主体は，自分が何に対して支払いを行うのかをはっきりと承知していることになっている。このため，分析主体は自分自身を客として，すなわち，今やアメリカの心理学の用語法となった「クライアント」，つまり，分析家に対して特定の要求を行う権利を持つ者とみなすのである。

　こうした考え方により，分析主体は分析で何を期待できるかに関して，根本

---

[53] 私の考えでは，現代の分析家の標準的セッション時間への固着は，強迫じみたところがあり，精神分析理論自体の強迫的緊張の一部として理解できるだろう（Lacan, 2006, p. 609〔第三巻，三五-三六頁〕参照）。残念ながら，この固着のため，分析家は多くの場合，治療の中で強迫神経症自身の戦略，すなわち主（あるじ）Master が死ぬのを待つという戦略（Lacan, 2006, pp. 314-315〔第一巻，四二九-四三〇頁〕参照）の裏をかくことができなくなっている。

的に誤解するのである。ほとんどの分析家は，分析主体の要求や願いの多くをかなえないことが重要だということで一致している。なぜなら，(1) 分析主体の要求を満足させることは，結局，分析主体を援助することにはならない，(2) 分析主体は多くの場合，分析家が提供できないことを要求し，たとえ分析家がそれを提供できたとしても，そのために治療関係は壊れるだろう，(3) 人は自分が本当はほしくもないものを要求することが多い，からである。実際，ラカンは要求と欲望の複雑な関係を，次のように述べている（Lacan, 1965-1966, 1966 年 3 月 23 日）。人間のやっかいなところは，「単にあなたに何かを要求するといっても，それはあなたから与えてほしいと本当に望んでいるものとは限らない」ということであると。私がほしいと言うもの（つまり私がリクエストし要求するもの）を私にくれるということは，実際には私を満足させない。なぜなら，私がほしいと言うものは私が欲望しているものと同じではないからである（人間の欲望は，何か特定の対象や行為によっては満足できないものだからである）。[54]

　別のところで私が述べたように，「治療では，治療者は患者の要求を脇に置き，彼らを欲求不満にさせ，最終的に彼らが決して求めていなかったものへと導こうとする」（Fink, 1997, p. 9）〔一三頁〕。つまり，彼らの欲望を発見させようとするのである。この課題は，時間と金が等しいような経済の中でのサービス提供者と顧客との間での交換とはなじまない。こうした経済の中では，多額のお金と引換えに相応のサービス時間（たとえば，マッサージサービスや，法律相談）を受けとるのだから。これは，ラカン派が，セッションを行った時間の長さではなく，その長さにかかわらず一セッション当たりで代金を設定している理由の説明となろう。私が話をしたことのあるアメリカの分析家たちが，多くの場合，それぞれのセッションごとの費用をその長さにもとづいて設定すべきだと主張しているのも別段驚きではない（だが，そういうふうにすれば，セッション時間がより長くなるのはほぼ避けられまい）。

　料金は，セッション中だけでなく，各セッション間の期間にも——分析家は分析主体の無意識に作業させる（たとえば，夢を見たり，幻想を広げたり，連想したり）ことを想定している——，分析家が分析主体に取り組ませよう

---

[54] ラカンが述べているように，「満足しないことが欲望の本性である」（Lacan, 1966-1967, 1967 年 6 月 21 日）。

とする分析作業に結びついているのであり，彼らが互いに面と向かっている間に過ぎてゆくある特定の時間量に結びついているわけではない（いずれにせよ，セッション前に記録に目を通したり，セッション後に記録をとったりする時間や，事例の概念的整理や，事例のスーパーヴィジョンなどはそこに含まない）。精神分析の場合になると特に，時間と金とを切り離すことが，ある人々には思いもよらないことに見えるのはなぜだろうか。結局，どのくらいの時間やるのかはともかく，何かの仕事やその一部をすることで賃金が支払われる多くの分野がある。そのような仕事（一人でやるにせよ，誰かと協力してやるにせよ）には，授業をする，歌を書く，企業を運営する，料理を作る，広告キャンペーンの準備をする，歯に被せ物をする，胆嚢を切除する，新聞小説を書く，家を改修する，などなどある。こうした仕事は，ある場合にはすぐに済むし，別の場合にはかなり長くかかるだろう。準備や研究の量もそれぞれの場合でさまざまであるし，まったく予期しなかったようなトラブルが起こることもある。さらには，同じ仕事も違った人がやれば，かかる時間はまったく変わる（仕上がりもさまざまだが，それについてはふれない）。どうして精神分析では，時間と金の関係は，こうした広く受け入れられた原理に従えないのだろうか。またどうして，厳密に時間に応じた請求書を作る法律職たちが提示するモデルに従わせられるのだろうか。第一に重要なのは，セッションで達成されることではないのか。

教条主義者による誤用

「カップとリップの間には」多くのスリップ〔言い間違い〕がある。
——諺

　精神分析療法が広く行われている国々の多くの人にとり，それがもっと手頃なものになれば，可変時間セッションは認められるかもしれない。ある程度の期間分析を受けている分析主体とのセッションは，多くの場合，大多数の非ラカン派分析家が実践している標準の45分や50分よりも短くなるので，ラカン派の分析家は1時間に1人以上の分析主体に会うこともできるし，1セッ

ション当たりの料金も減らすことができるからである（彼らはまた，私の経験では，他の臨床家たちよりも幅広い料金設定を採用していると思われる）。

だが実際にはどのようなことでも，かなり極端な仕方で使われることがあるように，臨床家の中にも，区切りについて極端な仕方で用いることで知られている者もいる。そのため彼らの作業では，可変時間セッションは相変わらず「短時間セッション」を意味している。こうして彼らは，個別のセッションに割り当てる時間をさらにいっそう圧縮する方向へと向かっている。ラカン自身，そして何人かの傑出した彼の信奉者たちは，1時間に15人以上の分析主体に会ったと時に言われている（今でもそのような分析家がいると言われている）。そこではセッション時間は圧縮されて，少し長い夢だとほとんど同一セッションの間には十分に話せず，また連想もできないほどである。このアプローチでは明らかに，分析主体に対して，セッションとセッションの間の期間に，連想や解釈の作業のうち一番重要な部分を行わせてしまうことになる。これは，理論上，ある一定の人々には有効となろうが，一方で分析の全体を通じてたったの4分間のセッションの有効性については，たとえ週に5回という頻度でセッションを行う場合であっても，疑わしい。

私自身の分析では，最も長いセッションが必ず最も有効だったという感じはほとんどなかった。むしろ私は非常に短いセッションが最も生産的だとさえ感じることが多かった（確かに，それらが短かったのは，はっきり言うと，それらが大変生産的だったからだが，それはそのとき，セッションとセッションの間におこなった自分の作業をかなり利用したからである）。それでも，私自身の臨床では，こうした極端に短いセッションは稀である。私の知っている他の多くのラカン派と同様，私も数分でセッションを体系的に区切る理由は見出せない。[55]

セッションの内的論理

　　　　決まった時間が経過して，むとんちゃくにセッションを終わらせて，主体の急き

---

[55] しかし，あるラカン派分析家たちは，雑誌『ラ・コーズ・フロイディエンヌ』の二つの号で，これについて何とも興味深い理由を与えている（Ecole de la Cause Freudienne, 2000, 2004）。

たての時を遮ってしまうなら，彼の語らいがまっしぐらに向かっていた結論を台無しにすることもあろうし，そこに誤解を根づかせることもあろう。報復策の口実を与えてしまうことさえある。

——ラカン（Lacan, 2006, p. 314）〔第一巻，四二八頁〕

　各セッションは，いわばそれ自身の内的論理を持っていると考えられる。分析主体がセッションの最初に言った言葉の中である予感が発せられ，それらがようやくセッションの終わりになって明らかとなったり，はっきりしてくるということがある。分析主体がセッションの最初の数分で，自分の父親を「強情」と呼んだとしよう。この表現は25分後にようやく彼女のボーイフレンドに関する話で再登場してくる。または彼女が，セッションの初めのほうで話した夢に出てきたバーの近くの「トイレ」について，何ら連想をしなかったとしよう。その後で彼女は，分析家との面接に来る直前に，最近どれほど便通が快適かについての話に戻ってくる，など。

　セッションは時に，完全な循環となったり，最初の話と矛盾したり，まったく前回のセッションの結論に基づいて終わったり，前回のセッションの結論の偽りを明らかにして終わったり，などしながら，分析の弁証法的運動の目印や転回点を打ち立てる。この意味で，各セッションは，ある特定の物語の別々の章という役割を担っている。この物語は，滅多に直線的な語り方をしない。その代わりときどき，ある見方を強く主張する段階から，事実上反対の見方を同様に強く主張する段階へと動いていく（たとえば，『カラマーゾフの兄弟』に見られるドストエフスキーのさまざまな声のようなものである）。そしてとりあえず，どこか別のところに落ち着くのだが，その場所は，最高の千里眼でなければ予測できないようなところである。こうして各セッションは，ある種の継ぎ目，あるいは関節（たとえば，指の関節）の役目を担い，事態をつなぎながら，同時に新たな方向へと向かわせるのである。各セッションは，先立つセッションで既になされた作業に関連する，ある種の内的論理を持っているのである。

　以下の各項では，一連のセッションが一つの物語の継ぎ目として機能するその仕方の例をあげよう。まず分析の最初の段階からのセッションの例を提示し，次いで，分析の終わりからセッションの例をあげよう。何ページにも及ぶ

分析主体が各セッションで示した一定量の素材の中から，ここでは各セッションの図式的な説明だけを提示する（名前や他の個人情報すべてもちろん変更している）。

初期セッションの内的論理

> 私たちはできる限り——言い換えれば，部分的に——真理を話します。問題は，真理が一つの全体として表れる，ということです。それがやっかいなのです。私たちは，分析主体がこの真理は全体ではない，つまり万人の真理ではなく，一般的真理でなく，すべての人に価値があるものではないと感じるように仕向けねばなりません。
>
> ——ラカン（Lacan, 1976, pp. 43-44）

　初期のセッションは多くの場合，人生の道筋に沿って里程標あるいは予備的な道標を埋め込むような作業となる。この作業をする前には，こうした道標はないように思えたり，むしろ外的な事実，つまり転校とか移住とか結婚とか離婚などのような「客観的」事件により決められているようにみえる。真新しい分析主体はしばしば，自分の人生を極めて不透明なものと考えており，分析主体の人生の重要な転回点としてすぐさま分析家には思い当たるようなことであっても，決して分析主体にはそのようなものと思われていない。分析主体はおそらくある程度は，自分がもはや子どもの頃にそうだったようなお気楽少女ではないことが分かっているけれども，自分がどのようして今のようなただ働くためだけに生きている真面目な女性になったかについては手がかりを持っていないようである。彼女には，いつ変化が始まったのか，なぜ変化したのかは分からない。しばしば最初の頃のセッションでは，人生の後半のさまざまな問題と，今まで考えてもみなかったような子ども時代のいくつかの特定の出来事との間に驚くべきつながりがあることが分かる。これはある人生史のスケッチへとつながるわけだが，それはかつて，因果関係が想定されるよりも以前には，歴史——ここでは，その道に沿った主要な象徴的転回点や里程標の記録としての歴史——に入っていなかった人生である。分析主体は多くの場合，過去のあらゆる種類の「寄り道のような出来事」を思い出せるのである。しかし，それらはこれまで決して互いに結びついてはおらず，彼女が人生について

考える際に関連づけて考えられることもなく，いかなる類の時系列にも置かれておらず，またパターンや因果関係から考えられることもなかったものである。分析が始まると，これらすべてが変化する[56]。ある私の分析主体は2回のセッションのすぐ後にこう言っている。「私の人生のさまざまな部分がそれぞれ，私の一部として結びついていくような感じです」。

別の分析主体（彼をアルと呼ぶ）の場合，最初の数回の予備面接で，彼の幼年期の歴史の興味深いスケッチが描かれた。だが，その際には兄弟のことは一切触れられなかった。アルは，7歳の頃の最初のガールフレンドから，現在のパートナーまで，彼の異性関係について詳しく語った。分析を開始した際の彼の最初の訴えのひとつは，ある体型に対する彼の固着であった。彼はさまざまな仕方で，この固着を止めようと試みてきたのだが，いつもそこに戻ってしまうのである。彼は，自分が女性と付き合ってきたのは，その女性たちが，自分が興味を持ったり，関わってきた女性たちと違って見えるからにすぎないことにも気づいていた。そして彼は，自分のある女性たちへの固着は狂気の一歩手前であり，実際に彼女らに会うために，ばかなことをしでかしたり，法外な金を使ったりしてしまうと語った。（二十代後半の頃，彼は同じ訴えで女性カウンセラーに8回ほど会いに行ったことがあった。彼女は彼に「明日起きたとき，健康な関係を持とうと決心しなさい」というような任務を与えたのだが，これで自分が良くなるとは彼は感じなかった！）。彼はある種の女性への自分の愛を「中毒」と表現した。これは，彼の父親がアルコール中毒であったこと，そして彼自身が数年間，アルコホリックス・アノニマス〔アルコール依存症患者の回復のための自助グループ〕へ通っていたことを示唆している。

4回目のセッションでアルが話し始めたことは，一見，余談や気晴らしのように私には思われた。それは数年前から彼にとってある種の母親的人物となったある遠縁の女性のことで，その養女が彼に言い寄ってきたのだという。5回目のセッションで，彼は，自分がこの母娘と奏でたシナリオについてしゃべるのが大変辛いものであることを明かした。彼は当時娘と付き合うよう強制され

---

[56] これら寄り道のような思い出は，ラカンの言う一連のあるいは一群の S_2 に比するものである（Lacan, 2007, pp. 11-12, 35）。これは最終的に，分析的過程により導入される S_1 の介入によって秩序づけられ，形をとる。この S_1 が遡及的に「でたらめな記憶」を多かれ少なかれ一貫した歴史へと構造化するのである。

ていると感じていたのであり，自分がこの娘を通じて彼女の母に近づこうと試みていることに気づいた。この近親相姦のシナリオに，彼はひとかたならず恥じ入っていた。彼は，事実それから何年も，この母娘二人組にまつわる悪夢を見たのである。

　また，5 回目のセッションで彼は初めて自分に姉がいることを述べた。これは，彼の成長期に，母親が彼の先生たちと仲良くなろうとしてよく話しかけていた，という逸話の中で，ほんのついでに出てきたことだった。この試みを，母親は，姉の先生たちに対してはしていなかった。彼と姉の関係に関して，彼は単に，自分たちは子どもの頃から喧嘩ばかりしており（ひとつの理由として，母親がはっきりと，姉よりもアルのほうが好きだと言っており，そのために姉が彼を恨んでいたからである），十代にはずっと口も利かず，この頃ようやく関係が改善したのだと言った。それから彼は，母親的人物とその娘の話へと戻った。この時点まで，セッションはさまざまな時間で行われていたが，どれも長めだった。彼が，自分の人生のある側面（ある日は母親との関係だったり，別の日にはガールフレンドとの関係だったり，など）についての話や連想の結末にたどり着いたと思われたら，セッションを終わるようにしていた。

　6 回目のセッションで，彼は最近出会ったある女性に惹かれていることについて語った。彼はこの女性を，自分の体が誰かにある影響を与え得るということに気づいていないようだと思っていた。彼は「頭から彼女を追い出す get her out of his head」ことができなかった。私たちは，（彼の今のパートナーが助手席にいる際に）彼が自分の車が爆発することを恐れていること，そしてそれに関係していると思われる自殺念慮や他害念慮について話し合い，彼が女性やその体について考えないようにするために，さまざまな人生の転機において彼が弄んでいた，自分の人生から世界の残りを締め出すという考えについて話し合った。私がこのセッションに区切りを入れたのは，彼が自分自身を皆から切り離すことに興味があるのは，人生とセックスから離れていたいという願望が動機であると気づいたと言ったときだった。

　7 回目のセッションで，アルは攻撃性について長く話し，自分の恐怖／幻想の中で，お尻から突っ込まれて車が爆発するのを想像してしまうことについて述べた（お尻は，彼の幻想生活で重要な役割を持っている）。彼は自分が女性に対して攻撃性を発するさまざまな仕方について話した。それから彼が惹きつ

けられる体型についてもさらに多くを話した。そこで私は彼に，母親について述べるように（非常にはっきりと提案して）求めた。初め彼はただ母親の現在の見た目について話した。そこで私はもっと以前にどのような見た目だったかを話すように求めた。彼が母親のことを「丸っこい」と述べたところで私はセッションを終えた。というのも，3回目のセッションの終わりに彼は，自分が惹きつけられるお尻には，彼にとっては「泡」の性質があると言っていたからである。6回目のセッションで彼はこの表現に戻ってきたのだった。(2回目のセッションでは彼が惹きつけられるお尻について何か言ってほしいと私が尋ねた際には，彼はそれを表現することができなかった。)

8回目のセッションで，アルはもっと直接的に，彼の姉についての話題へと向かった。そして，彼らがある時点まではけっこう仲が良かったのに，7歳か8歳の頃に関係が悪くなってしまったと述べた。その理由は，彼には分からなかった。姉は何事においても優れていて，勉強でもスポーツでも彼より優秀だった。どんなゲームを二人でしても彼が負かされた。ある時点でアルは言い間違いをして，姉のことを「姉」と呼ばず「兄」と呼んだ。そこで私は彼に，自分のした言い間違いの意味を尋ねた。彼にとって，彼女はおそらくいくらか男性的だったのか。彼はときどき自分が姉よりも兄を持ちたかったことを認めた。そして，その日に，彼はゲームをするのを断ったことを付け加えた。姉とやるゲームは，彼がカンシャクを起こして終わるからである。「私はよくカーッとなりました I'd go out of mind」。アルと，彼が初めは言及しなかったこの姉との間の葛藤と緊張を表すこの表現のところで，私はセッションを終わらせた。

9回目のセッションでは，姉の重要性が真に焦点となってきた。彼が夢中になった最初の二人のガールフレンドは，姉に大変似ていた女の子たちだった。彼の19歳のときの最初の本当のガールフレンドは，彼の姉に大変似ていた。前回のセッション以来，彼は，「自分が女の子フェチになっているのは，姉とのつながりのせいだ」と気づいていた。15歳のとき，彼は姉を讃える詩を書いていたこと，そして姉の女友達を知りたい，（一緒に出かけられなくても）仲良くなりたいと思っていたことを彼は思い出した。20歳の頃に，彼は日記の中で仮想ラブレターを書いていた。そこではほとんど宗教的なイメージが使われ姉が理想化されていた。子どもの頃に姉をからかって怒らせようとしてい

たけれども，姉は冷たく気がつかないふりをして，そのことで彼はますます苛立ち，興奮していたのだと彼が言ったところで，私はセッションに区切りを入れた。

　10回目のセッションで，アルはまず，自分の家の隣のアパートから何かが聞こえてきたという話から始めた。その音を彼は最初，子どもの虐待が行われているのだと思ったが，それは彼の隣人がセックス中に喘いでいるのだということに気づいた。彼はそれから数時間，それを聞かされるよう強制されていると感じていた。ちょうど，子どもの頃に両親がやりあっているのを聞かされていたのと同じようにである。両親は，母親が耐えきれなくなって泣き出すに至るまで喧しく騒いでいた。泣くと，母親の声は金切り声になり，支離滅裂なこと（「異言」）をまくしたてた。彼の考えでは，これは自分が聞いていることに対する仕返しであった。彼は，事態がそれほどになるまで，横で聞いていなければならなかった。この状況を彼は現実には理解していなかったが，しかし，父親が母親をそこまで駆り立てたのだということは感じていた——父親は母親に対してそうすることができたのだった。私は尋ねた，「それはあなたが姉に対してできなかったこと？」「ええ」と彼が，ヘッドライトの中に飛び出てきた鹿のようにいくらかハッとした顔をしてそう言ったときに，私はセッションを終えた。

　11回目のセッションで，アルは自分の現在のパートナーがときどき，隣のアパートから聞こえてきたあの女性のように喘ぐのに，それにはまったく何の効果も受けないことに気づいたと語った。彼が行うよう強制されていると感じているさまざまなこと（女性の喘ぎ声を聞くこと，ポルノを見ること，自慰をすること，など）についてかなり話し合った後で，彼は，喘ぎによってもたらされる効果に関する話題へと戻った。そして——前回のセッションで，ときどき人前で興奮し我を忘れてしまいたいという願望について自分が話したことをずっと考えていたと言いながら——自分がほしいと思っていることは，女性へ効果を与えることではなく，女性から自分に効果を与えてもらうことだと確認した。私は，それは彼が両親のやり合いの最中に，興奮し我を忘れていた母親へ（少なくとも一部は）同一化していたことを示唆しているとは指摘しないで，そこでセッションを終えた。私には，そういう指摘をするのは理にかなわぬことと思えたのである。彼はそうした結論を自分で引き出せる人だったか

らである。

　今私は極めて図式的に説明しており，明らかに多くの詳細や副次的な展開（小説家や脚本家が「二次プロット」と呼ぶもの）を省略しているけれども，いかに，セッションの区切りによって，方向を全面的に決定することなく，分析主体を作業にぴったり釘づけにしておけるか，分かっていただけたらと思う。時にセッションは，母親から姉へ，そしてまた元にと焦点を交替しているように思われる（父親や他の父親的人物に関わる素材のほとんどを，ここでは説明を簡潔にするために除外している）。さまざまな視点が，そのどれをも固定してしまうことなしに探索されている。たとえば彼は，父親が母親に対して与えていたような種類の効果を，姉に対して与えたがっていた（それは同時に，望んで自分を父親の足元に跪かせようとするエディプス的効果でもある。父親もまた，ゲームをするたびに彼を打ち負かしていたのだから）。一方で，彼は父親のなすがままにされる母親のように（あるいは兄のような姉に）なりたがっていたのである。時とともに明らかになるように，この両者ともが現れることもあれば，どちらも現れないことや，二つが組み合わされて現れることもあるだろう。

　もちろん分析主体は，自由に現在の生活から素材（車が爆発するという恐怖や，隣人に聞き耳をたてること）を持ってきて，幅広い話題を扱えた（彼の現在の仕事，男性との関係，趣味など）。彼は新しい夢や昔の悪夢を持ってきたり，いろいろ質問をしてきた（自分はセッションのために準備すべきか否かとか，精神分析の著作を読むべきかどうか，など）。しかし，それでもアルは自分の人生の道程に即して，予備的に道標を置いており，いくつかの表現を予備的に引き出すことができた。わざわざ時間を割いて，「治療同盟」[57]の構築をす

---

[57] エリザベス・ゼッツェルがこの用語を導入したのだが（Zetzel, 1956/1990），彼女はその概念をエドワード・ビブリングによるものだとしている。ビブリングは，分析家は「意識的，均一的，合理的な自我」へ訴えると同時に，教育的に「理性，経験，道徳」に訴えるのだと主張した（Bibring, 1937, pp. 183-189）。ゼッツェルはこれを取り上げ，「分析家と患者の自我の健康な部分との間の治療同盟」とした。

　ラルフ・グリーンソンは，陽性的な治療同盟が自ら進展しない普通ではない事例の場合に，患者に「分析家との確かな作業関係を進展させる」ために特に努力することの重要性を強調した最初の分析家の一人であると思われる。彼はこの関係を「作業同盟」と命名し，「患者が分析家に対して持つ相対的に非神経症的で，合理的な関係」とその特徴を述べている。また彼は「理性に基づき観察する自我を分離しておけない患者は，作業関係を維持することができず，その逆も然りである」

る必要はなかった。良い作業関係は，アルが素材を推敲していくのに伴い自然と発展したのである。以上は私の典型例である。つまり，**分析主体が提供してくる素材に注意深く注目するなら，この関係（あるいは同盟）は独りでにでき**

と主張している（Greenson, 1965/1990, p. 152）。グリーンソンの説明では，ただめずらしい数例において，分析家が特にこうした同盟を作る努力をしなければならないとされていることに注意したい。また，本書の後のほうで，神経症者との分析作業の中での「観察自我」の価値の疑わしさに関して私が述べたコメントを参照のこと。さらに，ビブリングとグリーンソンが合理的という用語を使う場合，それはまるで，自我や関係性が何らかの仕方で「合理的」と記述されているかのようである（精神分析においてこうした用語の使用が正当化され得ないことについては，第9章を参照せよ）。ブレナーは，同盟は患者の転移を維持することからかけ離れているとしてゼッェルに賛同せず，また作業同盟と転移神経症は，たとえそれらが近い関係であるとしても互いに区別されるべきであるとして，あまり突き詰められていないグリーンソンのこの定式を疑問視している（Brenner, 1979/1990, pp. 185-186）。ブレナーは，グリーンソンが引用した例のどれも精神分析作業の仕方に何ら新たなものをもたらしていないことを系統的に証明している。患者との「治療同盟」を打ち立てることの重要性を強調する危険の一例として，グリーンソンが彼の患者の最も有名な一人マリリン・モンローと築いた，破滅的な関係について考えてみればよかろう（たとえば，Spoto, 1993）。

フロイトは，いくつかの症例で「ヒステリーは方法によって治るのではなく，医師によって治るのだと言えるかもしれない」と述べているが（Freud, 1905a/1953, p. 117〔全集第六巻，一五三頁〕），そのとき彼は19世紀の心療施設で行われていた（催眠下での）暗示療法に言及しているのである。そうした施設では，時折医者の個人的な影響力だけで治療効果がもたらされていたのである。しかしその効果の持続は限定的なものだった。フロイトが，精神分析の治療効果は「分析家その人」に由来するとか，分析家と分析主体の関係に由来するなどとは考えていなかったことは確かである。

私の経験では，作業がうまくいっているときには，ほとんどの分析主体が，自分は分析家と良い関係を持っていると感じている。この関係は本質的に，彼らが一緒に行っている作業が前へと進むときに，「それ自体で打ち立てられる」のであり，いわゆるラポール形成などに特別な注意を向ける必要はない。しかし，この見方と正反対の見方をマランは提示している。

> 治療者の特性のうち最も重要なものの一つは，治療セッションにおいて，いかなる瞬間であれ，そのとき存在するラポールの程度を感じ取る能力である。その能力があれば，それを患者との間の温度計とし，ラポールの程度のそのときどきの変動を，自分が言ったことの適切さを測るために用いることができる。もちろん，そうすれば治療者は**間違いを犯さない**と言えば言いすぎになるが，重要な原理を伝える方法として，誇大な言い方をするだけの価値がある。（Malan, 1995/2001, p. 21〔二六頁〕）

この前の数行では，マランは，「**ラポールが劇的に深まった**……そのことは，治療者の解釈の正しさが科学的に証明されたに等しい」（p. 21）〔二六頁〕とまで言っている。読者には，第5章および第7章で私が言っていることから，こうした見方に私がどれほど反対であるか察していただきたい。

てくるのである。アルには，私に慣れて話しはじめるのに，各セッションが正確に同じ時間である必要はないと思われた。分析に来る以前から可変時間セッションについて何か知っていようといまいと，かなり多くの患者についても同じことが言えると私は思っている。私にこの実践について尋ねる患者は，固定時間セッションを宗教的に信奉している治療者とともに既に長く作業をしてきた人々だけであり，この可変時間セッションを気に入らなかった人は，20年間の臨床作業で私がみてきた中では一人だけであった。

　（11回のセッションという）短い時間の間に，アルの姉が彼の性愛生活でかつて果たし，今なお果たしている役割の重要性が明らかになった。もちろん，その役割のほとんどの側面が吟味されていないままだが。彼の母親に関する最初の議論では，ほとんど全面的に，彼の人生や学業における母親の介入のしつこさに焦点が当てられたが，一方で，彼と母親の関係性のその他の側面が今や地平線上に姿を現している。彼は初め，姉との関係の変化を7，8歳に起こった出来事に関係づけていた。その理由を彼は，姉が「スター学生」だったのに対し彼が学校では「おちこぼれ」だったからだと考えていたが，既に，これがある種の「隠蔽のための自分史 screen history」であることは明らかだった。彼が何年も自分に言い聞かせてきたこの物語は，いくつかの事実を捻じ曲げて伝えているのである。これらの事実について，彼は数回の分析セッションを経て思い出してきており，実際のところ，彼と姉の関係の変化は少なくともそれより2年早く起こっていた。しかし彼にはその理由が分からなかった。かなり多くのドアが今や開かれており，かなり多くの問いがテーブルの上に出揃っている。アルは先へ進むことを熱望していた。

　はっきりさせておきたいのは，分析の初期のセッションは何かを「固着させること」を目的とするのではなく（「固着させること」とは一般に，精神分析の計画にとってはまったく関係がない），ラカンが述べたように，症状を結晶化あるいは体系化することへと向かうものである（Lacan, 2006, p. 596）〔第三巻，一八–一九頁〕。初期のセッションの最も重要な目的は，分析主体をその気

58　フロイト（Freud , 1914a/1958, p. 152〔全集第一三巻，三〇一–三〇二頁〕）およびラカンも参照のこと。

　　症状は主体がそれに気づいたときにのみ構成される。なぜなら，経験から分かるように，主体が単に自分の強迫に気づかないだけではなく，そのようなものとして構成さえしていない

にさせて，分析主体——そしてとりわけその無意識——を作業へ向かわせることである（分析家はその治療中の振舞いによって，ある程度物事の案内はするが，導くのではないことをはっきりさせておかなければならない）。そうして，分析主体が自分の人生についての予備的な絵を描くよう，促していくのである。これらの初期のセッションが，分析主体が最初に来たときに訴えるいくつかの症状——抑うつ，気力の欠如，不安——に対して，健康的な効果を与えることもあるが，カーペットの下に掃きためられていたいくつかの問題が表に引き出されてくるという点では，正反対の効果を持つこともあり得る。分析家が望んでいるのは，分析主体が分析家との特異なリビード関係から十分に出て行くこと，そして時に生じる症状の悪化に耐えながら，予想不可能な作業をともにおこなっていくことだけである。

後期セッションの内的論理

> 真理は，互いに循環させられねばならない相互にはっきり対立する事態の交替のうちに，示される。
>
> ——ラカン（Lacan, 2007, p. 127）

　それでは一連の区切りが分析の後期の段階にどのように現れるか，例を示すことにしよう。事例は，数年間分析を続けてきた若い女性の分析主体である。彼女の複雑で混乱した歴史の詳細にはそれほど立ち入ることはしないが，分析作業の大半が関わっていたのが，自分に絡みついている母親から離れて，自らの権利で女性になろうとする彼女の企てであることだけは確実に言える。この母親はおそらく精神病者で，純粋な母の愛の見かけの下で娘に対する憎悪と怒りが渦巻いていた。家族の中で娘は男性たちに溺愛され，間違いなく母親自身よりも好かれていたのである。

　母親との関係の諸側面は分析の中で徐々に作業し尽くされていたけれども，

ような，強迫的行動のいくつかの形があるからである。この場合，分析家の最初の手順——この主題についてのフロイトの一説は有名だが——は，症状をその古典的な形態のもとで構成することであり，それに失敗すると，その先に進めなくなるのである。なぜなら，それについて話すすべがなくなるからである。（Lacan, 2004, p. 325）

まだ分析主体——ジーと呼ぼう——は、いまだに母親のことが気になって仕方がない状況で（つまり、リビード的に愛着しており）、彼女は自身の分析の終わりに向かう耐え難い道程を見出し、それがなぜなのかを理解しようとし続けているところだった。母親はジーを悪しざまに批判することで、この世界には、特に男性に慕われ身を任せることを楽しめるような女性として、彼女の入る余地はないと彼女に伝えていた。それは彼女が自分に興味を示した男性に対して何らかの関心を示したときには毎度のことだった。ジーは、どうして自分が母親の願望に服従し、自分の恨みを隠し、まったく明白なこと、つまり母親が自分のことを異常に妬んでいることを、見て見ぬふりをしてきたのか自問していた。

　ジーは結局、何か自分がしたことのせいで母親はかっとなるだろうという、長年の恐れが実は、自分の「最大の幻想」——母親がバラバラになり、塵になるのを見るという幻想——であることに気がついた。彼女は自問した。自分が分析を終わらせるために必要なのは、そのことだろうか。つまり母親を壊すことだろうか。自分は、言葉によって母親を瓦礫に帰さねばならないのだろうか。それなら許しとは何だろう。「私が母親を許してこなかったのは何のためかしら」と彼女は問うた。

　次のセッションで、ジーはなぜ自分が母親の嫉妬を見ないふりをしていたのか、考えた。それは、彼女自身が怒ることを**欲していて**、そしてもし母親の嫉妬を認めてしまえば、母親に対する自分の怒りをもはや正当化できなくなるからだろうか。ジーは、自分がまるで怒るために物事を選んでいるかのように思えた。まるで怒りが自分にとって最も大事なもの、彼女が最も愛着している自分の一部であるかのようだった。そこで私はセッションに区切りを入れた。区切りを入れたのは、彼女が自分の人生の主な楽しみ、つまり彼女の主要な享楽（逆説的に不安を書きたてる形の満足）を、長らくどろどろとした怒りと憤慨か[59]

59　享楽 jouissance とは、自分の症状から取り出すような類の楽しみ、あるいは満足である。これについてフロイトはこう述べている。「症状がもたらす類の満足には、多くのおかしな点があります……。主体はこの満足を認識しておらず、反対に、ここで満足と言っているものをむしろ苦痛として感じて、嘆いています」（Freud, 1916-1917/1963, pp. 365-366〔全集第一五巻、四三五-四三六頁〕）。それはいわば「単純な快」ではなく、ある種の苦痛-快、あるいは「苦痛の中の快」（「苦痛快 Schmerzlust」とフロイトは言う。Freud, 1924/1961, p. 162〔全集第一八巻、二八九頁〕）、あるいは不満足の中の満足を意味している。これは、人が何か気持ちよすぎて痛いこと（たとえば、性

ら引き出してきたことが，さし当たり明らかとなったときだった。

　次のセッションでジーは，頭に浮かんだ説明について話した。彼女自身，その理屈はよくは分からないけれども，それを確かに正しいと感じていたのだった。彼女は，母親が存在するのをやめるために，自分が存在しないでいるという戦略を採用していた。彼女が幼い頃から感じとっていたのは，母親が娘を悪意をもって激情的に批判するときに，最も満ち満ちて存在していたということだった。ジーはそこで，実質上消え去ることにより，娘を批判するわずかな機会さえも母親に与えないことを選んだのだった。ジーは自分を縛り，人生における自分自身の活動の多くを制限してきた（過度に眠ったり，勉強や付き合いをサボったり，多くの症状を発症することで空間の移動さえも削減したりした）。それはすべて自分を批判にさらさないためだった。彼女は母親のために自分自身の怒りを殺し，また母親へと戻るために自分自身の人生を投げ出していたのだが，それは，母親をかなり楽しませる信じ難いほどの暴力的な享楽を，母親から奪うためだったのである。ジーが以上のように自己禁欲と自己犠牲とについて話した後，私はセッションを終えた。

　次のセッションでジーはこれらの点のいくつかを，分析の多くを通じて取り組み，最近になって消失し始めていた症状と関連づけた。次のセッションで，彼女は母親を嫉妬深いと見なすこと（単に抽象的にそう考えるだけではなく，現実的にそのように経験すること）は母親に権力を与えることだと言った。母親は，彼女が小さい頃から，自分たちは生贄だ，他の誰と比べても力のない人間なのだと説いてきた。そしてジーは，他人を圧倒する力を持つことをただ夢

的絶頂）や，痛すぎて気持ちよいことをして，罰されたり，自分を罰したりする際に手にするような類の「シゲキ kick」を説明している。ほとんどの人々は，自分が症状から快や満足を得ていることを否定するが，（彼らの周りの）「外部の観察者」には，彼らが症状を享楽しているのが分かることが多い。彼らは症状で「イって get off」いるのである。しかし，それはちょうど慣用表現で，気持ち良さや満足することを言うのに「エグイ dirty」とか「シビレル filthy」とか言うように，かなり遠回りな仕方によってである。ラカンは「享楽はまったく私たちのやっかい者だ！」とさえ言っている（Lacan, 1973-1974, 1973 年 11 月 13 日）。享楽は必ずしも人が計画的に探し求めたり，手に入れようと決めたりするようなものではない。享楽はたいてい，多くはその理由も分からぬままに，私たちに降りかかってくるようなものにすぎず，あたかも摂理や神の恩寵が銀の皿によって手渡されるように，私たちが予期せぬときにやってきて，反対にそれを最も待ち望んでいるときにはやってこない。この用語についてのさらなる議論は，以下を参照のこと（Fink, 1997, pp. 8-9 〔一一一一二頁〕）。

見るままにしておかれたのである。そうした力を持っていると感じたことは彼女には一切なかった。だが，突然彼女は，これはもう本当のことではないと感じた。私はこの宣言の後でセッションをやめた。

　次のセッションで，ジーは，母親をかっとさせることは自分の最も愚かな幻想だが，何かそれを実行するのを遮るものがあったと繰り返し話した。母親が苦しんでいるときだけ自分が女性になるということを知っていただけのことだろうか。もし母親が自分の不幸から押し出されたなら――破壊されたなら――どうなるだろうか。もし母親がもはや自分を憎んでいないということになれば，どうやって，自分が妬まれる価値のある者であることを，つまり，本当に男性の興味に値する者であることを知り得るだろうか。自分にとって自分を女性と思う感覚はとても大事なので，母親に元気でいてもらうことが必要で，だから自分は，母親が完全に破壊されるという幻想を持つことを自分に許すことさえできないのだろうか。ジーが思いあぐねていたところで，私はセッションを区切った。

　次のセッションで彼女は，自分が母親から離れないようにしていたのは，より確実に母親から離れるためだったと話した。彼女は自分がどうしてそうしてきたのか，すっかり分かったわけではないが，彼女はずっと，人生での母親の最大の快は娘に恨み言を言って，娘をつぶすことではないかと考え続けてきたのである。ジーがやり返すと，母親はいっそう興奮し，あきらかにいっそう自分を享楽した。やり返さないことによってのみ，ジーは母親から何かを奪えたのである。数年間家から離れていた後でまた家に戻った際に，再び母親が自分の保護者となったときのことを思い返しながら，ジーは，そのころ他の女性とはそんなことは一切なかったのに，どうして母親のゲームに縛りつけられるのは自らよしとしていたのか，について考えた。もし彼女が巻き込まれることをよしとしていたなら，それは単に母親を傷つけるためだということが彼女の頭に浮かんだ。ジーは実際，母親を餌で釣っていたのである。私がセッションを終えたのは，彼女が，重要なのは母親を破壊したり，溝に捨てたりすることではなく，何か他のこと，母親の外側にあるものを選ぶことなのだと仮定したときだった。

　次のセッションで彼女は夢について語った。夢で母親は彼女を，鶏肉を焼くときに使う串のようなもので突き刺そうとしていた。母親を餌で釣ったり，母

親と戦ったりするよりも，ジーは単に諸前提を放り出して，すべてのことを投げ出したのである。この回のセッションは大変短く，彼女がまさにそれこそ自分がしたかったのにこれまでしてこなかったことだと述べたときに終わった。

「やり返すことがどうして重要なのか」と次のセッションでジーは尋ねた。彼女は正義を探し求め続けており，母親にその恐ろしい振舞いの償いをさせたがっていた。しかし，母親を殺したいと思うことが，以前のように彼女を母親に縛りつけ，絡みつかせ続けていた。今その代わりに彼女が従っているのは，単に存在すること，自分自身でいること，そして真実を話すことである。彼女は，単に存在することによって，そのままの自分でいることによって，最もよく公正さにかなうことになろう。

分析の終わりへと向かう一連のセッションのこうした短い記述は，短縮され文脈をはずしているけれども，非直線的で，弁証法的な論理に従いながら，それぞれのセッションが以前のセッションを土台としている様子は分かると思う。普通の建築物の形のように，ブロックを下から順に積んでいくような仕方ではない。というのは，あるいくつかのセッションでは，前に置かれたブロックを壊したり，取り除いたりするからである。この論理によって，分析主体は一方の極から他方の極へと揺れ動きながら，自分自身の逆を見つけるのである。

区切りによって，個々の特定の運動に句読点を施すことができる。最良の場合には，その完全で最も際立った表現が現れる瞬間に句読点を打つことができるだろう。それにより，「埋め草」——必ずしも作業のその段階で分析主体の進展にとって決定的ではないような素材——の下に埋められてしまわないで済む。ここでまとめられたセッションのどれも，25分以上行われたものはない。いくつかはおそらく10分くらいであった。これらの運動の多くがある一日に成し遂げられるとしたなら，私は50分セッションを用いただろうか。私は正直なところ，それに疑いを持っている。各セッションは既に，分析主体がセッションごとの間に夢を見たり連想したりすることで行ってきた数時間の作業の要点を含んでいた。そうしたセッション間のインターバルは，一日や二日にすぎない。特にこの分析主体は，他の分析主体よりも熱心にセッションの外での作業をおこなっていた。彼女は各セッションの間にかなりの作業をおこなった。しかし彼女が，この点に関して全面的に例外的だというわけではな

い。セッション中のことがすべて前もって考えられていたわけではなかったし，私も依然として彼女がまだ連想でつなげていない夢の要素に句読点を入れたり質問をしたりし続けていた。すなわち，彼女の分析のこの段階では，私は句読点を入れたり，区切ったりする以上のことをする必要はなかったのである。彼女は立派に自分自身で解釈できるようになっていた！

　分析主体は多くの場合，固定時間セッションの時間中ずっと話さなくてはならないと感じるので，ある意味，「埋め草」を探そうという気になってしまう。彼らは，セッションに来る前夜に見た夢では前回のセッションで話したテーマが取り上げられていて，その夢がセッションでの重要な作業となることはよく分かっている。しかし，彼らはそれを話すのに 10 分か 15 分しかかからないだろうと思い，30 分かそれ以上，たいして重要ではないと自分でも考える日常生活の詳細や考えごとなどについて話して，セッションを「水増し」するようになる。それはただ時間を埋めるためであり，「料金分を手に入れる」ためにすぎない。実際，それは「オチを最後にとっておく」という分析主体の側の共通の戦略である（ちょうどさまざまな種類の演説家がそうであるように）。彼らはまた，ある水準では，自分自身が最後に言ったことが，最も自分自身に忠実であるようだとも気づいている。

　可変時間セッションを行う分析主体は，いつ自分たちのセッションが終わるかを知らないので，始めからただちに最も重要だと考えていることを持ち出そうという気になる（もちろん抑圧はあるけれども，彼らが最も重要と考えていることに，いつも後になってからしか自分自身や分析家が気づかないというわけではない）。後からそれを持ち出す機会がなくなるのを恐れるからである。「有効な時間を埋めるためにセッションの素材が拡張される傾向」を私は冗談交じりにパーキンソンの法則と呼ぶが，可変時間セッションはこの傾向との戦いを手助けしてくれるのである。

　第 3 章の終わりで述べたように，分析家は，自らの問いや句読法によって，分析主体の語らいの中から聞こえてくるのを待ちながら，既にそこにあるもの——おそらく埋められていたり，眠っていたりする分析主体の欲望——を引き出す芸術家か音楽家と言えるかもしれない。区切りということからは，いくらか異なる隠喩，それもおそらくは問題提起となるような隠喩が思い浮んでくる。ミケランジェロはダビデを大理石から解放したにすぎないと時折言われ

ることがある。つまり彫刻家は，その内側で待機している像をわれわれから見えないようにしている石くれの部分を削りとるにすぎない。各セッションを，石の細切れを削りとることと考えると役に立つことがあるかもしれない。分析家は多くの場合，小さな各部を一度ずつ取り除くだけである。しかしおそらく，時にある一点において像の最終的な深み，像の最終的な次元にまでいくことがある。こうして結局，まったく異なった方向性から再び最終的像のまさに一点へと近づき，少しずつ最終像の表面の各点へと多数の方向から近づいていくのである。もちろんこのように言うことで，ある種の予定された最終像があることを想定しているように聞こえるが，そうした印象を分析の開始時に抱くことはほとんどない。彫刻家もまた，彫刻を開始するとき，「最終的」な像を頭の中に現実に持っているのだろうか。

区切りとスケジュール設定

後になるまで分かりません。
────ラカン（Lacan, 1973-1974, 1974 年 3 月 12 日）

可変時間セッションを行うとき，どのように患者のスケジュールを設定するのかと問われることがよくある。もちろん，想像し得る最も長いセッションを行えるように時間のゆとりを作れば（個人的には私は，新たな分析主体との最初の数回のセッションでは，1 時間半くらいを確保しようとしている），スケジュールの衝突は起きないだろう。それでも，ある特定の分析主体と行うセッションの大半が特定の幅の内側に収まることが，ふつう臨床家には分かっている。そこで平均をとって，記録をつける時間と短い休憩を加味し，その総計に基づいてスケジュールを組む（前述したように，ある分析主体たちに関しては，それ以上の時間を考慮してスケジュールを組む必要がある）。その際，もしセッションがある分析主体の場合に平均より長くなるなら，次の分析主体のセッションはその平均より短くするようにして，すべてをなだらかにすることを想定している。そうすると，自分のセッションが始まるまで分析主体は時に 10 分かそれ以上待つことがあるが，かといってこうした待ち時間はそれほど

不合理だとは思えない。これはまさに，分析主体の頭の中で，分析作業をより典型的なアメリカ的ビジネスの慣例から切り離せるもうひとつの方法である。ビジネスでは，多くの場合，10分の遅刻はかなり不作法だと考えられているのだから。

　なお，私が臨床でおこなっている区切りの事例は，後の章でも，夢，白昼夢，幻想，転移などによる作業について説明するなかで，数例提示している。

第5章

解釈する

> ポローニアスの言葉を借りれば、「嘘の餌で真実の鯉を見事釣り上げる」かのような印象を持つことが多い。
> ——フロイト（Freud, 1937b/1964, p. 262）〔全集第二一巻、三四八頁〕

> それが主体自身の言葉から離れるのは、主体自身の言葉へと戻るためである。それはつまり、ある解釈が正しいのは、それがある解釈でしかないことによってである、ということである。
> ——ラカン（Lacan, 2006, p. 601）〔第三巻、二六頁〕

　精神分析を受けにいく前には、私たちのほとんどはおそらく直観的に解釈の目標は正しさであると考えている。また人文学のいくつかの領域では、良い解釈の第1の基準として正しさが特に強く主張されることがある。しかし精神分析家や数年間たっぷり治療を受けた分析主体にとっては、分析状況での解釈は正しさよりもある種の衝撃を目指すものだという考え方は、さほど驚くべきものではないだろう。

　人間に関する領域で最初に浮かんでくる問いの一つはこうである。私たちは、解釈は誰にとって正しいとか真だと思っているのだろうか。自然に浮かぶ答えはおそらく、解釈とは分析主体にとって正しいと思われなければならないという答えだろう。しかし、分析主体のほとんどに心当たりがあることだろうが、分析家がおこなった解釈で最初は気に障ったものが（分析主体は多くの場合、論駁したり、罵り返したりする）、後になって、あるいは時にかなり後になり、まったくの真理として受けとられたりすることがある。また、ほとんどの分析主体が思い当たることだろうが、自分自身が到達した解釈や分析家のおこなった解釈が、そのときは本当に衝撃的だったのに、後になると表面的で

不完全で間違ったものに見えてくるということもある。結局，もし解釈とは分析主体にとって正しいと思われなければならないという基準を適用すべきだとしても，それに「遅かれ早かれ」という言葉を付け加えなくてはならないだろう。

しかしある場合には，分析主体が，ある時点での自分が喜び勇んで特定の解釈に飛びついていたということに気づき，それは（肯定的であれ否定的であれ）自分自身が大事に抱えていた見方を支えるためだったと認めることがある。分析が進むと，後になって分析主体は自分が大事にしていた見方を問い直し始め，その解釈には真理としての価値が欠落していたと考え出す。こうした事例では，解釈が真理を捉えていたという分析主体の最初の感覚さえも，事実によって損なわれるように見える[60]。

真理はいつも他所に

真理は，半ば言われる真理でしかない。真理によってもたらされる主体についてもまた同様である。以前に私が述べた言い方で表現するなら，真理は半言い

---

[60] 分析家は，分析主体が発してきた言葉の脈絡の中で最高潮の時を捉えて，自分には的を射ているように思われる解釈を与えることが多い。しかし，その解釈は，部分的なものにすぎないか，的外れであると考えるようにしたほうがよい。とはいえ，そうした解釈が無益だということではない。そこでは正しさに関して，一時的な謎かけのようなものが産み出されているのである。セッションのある瞬間に正しいと思われるものが，数分後には，分析主体が別の記憶や連想を想起することで，正しくはないと思えることがある。しかしこれら別の記憶や連想は，正しくない解釈が行われなければ，決して想起されなかったかもしれない。的を射ない解釈（あるいは部分的に正しい解釈）こそが，分析を前に進めるのだと言ってよいだろう。というのも，多くの場合，分析主体はある思考や記憶について，分析家が解釈間違いをしなければ，言わないからである。

分析主体は，解釈が自分に与えた効果に気づかないでいることすら多いが，しかし，セッションを続けていく中，知らず知らずのうちに，新たな角度からその解釈へと舞い戻る。夢や白昼夢，あるいは次のセッションで何を言おうか考えあぐねる中で，解釈が影響を与えるのである。解釈は，分析主体がそれと分からないうちに影響を与えているものである。実際，分析家がそれに言及して，分析主体はかろうじて解釈を意識的に思い出すだけだとしても，その影響は現実的なものなのである。

おそらく，たいていの場合，分析主体は，分析家が解釈として言ったことに気づかない。そうした解釈は非常にスムーズに分析主体が述べていたことへと合流するか，さもなければ解釈とは何かについての分析主体の先入見に合わないほど短く暗号的であるかのどちらかである。

half-said しかできない。

——ラカン（Lacan, 2005b, pp. 30-31）

　分析主体には，真理はそれほど安定しているようには思われない。セッションの中で彼が分析主体の生活や人間関係，生き方などを本当に反映していると感じている事柄について発言するときでも，次のセッションには，その特定の「真理」はもはやそれほど真理らしくは思われなくなり，それほど的を射ているようにも思えなくなる。その一方で，ある種の発言は，それが分析主体自身によってなされるにせよ，分析家によってなされるにせよ，長い間絶対的に真理のようにあり続けることがある。そうした発言は分析において，閾や転回点，「ボタン綴じ[61]」など，とにかく重要な道標となる。実際，分析主体は，そうした発言がなされたセッションをその後何十年にもわたる決定的な変化の契機だとみなすこともあるだろう。しかし，他の多くの発言は，その直後には絶対的な真理とはみなされないことが多い。こうした発言は，それからまもなくして部分的に真であったり，部分的に偽であると見なされ，やがて，全面的に新しいものの見方にまとめて移し変えられることもあるだろう。

　真理は，精神分析では何やら奇妙な時間性を持っている。分析主体は時折，自分がそれを言った瞬間に何か絶対的に重大なことを言っているという感覚を持つ[62]。しかし，真理がいったん言葉になったとたんに，もはや彼にとってそれ

---

[61]「ボタン綴じ」，ラカンのクッションの綴じ目の説明については第10章およびフィンク（Fink, 2004, pp. 111-116）を参照。

[62] 1950年代初頭，ラカンは「満ちた発話」という概念すなわち分析主体がしゃべっている間に自ら真理の重みを感じるような種類の発話に注目した。この場合，真理は，言表内容（発言されたこと，つまり内容）よりも言表行為（つまり発話行為）とより密接に関わっていると思われる。後にラカンは真理の時間性を，より複雑なものとして捉えた。というのも，真理は前未来形の時制において捉えられるものだからである。分析主体が各セッションの間考えているときには，真理はまだそれほど真理ではなく，そして次のセッションで彼がそれを報告するころには，真理はもうまったく真理ではなくなってしまう（実際，彼にとっては，それを詳しく話すころにはばかばかしく思われ，もはやそこには真理としての価値はない）。私たちはこう言うしかない。そのときには，それは彼にとって**真理であったのだろう will have been** と。1970年代にラカンは次の定式，「（言表行為は）真理との関連において外-在する」（Lacan, 1973, p. 6）を提唱し，真理と言表行為とが完全に一致することや互いに結びつかないことを示唆している。ラカンの外-在の概念についてはフィンク（Fink, 1995, 第8章）を参照。満ちた発話と空虚な発話についてのラカンの後の見方についてはブルーノ（Bruno, 1995）を参照。

は真理の重みがなくなる。分析主体は自分が言ったことの衝撃を後になってまで感じない場合は、さらに多いだろう。私の経験では、分析主体はあるセッションで、前回のセッションで自分が話したことにどれほど影響を受けたかに言及することが多い。しかしセッションごとの間に彼らがその重要性について主体的に自覚したとしても、多くの場合、その後のセッションのときには忘れられている。そして、彼はもはやなぜそれがそんなにも心に響いたのか、そんなに意味深かったのかを説明することすらできないこともある。

分析の文脈で分析主体が経験するような真理は、言われるべくしてとどまっているもの、つまりまだ言われずにいるものと関係している。既に言われてしまったことは、しばしば空っぽのように見えるものだが、反対に、今初めて言われることは事態を揺るがすポテンシャルを持ち、重要で真理らしく感じられる。分析主体にとって、**真理とは常にどこか他所にある**。彼の目前にあっても、見つけられないのである。[63]

「言われるべくしてとどまっているもの」に関する限りで、精神分析における真理は、以前には決して言葉にされなかったものを象徴化するという経験に関わっている。ラカンにならい、私は「以前には決して言葉にされなかったもの」を「現実的なもの」と呼ぶ(また「外傷的に現実的なもの」ともいえる)。それゆえ明らかなことだが、分析家による解釈は、そのとき分析主体が象徴化の過程に関わるように、つまり以前には決して言葉にされなかったものを言葉にするように、ともかく、あるレベルで刺激し鼓舞しようとする。解釈は現実的なものを打つことを目指すのである。[64] 私は「**打つ hitting**」という語をここ

---

[63] この連関で、患者が受け入れない解釈に関するフロイトのコメントについて考えてみよう (Freud, 1937b/1964, p. 263)〔全集第二一巻、三四九頁〕。

> 被分析者の否もまた、然りと同じように多義的である……。患者の否は構築が正しいことを何ら保証するものではないが、その構築と矛盾することはまったくない。そうした構築(ある種の統合的解釈)はどんなものでも不完全であり、忘れられた出来事のほんの一部しか捉えられないのであるから、私たちは、そもそも被分析者は実際、自分に申し伝えられたことに異議を申し立てているのではなく、まだ暴かれていない部分に基づいて否認しているのだと想定することも自由である。

[64] ここでの私の表現「現実的なものを打つ」は、ラカンの次のような発言の大まかな翻案である。「解釈は……欲望の原因を標的にする」(Lacan, 1973, p. 30)。このとき、欲望の原因とはラカンの言う現実的なものと同じである。これに対して、ここでは現実的なものを、主体化されていない

で使っているが，それは，言葉になるべきものがそうなることは容易でなく，単なる刺激とか問いかけ以上のもの，おそらくは動揺に近い何かをどれほど必要とするかを示すためである。これは，解釈とは分析主体の耳に青天の霹靂とばかりに飛び込むべきものだということではない。フロイトが勧めているように，解釈を行う前に，分析主体が何かほんの一歩でも踏み出して，それを聞く準備が整うまで待つほうがよいだろう（Freud, 1913/1958, p. 140）〔全集第一三巻，二六四-二六五頁〕。解釈はそのときまでに言われてきたこととうまく調和する必要はなく，時には調和すべきでさえないのである。多くの場合，解釈は分析主体を驚かせ，まごつかせ，当惑させるものでなければならない。驚きという要素がここで大変重要となる。分析主体が，時間的にであれ（たとえば分析家がセッションの終わりに解釈を提供することが習慣となっている場合），概念的にであれ（分析家がいつも同じことを話すような場合），予想されるものが最も効果のある解釈であることはほとんどない。

　私がここで使っている意味での「真理」は，発言の特性ではなく，むしろ現実的なものとの関係であることは明らかである。真理を打つことは，かつて言葉で言い表されることのなかったものに出くわすことであり，初めはためらいがちだったり，満足に言えなかったりするとしても，とにかくそれを口に上らせることである。というのも，発話が現実的なものに与え得る影響にこそ，精神分析の力があるからである。現実的なものは，それ独自の計略に従って動くものであるから，時間につれて変化することはない。たとえば外傷的な戦争体験のように，悪夢や日中の生活にもしつこく蘇ってくる（時には，私が「真（侵）襲的思考 intruthive thoughts」〔真理 truth と侵襲的 intrusive を組み合わせた

知，つまり無意識において見出される主体のない知として考えたいと思う。いわば分析主体の裏で糸を引く未知のものである（Fink, 1995）。「私はなぜ自分がそんなことをしたのかまったく分からない」，「私は何が起きたのかまったく分からない」，「私は自分がどうしてそんなことを言ったのかまったく知らない」。分析家は，こうして分析主体が知をすべて否認することによって，知とは何かについてかなりよく知ることができる。分析主体が知らない何かについてのこうした発言は，ゆっくりと不在の概略を描き出し，幾ばくかのあり得た事態によって占拠されているにすぎない分析主体の知における裂け目の方向を指し示す。ラカンが述べるように，「知られていないものは，知の枠組みとして組織される」（Lacan, 1968a, p. 21）。もし注意深く，分析主体の語らいから取り残されていること，分析主体が分からないと言っていることに耳を傾けるなら，分析主体には知られておらず，無意識には知られているものを私たちは見つけることができる。解釈は，分析主体の知のこの裂け目を打つことを目指すのである。

造語〕と呼びたいものにまで達する)。それを言葉によって象徴化することによってのみ——多くの場合さまざまな仕方で何度も説明を与えられる必要があるが——，人はそれに関する位置を移動し始めることができる。

精神分析における正しさや真理といった基準が，遅かれ早かれ自分や分析家が言ったことが真であるという分析主体の主体的な感じを越えたところにあるとするなら(そして遅かれ早かれ，自分や分析主体が言ったことが真であるという分析家の主観的な感じを越えたところにあるとするなら)，分析主体に実際に起こる変化以外に考えられるだろうか。再発する悪夢や以前からある症状の消失，以前はできなかった物事を行う能力(要するに「主体的位置」の変化)でなければ何であろうか。こうした変化が起こるのは，流行の学問で言われているような理由——たとえば，神経症の分析主体が，分析家と「より完全な」関係性を形成しようとした結果，そうした関係に基づく人づき合いの新たな仕方をようやく見つけ出したからであるとか，[65] 分析主体は退行して分析家を親代わりにしているからだとか，[66] 日常生活で自分自身の境界を強固にして分析家のやり方を真似るようになったからだとか[67]——によるのではない。そうではなく，変化は，現実的なもの(それまで彼が決して口に出して言わなかったもの)が変容したことで生じるのである。無意識だったものが単に意識的になるだけではない。それは根本的な変化を遂げるのである。[68] 分析主体が，無意識だったものが何であったかを正確に言い表したり，何が言われたために物事が変化したのかを間違いなく意識的に言い表せるようになる必要はない。それでも彼は，自分はもう以前の自分と同じでないことを知るのである。

ある私の分析主体が私に語ったことだが，彼は黒板に文字を書くときにチョークが割れるほどに強く押しつけるということがなくなったという。彼はそれまで(彼にとって困ったことに)授業で前に出るといつもそうやってし

---

[65] マックウィリアムズはこう書いている。「治療同盟は，新たな関係モデルとして内面化されると想定されている」(McWilliams, 2004, p. 17)〔三九頁〕。
[66] 親代わりになることについての議論は，たとえばガントリップ(Guntrip, 1971)を参照。
[67] たとえばマックウィリアムズ(McWilliams, 2004, pp. 258, 289)〔三〇一，三三五頁〕を参照。
[68] ラカンは時に無意識と現実的なものとを等置している。「話すことの不可能なものとしての現実的なもの」(Lacan, 1977b, p. 14)。分析主体にとって，真理はいつも，彼が無意識的なもの(その時まで語ることが不可能だったためにかつて現実的だったもの)について何か話そうとする限りにおいて，他所にある。それゆえ真理は，いまだ無意識にとどまっているものの上で働くのである。

まっていたのだった。この変化は明らかに，私が彼の発言を「板での圧力」と言って（彼が子どもの頃に教師に黒板の前の教壇まで呼び出されたときに感じていた圧力と，彼があらゆる種類の理由をつけて自分自身に失敗するよう押しつけてくる圧力とに言及しつつ）整理した後に起きたのである。彼はその時点で私の言葉から何かを考えるようなことはなかったが，2週間後，リラックスしようと特に努力をしたわけではないのに，自分がもうチョークを割らないで済むようになっていることに気づいたのである。彼にはそれが止まった理由は分からなかった。これは小さな症状にすぎないけれども，この話が示しているのは，症状が消え去るためには，分析主体が無意識的だったものを意識することは必ずしも必要ないという事実である。分析家か分析主体が言葉にするか，あるいは二人がそれぞれの言葉を重ねて言い表すだけで十分なのである。

しかし多くの分析家は，分析の主要な目標は，分析家が治療の間に分析主体を観察しているのと同じ仕方で，自分自身を観察できるように分析主体に教えることにあると結論づけてきた。つまり，分析家が分析主体に対して，無意識的にやっている行動パターンの気づき awareness をもたらすときに，分析主体はその行動を意識的に止めるように努力するようになるという考えである。したがってこうした分析家にとっては，自分たちが「観察自我」と呼んでいるものを分析主体の内で育てることが重要だということになる。私にはどうしても，これは本当の変化に対する貧しき代替物にしか思えない。もし分析が，誰かに，自分を定期的に観察し，衝動を意識的にチェックすることを覚える可能性しかもたらさないなら，分析の恩恵について熱狂を呼び起こすのは困難だろう。

「観察自我」の奨励は精神病治療ではいくらかの価値があるとはいえ，神経症治療では逆効果であり，神経症主体のさらなる疎外をもたらすだろう（この

---

[69] またこのエピソードは，分析家は自分が言ったことが効果があったかどうか知る必要はないことも示している。この分析主体が数週間後に私にこれを言わなかったなら，私は実際知らないままだったろう。

[70] 「観察自我」という用語は，「経験自我」に並置されることが多い。これはリチャード・ステルバの「治療的自我-分離」という概念に由来するものである（Sterba, 1934）。現代の著作でのその使用例としては，ケースメント（Casement, 1991, pp. 30-32）〔I, 三六-四〇頁〕とマックウィリアムズ（McWilliams, 2004, p. 211）〔二四九頁〕を参照。第7章で見るように，ケースメントはさらに一歩踏み込んで，分析家に対しても，同じように，作業に取り組む分析家と「内的スーパーヴァイザー」とに分裂することを求めている。

あとすぐに説明する)。適切な仕方で取り組まれるなら，精神分析はある種の行動パターンに従おうとする**誘惑**そのものを，実際に消去する手助けを行うことはできる。

現在主流のアプローチを採用している臨床家と作業をおこなった後で私のもとに分析を受けにやって来た分析主体の多くは，皆同じ不満をもらす。最初のセッションで彼らは次のように言うのである。「自分が何をしているのかなんて私はよく分かっています。けれども自分自身を止めることはとても難しいのです」。こうした治療アプローチの効果なるものは，こうした訴えによって極めて明らかだろう。観察自我が分析主体の中に育つとしても（時にはそれによって分析主体が知恵をつけ最新の「心理学的おしゃべり」を弄するようになることがある），その行動を動機づけている現実的なもの，欲動，抑圧されたものは，触れられないまま，そっくりそのままなのである。

多くの主流のアプローチでの解釈の目標は，分析主体の注意を無意識的パターンに向けて，彼が将来的に「行動する自分自身が分かる」ようになり，パターンの全体を繰り返す前に彼が自分で止められるようになることである。こうしたアプローチでの解釈では，一般に，単なる直接的な情報を分析主体に伝えることが意図される。多義的な言い回しを分析家は避けるのである。というのも，分析主体に何かを納得させ，何かを分析家が見ているのとまったく同じように見るように仕向け，実際に分析主体を促し，分析家の視点を受肉させ，内面化させ，吸収させることが重要だからである（それどころか，分析主体の心に，分析家の自我に範をとった永遠なる観察自我を据えつけるよう促すのである）[71]。こうした解釈では意味が第一のものとして与えられる。そしてその目

---

[71] フロイトはこれに対して警告している（Freud, 1940/1964, p. 175）〔全集第二二巻，二一三頁〕。

> 他人に対して教師，模範，理想となりたい，人を自分の手本に従って作り上げたいという誘惑がどれほど分析家をそそのかそうとも，そのようなことは分析関係における自分の任務ではないこと，そのような傾向に身を委ねてしまえばむしろ自分の責務に対する背信になることを，分析家は忘れてはならない。そのような誘惑に屈してしまった場合，分析家は，子どもの独立性を自分の影響力のもとに押しつぶした両親の失敗をただ反復し，以前の依存性を新たな依存性で置き換えるだけである。

にもかかわらず，この過ちは，それこそいわゆる分析主体の健康な自我部分と分析家との「同盟」を告知すると信じている多くの臨床家によって，繰り返されている。

標は,ある一つの意味——たとえば,分析主体と兄との関係と分析主体と父親との間にあると分析家が思っているつながり——を,分析主体が分析家と正確に同じように理解するように伝えることである。

衝撃 対 意味

> 解釈は言表内容なき言表行為である。
> ——ラカン (Lacan, 2007, p. 58)

> 分析主体が何かを意識のもとで理解したからといって分析がめでたく解決したなどと考えるのは誤りである……。ここで重要なのは,闇に浸っている無意識の水準から,明晰なる意識の水準へと,何か神秘的なエレベーターに乗って移動することではない……。重要なのは,実際,意識への移動ではなく,話すことへと向かうことであり……そして発話は誰かに聞かれねばならないということである。
> ——ラカン (Lacan, 2001, pp. 139-140)

　意味を第一のものとして与える解釈は,現実的なものを打つことができるだろうか。無意識に効果を及ぼすことができるだろうか。分析状況では,明晰で明白な単一の意味を与えようとする解釈は,ある意味で,分析主体を黙らせ,彼の語らいをとめ,彼の連想の流れを阻むことになる。そうした解釈は月並みさを脱しきれておらず,それ以上コメントを行う価値を持たないため,ドアを開く代わりに閉じてしまうからである。それらが分析主体にとって納得のいきそうな解釈であるとしたら,それはその分だけ,その解釈が,実際に分析主体が自分について既に発見したり考えたりした物事に関わりを持っているのだろう。逆に,そうした解釈が分析主体にとって目新しいものである場合でも,彼はそこで表現されている観念をただ理解し,自分についての考えにそれらを合流させるだけで,それ以上発展させようとはしない。一言で言えば,容易に把握できる解釈の周りに,分析主体の考え(あるいは自我)が再び結晶化してしまうのである。しかし,神経症者との精神分析作業の目標はこうした結晶化を解きほぐすことなのである。

　神経症者は,多くの場合,自分の状況についてそれまでに形づくられたあら

ゆる種類の理解を携えて，分析にやってくる。しかし，こうした理解は，自分がその状況にどのような貢献をしているのか，その状況での自分の個人的関心とは何かを理解する彼の能力を妨げているのである。このとき，分析作業の目標は，分析主体に，彼自身の理解の代わりに分析家の理解を採用させることではない（つまり，分析家の視点を内面化させることではない）。いくらか合理化や幻想の気味がある意味や理解についてはすべて疑いを抱かせることである。[72] もし彼がある仕方で物事を見ることに満足しているのなら，彼はそのように物事を見ることに備給しているのである。なぜなら，そうした物事の見方は，肯定的であれ否定的であれ，彼が自分について抱いている何かしらのイメージを支えているからである。分析家の関心は，そのイメージの偏りを強調することである。言い換えるなら，そのイメージが彼についてのほんの一部しか含んでいないことを強調するのである。分析家の関心は，分析主体の苦境に新たな意味を提供することではなく，彼がついついそれに帰属させてしまっている意味を解き，展開し，ある意味で破壊することなのである。分析家が新たな意味（あるいはラカンがよく使う用語では「シニフィエ」）を提供するならば，分析主体はそれに飛びつき，自分で考えるのをやめてしまうだろう。それは，分析主体が綱の先にしがみつき，無分別に何かをやろうと思いつめているような絶望的状況にあるときには意味があるかもしれない。だが，抑圧してきたものを取り込んで分析主体の自我の境界を押し下げる作業にとっては，ほとんど益はない。

　簡単に理解可能な意味を伝える解釈は，厳密に言えば，単に精神分析的な解釈ではないのである。[73] むしろそれは暗示に等しい。精神分析の解釈の要点は，私が前章までに述べてきた他の精神分析技法の多くと同様に，分析主体に何らかの特定の意味を与えてそれにしがみつかせることではなく，彼を作業に向かわせることである。問いかけ，句読法，区切りはすべて，分析主体の発話の中から暗黙の意味を引き出し，展開し，時に論破させること，そして彼がそれまで決して言わなかったことを言葉にするようにさせることを意図しているので

72　スポトニッツはこう述べている。「理解だけでは，誰かが良くなる手助けをすることはできない」（Spotnitz, 1999, p. 260）。

73　ラカンは次のような補助的な考えを提供している。「その効果を理解できるような解釈は，精神分析の解釈ではない」（Lacan, 1966, p. 13）。

ある。

意味と悪しき暗示の力

> 解釈はどんな意味でも提示すればいいというものではありません。
> ——ラカン（Lacan, 1978, p. 250）〔三三八頁〕

> 分析の解釈は理解されることを意図しているのではなく、波風を立てることを意図している。
> ——ラカン（Lacan, 1976, p. 35）

容易につかみとれる単一の意味を与える解釈は暗示として理解されるべきである。なぜなら、そうした解釈は物事を考えたり見たりする特定の仕方を提供しているからである。もし分析主体が分析家に大変な信頼を置いているなら、彼は分析家の解釈によって伝えられた意味を非常に深刻に受けとり、分析家に依存する位置がいっそう強められることになるだろう。暗示を伴う催眠療法の初期の時代、よく指摘されていたのは、患者は何度も医者のところに戻ってきて暗示を更新してもらわなければならないということだった。このことが示すのは、暗示が効果的で長く持続するのは、ただ患者が催眠療法家に信頼を置いている場合に限るということである。この信頼は、催眠療法家との契約がとりやめになると往々にして衰えていく。つまり、暗示による治療の後で時に目覚しい改善が生じたとしても、それはただ催眠療法家の人格的影響のみによるものなのである。患者が何事かを納得し得たとしても、それは決して暗示療法の経過の中で内面化されることはないと言えるだろう。患者は催眠療法家——つまり誰か他人——によって毎回新たに納得しなければならない。

精神分析の目標はまったく違うものである。一般に他人に与えられるものより、自分自身で到達した考えのほうがより納得のいくものであり、またそうした考えならば他人から定期的にお墨つきを与えてもらう必要もない。そこで分析家は、分析主体を促し、自分自身で答えを探すようにさせるのである。[74] 私たちの文化では、分析家を、何か答えを提供する人のように考える傾向があるけ

---

[74] もちろん、少なくとも初めは、自分自身でたどり着いた考えよりも、他人から与えられた考えのほうを信じがちな人たちがいる。

れども，分析家の第一の目的は，分析家に答えを求めようとする分析主体の要求を，分析主体自身が答えを探そうとする意志に変化させることである（このために分析家は，伝説のユダヤ人さながら，分析主体の問いの多くに問いをもって「応える」のである）。もちろん分析主体はたったひとりで答えを探すわけではない。その探究において分析家が彼を助けることだろう。しかし分析家は多くの点で慎ましい協力者，「沈黙するパートナー」にとどまろうと努める。一般に分析家は，分析主体の発見と達成が可能な限り自分自身で得たものだと感じられることを保証しつつ，ただ分析主体が言葉で言えずに堂々巡りしているような何かを彼がもう少しで言葉にできそうだというときにのみ，口を挟むのである。分析家の仕事は，解釈というおなじみの魚を分析主体に与えることではなく，むしろ釣りの仕方を学ぶ手助けをすることである。多くの非ラ

---

75 ラカンが述べるように，「分析家が提供する解釈は主体において見出された知ではなく，それに意味を与えるためにその知に付け加えられるものである」(Lacan, 2007, p. 130)。ラカンが 1970 年に述べたこの言葉——またそれ以降になされた他の説明，たとえば「あまりに多くの分析家が口をまったく開かないことが習慣になってしまっています」(Lacan, 1974-1975, 1975 年 2 月 11 日)や「分析家は自分の職業は黙っていることだと思っていることが多いようです……。分析家があまりにも何も言わないのは誤りであり，逸脱です」(Lacan, 1976, p. 42)——から，最近何人かのラカンの信奉者は，ラカンが解釈は「死んだ」と考えていたと主張しているが，私はそれは違うと考えている。セルジュ・コテが 1993 年 6 月の会合で「解釈の衰退」について言及したときに (Cottet, 1994)，彼はこの主張を思いついたようだが，それを他の人々が取り上げ，増幅させているのである。特に J.-A. ミレールは「解釈は死んだ」と宣言している (Miller, 1996, p. 13)。しかし，このテーマについての彼らのコメントを検証すると，単にそれが言わんとしているのは，分析家が直接分析主体に何らかの意味（言い間違いや夢，症状の意味）を告げるという形での「古典的な」古い解釈は死んだということであり，より新たなラカン的な形での解釈が死んだと言っているのではない。ラカン的解釈とは，神託的であり，多義的であり，「半言い」されるもので，特定の意味を刺し止めようとするのではなく，意味形成を断ち切り，揺さぶるような解釈である。ラカンも，精神分析家には「解釈する義務」があると指摘している（セミネール 11 巻のフランス語あとがき。英語版 (Lacan, 1978) には収録されていない）。

　分析主体によっては，分析作業の非常に早くから，いくつかの種類の解釈を行う場面があることもある。確かに時には，いくらか驚きを与える解釈によってのみ，人はようやく分析主体となる最初のきっかけを得ることもあろう。にもかかわらず，私はこうした初期の予期できない解釈は，経験豊かな分析家のみによってなされることを勧めたい。多くの分析を経てきて，彼らは，相手がある種の動揺なしには分析作業に取り組まないこと，あるいは取り組みそうにないことが十分よく分かるようになっているのである。

76 分析家は，分析主体が激しく何かを求めているようなとき，分析主体に解釈を（食物として）与えざるを得ないような感覚を持つことが多い——これを「授乳の要求」と言う人さえいる。しかし一般には，自分の質問をするだけで十分である。ウィニコットはおそらく，最初に分析家たちの間での「食物ブーム」を開始した人だろう。彼は，ある彼の分析主体の次のような言葉をよく取り

カン派の精神分析家がいまだに，分析家は解釈によって分析主体に特定の意義を差し出すのだとする考えに固執していることに注意しよう。一方，ラカン派精神分析家が解釈するのは——あとで手短かに見ていくが——，分析主体が自分自身で意義を見出したり，あるいはそれまで自分が言ってきたことはまったく意味のないことだという事実に直面するようにするためである（これは，こうした形での精神分析では，分析主体がすぐに分析家をすっかり必要としなくなるところまで行き着くということではない。なぜなら，際限なくあるいくつかの考えを合理化し，排除しようとし続けているかぎり，語りかける他者が目の前にいることがあらゆる分析にとって依然として不可欠なことだからである）。[77]

　特定の意味を与えることが同意され，時に感謝さえされると，分析主体の依存，すなわち彼の幼児化した位置をさらに強めることとなる。もし分析主体がこうした意味を与える分析家を必要としているのなら，それは自分でそこに到達できないに違いないからである。こうした特定の意味はまた分析主体を強く満足させるだろう。というのは，それらの意味によって分析主体は自分についてのしっかりした考え方，おそらく彼自身の，満足のいく新たな同一性を与えられるからである（このことが，ラカン（Lacan, 2001, p. 551）がフランス語の享楽 jouissance を「jouis-sens（意味を享楽する）」と書いて，「sens（意味）」の音の響きを強調した理由のひとつである（また，Lacan, 1990, p. 10〔三四頁〕も参照））。しかし，神経症者との作業では，新たな同一化は必ずしも奨励すべきものではない。というのも，そこに伴う享楽（時に分析家自身が望ましい，言い換えれば分析主体の「ためになっている」と考える結果や，分析主体が治療的だと考える結果になることもあろう）によって，分析作業に歯止めがかかりやすくなるからである。実際，このために，こうした自我の同一化すべての背後にあるものを検証するプロセスは省かれてしまう。

　あるいは，特定の意味を提供することによって，分析家の洞察力について意見が違ったり，疑われたりすることもあるだろう。時には不毛な知的議論につ

　　上げている。「私がこの時間中に経験してきたような先生の親切なご配慮〔マネージメント〕は，おいしい食物です」（たとえば以下を参照。Winnicott, 1960/1965a, p. 141〔一七二頁〕）。

77　同様の見方としてはケースメント（Casement, 1991, p. 7）〔I, 三頁〕を参照。「誰かの援助なしには自分自身の無意識を知ることはできません」。

ながったり，ラカンが「知を想定された主体」（Fink, 1997, pp. 28-33〔四〇-四七頁〕を参照）と呼ぶ場所を占める分析家の能力が一時的であれ弱くなることもある。「知を想定された主体」とは，手短に述べると，分析主体には自分を悩ますものについての知を分析家が有していると想定する傾向があるということである[78]。大まかに言って実際にはそうした知は分析主体自身の無意識にあるのだが，ともかく，分析家に対して自分の無意識的な知を投射することによって，分析主体は自分自身の真理を分析家を通じて探し求めることができる。しかしこの投射（長期にわたる分析の最終局面に至るまで大きな影響力を持つことが多い）は，もし分析家が繰り返し分析主体が信頼できないと思うような類の解釈を与え続けるなら，危うくなる。こうした理由から，非常に多くの分析家が，その駆け出しの時期であれ円熟期においてであれ，問いの形で解釈を与えるのである。分析家は，「お父さんについて以前に言っていたことが，今ここで関係していると思いますか」というような問いのほうが，「それはお父さんに関係しているようですね」というような直接の断言（宣言的で独断的で宣誓的でアポパンシス的 apophantic な主張[79]）よりは，知を想定された主体としての自分の位置は危うくならないと考えているように思われる。そうした信念が正しいかどうかは後に検討しよう。

　時に分析家は特定の意味を提供しなければならない。たとえば，分析がある種の転移にはまり込み，分析家が作業を行えなくなる場合である。こうしたとき，分析家は転移について多義的でない解釈を敢えて行わなければならない（ふつうこうした解釈は他の場合には勧められない。第7章参照）。このとき，分析家は自分が塁を離れることになるかもしれないが，分析主体がその言動において分析家に対して率直になるだろうことを承知していなければならない（以下を参照。Lacan, 2006, p. 225〔第一巻，三〇二頁〕, Fink, 2004, p. 6）。こうした率直な解釈を立て続けに行えば分析を危うくするだろうが，いくらか良

---

[78] もちろん分析家は「自分が知っている主体でないことを知っている」（Lacan, 1966-1967, 1967年6月21日）。

[79]「アポパンシス的 apophantic」という言葉についての議論はラカンを参照のこと（Lacan, 1973, p. 30）。この語はアリストテレスの『命題論〔解釈について〕』に由来するが，ロゴス・アポパンティコス（「明示的語り」）logos apophantikos という用語がある。ハイデガーはこの語について次のように注釈している。「現す，見せる，提示するという特定の機能を持つ語りであり，英語では，断言，発言，命題と呼ばれる」（Heidegger, 1975/1982, p. 180）〔二六〇頁〕。

い作業がなされると考えられる。分析がときどきこうした不安定な契機に立たされることはよくある（Freud, 1937/1964, pp. 261-262）〔全集第二一巻，三四七-三四八頁〕。

しかし，分析主体を作業へと向かわせるためには，解釈は一般に多価的である必要がある。つまり，少なくとも二つの意味を許容するものでなければならない。それにより分析主体にそれらの意味すべてを探索する仕事が与えられるのである。分析主体が分析家にどういう意味で言っているのかと尋ねてきたなら，分析家は，尋ね返すことによってそれに答えればよい。「私が言うだろうとあなたが思っていたことでしたか」。この答え方は，いまだはっきりしていない転移の側面を引き出すだろう。すなわち，分析家に投射している，分析主体の自分自身についての考えが引き出されるだろう。

多価性のためには，分析家は分析主体の語りから引き出される一般的な慣用表現をうまく利用するとよい。というのも，そうした表現は，現在のアメリカ英語でかなりいろいろな意味がある前置詞（たとえば with）と同じように，多義的であることが多いからである。分析主体自身の言葉によってそのように作業し，客観的な明証性を避けることにより，分析家は，自分の解釈が最初にそれを言ったときに考えていたよりも多価的であることが分かるだろう[80]。分析家が話したときには意識的に考えてはいなかった分析主体の経験の別の側面が，自分の解釈と共鳴してくるのである。こうして分析家の口に出した言葉は豊かになり，ピン止めしにくくなる。

では，解釈の目標が意味を与えることではなく，ある種の衝撃をもたらすことだとすると，どのような衝撃を考えておけばよいのだろうか。

新たな素材：分析の拍車

> 解釈は「はい」や「いいえ」で決定されるような真理を検討することではない。解釈は，真理それ自体を解放するのである。
> ——ラカン（Lacan, 1970-1971, 1971年1月13日）

---

[80] この意味で分析家は，かつて「私はいつも自分があまりに明晰であることを憂いている」と語った，連邦準備制度理事会前議長アラン・グリーンスパンのようである。

> 王「この手紙を神妙に聞くか？」
> ビローン「はい，神託を承るような気持ちで」
> ——シェイクスピア「恋の骨折り損」第一幕第一場

随分前にエドワード・グローバーが指摘しているように，解釈は治療で生産的であること，つまり，新たな素材を引き出すことを目指すものである（Glover, 1931）。ラカンは，30年後にこの視点について議論しながらこう述べている。

> 誰もが各々に認めているように，解釈の正当性が確認されるのは，それを語った者が納得したかどうかではなく，その後に現れてくる素材によって，その根拠が十分かどうか判断されるのである。
> 　だが，心理学化する迷信が強力に頭にこびりついているために，人はいつも主体の同意に，解釈の正当性を探し求める。告白の一形態としての否定Verneinungについてフロイトが言っていることの帰結が，すっかり見過ごされているのである。少なくとも，主体による否定は，たんに思い出せないことと同じものとして片付けることはできない。（Lacan, 2006, p. 595）〔第三巻，一七頁〕

解釈における分析家の目標は，何か分析主体が同意しそうなことを言うことではない（駆け出しの治療者は時に，分析主体が価値あると思っているものを自分が与えていることを分析主体に分かるような解釈を与えようとしがちだが）。フロイトは次のように述べている。

> 患者がただちに答える「はい」は多義的である。その「はい」が本当に，患者が聞かされた構築を正しいものと認めていることを意味することもあり得る。しかし，それがまるで意味をなさないこともあるし，また，「偽善的見せかけ」といえるような場合さえあり，患者の抵抗にとって，暴かれていない真理を隠し続けるのにそうした同意は都合がよいのである。「はい」が価値を持つのは，それに引き続いて間接的な確証がなされるときや，また患者が，その「はい」のあとすぐに新たな思い出を生み出して，構築を仕上げたり，展開させるときだけである。（Freud, 1937b/1964, p. 262）〔全集第二一巻，三四八-三四九頁〕

確かに,分析主体が分析家の解釈に同意しない場合に,その不同意がたんなる無関心によるのではなく,むしろ激しいとしたら,究極的には分析にとってより価値があるだろう。頑なな否定や激しい否定のときほど,解釈がいわば泣き所をついていることが多いだろう。その場でその泣き所を探っていくことは無理だろうが,分析家はそれを心にとめておいて,後日,おそらく間接的に違う言葉で回帰してくるのを期待できる。フロイトの洞察に満ちた金言を思い出そう (Freud, 1905a/1953, p. 46)〔全集第六巻,五四頁〕。「的を射ていない非難は,それほど長い反発を招かない」。分析状況に関してこれを次のように述べかえてみよう。「的を射ていない解釈は,終わりなき否定や論駁は引き起こさない」。

しかし,ここで最も重要な点は,解釈の価値は,それが引き起こしたものによって,つまりそれが分析を進展させるか否かによって判断されるべきであるということである (Freud, 1937b/1964, p. 265)〔全集第二一巻,三五二頁〕。いくつかの場合に,ただちに連想が大量に生じてくることがある。また別の場合には,もっと後になってから効果が現れる。たとえば,解釈が言われたセッションが終わってから,夢や白昼夢が刺激されたり,反芻にふけったりといったことが起こる。さらに別の場合には,解釈の効果が現れないこともあり,短期間あるいは長期間,(解釈を裏打ちするものであれ,逆に無効とするものであれ) 新たな素材が一切生じないこともある。もちろん,最終的に分析が何を進展させ,何を進展させなかったかを決定するのは,複雑な問題である。いくつかの連想が初めは効果抜群だと思われても,最終的にはブレーキがかかり,ついに袋小路に至ることもあるだろう。けれども,こうした多くの思考の道筋が探索され,ある意味で吟味し尽くされて,ようやく持続的で射程の広い思考

---

81 構築と解釈の違いについてフロイトはこう述べている (Freud, 1937b/1964, p. 261)〔全集第二一巻,三四六頁〕。「解釈は,連想や失錯行為 (つまり言い間違いやうっかりミス) のような,素材のそれぞれ個々の要素に対して行われるものに当てはまる」が,構築は広範囲の分析素材に及ぶものである。

82 分析主体が分析家の解釈に同意しない場合について,フロイトの興味深い指摘がある (Freud, 1937b/1964, pp. 262-263)〔全集第二一巻,三四九頁〕。

83 これは,たんに分析主体が解釈の後に「ぺちゃくちゃしゃべり出す」なら,その解釈は有益だということではない。ラカンが言っているように,「もし解釈がたんに素材をもたらすものにすぎないのなら——つまり,もし真理の次元を根本的に排除してしまうなら——,その解釈は暗示と何ら変わらないでしょう」(Lacan, 1966-1967, 1967 年 6 月 21 日)。

の道筋が見つかると思えることが多い。必ずしもすぐに最善の思考の道筋に行き当たるわけではない。ローマは一日にしてならず，である。

　新たな素材の産出に関する関心から，時折ラカンは，解釈をある種の「神託的発話」として説明している。[84] デルフォイの神託よろしく，分析家が述べることは，たとえ理解されなくても**反響を引き起こす**ような多価性を持っており，分析家が何ゆえに今の発言が口にされたのかを見抜こうとする好奇心と欲望とを掻きたてるのである。最良の場合，分析主体は主に意識的レベルではなく，無意識的レベルで作業するように仕向けられる。意識的レベルでの作業では，分析主体は次のセッションでこう言うこともあるだろう。「あなたが前回言ったことについて考えていました。ある意味で賛成しますが，でも他方で……」（このとき神託的解釈の多価性は，ある種のコメントを思いとどまらせることになる）。だが反対に，無意識的レベルでは，解釈は予期せぬイメージ，夢，幻想，あるいは，意識的な思索によって思いついたのではない思考をもたらすのである。

　神託的発話は，意味の支配を証明しようとする発話ではない——つまり，分析主体の語りを十分理解していることを証明しようとするのではない。むしろ，喚起的な発話，多義的な発話なのであり，人が意味をその上に投射しなければならない発話，意味をそれに与えるために作業が必要となる発話なのである。ラカンが述べるように，「神託は啓示も隠蔽もしません。……それはひとつの徴 sign なのです」（Lacan, 1975a, p. 16）。そして徴とは——たとえば水面を飛ぶ燕の軌道や，生贄の動物のはらわたの様子のように——読まれるべきものであり，解釈されるべきものなのである。徴にはそもそも固有の意味はない。意味を与える観察者次第なのである。ギリシャ語のセーマイネイ $\sigma\eta\mu\alpha\acute{\iota}\nu\varepsilon\iota$〔意味する〕も，「指示する」，「示す」，「指さす」という意味を持っている。つまり誰かが何か，たとえば木を指さす場合，私たちに何を気づかせようとしているのか，多くの可能性があるうち，その種類なのか，形なのか，樹皮なのか，色なのか，葉なのか，そこにある鳥の巣なのか，私たちには予め分からない。解釈には，「示唆的」であるという特質がなければならない，ラカンはそ

---

[84] 実際の神託としての分析の解釈に関する議論は，ラカン（Lacan, 1970-1971〔1971年1月13日〕；2006, pp. 106, 588〔第一巻，一四四頁；第三巻，七頁〕；1973, p. 37; 1975a, p. 16）を参照。また神託についての優れた注釈としてはジレ゠ル・ボン（Gilet-Le Bon, 1995）を参照。

う提案している（Lacan, 2006, p. 641）〔第三巻，八二頁〕。多義性は，精神分析の道具箱の中で最も生産的で挑発的な道具の一つである。

解釈はメタ言語を提供するわけではない

> 解釈は欲望を指し示すが，ある意味で欲望に等しいのである。欲望とは要するに解釈そのものである。
> ——ラカン（Lacan, 1978, p. 176）〔二三四頁〕

> 精神分析の基本法があるとすれば，それは，分析の諸カテゴリの名においてでも，無意味なおしゃべりを避けるということである。乱暴な分析をしてはならない。すなわち，分析家にしか意味を持たないような言葉を投げかけてはいけない。
> ——ラカン（Lacan, 1976, p. 34）

　何十年もの間，精神分析理論は，分析家によってなされる多くの解釈の基礎として役に立ってきた。エディプス・コンプレクスはすぐれたテンプレートであり，分析主体の経験を見るための最も重要なグリッドであった。分析理論の言語は，その中で分析主体の経験を表現するための完全な言語であるとみなされていた。その意味で分析理論の言語は，分析主体が自然に使っている言語に関する，メタ言語として考えられたのだろう。そして分析家の作業をするためには，分析主体の経験を分析理論に還元すればよいとさえ時に考えられたのである。分析主体の生活が理論言語によりひとたび明文化されたならば，彼の症状は消えるだろうと信じられていた。1920年代には，フロイトは既に，エディプス・コンプレクスのような理論的構築物に基づく解釈はもはや効果的ではなくなっていると注意している。分析家のもとへやってくる患者は既に，いくつかの分析のテキストを読んでおり，カウチに横になる前から，自分自身の経験を精神分析の概念の枠にはめてしまっていた。患者たちは次のように語るのである。「先生，私の問題は，私がまだ母を愛していることなのです。そのせいで，私は父を憎んでいるのです」と。エディプス的な定式化は極めてありふれたものとなってしまい，解釈の基礎として利用されても，もはや何の有効性も

なくなっている。理論にいろいろと付け加わるに従い——後期フロイトのエスや超自我のような概念であれ，アブラハムの部分対象であれ，クラインの良い対象，悪い対象であれ——分析家は多くの場合，分析主体の経験をそれらの概念へと翻訳しようとしてきた。こうした翻訳は最初はいくらか衝撃を持つかもしれないが，こうした精神分析概念が再び大衆の広く知るところとなると，その効果はすぐになくなってしまうのである。[85]

ケースメントのような分析家たちは，正当にもこうした形の解釈に異論を唱えている。このような解釈では，それぞれの分析主体の特殊性は見過ごされ，患者たちを，彼ら皆が共通して持っているもの，つまりエディプス・コンプレクスのような想定上普遍的な葛藤であるとか，抑うつ態勢のような想定上普遍的な発達段階などの観点からしか見ないからである。ケースメントが指摘したように，分析理論がある場合にそう示唆しているからといって，分析主体の側の沈黙が抵抗を意味しているとただちに考えることはできない（Casement, 1991, pp. 206-209）〔II, 二二-二八頁〕。ほとんどとは言わないが，多くの場合，その意味はもっと複雑である。

しかし，ある種の完全メタ言語としての解釈概念については，さらに批判をしなくてはならない（Soler, 1996）。分析主体の経験をある表現形式から別の表現形式へと翻訳すること，つまり分析主体の日常的言語から精神分析の新造語へと翻訳することでは，彼の経験を変化させることはできない。それは，経験に理論的意味をあてがうにすぎない。分析主体がその意味に満足することはあり得るだろう。というのも，分析家が，解釈を提供することによって，自分（分析主体）に精神分析の手ほどきをしてくれており，自分（分析主体）をまじめに分析のトレーニングを受けそうな人物とみなしてくれている，
と分析主体が感じるからである。しかし，分析主体のそうした満足は，おおよそ彼が先へと進むための障害にしかならない。分析主体は，理論的定式こそが決め手であると感じるのだろう。つまり，解釈は自分が満足すべき最終的な説明をもたらしてくれるというわけである。

これでは，精神分析のプロセスは短絡（ショート）してしまう。精神分析のプロセスとは，それをきちんと言うなら，そうした最終的説明や究極の答えな

---

[85] この点で，分析はそれ自身の成功の犠牲となったと考えられる。しかしこのことから，理論的用語への翻訳がはじめは効果的な形での解釈であることは推測できる。

どないという事実に直面することである。分析主体が繰り返し，自分の人生の方向に関するさまざまな何故——たとえば，どうして自分は両親の一方の肩をもち他方を敵に回すのだろうか，どうして自分は，両親が自分にあることを特別に望んでいると信じこんできたのか，どうして人に恥をかかされることに甘んじているのか，どうして人の要請すべてに従っていたのか，どうして振り返ってみれば自分にとても有害で，人生の前進を阻むようなことを自分でしたのか——について考え抜いても，そしてさまざまな決定的瞬間や転機で下した選択だったと思われるものを部分的に説明する幾多の理由を見つけたとしても，何かが常に説明されないまま，そして実際，説明できないまま残るのである。分析主体の探究が過去へ遡れば遡るほど，それだけ彼の動機は識別不能になっていくと思われる。これらの謎めいた決断について理論的説明をしたり，月並みなコメント（「誰でも両親から離れて独立するためにはそうしたことをしなければならないのです」，第9章参照）をして，分析主体の説明に含まれるこうした穴を埋めようとするより，**分析家はこの説明の欠如を前面に押し出すことを目指さなくてはならないのである**。[86]

なぜ人がそのようであり，なぜあることをしたのか，それには，究極の答えや最終的説明などない。人生の方向に関して一定の構築に到達できるだろうが，それは最終的な分析においてのみ到達できるのであり，**人はただそれを受け入れるようにするしかない**。人は，それまでは決断や選択とは思えなかったような決断や選択を自分のものと認めなければならない。子どもの切りのない問いかけ（どうして空は青いの？　どうして光は反射するの？　どうして光は波の形をしているの？　など）が結局何か答えられないものへと行き着くように——子どもの真の動機が答えを知ることなのかどうかさえ必ずしもはっきりしていないが——，分析主体の切りのない熟考は，熟考できないもの，究極的には知られずにただ受け入れるしかないものへと行き着くのである。

答えが出せないことがつねにあるのである。幼年期の出来事のさまざまな理

---

[86] ラカンは，この「説明の欠如」について，「《他者》の欠如」あるいは「斜線を引かれた《他者》」（$\cancel{A}$）として言及し，分析主体はこの《他者》の欠如に，S($\cancel{A}$)としての分析での自分の発話を通じて出会うと述べている。S($\cancel{A}$)とは「《他者》における欠如のシニフィアン」である。根源的幻想（第6章参照）は，普通分析主体に対してこの欠如を覆っているものだが，この根源的幻想が見えてきて，揺り動かされ始めて，ようやく分析主体はこの《他者》における欠如と格闘するよう強いられるのである。

由について分析主体が疑問をもったとしても、両親は、その出来事を思い出せたとしても、自分自身の見方以外のことは何も提供できない。分析家も可能な一連の再構築を提示することしかできないのであり、そのどれも説得力はないだろう。こうしたあり得る知識の貯蔵庫には答えはないのであり、それは知それ自体にいくつかの点で欠陥があるということである。すべての知識の貯蔵庫としての大文字の《他者》——ラカンのこの用語の一つの理解の仕方である——は欠如しており、不完全なのである。その苦境を認める以外に、それについて何もできることはない。

これはフロイトが「去勢」と呼んでいるものについて語る、一つの仕方である。「去勢」とは、男女双方に適用されるものであり、私たちのあまりにも明白な限界を意味するものである。私たちは不死身ではなく、命は限られており、いつ死ぬのかも分からず、ものごとすべてをし尽くせることもない。すべての領域で熟達することはないし、すべての分野を習得できるわけでもない。私たちの知には限界がある。フロイトが、分析家は分析主体に去勢の「岩盤」に対峙するようにさせなければならないと言っている（さらに、分析家は分析主体をそこへ導くことしかできず、自らが去勢されているという事実を受け入れるか拒否するかは、分析主体に委ねられていることを示唆している）(Freud, 1937a/1964, p. 252)〔全集第二一巻、二九三-二九四頁〕のと同様に、ラカンは、分析家は分析主体を《他者》の欠如と対峙するべく導き、分析主体がそれを受け入れ、それを越えるのを手助けする方法を見つけなければならないと論じている。

最終的答えを見つけようと頑なにこだわることは、自らの苦境を環境や他人のせいにし続けることへのリビード備給がなされていることを示唆している。しかし、大多数の事例では、環境や他人の行動は多少のことを説明できるだけであり、最終的には分析主体は自分の人生が展開する過程で自分自身が一つの役割、それもかなり重要な役割を担っていることを受け入れなければならないのである。

このリビード備給は、分析主体が享楽（分析主体が、必ずしもそれ自体としては心地よいもの、愉しいものとしては経験しないような満足）を人生で見出す仕方において、ある一定の固着を意味しており、同時に他の仕方では享楽を見つけたくなかったことを示している。しかしこの固着はまさに分析主体が分

析に最初に来たとき，かなりの場合，不平をこぼすことなのである。彼は人生を楽しんでいない（おそらく彼は以前はもっと楽しんでいたのであり，彼の周りの他者はもっと楽しんでいると感じている）。彼の生き方は，自分を喜ばせるのではなく悩ませている。彼は自分をみじめにしているこのパターンを壊せないようにみえる。私は別のところで，これを「満足の危機」あるいは「享楽の危機」と呼んでいる（Fink, 1997, pp. 8-9）〔一一-一二頁〕。この危機において，分析主体のそれまでの楽しみ方（明らかな性的な仕方や，別の仕方であれ）は破壊され，それで彼は分析家にそれまでの有効性を取り戻す手助けをしてほしいと，分析にやってくるのである。しかし分析家は，分析主体が新たな仕方——かつての世の中を見る見方や，自分の苦境を他人や環境のせいにすることに，備給をしない仕方——で楽しむことを期待する。

分析家が分析主体の説明と自分の説明との間の溝を埋めようとするなら，分析主体をスタート地点に置き去りにしたままとなり，それを超えていくように分析主体を励ましたり刺激したりできないだろう。分析主体は，物事の新たな見方，人生の新たな理解の仕方は得られるだろうが，以前と同じように苦しみ続け，分析を始める前に彼にとって耐え難いものだったままの仕方で「享楽」を手に入れ続けるだろう。

それゆえ，ラカンは次のように主張したのである（Lacan, 1977b/1984, pp. 15-16）。「解釈は真であっても，偽であってもいけない。解釈は的確でなければならない。それは，分析の最終局面で解釈は，さまざまな意味がざわめくような状況の中で，意味の希求を打ち止めにするということである」。その状況とは，何かが抑圧されてきた状況のことであり，「とりとめのない意味作用の流れが呼び起こされる」状況のことである。このとき意味作用（実際は合理化だが）は，「それ自体，抑圧が生み出した穴へと飛び込んでいく」。解釈に対するラカンのアプローチは，分析主体によりいっそう新たな意味を生みだすよう促すこと——分析の初めにはそれも明らかに重要なことだが——を越えるものを目指している。後になって，この強調が「主体的位置」の変化——つまり，分析主体が人生で享楽を得る仕方の変化であり，究極的に説明できないものを際限なく説明しようとする試みにけりをつける変化——をもたらし続けるのである。

多義的な解釈の例

多義性を通じてのみ，解釈は作用する。シニフィアンのうちに反響するものがなくてはならない。
　　　　　　　　　　　　　　　　　　　　—— ラカン（Lacan, 2005b, p. 17）

解釈の効果は，それらが計算されているときですら，計算不可能である。
　　　　　　　　　　　　　　　　　　　　—— アパリシオ（Aparicio, 1996, p. 55）

　多くの場合，解釈は分析主体自身が言った多義的なことを引用することだけで構築できる。というのも分析主体は多くの場合，自分が言ったことの曖昧さに気づいていないからである。人生の盛りにいた私の分析主体の事例で，彼はいくつかの機会に，普通自分の年齢までには就いている会社の役職に自分が就いていないことにふれていた。そして自分の上司や，自分の人生で自分に対し父親像を演じようとする人々に対する不満をよく言っていた。そこで私は彼に対し，彼自身の言葉を繰り返すだけにした。たとえば「私は権力への上り坂でいつも躓いてきました」と彼が言ったときに，私が「権力への上り坂」と繰り返すと，彼は「ascent 上り坂」という音の響きが，「assent 同意」とも受けとれることに気づき，自分が権力を引き受けることを拒絶しているのではないか，仕事という状況で何かの権力をふるい，他人に任せるのが嫌なのではないかなどと考え始めた。これによって権力に関する私たちの話し合いは，権威などについての一般的批判という抽象的平面（初めはそれも啓蒙的だったが）を抜け出し，他者を支配したい，他者に対していばりたい，他者に攻撃的に振舞いたいといった，禁圧され密かに表現されていた彼自身の願望へ向かうことができたのである。

　分析主体の発話の引用に基づく解釈はおそらくごく普通のものであり，多くの場合，分析主体に与える衝撃が最も少ない。私の経験では，分析主体たちは一般に，そうした解釈を解釈として考えもしない。だが，文脈から選んで取り

---

[87] このことは，解釈を誰が権威づけるのかを混乱させるという点で，そうした解釈の良い特徴の一つである。第7章でみるように，分析主体は多くの場合，解釈を，自分が転移的に分析家に投射し

出す引用によって，分析主体の語らいの曖昧さ，分析家が重要だと考える曖昧さを使うのである（分析主体の発話がかなり曖昧なため，分析家がそこから最も効果が期待できるいくつかだけを取りあげ選択しなければならない場合もある）。そこで分析家は，おそらく一瞬のうちに，新たな話し合いの道を開くのに役に立つだろうと推測するのである。先ほどの症例での曖昧さは，単純な同音性だった。ascent 上り坂は，現代話されているたいていの（すべてではない）種類のアメリカ英語で assent 同意とまったく同じに聞こえる。

別の例では，完ぺきな同音性ではなかった。私は，分析主体が「私たちは二人とも乗っていました」（私に語った夢で彼は自転車に乗っていた）と言ったのを，「riding 乗っていた」が「writing 書いていた」のように聞こえるように繰り返した（アメリカ英語ではこれはかなり簡単である）。なぜなら彼は何回かのセッションの間，自分の執筆 writing のことについて話し続けていたからである。それからすぐ後に，私は，その語を「righting 正す」と綴りを換えて読み，彼にとって書くこと writing は，間違いだと気づいたことを正し righting，物事や人々を直そうとする計画と結びついているのではないかと示唆したのである。

さらに別の症例では，分析主体の発話から引用した部分の曖昧さは文法や慣用表現にあった。[88]この分析主体は，弟が寝たふりをしている間に，兄と数年間かなり特殊な性的習慣にふけっていた。分析主体は何度ものセッションで，セックスに金を払うという考えがどれほど嫌らしいものかを語った。彼は時にセックスのために金を出そうという気になったことはあったが，金を払った相手から「けだもの」，「不愉快な存在」と見られるのではないかと心配し，いつ

ている人物（たとえば彼の過去の批判的な人物）からきたものとして聞く。そのため分析主体は，これらの解釈を聞いたり受け入れたりすることが難しくなる。分析主体が言ったこと——おそらく誰か別の人が言ったことを繰り返しているのだが——を文脈から取り出す解釈には，この転移的な難問を避けるという長所がある（Lacan, 2007, pp. 39-40 を参照）。

[88] ラカンは，解釈する際に，分析家が三つの異なるタイプの多義性を利用するよう提唱している（Lacan, 1973, pp. 48-49）。同音性，文法，論理である。論理的多義性の例として，ある分析主体が私に告げた次の発言について考えてみよう。「悪いことよりよいことは何もありません」。話し手の表向きの意図は，悪いことが起きるよりも何も起こらないままのほうがよいということだったが，しかしそれは明らかに悲劇的な出来事を賛美しているように聞こえる（文法的多義性と論理的多義性がここでは明らかに一緒になっている。文法は日常的用法，すなわち形式的でない用法においては論理にとって非常に重要なものだからである）。

も「その気持ちを押しのけて」いた。そして彼は「私はそんなことは知りたくなかった」と付け加えた。以上は彼が兄について考えていたことを完全に要約していた。兄は分析主体を多くの状況で支配しており、分析主体はさまざまな仕方で服従の代償を支払っていた。一方、彼はこの兄に同じ物、つまり苦しみと恥辱を支払わせたかった。私が「その分の金を支払う」という言葉を取り出しただけで、彼は金、支配、苦しみを結びつけた。そして彼は、セックスするために自分が人に金を支払うことは、自分との関係での兄の役割をとにかくある程度は引き受けることだと気づいた。これは彼が拒んでいたことである。このやや率直なつながり以上に、他の人々に金を支払わせようというさらに一般的な彼の関心が、すぐに前面に出てきた。「払う pay」という動詞の多数の慣用的意味と「何かの代償を払う（払わせる）」という慣用表現の意味によって、このかなり単純な解釈に、ある豊かさをもたらしたのである。

　この例での目標は明らかに、特定の「隠された意味」を暴くことではなく、むしろ分析主体に、「セックスのために払う」とはどういうことかを考えさせることだった。というのも、彼が言わんとしていたことは、彼が初めに考えていたよりもずっと謎めいていたからである。実際、分析主体たちは、分析家が自分の曖昧な発話を引用すると、「どうして私はそんなふうに言おうとしたのだろう」とか「そんな意味なんですか」といったコメントを返してくることが多い（Aparicio, 1996, p. 53）。

　もちろん、すべての解釈が厳密に、分析主体の発話の引用に限られるわけではない。ある分析主体の場合、彼女は成人してから頻繁に吐き気に悩まされていることを話しながら、5歳か6歳の頃に吐き気を治すために「アルカ・セルツァー」を探して数回両親の寝室へ行ったことを思い出した。そこで私は、彼女のお気に入りの弟が彼女よりも6歳年下であることにふれた。多くのことがすぐに私の頭をよぎり、彼女の母親が妊娠中に吐き気を催していたのを彼女は見ていただろう、そしておそらく彼女はパパの赤ちゃんを自分が授かることを想像しながら、母親のように、あるいは母親の代わりに妊娠したがっていたのだろうという考えも浮かんできた。けれども、私はただ、誰か他の人がアルカ・セルツァーを飲んでいるのを見たかどうか彼女に尋ねただけだった。彼女は、両親ともにときどきそれを飲んでいるのを見たと言った。まず父親の二日酔いを思い出し、それから母親が、朝方特発的に気分が悪くなることを思い出

した。それから分析主体は，子どもの頃，食べ過ぎでよく胃が痛くなった（大人になってからも彼女はまだときどき同じようになる）と付け加えた。このとき，私は次のように言った。「まるであなたがつわりを，引き起こしているかのようですね As if you are bringing on morning sickness」。このつわり morning sickness という語は彼女自身によるものだが，私はそこにいくつかの言葉を付け加えた。そして，morning 朝という語の音はまた mourning 喪とも綴れることを忘れずにいた私は，morning と sickness の間にちょっと間を空け，彼女に「bringing on mourning」と聞こえるよう言った。

　私たちは彼女の人生でのさまざまな人々の喪失を悼む mourning ことについて，初めの頃のセッションで話していた。しかし，この解釈に対する彼女の返事は，私がそのとき想像していたこと——彼女の幼い兄弟が生まれた頃に母親の注意が失われたことに対する喪 mourning（これは予想できることだった）——のさらに先を行っていた。彼女の母親が自分自身の青春の喪失を悼んでいたのであり，そのことは分析主体に，子どもを持つことが彼女のすべての苦しみの元凶だというはっきりした印象を与えていた。そうして分析主体は人生の初めの頃に，子どもを決して持たないと心に決めたのである。数十年間もの間断続している胃痛は，自分が決してその決定を完全には認めていなかったこと，そして二度の妊娠が無事に過ぎていれば授かっていただろう子どもたちの喪を決して十分におこなっていなかったことを，彼女に思い出させるためのものだったのである。その解釈を行うより前に，私は，彼女がかつて妊娠していたこと，それも二度も妊娠していたことなど，まったく知らなかった。ラカンをパラフレーズして言うなら，完全に前もって効果を予測できるような解釈は，精神分析の解釈ではないのである（Lacan, 1966, p. 13）。

　この解釈の重要な目的は，分析主体がこのプロセスに関与していることを強調すること——彼女は過食を繰り返すことで能動的に彼女の胃を痛めつけていた（おそらく，妊娠中の母親の旺盛な食欲を真似るか，その向こうを張ったり，自分自身を母親のような病人にしようとしている）——そして，おそらくその背後にある何らかの欲望や願いに関する議論を引き出すことである。分析主体は，自分が養子をもらうという考えを持っていたことに気づいてはいたが，小さい頃に意識的にそうしないよう決めたにもかかわらず，自分で子どもを産まなくてはならないという願望がまだあることにはまったく気づいていな

かった。この意味で，この解釈は，彼女が以前は決して思いめぐらさなかったこと，表向きは抑圧されていたこと，つまり欲望をうまく言い当てたのである。

　（すべての発話が必ずそうでないとしても）ほとんどすべての発話は曖昧であるため，分析家は自分がある解釈を言う前に，その解釈が持ち得る意味すべてをつねに考え尽くせるわけではない。たとえ分析家にそうする時間があったとしても——ほとんどの解釈はそのときどきでかなり異なる特定の発話文脈に依拠しているため，分析家にとってそれが火急の要件となることはない——，分析家は，決して自分の発話を分析主体がどのように聞きとるかをいちいちすべて見越すことはできない。というのも，少なくとも部分的には，分析家は，自分が言わんとしていることを自分の意図した意味に基づいて理解しているわけであり，言ってしまってからようやく別人のように自分の発話を聞くことしかできないからである。それゆえ，分析家が提供する解釈は，分析家の予期しなかったような多価性を帯びることが多い。分析家の解釈が計算されたものだったとしても（分析家が自分の発話にどのような意味や効果があり得るか，ある程度見越していたとしても），予想していたよりずっと多くを分析家は得られるかもしれない。つまり，分析家の発話の効果は，ある意味で，計算できないのである。

　おそらく以上のことから，新米分析家の「解釈不安」——ときに作家が，自分が何かを紙に書いた瞬間に，それをもはや自分でコントロールできないことを恐れるという，作家のスランプのバリエーションの一つ——について，とにかく少しは説明がつくだろうし，また，新米分析家が解釈に近い何かを問いの形で言い表すことをかなり好むということも説明できるだろう。だが私が思うに，彼らはすぐに，問いという形での解釈でも，断言の形での解釈に劣らないほど，予測しない扉が（予測できないほど次々と）開かれやすいことを知るだろう。多くの場合，彼らは，自分が分析主体がばかげていると思って拒否しそうなことを言うのではないかと恐れてもいる。彼らは解釈を質問の形で投げかけることで，より安全な進め方をしていると感じるのである。しかし，分析主体は，こうした解釈にも，アポパンシス的になされた解釈と変わらないほど多くの無感情でばかげたほのめかしがあるとみなすのである。このように予防線を張っても，たいてい分析家はほとんど得るものはない。こうした解釈で

は，驚きという可能性を秘めた要素の多くが失われている。分析主体を生産的な仕方でハッとさせる解釈の力は危うくなり，弱まってしまう。なぜならそれは分析家が次のように言っているようなものだからである。「私の言っていることをあんまり注意して聞かないでください。ただの思いつきにすぎませんから」。さらに，自分が確信していることをこうした薄められた甘ったるい仕方で提示する分析家は根本的に不誠実だといえる。こうした分析家は，自分が思ったほど分析主体が解釈を真剣に受けとめない場合，余計にしつこくなりやすいかもしれない。しかし，疑問を問いの形にすることによって自分の解釈をちょっとしたスパイスのようなものとして分析主体に受けとらせたのだから，自業自得というほかはない。

簡潔さは機知の精髄

言葉の数が少なければ，その言葉は聞き流しにはされぬものだ。
——シェイクスピア「リチャード二世」第二幕第一場

適切な解釈が症状を消滅させる限りにおいて，真理は詩的であると明確にいえます。
——ラカン（Lacan, 1976-1977, 1977年4月19日）

ここであげてきた数例から，喚起的で生産的な解釈は長々しくなくてよいことは明らかだと思う。くどく冗長な解釈は，分析主体を迷わせ混乱させやすい長くて難解な質問のように，散漫となり，それに答えるのが不可能ではないにしても困難なことが多い。

精神分析の文献からとりあげた次の事例を検討しよう。ケースメント（Casement, 1991）は，明らかに悩んでいるのにセッション中長い時間黙り込みがちな患者に対しておこなった解釈をそのまま掲載している。ある日，しばらく続いた沈黙の後で，彼女は口ごもりつつ，「ごめんなさい。でも，こんなふうに難しくなってしまう他ないのです」と言った。ケースメントはこの発言を，黙り込んでいる彼女が扱いにくいことを母親がよく責め立てていたこと，

そして彼女が話しかけようとすると母親がそっぽを向いていたことに関連づけて，こう返している。

> おそらく，あなたが感じていることを伝えるときのこの難しさこそ，あなたが今私に伝えねばならないことなのです。しかし，もし私が実際にそんな難しさのいくらかでも経験すると，あなたは，私は自分と一緒にいたくなくなるだろうと思うでしょう。だからあなたは，自分が謝らなければならないと感じているのです。(Casement, 1991, p. 209)〔II, 二八頁〕

おそらくケースメントは，彼の分析主体に以上のすべてを一度に言ったわけではない。掲載するためにこうした形にまとめただけだろうが，もしそうでないとしたら，別の道筋が多くなりすぎて，同時にかなり多くの方向につながってしまうことになると思われる。この解釈に対する分析主体の応答を見ると，ケースメントが報告しているように，彼は自分が伝えようとしたことを実際に伝えたと思われる。つまり，分析主体は，ケースメントが自分の沈黙にも発話にも我慢できない母親のようであることを期待して，それで謝ったのである。けれども彼は，表現の節約も多価性も使っていない。もちろんこの二つに容易に気づくのは，事の真最中より後で考えてからなのだが。たとえ特定の意味を与えようとする場合でも，かなりいろいろ駆り立てる部分，いわばかなり多くの別々の考えを伴った解釈は避けるというのが，適切な一般原則だと思われる。[89]

簡潔さが機知の精髄であるように，解釈はパンチの効いているほど良い。そして解釈は機知がなくてよいということではない。しかし，現代の精神分析の文献で報告されている分析作業や解釈の多くが，信じられないほど真面目で心のこもった，沈痛でさえある口調でなされており，そこで機知が使われていることはほとんどない。それとは対照的に，1920 年代や 1930 年代の文献では，

---

[89] こうした長くて冗長な解釈の他の例は，ケースメントの著作の別のところにもある（Casement, 1991, 特に，pp. 43, 45）〔I, 五四，五七頁〕が，一方，彼の「心の中のスーパーヴァイザー」あるいは「試みの同一化」（第 7 章での議論を参照）という概念を使うことで，理論的には，応答するのがかなり難しい解釈を避けるということになろう（p. 41）〔五一頁〕。フロイトはこうした広範な解釈のことを「構築」と呼び，「解釈」と対置させている（Freud, 1937b/1964, p. 261）〔全集第二一巻，三四六頁〕。しかし，そうした解釈が分析主体にとって好ましいというわけではない。

遊び心と機知に富んだ論調が多く見られる（たとえば，1921年のジルベラーの『偶然と無意識の悪戯 Der Zufall und die Koboldstreiche des Unbewussten』(Silberers, 1921) を参照）。これは，思うに，分析家がより深刻な精神病理をみるようになったことが主な理由ではなく，むしろ分析家の興味が無意識を探究することから，分析主体との間で子育ての関係を展開させることへ向いてしまったために，夢や白昼夢，幻想などの無意識の形成物に伴う機知に関して分析家がほとんど経験しなくなってきたためだろう。

　たいていのセッションでほとんどの時間，ユーモアは必要ないけれども，時にユーモアは，ある分析主体には困難を切り抜ける有益な方法（時には唯一の方法）になることがある。さらに，分析が，分析家と分析主体双方にとってある程度楽しいものであってはいけない理由もない。ラカンは次のように言っている（Lacan, 1988a, p. 77）〔上巻，一二五頁〕。「私たちが楽しい精神分析に近づけば近づくほど，それは真の精神分析となります」。実際，ある分析主体にとっては楽しい瞬間が，事態が大変になったときにも続けて分析にやってくる唯一の理由となる。

　ある私の強迫症患者の場合だが，分析の初めに彼の欲望はインポテンツ，男性器の喪失，無能さに結びついていた。その彼が，ある時点で，コンピューターを使う自分の仕事と学問的，文学的な自分の著述との葛藤について繰り返し語った。彼は自分の「UNIX（コンピューターのOS）強迫」について二度のセッションを使って話した。その語の響きが eunuchs〔/júːnəks/ 去勢された者たち〕のように別の仕方で綴れることを私が指摘すると，彼はヒステリックに笑い，次のセッションでは，私に対して，「あなたのおかげで自分のコンピューター言語習得強迫を『殺した』」と言った。無意識は，小さな子どものようなもので（多くの大人もそうだが），「ナンセンスの快」を見出す（Freud, 1905b/1960, p. 125）〔全集第八巻，一四九頁〕。そうして，それぞれ意味論的関係を持たない（UNIX と eunuchs のような）同音異義語の間をつなげるのである。症状はこうした同音異義を利用して，ある考えや願望と一見無関係な別のものとの間に「言葉の橋」を作り，症状の意味や起源を隠すことが多い（Freud, 1909/1955, p. 213）〔全集第一〇巻，二三八頁〕。

　また別の私の分析主体はしばらく，自分の母親についての不満を言うのをいやがった。不満を言ってもよいようなことがかなりあると思われるのに言わな

かった。ある日彼女は私に，自分が若い頃あるゲームをよくやっていたことを話した。そのゲームで彼女は自分を「基地で何か実験をしているマッドサイエンティスト」のベットウィック Betwick 博士だと想像していた。私たちは，この博士の人となりのさまざまな側面について話し，それからその名前そのものを話題にした。彼女は wick から witch を連想し，次いで wicca（一種の魔女宗教），そして wicked を連想した。ここからすぐに「意地悪な奴に安息はない No rest for the wicked」という彼女の家庭でよく使われていた表現が思い浮かんだ。そこで私はこう尋ねた，「だからそんなに働くのですね」。というのも，彼女は自分がワーカホリックであるとよく話していたのである。おそらく彼女は自分自身を意地悪だと考えており，それを償うためにいつも働き詰めだったというわけである。彼女が少し笑ったその後に続いた長い話し合いでは，仕事，邪悪な呪い，「意地悪な西の魔女」，彼女が時に自分を魔女と考えていたこと，などが話題に上った。それから話は，名前の最初の部分，Bet のことに移った。初めは何も浮かばなかったが，ついに彼女はそれを，母親のファーストネーム，エリザベス Elizabeth を短くしたニックネームに結びつけた。母親はほとんどいつもエリザベスで通っていたが，何人かの人々は彼女をベティーとかベスとか，時にはベットと呼んでいたのである。このとき私が「意地悪なベティー wicked Betty」，「魔女ベティー Betty the witch」と言うと，分析主体はどっと笑いだした。

　私はそこでセッションをやめた。その次のセッションでは，彼女の母親のもっと意地悪な面についていくつか話になり，さらにどうして分析主体が自分のお気に入りのキャラにそのような名前をつけていたのか話すことになった。そうと気づかず母親をからかうためだろうか（彼女も母親も家族の他の誰もそのような関連づけはしていなかった。おそらくひとつには，彼女が母親の名前の初めの部分をベットではなく，ベイトと発音していたからである）。母親のうちに見ていた邪悪なものを自分のところに置いておくためだろうか。母親の意地悪な面から自分を守るためだろうか。間違いなく，これらすべてのためだったろうし，さらに他にもまだあったかもしれない。私のおこなった，「意地悪なベティー」と「魔女ベティー」という解釈は，それらのどれに対しても扉を開いておくものであり，多くの連想の素材を引き出すものだった。さらに，彼女がこの名前（Betwick）を無意識に選択したことのうちには，おそら

くいくらかの攻撃性とあざけりがあったろうから，その限りで私の明確な表現によって彼女は自分の攻撃性を楽しみ，母親をばかにするのを楽しむことができた。これらは彼女がそれまで決して自ら素直にはできなかったことである。笑いによって，彼女の攻撃性のいくらかが表現されたのである——私が分析状況の中で社会的に受け入れられる形にした表現で。これにより彼女は，罰を加えられることなく，また脅威を感じることもなく，自分の中に，母親に対する長年の攻撃性が（そしておそらく母親を虐げ，邪険にしようとする願望が）宿っていたことに気づくことができたのである。彼女の無意識は，既に発話という仕方で自らの洒落を明確に表現して，それによって彼女の攻撃欲動をいくらか満足させたのである。私はたんにこの洒落を指摘しただけである。これは，私たち二人にとっておもしろい経験だったと私は思っている。

　抑圧されたものに到達しようとする私たちの探求では，神経症者が用心深く鍵をかけたままにしている欲動を言葉によって表現するよう促さなければならない。神経症者はかなり用心深いので，そもそも金庫に何かしまったことを忘れていたり，最後にどこに金庫を埋めたかも忘れてしまっていることがある。このため，私たちは神経症者や精神病者と分析作業をしているのかどうかを分かっていなければならないし，そのためには，そうした言葉による表現を適切な水準に位置づける必要がある。かなり制止していた神経症の私の分析主体は，私のところに来る前に通っていた分析家に対し，分析家に向けた自分の攻撃的幻想について語ったのだが，そのときの分析家の最初の反応は，分析主体が自分に向けたそうした幻想を実際に実行しようと考えているのかどうか，確かめるというものだった。こうした幻想は，精神病者との作業でのある特殊な場合なら，危険信号のこともあり得る。しかし，この分析主体は，自分が人生でかなりの制止に苦しんでいて，他人を非難するより何かにつけ自分を責める慢性的傾向があることについて，既に十分すぎるほどの証拠を見せていた。この分析家は，分析主体の幻想を，あたかも分析主体にそのような力があると考え，「現実性 reality」の水準で受けとってしまっていたのである。このために分析主体は，それ以降二度とどのような攻撃的な幻想にも言及しなくなってしまった。こうなると分析はもう続かない。神経症者の場合には，思考と行為との間には重い障壁がある。それゆえ，どのような暴力的なことであれ，欲動を言葉にすることを促しても，十分安全なのである。精神病者の場合は必ずしも

そうではない。それゆえ神経症と精神病とを見分けられることが重要なのである。実際，神経症者の場合には，部分欲動が現れる夢や幻想のあらゆる面を考慮しなければならない。なぜなら，それらは現実的なもの real の諸相なのであり，おそらく今まで一度も発話へともたらされたことはなく，また，できるだけさまざまに表現されることがない限りは反復的な行動となるしかないものだからである。

　自分の分析主体が自分に対する幻想を実行する計画をしているかどうかを評価しようとするよりも，この分析家はその幻想の中の攻撃性を，分析主体がリビードを最も込めて使っている言葉を繰り返すことによって，言葉によって包み込むべきだったろう。私との彼の分析では，彼は死にそうな馬が現れる夢について語ったが，彼はこの馬を私と結びつけた。そこで私はいくらか温かみを込めながら「死にそう！」と繰り返した。これは，その背後にある攻撃性に句読点を入れ，強調し，それと同時に分析主体に対し次のように伝えた——「たとえあなたが私に対し自分がしそうなことが怖くなったとしても，私は怖くありません。それは，呼吸し生きた人間としての私へ向けられているのではなく，ありふれた転移の一部としての私へ向けられている，つまり，私以上の，私自身を越えている誰かや何かへ向けられていると思っています」と（第7章参照）。

　さらにいくつか解釈の例を以下の章で示すことにしたい。[90] 解釈について理解

---

[90] 本書ではまだラカンの対象 a の概念を導入していないので（その簡単な説明は第8章を参照），ここでは分析家が，特に分析の後半の段階で，根源的幻想（第6章で述べる）における対象 a を分離する作業の仕方や，必ずしもすぐに解釈という見出しには入らないさまざまな種類の区切りや他の介入によって分析主体を対象 a から分離する仕方という点からは，解釈を論じてこなかった（「解釈の裏面」と呼ばれることのあるこうした技法についてのコメントとして，特に「あなたは何も言わない」と題された『ラ・コーズ・フロイディエンス』32号（Ecole de la Cause Freudienne, 1996）を参照）。さらに，主人のシニフィアン S_1，および対のシニフィアン S_2 というラカンの概念（これらについての簡単な議論は第10章を参照）もまだ導入していない。したがってここでは，分析主体がまったく意味のないもの（S_1）に意味（S_2）を与えられるようになるよりも前に，分析家はその時々でどのようにして分析主体を分離させるのか，という点からも解釈を論じていない。この点は，欲動と享楽を詳細に扱うことのできる技法に関するより高度な書に譲りたい。解釈のこの最後のアプローチについては，たとえば，ソレルの以下のコメントを参照。

> この別の形の解釈は……何かを言うようなものではない。つまり，この解釈は，ラカンが長い間，意味をもたず，連鎖の外側にあり，意味作用はないが享楽に満ちたシニフィアンと呼んできたものを分離させるのである。この切断によっては，何も理解できず，むしろ意味作

していただくためには、その広範な背景をみておくことはもちろん、各セッションの分析主体の語らいについて豊富なテクストも必要となるのだが――どんな解釈でもそれを理解していただくには、分析全体を提示するのが理想だが、それはほとんど不可能に近い。

　　用は縮小する。いうなれば、この解釈は意味のためではなく、主体が従属している記号の切り離しのために、意味作用を去勢するのである。(Soler, 1996, p. 30)

　英語の読者は、ラカンの後期の解釈概念について優れた見解を読むことができる (Nobus, 2000, 第4章)。

第**6**章

夢，白昼夢，幻想による作業

> 抑圧されたものがおもてだって現れる程度は，精神分析を受けていないときに見る夢よりも，受けていて見る夢のほうが大きいようである。
> ——フロイト（Freud, 1923a/1961, p. 117）〔全集第一八巻，一八四頁〕

> 誰も夢解釈を別個の独立した行為として行うことはできない。それは分析作業と切り離せず，その一部である。
> ——フロイト（Freud, 1925a/1961, p. 128)）〔全集第一九巻，二三六頁〕

　重要な分析の素材は，たいてい夢と幻想によってもたらされる。なぜだろうか。夢の創作物を通して，無意識は分析作業に「加わり」，少なくともある水準で，分析主体が語る人生の物語を補足し，分析主体が思い出せない記憶を示唆するからである。分析主体が分析の初めの段階で生活史の概要を初めて話す際，その記憶を単に想起できないだけで，それを夢の諸要素（すなわち，前意識的なもの）によって喚起されるだけで，簡単に思い出せるといったケースもある。別なケースでは，分析主体は実際にそうした記憶を忘れていることもある（すなわち，抑圧）。無意識はこのように省かれた記憶を**示唆している**。つまり，夢，白昼夢，幻想はたいてい，直接記憶を示しはしないが，過去の光景の断片やそれと結びついた要素をもたらすのである。たとえば，名前，場所，色，音，匂いなどである。夢などの中にその光景が直接再現されることはごく稀で，代わりに，その光景は新たな仕方で願望に沿って呼び覚まされる。こうして，別の仕方でその光景が心の中に浮かんだなら，その光景についての思いつきもしないような認識に至ることができる。分析主体の夢に関連した産生物による，この種の過去の光景の創造的（再）表象によって，私たちは，それらがほのめかす光景に含まれている別の動機，意図，欲望を推測できる。これら

は分析主体が自分の人生について普通に話して伝えるだけでは，得られないだろう。

　夢，白昼夢，幻想はどうすれば分析で有効に活用できるだろうか。分析主体は自発的に夢を一つの全体として読みとろうとしがちである。すなわち，分析主体は置き換えを少ししながら，自分の生活に手っとり早く当てはまる物語として夢を読みとろうとする（たとえば，ぼろぼろの黄色いオープンカーをジャンプスタートさせる夢を，最近出会った男性との関係で自分がやろうとしていることとして解釈する，など）。一方，分析家は，大まかでどこにでもありがちな分析主体の解釈をすぐには拒絶しないで，分析主体の夢の説明に出てくるほぼすべての語句について連想を引き出さねばならない。「ぼろぼろ？」「黄色？」「オープンカー？」などと質問しなければならない。こうした要素についての分析主体の連想はその男性との芽生えつつある人間関係からはかなり離れてしまうこともあるだろう。あるいは（先のやり方とも結びつけて）分析主体は自発的に一つ二つの要素を他の要素と置き換えて夢を「解読」しようとするかもしれない。これはちょうど，ヨゼフの方法と同じである。彼はファラオが夢に見た七頭の太った牛と七頭の痩せた牛を，七年の豊作と七年の飢饉として解釈したのである〔旧約聖書の創世記のエピソード〕。分析主体が自分から手始めに試みる最初の方法はフロイトが『夢解釈』(1900/1958, pp. 96-97)〔全集第四巻，一三一―一三四頁〕で述べた「象徴的」夢解釈の方法に相当する。二番目の方法は「解読」法に相当する。これら二つの方法は精神分析が創始される以前に支配的だったものである。

　しかし，これらの方法よりもはるかに啓発的なのはフロイトの方法である。分析主体が夢，白昼夢，幻想を語る際に現れる一つ一つの言葉や表現を，分析主体の人生や幻想に関係する一連の思考を探ることのできるポイントとみなすのである。ある私の分析主体はあるとき，過去に非常に強烈な印象を受けた光景（その光景をかなり長い間，おそらくそれが起きたとき以来考えることはなかったと彼は断言した）を想起したのだが，彼はそれを，自分が見た夢に現れたある対象の色について連想しただけで想起したのである。彼は最初それを「青か緑」と表現していた。二者択一（「青か緑」）のどちらの要素も連想すべき言葉だとするフロイトの忠告に従い[91]，たとえ分析主体が青より緑と思っていても，私はその両方について連想をするよう促した。彼はやがて，その夢に現

れた対象の色が, 大人になって居間に敷いている「淡い青」のカーペットと同じ色だと言った。彼は突然あることを思い出した。ある日そのカーペットに横になっていて, 隣の部屋の物音を聞いたのだが, 食堂と居間の間にあるよろい戸から覗くと, 母親と兄が床でセックスをしているところだった。彼らの体はよろい戸があるために, 奇妙な水平線で視覚的に切られていた。夢についての連想作業によって彼はその光景を再び思い出したので, 彼がその頃抱いていた, 性行為に関わる身体部位についての不安なイメージが次第になくなった。この夢の要素(「青か緑」)によって暗示された光景は, お店で一冊のノートを選ぶといった夢の顕在内容からはほとんど推測できなかっただろう。それにもかかわらず, 夢を構成する潜在思考の一つであるように思われる。

　第2章で述べたように, あまりに短すぎて分析に何ももたらさないので捨てるしかないといった夢など一つもない。分析主体がたとえ「何かレインコートについてだった」としか思い出さないとしても, 分析主体にそこから連想をするよう分析家が促せば, 有益な作業ができることが多い。分析主体は, 短くはっきり思い出せない曖昧な夢を, すぐに使い物にならない夢だと深く考えもせずに決めつける。彼らはある程度詳しくてはっきりと思い出せる夢だけが分析の目的に役立つと考えやすいが, それは, 彼らが**潜在内容**を見出そうとしないで, **顕在内容**を自分で解釈しようとするからである。前者こそが夢の要素一つ一つによって喚起される, 一連の思考, 記憶, 感覚の総体なのである。にもかかわらず, 分析主体がある夢のほとんどを忘れるという事実は, 分析主体にとってその夢がかなり不愉快な話を扱っていることを示唆しているのかもしれない。つまり, それは抑圧に屈した話題であって, そのために分析主体が何とか思い出すほんの少しの素材によって私たちが作業する理由が十分にある。**忘却とは, すなわち抑圧の徴である**。同様に, 分析主体がある夢についてほんのわずかな断片しか思い出せないと言うときも, 私たちはその夢が他の夢よりも強力に備給されている可能性があることに注目すべきであり, だからこそ, 分析主体にとって思い出すことが困難なのである。

91　フロイトはこの忠告は極めて一般的なものだと述べている。「夢を分析するにあたって, 私は, その確かさをいろいろと推測するのをすべてやめて, 夢の中でわずかでもあれこれ起こったことなら, それを完全に確かなものとして扱うことを強調している。……疑うことにより, こうして分析は妨害を受けるのだが, そのことによって疑いが心的抵抗の派生物であり道具であることが明らかとなる」(1900/1958, pp. 516-517)〔全集第五巻, 三〇〇頁〕。

ある私の分析主体が長い夢を報告したが，覚えていることと言えばクリュシッポス Chrysippus〔紀元前三世紀の古代ギリシャの哲学者。ストア派の第三代学頭〕という名前と夢の中の彼が仕事探しをしている，というぼんやりとした感じのみであった。彼は初めそのような「内容の貧弱な夢」を考えるのに気が進まなかったが，クリュシッポスについて思い当たることを話すよう促すと，以下のように連想した。クリュシッポスとはストア派の哲学者で，分析主体はその頃，ストア学派の論理学を「懸命に勉強して」いた。次に彼は「クリュシッポスの著作は失われているために，その主張を実証するのは困難だが，クリュシッポスはアリストテレスと同じくらい偉大だ」と書かれているのをどこかで読んだことを思い出した。少しして分析主体は自分の著作を出版していないので，「あなたは自分にとってアリストテレスのような人間で，自分はクリュシッポスに違いない」と付け加えた。こうして彼は私のように「たくさん出版する」人間でありたいという願望を示唆した。「あなたほどにはなれないにしても」と彼は付け加えた。彼の夢の想起は簡略化されてはいるが，分析主体の野心と私への対抗心に関する思考と願望の関係全体を露わにしている。その対抗心については，初め彼がなかなか話したがらない話題であった。
　分析の初期には，もっぱら分析家が分析主体をあれこれ促してさまざまな夢の要素の連想を引き出さねばならないことが多い。この過程で想起される記憶によって，分析主体の生活に関する話の隙間が埋まり，最初考えていたより夢では多くのことが起きていることを分析主体に納得させることができる。分析主体に夢の一つ一つの要素について完璧に連想をさせる必要はない。いくつかの連想が重要な方向につながっており，それを探っていく価値があると思われるからである。
　たとえば，ある分析主体が私に，非常に手の込んだ夢を話したことがあったが，ここでの目的のために，大雑把な要約を示しておこう。

　　分析主体は閉店後も店に，他に二人の男がいると感じた。両者とも『2001年宇宙の旅』の登場人物だった。彼は振り返り，ダース・ベーダーがその二人を殺すところを見た（夢を思い出しながら彼はそれが『2001年……』ではなく『スター・ウォーズ』に違いないと言った）。ダース・ベーダーは彼を殺すつもりだと言ったが，彼はトイレに行くといって時間を稼いだ。ダース・ベーダーもトイ

レについてきた。分析主体が小便器の前に来たとき，ダース・ベーダーが銃を抜くのが聞こえ，首の後ろにあてがわれたのを感じた。突然頭の後ろを撃たれたのを感じたが，なぜ銃声が聞こえなかったのかと考えた。「もし聞こえていたら，死んでいるだろう」と彼は納得した。彼は頭に手を伸ばして穴が開いているのを感じた。「死ぬってのはこんな感じなのか」と彼はつぶやいた。

彼が店に入っていくと，そこに家族がいた。姉に話しかけようとしたが，彼女には彼の声が聞こえなかったようだ。彼は姉の前に立っていて，彼女は彼に体ごとぶつかった。彼の体は透明だったのである！

次の場面で彼はロビーにいた。彼の友人もそこにいた。彼は友人らに話しかけようとしたが，彼らには声が聞こえなかった。

次に場面が切り替わり，3，4人の人たちと一緒に車に乗っていた。皆で会合に向かう途中だったが，彼らが会場へどのように行くのか道が分かっていないことに気がついた。彼はそこに行く道を知っていたので道案内をしたが，皆には彼の声が聞こえていなかった。彼は運転席に乗り込み運転を始めた。「見ろよ，車が独りでに動いているぜ」と誰かが言った。

目的地に着くと，彼はその家の周りを歩いた。歩きながら，コナン・オブライエン〔アメリカのコメディアン・司会者〕の家みたいだと思った。彼はトイレに行き，小便をした。一人の女性がそこへ入ってきたが，彼はコナンの妻に違いないと考えた。彼女はトイレの水を見て「あら，変だわ」と言った。彼女は彼のことが見えなかったが水は見えたのである。彼は歓喜しながら「それでも少しは世の中の役に立っているんだ！ 何とか彼女の注意を惹いてみよう」と考えた。彼が彼女の乳房をつかむと彼女はくすくす笑った。「やっと誰かに通じた」と彼は思い，そして目が覚めた。

この夢には極めて豊富な場面と細かなことが含まれている（短縮したが）ので，一度だけのセッションでそのすべてを詳しく検討することがかなり苦しいのは明らかだった。彼がこの夢を詳しく語ったセッションでは，私たちは夢について（さらに要約された）二，三の主なポイントについてだけ話し合った。彼は後のセッションで夢について再び触れたが，そのときは徹底した仕方ではなかった。彼はほとんど世の中の役に立っていないと感じていて，自分は皆の目には見えないけれでも，その夢は希望の光をくれたと話し始めた。『スター・

ウォーズ』の肝心な点は，ダース・ベーダーがルーク・スカイウォーカーの父親であることだと彼は語った。続けて彼は，夢は父親に殺された後，世の中でどのように生き残るかに関するものだと話し，沈黙した。

「小便している間に？」と私は投げかけてみた。彼は小便は競争の一形態だと答えた。つまり自分の兄について「彼と小便競争をするつもりはない」と言ったことがあった。兄弟の競争では対等だが，父と息子間ではそうではない。父と息子の（小便）競争は，兄弟間とは違って無駄ではないと彼は言った。

分析主体はコナン・オブライエンついて，『デビッド・レターマンズ・ショー』がCBSに移ったときにその番組を彼が引き継いだことにふれた。当時コナンはあまり知られておらず，駆け出しの頃は自分の進め方がうまくないことを番組で繰り返し謝っていた。分析主体はコナンの謝る姿を目にするたびに，コナンは良くやっているので謝る必要などないと感じたという。彼は自分がなぜこのことにこれほど興奮するのか分からないと打ち明けた。私はここでセッションを打ち切った。このときの夢のより糸すべてを解きほぐすよりも，彼が自分自身について分からないことを抱えたまま終えるほうが有効だと考えたのである（すぐ次の日に彼とのセッションがあることも分かっていた）。

次のセッションで，分析主体は夢のことをさらに考えたと報告した。特に前回私がセッションを打ち切った点についてである。彼はコナンと同一化していること，そしてコナンのように彼は自分の「初期の仕事」について謝るべきではないことに気がついたと言った。自分のした仕事は「それほど悪くはない」もので，「実際，なかなか良い」のだと言った。大変興味深いことに，これら二回のセッションに挟まれたある夜に彼は自分の妻と性交する夢を初めて見た（彼はたいてい妻以外の人妻の夢を見ていた）。おそらく，これは，彼が自分の仕事とその成果は有効で質もよいと急に認め出したことと無関係ではない。私たちは，その夢の隅から隅まで検討したわけでも，その夢で満たされると考えられる願望すべてについて探求したわけでもなかった。しかし，いくつもの重要な部分が明確に特定され，その夢は分析の動き全体に役立ったのである。

ある夢に大変興味をそそられ，その後のセッションでもその夢を再び話題にし，その夢の連想をさらにする分析主体もいるだろう。しかし分析主体が特にその夢を再び取り上げない場合でも，分析家は，分析主体が連想する時間がと

れなかった夢の素材は永久に失われてしまうなどと心配しなくてもよい。フロイト（Freud, 1911b/1958）は次のように述べている。

> 今日ひとつの夢を創り出す欲望の蠢きはすべて，それがまだ理解されることなく，無意識の支配から脱却できないでいる限り，いずれまた何か別の夢となって再び現れると見て間違いない。それゆえ，ひとつの夢の解釈を完全なものとする最善の道は，いったんその夢を捨てて，その夢と同じ素材がもっと分かりやすい形で含まれている，新たな夢にとりかかることである場合が多い。(p. 92)〔全集第一一巻，二八〇-二八一頁〕

　既に指摘した通り，セッションの初めから分析主体に分析の流れを任せ，さまざまな主題を話させることが好ましい。分析主体をきちんと方向づけして前回のセッションで話した夢について連想させようとする必要はない（あるいは以前のセッションで分析家が特に面白いと感じたり，重要だと思った特定の主題に戻らなくてもよい）。分析家の中には，次のセッションでそのことにふれなければ，せっかく始まった連想や決定的な連想が失われてしまうと心配する者もいるが，そうした分析家は治療において分析主体の役割を侵害してしまうため，より多くの素材を失うことになる。つまり，分析主体は分析家の質問に答えるためだけにそこにいると感じるようになってしまう。分析主体自身が自分の人生を問い，分析を自分自身の問題として引き受けることができなくなる。

　分析が順調に滑り出せば，分析主体が分析の課題を自分自身で行うようになり，分析家のほうは，もちろん手短にだが，時に道案内をするだけでよい。より一般的に言えば，分析家は次のセッションで分析主体が持ち出した素材とその前のセッションでの夢の議論の間での言葉や主題の関連を指摘すればよい。たいてい，両方のセッションで使われた慣用表現や形容詞を強調したり（つまり句読点を打ち），「この間の夢でのように？」とさりげなく指摘するだけで済む。

　フロイトは「一つのセッションでなされた解釈の量で十分と捉えられるべきであり，夢の内容が完全には見出されないとしてもそれを損失と見なさなくてよい」とかつて述べたことがあったが，数か月，数年にわたり繰り返し立ち戻

り，分析のある局面を象徴するほどに，分析主体を苛立たせたり興味を惹きつける，といった夢がある（Freud, 1911b/1958, p. 92）〔全集第一一巻，二八〇-二八一頁〕。とにかく，数回のセッションの一部では，初めにそうした夢の分析に時間を費やすことになろう。そして，その後時としてそれらについて話し合えばよい。夢は汲めども尽きぬものだろうし，夢の解釈には予め決まっている最終地点などは存在しない。よって，ある夢の「完全な解釈」などというものはない。分析主体が自分から夢の意味について考えるのをやめるのは，そうすることに関心を失うときだったり，夢に煩わされたりまどわされたり，惹きつけられることがもはやなくなったとき，あるいは，他のもっと差し迫った素材が前景に現れたときである。

ある私の分析主体で，緊急着地を余儀なくされた飛行機に搭乗しているという，かなり詳しい夢を見た者がいる。彼女は夢の中で，上の荷物入れから自分の荷物を出さなければと心配をしていたのだが，パイロットが客室にやってきて出すのを手伝ってくれた。その取り出されたバックは，実は紙パック入りのミルクであった。彼女はこの夢について，初めのうちは飛行機を無事に降下させるパイロットの役割について話をした。というのも，彼女は搭乗中に，海に落ちてしまった飛行機のことを想像して，パニック発作を起こしていた時期が何年もあったからである。彼女は男性をとてもではないが信用することができず，手助けをしてもらったり，男性からどのような形であれ愛されたりするのが困難だった。しかし，彼女が当惑していたのは，手荷物の紙パックのミルクのことだった。数か月経って初めて彼女はそのミルクで喚起された母性という主題に正面から向き合えるようになった。子どもを持つことを考える際の男性の役割について自分の考えを詳しく話したが，それは彼女が非常に強く葛藤を感じていたことだった。数か月前に見た夢が彼女にとって非常に好都合な踏み台となって，この問題について自分の考えや感じ方を振り返るきっかけを与えた。そして初めに彼女が思いついた解釈とはいささか異なる夢の解釈が導かれたのである。[92]

一つの夢の解釈に2回以上のセッションを費やすことは有用である。とりわけ，夢のさまざまな要素に連想を加えるだけの段階を経た後に行う再検討は有

---

[92] こうした夢は時として，第5章で少しふれたタイプのより広い構築をするための有効な起点となる。

効である。まさに，このとき，夢に見出される潜在的な願望の探求が始まるからである。多くの分析主体は，セッションで夢について話す前に，自分が見た夢の連想を始めるものである。これは分析の多くの作業を彼らが自ら引き受けていることを示している。したがって，その時点で分析家は分析主体が連想をしていない夢の諸要素についてより関心を払い，耳を傾けることができる。こうした諸要素は連想の過程から取り残されたものだったり，分析主体があまり重要視していないものだったりする（こう書いたからといって，分析主体が夢について自分自身で考えている間に生じる連想が，分析家を相手にその夢について声を出して話しているときに生じる連想と同じである，ということにはならない。というのも，分析家に向かって話すときは新たな力動が作用するからである。つまり，他人に対して話しかけ，分析家が考えるであろうことを想像することは，自分が声を出して発音した言葉を自分で聞くことにより，多様な読みができるのと同様である）。しかし，夢で満たされている願望，さまざまな願望を自分から進んで推測しようとする分析主体はほとんどおらず，そこで分析家は多くの場合，困難な作業をしなければならなくなる。

夢の願望を見出す

> そのような夢について完全な解釈が仕上がるというのは，まさに分析治療を全体としてやり遂げたというのと同じである。……その点，個々の症状（たとえば主要症状）を理解する場合と同様である。分析全体によって個々の症状も解明される。分析を進めている間は，症状の意味のうち，あるときはこの部分を，また別のときはあの部分を順繰りに把握しようと努めねばならないが，最終的には，これらの部分すべてを統合することができる。だから分析の当初に現れた夢から，多くを期待してはいけない。解釈を試みる中でさし当たりいくつかの病因的な欲望の蠢きの見当がついたなら，もって瞑すべしなのである。
> ——フロイト (Freud, 1911b/1958, p. 93)〔全集第一一巻，二八〇頁〕

夢に現れている願望（場合によっては複数のときもある）を明確にするのは容易な作業ではなく，そうするための手堅く手っとり早い方法など存在しない。願望がいくぶんか直接的に識別されることもある。たとえば，分析主体が電車に乗り遅れる夢を見て，それから予定していた母親の訪問を連想するとし

よう。これは彼女が母親を訪ねたくないという願望（彼女だけの願望ではないかもしれないが）を抱いていると見ることもできる。意識的には母親に会えることを楽しみにしていると自分に言い聞かせているが、彼女の夢はややそれとは違う内容を伝えているようである。直接夢が伝えていないことがあるからである。彼女は母親を恐れているのか，母親に対して怒っているのか，母親を恥じているのか，母親に惹きつけられている自分が怖いのか。分析主体は自分の中の何が行くのを拒んでいるのかを考えてみるようになるべきであるし，それがいったい何かを探求するよう促されねばならない。自分が行きたくないのはなぜか，彼女が想像することが困難であれば，その夢が抑圧された何かに触れている可能性がいっそう高くなる。それは母親を罰したいという彼女の無意識の願望かもしれない。あるいは，彼女は父親と同一化しており，その父親は母親に約束したときに限って現れないような人物なのかもしれない，など，いろいろな動機が考えられる。そうしたどちらかと言えば直截な夢での願望には至って単純に表現されるが——たとえば行かないという願望——，願望の十全な言明は極めて複雑であり得る。たとえば，もし分析主体が電車に乗り遅れることについて「ボートに乗り遅れる（へまをする）missing the boat」という表現を連想するとすれば，夢で満たされる願望は，娘は正しいことを何一つできないだろう，娘は心から必要とされている人のもとにいないだろう，という父親の信念を確証したい願望であるかもしれない。この場合，彼女は母親に反して父親の側についているのかもしれない。語られた夢が比較的単純であっても，その夢の（諸）願望が単刀直入で分かりやすいはずだということにはならないのである。

　願望は一連の場面から生じることもある。それぞれの場面は願望が表現している思考の一部をなしている。たとえば，比較的単純に構築されている夢について考えてみよう。分析主体の母親——彼女は実生活ではまったく病気をしない——が最初の場面で死に，第二の場面で分析主体は自由で，自分が思い描いていた目標を追い求め達成していた。最も基本的な水準で考えれば，夢は「もし母親が死んだら，私は自分らしく行動できるだろう」というようなことを言っていると読みとれるだろう。そこにある願望は「母は死ねばよい，そう

---

93 多くの分析家が既にだいぶ前から，夢において意識的願望や無意識的願望を見出すのをやめてしまっていることに注意されたい（たとえば，Segal, 1964, pp. 18-20）。

すれば私はようやく自由になれるから」といった形にすることができる。少なくとも，分析の初期段階では，分析主体はこのように二つの場面を合わせて考えようとはしない。むしろ，目覚めて気分が滅入るような内容の場面に続いて，うきうきすることが起きた，という具合に二つの場面を並べて当惑するのである。夢自体は，二つの場面を結ぶのに必要な「もし……ならば……」という節（もし母が死ねば私はやっと自由になれる）を与えない。分析家はそうした節をいつも与えねばならない（Freud, 1900/1958, pp. 310-326）〔全集第五巻，四二-六五頁〕。

しかし，ここで注意すべきは，夢が示唆する（諸）願望が必ずしも，信じ難いほどに錯綜していてまったくもって捉え難いというわけではない点である。フロイトが述べるように，

> ともすると忘れてしまいがちだが，夢というものはたいてい，いろいろある思考のひとつにすぎない。それは，検閲の働きの低下と無意識の増強によって生じ，また検閲の影響と無意識の加工によって歪曲を受けている。（Freud, 1923a/1961, p. 112）〔全集第一八巻，一七九頁〕

夢が表現している思考は，多くの場合，分析のセッションを通じて分析主体が表現する他の思考とかなり共通点を持っている。何か大げさでもったいぶったものや，不明瞭なものを探す必要はないのである。

また，幾重もの願望が極めて容易に識別できる場合も珍しくないが，そうした願望は相補的か，矛盾していて，いわば互いに願望が打ち消し合っているのである。ある私の分析主体は，直接に会ってセッションを行っている夢を見た（実際にはセッションはすべて電話でなされた）。夢の中で彼は立っていた。彼はそのように立っていることがどれほど気まずいか突然気づき，そばにあった座り心地よいアームチェアに腰を下ろした。夢について話し合う際，彼は，自分が誰にも頼らずほとんど反抗的であることを座るときの態度によって示した。というのも，彼は私に座ってよいか，どこに座ればよいのかを尋ねなかったし，その場に相応しいと考えた通りにそのまま実行したのである。それと同時に，心地よいアームチェアに座ると決めたことに彼は驚いた。というのも，分析に対する自分の態度が変わりつつあり，警戒を緩めていることを示すこと

になるからである。立っている間彼は警戒しており、もし望むならすぐさま部屋から去ることもできる。それはちょうど、以前に彼がいつでも分析をやめられるよう準備をして、何か月もの間警戒を怠らなかったのと同じだった。彼はアームチェアがあまりに心地よく、無防備にさせるので心配だと言った。もし彼が立ち去りたいと突然思ったとしても、彼がアームチェアから立ち上がるにははるかに多くの作業が必要だろう。

　この逆説的な夢は分析主体を悩ませた。一方で、彼は自己主張の願望を表し、私が望んでいることをまったく気にせず、自主的に行動しているようであり、他方では、腰を落ち着けて分析に取り組み、私に対してうち解けて警戒心のない状態になろうとする願望も表しているのである。彼は自分が私の前に立ったことに二重の意味を持たせていることにも悩んだ。彼はそれを、一つには服従の立場（自分が年老いた学校の校長か自分の上官の前に立っているかのような）と見なす一方、自分が私を見下せる立場にいるとも見なした。したがって、座ることは、服従するのをやめると同時に、私を見下すのをやめることでもあった。それまでの彼の態度は服従と軽蔑、劣等感と優越感がめまぐるしく交代するような状態であった。

　こうした夢に暗示された意味と願望はやや矛盾しているように見えることもあるだろうが、それらはすべて真剣に受け止められるべきである。それらを一つの一貫した意味や願望に還元することは断じて避けるべきである。そうしてしまうと、分析主体に見られるいくつかの異なる態度、動機、願望の複合を台無しにすることになる。人はある人物や物事に対して首尾一貫した態度をとるものだとア・プリオリに考える理由などない。一貫性のようなものをむりやり持ち出そうとするのは愚かなことだろう。

　場合によっては、夢に願望を見出すことは至難の業である。最終的にすべての夢が願望を充足するわけではないと断定する——つまり時には無条件の（Freud, 1900/1958, p. 121）〔全集第四巻、一六四頁〕、時には多少緩やかな（Freud, 1920/1955, p. 32, 1923a/1961, p. 118）〔全集第一七巻、八五頁、全集第一八巻、一八五-一八六頁〕フロイトの主張に同意しないことになる——にせよ、単に夢の分析を徹底的に進めることはできないと断定するにせよ、重要なのは、夢の作業をする際に潜在的な諸願望に注意を怠らないことである。

直感に反する願望

> あなたが夢で理解する知は，あなたが覚醒しているとされるときに残っているものとは何の関係もありません。だからこそ，夢を解読することが非常に重要なのです。
>
> ——ラカン（Lacan, 1973-1974, 1973 年 12 月 18 日）

　夢や白昼夢，幻想に願望を見出すように分析主体を促す際によくある困難は，そこで表現されている願望が覚醒生活での分析主体にとり，多くの場合，著しく直感に反していることである。それらの願望は，分析主体が意識的に欲していることと正反対なことが多い。多くの夢は罰を受けたり，人間関係や仕事で失敗したり，人生のある局面で失敗するといった願望を充足させる。分析主体の最初の直感が「私は学校で失敗したいと望んでいるに違いない——なぜかしら」ということはほとんどない。さらに，父親が自分のことを大した者にはならないだろうと言ったことを自分は無意識のうちに正しいと証明しようとしているのだろうとか，自分が考えているような完璧で上出来の成功した家族の一員ではないことを世間に示そうとしているのだろう，などとも考えない。こうしたあり得る動機を示されると，分析主体は「父親の言うことを正しいと私が証明したいなんて本当かしら。そんなことしたって何の得にもならないじゃない」と答えそうである。しかし，分析主体にとって単純で常識的な意味で何の得にもならないからといって，彼女が無意識的にも父親の正しさを証明しようとしていないことにはならない。おそらく，分析主体がそこから除外していることは，彼女にとって究極的に「悪い」何かであろう。しかし，何らかの動機から分析主体はそれをとにかく追い求めているのである。私たち死すべき者は，いろいろ考えた末に，自分にとって悪と考えられるあらゆるものを追い求める。フロイト（Freud, 1900/1958, p. 476）〔全集第五巻，二五三-二五四頁〕は初めは，自罰を伴っているような夢は「自虐的衝動」を満足させていると説明して満足していた。しかし，後に見るように，それらの衝動によってそうした夢のすべてが説明されるわけではない。

　ある夢——たとえば，重要な試験のために徹夜をしたのに，試験が行われ

る部屋にたどり着けない夢——で表現されている**見かけの願望**と，その夢の根底にあるもっと重要で生涯にわたる願望との間には多くの場合，大きな違いがある。後者の願望には，たとえば，ある権威を軽蔑したいというものもあれば，親に泣きついたのはどうも度を過ぎた要求だったと分析主体が感じている経験などもあろう。分析主体はそうした夢を見ると，ひたすら悩んでしまい，その夢にあるいかなる願望も探そうとしなくなる。そうした夢に明らかに自虐的な調子があるためである。分析家は時間をかけて，分析主体が表面に見える以上のものを見るように仕向けなければならない。

　フロイト（Freud, 1920/1955, p. 32）〔全集第一七巻，八五頁〕は後に「罰する夢」について考えを改めている。彼は，そうした夢は多くの場合「禁じられた願望充足を，それに相応しい罰に置き換えているにすぎない」とした。たとえば，刑務所に投獄される夢は刑務所に入るような犯罪を犯したいという願望を満足させているのかもしれない。ある私の分析主体は，やや詳細な夢の中で，刑務所から脱走して，追っ手から逃れようとしていた。彼は黒いコートを着た男を見た（彼は後に父親が似たようなコートを持っていたと言った）。その男がある少年に「いろいろな倒錯者がいる。奴らに気をつけなければならん。奴らを見つけたら，殺さないといけない」と話しているのを耳にした。男とその少年は突然分析主体に気がついて，ナイフを引き抜き，分析主体を追いかけた。男は分析主体の首めがけてナイフを打ち下ろしたが，そこであまりの恐ろしさに分析主体は目が覚めた。

　彼が感じた不安のために，この倒錯者に関する夢の中での男の発言から，運良く注意が逸れたのである。夢で受けた罰（首を刺される）は，ここでは分析主体が自分でも倒錯的行動だと思っていることを既にやってしまったことを示していると理解できるかもしれない。この意味で，夢は「倒錯者」ならばするだろう行動をしてみたいという彼の願望を充足させたのである。そして，この場合，その「倒錯的行動」を夢の内容にするよりも，むしろそうした行動をしたときに受けるべきだと考えた罰が夢となったのである。（次に見るように，その夢がそうした行動のために父親のような人物から罰せられたいという願望，つまり父親のような人物に自分の異様な行動を制限し自分を抑制してほしいという願望を充足させた，とも大いに考えられうる。）[94]

意識的願望 対 無意識的願望

> そのように夢が多くの意味を持っていることに慣れなければならない。
> ——フロイト（Freud, 1925a/1961, p. 130）〔全集第一九巻，二三八頁〕

　現代の臨床家は，夢に表れる意識的願望と無意識的願望についてフロイトが立てた区別にほとんど注意を払っていないようである。フロイトは意識的願望に注意を払い，分析治療全体の流れで適切と思われるときに夢について作業し，無意識的願望を探索するよう勧めている。つまり，夢は，無意識的願望を突きとめるのに最も役に立つものなのである。

　ある私の分析主体は，セッションの前夜に夢を見たが，それを忘れてしまったと話した。次のセッションで彼は忘れてしまっていたその夢を思い出し，次のような内容を話した。

　　彼は心臓移植を受けていた。そばにジップロックのビニール袋があり，その中に彼の心臓が入れられることになっていたが，捨てられるのか，手術中無菌の医学的環境の中に単に置かれ，後で胸に戻されるのかは，定かでなかった。彼は看護師たちが移植の代わりにバイパスをつけるかもしれないと言っているのを耳にし，

94　ラカンはある男の夢（レイモン・クノーの小説『*On est toujours trop bon avec les femmes*』(1947) にある一節に基づいたもの）を検討している（1988b, pp. 127-129）。その男は覚醒生活では英国王をアホ ass〔尻の穴〕あるいはバカ con〔仏：女陰〕（これはクノーが，フロイトのネズミ男症例でのコメント（Freud, 1909/1955, p. 179）〔全集第一〇巻，二〇三頁〕に依拠したと考えても間違いないだろう）であると非難したいという願望を持っていた。英国でそうした行為は法に反しており，死罪となるので，その代わりに男は斬首されてしまったという夢を見た。その夢に出てきた罰は（置き換えられた）国王をアホ ass〔尻の穴〕と呼びたい願望を表している。
　私の分析主体の幾人かは，「真（侵）襲的」思考 "intruthive" thoughts について語っている。その中で彼らは，関連はするがさまざまな理由で，頭（や別の身体部位）を切り落とされるのを想像している。他の分析主体は，はるか昔にきょうだいとやった早熟な性的行動のため罰せられるべきだったと感じていることに関連する，繰り返される懲罰夢と白昼夢について報告した。その性的行動は少なくとも片方の親に見つかったが，そのときには罰せられないままだった。罰せられなかったのは，そうした性の行為が「完璧に自然」であると（とりわけリベラルな時代の）親が信じていたから，あるいは，見なかった親のほうが「激怒する」かもしれないので，見つけた親のほうがそれを内緒にしておきたかったためだろう。そうしたすべての事例で，自分が普通は悪いことだと思っていることで罰を受けそこなうと，深刻で実際に生活を損ねるような不安がもたらされる。

た。彼は気が変わったがもう遅すぎた。ちょっと立ち上がって出て行きたかったが，遅すぎた。

　彼は目覚めたとき，すぐにその夢を分析と結びつけた。分析を通じて自分は新しい心臓を手に入れるところなのだ，というように。彼は自分を「寛大な心の持ち主 big-hearted」だとは思っていないが，彼によると，そういう人は情緒豊かで友好的で人づき合いが良いという。新しい心臓を手に入れ，自分は今よりも情緒豊かで人づき合いが良くなるだろうと考えたのである。
　夢の検討を続けるうち，彼は治療の最初から分析に疑いを抱いていたと話した。分析のアプローチは彼には自分の精神的信条や実践に相容れないと思えた。時に彼は分析について「心変わり change of heart」し，分析に通うのをやめようかと真剣に悩んだこともあった。そうした迷いはあったものの，彼は分析を精神的な歩みの「最新の鎖の輪 the latest link on the chain」と言った。しかし，彼は「最新の輪 the latest link」と言いかけたとき言い違えて，代わりに「最後の輪 the last link」と言った。彼が分析を最後のチャンスのようなものだと思っていることをうかがわせる。彼は人生の盛りで健康だけれども，最近，自分がアルツハイマー病か心臓病を抱えていると感じ始めており，死について考えてばかりいた。
　セッションの間，私たちは看護師やジップロックのプラスチックの袋に関する連想にふれなかった。もっと先のセッションでそれらを扱おうと私は考えたのである。なぜなら私にはその夢が手術の必然性を強調している事実に注目するのがもっと重要なことだと思えたからである。彼は分析をやめたいと考えても，分析をやめることなどできなかった。私は「やめることが不可能であるという願望」と言った。すると「そうです。遅すぎて，それから身を引くことなどできません。もしやめたら罪悪感を持っただろうし，あなたは分析にとどまるよう私に言ったでしょう……。（やめることができないのは）私の疑いや優柔不断に終止符を打つことなのです。私はそれに身を任せるしか他に術がないのです」と分析主体は答えた。
　これはとにかく，夢に現れた分析主体の**意識的**願望の一つだと言えるだろう。**無意識的**願望は「強いられて to be forced」という動詞句についての話し合いに現れている。そこでは分析主体は夢を思い出し，連想する際に何度もこ

の表現を用いていた。彼が女性に強いられていろいろなことをさせられているとよく幻想していたことが明らかとなった。実際に彼は一時期，SM の女王と付き合いがあった。強いられることは数々の性的幻想では一定の役割を果たしていたが，日常生活では何かをやらされているというような葛藤が生じることは何もなかった。彼は強いられることによって反抗的になりながらも密かに満足を感じていた。彼はそのことを抑制し苛立ちながらも，強要されているかのように状況を作り上げたのである。彼は何かを決めることは難しいと感じていた。特に人生上の重大な決定についてはそうで，誰かが，あるいは何かが彼に決定を強要してくれればと願っていた。そうすれば彼の疑いや懸念を打ち消してくれるからである。それはあたかも夢で医者（つまり，彼の分析家）による手術を最後まで受けざるを得ないのを望んでいたのと同じであると指摘できよう。

　彼の「精神的な師」であった人たちは誰も，特定の活動にコミットするように彼に強要しなかったこともあり，彼は幻滅を味わいながら，結局彼らのもとを次々に去っている。師に対する彼の態度は，彼らのもとを去ることなどできないと感じるほど，盲従的なものではなかった。それゆえ，彼は大いに必要だと思っていた手術を避ける（つまり「迂回する bypass」）よういつも試みていたのだった。新しい心臓が手に入れば，彼は自分で決定を下せるようになるだろうが，逆説的なのは，その新しい心臓を手に入れようという決定を，他ならぬその心臓を既に手に入れた状態でなければできないという点である！

　したがって，無意識的な願望とは，分析主体がしたいと望むことやする必要があること（そして立ち去って実行を避けるということが不可能になること）を《他者 the Other》に強要されることであると思われる。ここでの逆説はこうである。いわばそのように去勢されることによって，彼がそれまでずっと経験してきた去勢のようなものを克服できると信じていたことである。それまで彼は決定したり，決定に基づいて行動できないことや，何か一つのことをすると決めると，必然的に他の可能性は消えて，何でもかんでもはできないし，何にでもなれるわけではないという事実を受け入れられないことを，去勢のようなものとして経験してきたのだった。つまり，彼は去勢を克服するために去勢されることを望む（心臓移植手術を受ける）必要があったのである。実際，彼は「どうやって男になるか」を父親が教えてくれなかったことについてよく不

平を漏らしていた。比喩的に言えば，その意味は，父親が分析主体に「きんたま」を持っている意味を示し，彼を去勢していたなら，彼は父親から「男とは」を教わることができただろう。無意識の願望——第4章と第5章で示したように，かなり一般的なものだが，臨床家はそれに目をつむる傾向がある——とは，父親，医者，分析家が待望の去勢を与えてくれるだろうということだが，その去勢を分析主体の生物学的，あるいは養子関係にある父親が与えることができなかったのである。[95] セッションの間，私が分析主体と話し合った願望はこれではなかった。私は単に先々参照するために，その願望に注意を払っていただけである。それを分析で扱わなかったのは，私がそうした一見挑発的な願望を明確に述べてしまうと，分析主体が恐れて逃げてしまうかもしれないと感じたからである（むしろ，彼自身にそれをきちんと述べさせるほうがよいし，その後，彼が実際に自分の言葉でそうするだろうと推測した）。

白昼夢と幻想

> 幻想は……一つの願望 ein Wunsch でなくていったい何なのでしょう。それはすべての願望と同じように，かなり素朴な願望なのです。
> ——ラカン（Lacan, 2004, pp. 61-62）

> 精神分析界ではもはや誰も性 sexuality について語らなくなった。精神分析の専門誌は，開けば分かるが，これ以上ないというくらい節度ある専門誌となっている。
> ——ラカン（Lacan, 2005a, p. 29）

　白昼夢と幻想はほとんどの人にとって，夜に産出されるものよりも覚えておくことが困難であるように思われる。青年期や成人期初期を越えると，たいていの人は白昼夢を見ることが多くなり，故意に自分の白昼夢を潤色して，特定の方向へと持っていく。自分が白昼夢を見続けていることに自覚的である人は少ない。少なくとも，それは白昼夢の直感に反した性質のためであることは間

---

[95] 《他者》の欲望は自分を去勢することである（あるいは，そうであったはずだ）というのが彼の感覚であり，彼のある水準の欲望は，去勢される（がままにしておく）ことであった。

違いない。不快だったり，かなり残酷な考えが心をよぎると，人はびっくりするものだが，それらを白昼夢として考えたりはしない。ごく普通にはそれらは快をもたらし，願望を充足させるものと見なされる。人々はこうした白昼夢をできるだけ早く忘れようとする。

ひとたび分析になれば，ふと心に浮かんだ考え，想像，筋書きに注意を払うように促される必要がある（第5章で述べたような真（侵）襲的思考 intruthive thoughts という形をとるかもしれない）。分析主体が幻想だと考えるのは，厳密に言うと，性的な思考や想像，それに彼らが体験した光景だが，たいていの人が性的幻想をほとんど思い出さない傾向があるのは驚くべきことである。そうした幻想が自慰を繰り返すたびに呼び起こされ，それにふけっている場合でさえ，思い出さないのである。オルガスムに達した瞬間のように，自慰幻想にはさらなる思考が続かず，完全に意識から「蒸発する」のである。

多くの分析主体が自慰幻想の一つさえ思い起こすことに四苦八苦する。とりわけそうした幻想が覚醒生活中の自己概念と明らかに相容れない場合にそうである。[96] たとえば，ある分析主体は，自分が他の男性に興奮させられているところを自分の上司が見ているのを想像していることをようやく思い出した。覚醒生活の彼女は自分を男性と同等な関係で協力し合える現代的キャリアウーマンと考えていたのだった。別の分析主体は，自分が興味を抱いている女性が別の男性とセックスをしているのを自分が見ているという想像をよくしていた。しかし，彼は自分を女性との「全面的関係」を望んでいる男だと見なしていた。つまり，女性とは恋人であり親友であり，ソウルメイトであり知的な分身でも

---

[96] 多くの場合，分析家は分析主体が自慰に伴う幻想を思い出せるかどうか，ほとんどセッションごとに尋ねなければならない（そうすることで分析主体は分析家が自分に望んでいるのがそうした幻想に注意を払い，それを収集して話すことだと気がつくのである）。自慰という露骨な表現が気になるのなら，性的幻想を思い出せるか尋ねてもよい。尋ねる回数が一度だけというのは，明らかに少ない。分析主体がそうした幻想について話したとしても，非常に曖昧な表現のことが多い。分析家は分析主体に対してあらゆる「無分別な」質問をしてその幻想の持つ本当の意味を把握しなければならない。分析主体はそれでもそうした幻想について話すことをためらい，実生活上の他の事柄を話そうとするかもしれない。幻想から得られる密かな悦び（つまり享楽）が，幻想について話してしまうことにより，奪われたり台無しになると考えるのである。分析家は，分析主体がそうしたことを話すことへの抵抗を克服するために必要な努力を惜しんではならない。さもないと，分析家は，自分自身の抵抗によって微妙な話題から離れてしまうことになる。分析主体の症状は常に，何らかの仕方で性に関連しており，分析するたびに分析主体が性的に興奮することについてしっかりと真正面から話し合うことが遅かれ早かれ必要となる。

ある，簡潔に言えば，何でも共有できる女性ということになる。日常生活で自分が望んでいると考えていることとまったく相容れない幻想が，これほど早く忘れられることは驚くに当たらない。1950年代以降，多くの分析家は，こうした忘却があるのだから，性的幻想という分かりにくく直感に反する領域を自由に無視してよいと見なしてきたと思われる。この事実は，分析家たちが抑圧されたものを目指すことにどれほど見切りをつけてきたか，雄弁に物語っている。

　分析主体はこうした性的な考えや想像をともかく幻想と見なすことはできるかもしれないが，心によぎる攻撃的な考えや想像を幻想と見なすことはまずない。これらは奇妙で面倒で，時に説明し難いものとして分析主体を大いに悩ませるが，幻想そのものとは見なされない。もし分析主体が自分の子どもを抱いているときに手を滑らせて階段から落としてしまうという想像をしたとすると，彼女は恐怖心からそのような考えを消し去ろうと最大限の努力をし，忌まわしい印象を心から完全に除いて，できれば二度と思い出さないようにするだろう。もし夜に物音で目が覚めたときに，彼女が廊下のクローゼットから野球のバットを持ち出して，足音をたてずに階段を下りて，侵入者を襲って，バットで彼をめった打ちにすることを想像し始めても——あまりにも野蛮なために突然その光景は消え去り，彼女は冷や汗をかいて，激しい鼓動のうちに意識を取り戻すのだが——分析主体はそれを幻想と見なすことはほとんどない。それを悪夢のようなものと見なしがちなことのほうがはるかに多い（実際，覚醒中に心にふとよぎる恐ろしいシナリオを言い表す実際の言葉はないと思われる。**白昼悪夢** daymare と言うのが最も適当だろう）。そこに何らかの願望の衝動を見ようという気にはまったくならない。[97] 現代では，性は大衆文化に浸透しており——以前は精神分析家の大半が示していた性への関心を引き継いでいる——分析主体は性衝動に対してよりも攻撃衝動に対して願望充足的な要素を否定する傾向にある。現代の大衆は，性衝動のほうが攻撃衝動よりもずっと受け入れられやすい（少なくとも合衆国では）。

　白昼夢も幻想もちょうど夢のように偽装が可能であること，そしてそれらを解釈するというならそれらも連想されなければならないことが忘れられている

---

[97] 彼女も「白昼悪夢」での興奮と性的興奮との間に何らかの結びつきを見出すことはほとんどできないだろう。

場合が多い。ある私の分析主体は，自分の兄について一瞬「不快な考え」を抱いたことを思い出した。そして，自分自身を「不快な事故」に遭ったと想像したのである。それは，他人に対して何らかの攻撃衝動を抱いたときに自分を罰する典型的なやり方として彼の心に浮かぶものだった。そして彼はそれをすぐさまよくある「マゾヒスティックな傾向」の一つと見なした。彼が少しも考えなかったのは，いわゆる最初期の幻想が自分の兄が不快な事故に遭ったこと，そして，自分自身が兄の身代わりになることは偽装であるということである。この偽装によって部分的には覚醒している意識にとってその幻想は快いものになっていた。私が「あなたの兄が事故に遭ったと想像すると……」と言うと，彼は「**それ**こそが白昼夢だったのでしょう」と答えたのである。

　夢や白昼夢，幻想の要素のうちに何らかの意味を識別する際に，それらの要素が一見意味していると思われることとは正反対の意味を持つものとして解釈されねばならないことがある（Freud, 1900/1958, pp. 245-246, 471）〔全集第四巻，三八一―三三五頁〕。私と分析作業をした女性は，母親からはっきりと「あなた（つまり娘）が男を手に入れることは許さない」と言われたのだが，彼女の性的幻想は，自分の男性パートナーが大きなハーレムを形成し，自分も彼を取り巻く一人にすぎないというものだった。表面的には，彼女が男性を所有することに反対する母親の禁止を満足させているが，その幻想はそれにもかかわらず，ともかくある水準で，一夫一妻制を一夫多妻制に置き換えているにすぎない。つまり，その幻想は一人の男性との独占的な関係への偽装された願望を満足させているのである（つまり偽装した形で，男性と独占的な関係を持つことに対する彼女の願望を満足させていると言えるだろう）。彼女はある醜い老人の性的気まぐれに応じていることを幻想してもいる。ある水準では，この幻想は，どれだけ不快であっても，すべての男性を誘惑して彼らのものになるという母親の願望に屈服していることを示しているが，別の水準では，この幻想は，彼女の夢に見る若くてハンサムな男性を，助平老人に置き換えただけである。

　分析主体にとってしばしば難しいのは，「彼女」の幻想で表現されていると思われる願望がどの程度彼女自身のものなのかを推測することである。これらの願望は，彼女のものというよりも，彼女が知っている（そしてたいていひどく嫌っている）他の人たちのものであるように思われる。ある私の分析主体

は，自慰に伴う幻想で心の中で「さあ，彼女に始めてもらおう」という言葉を聞いたのを思い出した。彼の父親が車のことを話すときに，この言葉をよく口にしていたことをふと思い出したのである[98]。彼の父親が車のことを女であるかのように話していたのと同様に，分析主体も自分のペニスについて，それが女（父親の女）であるかのように話しかけていたのである。その幻想に現れているのは，ある水準では，父親の欲望（ことを始める）であると考えられる。私はそこでセッションを区切り，次のセッションで分析主体はこの幻想についての私たちの話し合いがある種の厄除けとして役に立っていると報告してくれた。つまり彼は，自分の身体がもはや母親の身体ではないように感じていた。「私は今，自分自身の身体です。私はフル装備です」と彼は言った。

人間の欲望は《他者》の欲望である

> 幻想の動因は満たされない願望である。あらゆる幻想は願望の充足である。
> ——フロイト（Freud, 1908/1959, p. 146）〔全集第九巻，二三〇-二三一頁〕

　自分のものではないような幻想を自分が抱いていることに気づいたとき，分析主体は自分に宿っていると感じる欲望自体によって侵入され疎外されていると思いやすい。それでも私たちが他の人たちの欲望を吸収することは，人生の如何ともし難い事実なのであり，私たちはそうした欲望を自分自身の中に取り入れ，そして多くの場合，私たちの幻想は偽装されたり，あるいはそれほど偽装されない形で他の人たちの欲望を演じるのである。ラカンがしばしば述べたように「人間の欲望は《他者》の欲望である」（Lacan, 2006, p. 628）〔第三巻，六三頁〕。この定式化にはいくつかの意味がある。ここでの私たちの議論に最も密接な関係を持っている意味を挙げれば，私たちは他の人が望んでいるのと同じものをほしがるようになる，ということである[99]。それでも，分析主体は多

---

[98] このような明らかに単純な幻想は「幻想とは享楽をもたらす，味わい深い暗号めいた文である」というミレールの主張を例証している。

[99] 他の意味については，フィンク（1997, pp. 54-56〔八一-八四頁〕；2004, pp. 26, 31-32, 119）を参照。

くの場合，自分の幻想の中で起きていることが願望を表しているものとはなかなか認めようとしない。それは，そうした願望が，自分自身のものであるとは感じられないからである。それにもかかわらず，分析主体が自分の中にある欲望を認識し，それを自分自身のものだと思えるようになったり，そうした欲望を越えて他の欲望へと向かうためには，そのように認めない態度を克服せねばならない。人の欲望が他人の欲望に密接に結びついている以上，厳密に言うと，「自分の欲望」について——あたかも欲望を**所有している**かのように，欲望の唯一の所有者であるかのように——話すのは愚かなことである。しかし，それでも分析主体が，自分の中にある欲望に同意し，和解したと感じられる地点にまで至ることが重要なのである。[100]

ある私の分析主体は一連の長い性的幻想を抱いていたが，彼女はそれを非常に不快で下品だと思っていた。その幻想では，一人の女性が別の女性の性器をなめていた。たいてい，一方の女性は他方よりもかなり年をとっていた。時に分析主体自身がなめていることははっきりするのだが，多くの場合，それを誰にしているのかは明確にならなかった。分析の過程で，なめることは，彼女の中では傷を癒すこと（たとえば，犬やネコが傷をなめるように），拡大解釈すれば，何かをすっかり良くすることと結びついていることが明らかになった。彼女は幻想において，母親の傷を癒そうとしているかのようだった。それは彼女の母親が，自分はペニスを奪われたと感じていること，そして生殖器官がないことを痛々しく思っていること，また，娘に対してその欠如を穴埋めして償うことを期待していること（あたかも娘が母親の「去勢」に責があるかのように）を，自分の態度や発言を通じて，娘に対してかなり詳しく明らかにしていたからだった。

最初分析主体は性器的な水準で（それは分析主体自身にとっても問題であった）母親に償いをしたり癒したりする責任を引き受けたとは感じていなかった。しかし彼女は長い間あらゆることをして，母親の生活をできるだけ楽にして，ごたごたのないようにし，あらゆる側面で母親に従ってきたことは認識していた。母親の祭壇のために必要な犠牲を献げることは，娘が母親をやっかい

---

[100] フロイト (Freud, 1933/1964, p. 80) が述べ，ラカン (Lacan, 2006, p. 801)〔第三巻，三〇七-三〇八頁〕が再三繰り返しているように，「**Wo Es war, soll Ich werden**（それ〔自分のものではない欲望〕があったところに，私は到来しなければならない）」。

払いにする方法だった。つまり、いったん母親を満足させてしまえば、分析主体は母親から離れることができると感じ、自分自身を満足させることを考えられると思ったのである。こうした幻想で、彼女は自分を母親の享楽（ラカンの言う《他者》の享楽）の道具と見なして母親の満足を保証するのである。ある意味で、こうした幻想では「《他者》の欲望」を演じていると言えるかもしれない（Lacan, 2006, pp. 823-826）〔第三巻、三三六-三四二〕。その一方で、こうした幻想は分析主体が母親に「丸呑みにされる」ことを防ぐようにも作られているのだが。こうした幻想に含まれている意味や動機はまだ数多くあり（ここではそれらすべては扱えない)[101]、ある一つの幻想においてどこで主体自身の欲望が終わり、どこから《他者》の欲望が始まるのかを言うことが、多くの場合難しい。ひとたび多様な意味や動機が表に出ると、何年も続いていたこうした幻想は、すっかり消え失せて、まったく異なる傾向の性的幻想に置き換えられるのである。

　ある男性の分析主体は繰り返し現れた性的幻想について私に語った。その幻想では女性と大きなペニスを持つ男性がおり、はっきり分かるのは、男性のほうが性的に満足を得ていたということだった。分析主体は大きなペニスを父親と結びつけ、子どもの頃に見た父の「巨大なペニス」が印象的だったことを思い出した（自分のペニスを父親の大人サイズのペニスと比べる少年のこの比較は、私の経験では、自分のペニスは小さすぎるのではないかという、男性の心配のほとんど不変の源泉となっている）。幻想の中の父親のような人物は、父親と彼との関係の多くの側面を喜ばしく思っている人物である。その父子関係については私たちは既にかなり話し合っていた。彼は、父親が物事を整え、どう正すかを自分（息子）に示すために、自分をダメな子にする必要があったのだと感じ、自分がいわば父親を支えていたのだとはっきり理解したのである。分析主体が話したように、「（私は）父親が解決すべき一つの問題であった［I have been］situating myself as a problem for him to solve.」のである[102]。こうし

---

[101] これらの満足がさらに別のものへとつながっている点だけを指摘しておこう。娘は、母親が得ている満足に比べて自分はそれほど多くの満足を得られていないと感じていた。娘の満足が上回ってしまうと、母親は「騙された」と感じ、そのことをはっきりと娘に分からせるからである。この分析はフランス語でなされているので、英語の「なめること」licking という単語の別の意味——叩く、罰する——とは密接なつながりはないことに注意されたい。
[102] 実際分析主体はこれを言うとき、現実に I have been situating myself as a problem for him to be

て父親はさまざまな場面で自分の優れた面を示し，息子に比べて何でもできる賢い男として自らの父親のイメージを支えることができた。父親のような人物が幻想の中でセックスをするという事実について，分析主体は「たぶんそれが彼を黙らせるのです」と言った。父親はかなりの時間と労力を費やして息子を批判するのだが，息子のほうは父親を黙らせるような言葉を一言たりとも見出せなかった。ではセックスならば父を黙らせることができるということだろうか？

　これらの幻想について話し合うのにさらなる回数のセッションが必要だったが，それぞれのセッションで，分析主体が「へまをやった screw up」こと——学校で素行が悪かったこと，あれこれごたごたを起こしたこと——で自分をいつも責めているという事実に触れられた。分析主体は決して父親のせいにしようとはしなかった（そのうえ彼が自分に対する父親の扱いに不平を言うとしても，それ以上に父親は子どもの頃には彼を楽しくさせてくれたのだった）。しかし，いつの間にか，彼はある自分の親戚のことを興奮して語るのだった。その子は自分の子どもの頃と同じように「へまをやった screw up」ようで，その子の両親はその子に厳しくしすぎて，問題児のように扱った（ちょうど分析主体の両親が分析主体をそう扱ったように）に違いないこと，そして，その親戚の子は両親にきっと復讐しているに違いないと言うのだった。おそらく，分析主体の子どものときの「悪い振舞い」のほとんどは，問題児である自分の子どもよりも優れているという父親の自己像を支えるだけでなく，父親の評判（家族の名）に泥を塗るという願望によって，密かに動機づけられていたのだろう。

　分析主体の性的幻想では，自分を父親の享楽の道具にして，父親の満足を保証していたのである。彼は父親が自分に要求していると思ったこと——自分がへまをして，女性とうまくセックスできないこと——にも，父が望んでいると思ったこと（すべての女性との関係で息子より魅力的であることで優位でいたい）にも従った。しかし，こうした幻想が「《他者》の欲望」を演じているとしても，それは同時に，同性愛的なニュアンスとみだらなレイプの密かな

---

solved（父親が解決されるべき）．と言い間違えた。その発言が示唆することを彼に考えるよう私が促したとき，彼は自分にとって父親こそが解決されるべき問題，自身が解かなければならない問題だったと話した。

匂いを帯びた「汚らわしい」シナリオの父親を伴っている（こうした幻想の詳細な部分には言及しなかったが）。こうした幻想で分析主体は父親を支えるために行動している——つまり彼は「《他者》の保証人」として振舞っている（Lacan, 2006, p. 824）〔第三巻，三三八頁〕——としても，彼は同時に父親を傷つけ打ちのめしているのである。彼の人生行路と照らし合わせながら，こうした幻想について話し合うことによって，父親に対する分析主体の怒りがある程度明らかになり（こうした怒りは彼の周りにいる他人や私への怒りに置き換わった形で現れがちだった），また，彼の人生での《他者》に対する態度のいくつかの側面に光を当てることができた（この後さらに論じる「根源的幻想」のいくつかの側面である）。

不安夢と悪夢

> フロイトは，夢は真理を解放するまさにそのときにわれわれを目覚めさせる，と述べています。
> ——ラカン（Lacan, 2007, p. 64）

　夢の中には願望充足的な要素がおよそ見出せないほど，不安にさせる夢がある。とてつもない不安を生じさせ，夢を見る人を目覚めさせ，悪夢を見たと思わせるようなものもある。フロイト（Freud, 1900/1958, p. 580）〔全集第五巻，三八〇-三八二頁〕は，こうした事例について，願望を偽装する検閲の試みが成功せず，前意識に受け入れられず夢が突然終わるのだという仮説を提示している。この場合，夢は夢見る人を眠らせ続けることができず，眠りを守り損ねたことになる。25 年後，フロイトは少し違う説明をしている。彼は少なくともそうした多くの事例では，夢の作業に関与する検閲がその仕事をきちんとおこなっておらず——おそらく夢を見る人の道徳的感覚に原因があるようだが，夢に現れる願望を偽装できていないのである——，夢を見る人を混乱させる最後の試みとして不安を導入しているのであり，夢を見る人は夢に現れる願望によって作られた不安だけに気がついて，そこに見出される満足に気がつかない傾向にある，と説明している（Freud, 1925a/1961, p. 132）〔全集第一九巻，

二四〇-二四一頁]。

　ある私の分析主体は，職場の同僚の多くから見られてしまうような公の場所で部下の女性とべたべたといちゃついている夢について語った。彼は誰かに見られてしまうのではないかと思い，かなり不安を感じ――見られたら職を失い，なぜ解雇されたのかも妻に分かってしまう――彼はその部下を彼個人のオフィスへ連れていこうとしたがうまく行かなかった。夢のことを考えると，彼はまず不安になり，夢の中でいちゃついていると想像しているその特定の女性に惹かれていることや，公の場所でそうすることで得ている快感をほとんど無視するのである。この意味で，不安は夢で表現されている，かなり明確な願望に満ちた衝動を彼の目から隠す役割を果たしている。さらに不安は，彼の不倫が妻に見つかり，妻が彼の不貞を強引にやめさせ，彼の浮気を罰するという，あり得る願望を曖昧にする役割も果たしている（彼は不倫関係に固執しているにもかかわらず，その関係に居心地の悪さを感じていた）。

　別の男性は非常に詳しい夢を話した。夢で彼は妻とどこかで約束して会うことになっていたが，いろいろなことが次々と起こり，なかなか行くことができなかった。彼は妻を待たせたままにしているのが不安で目を覚ましてしまった。私が，夢はあなたに妻を待たせ続ける役をさせていますね，彼女を待たせ続けたいと望むようなことがあるのですかと質問すると，彼はすぐに妻のあらゆる頼みをすぐ聞いてしまい，妻を自分を必要とするままにしたり，自分への妻の欲望をそのままにしておかなかったことを考えていたと言った。彼は妻に対してそうするのは苦手だと思っていた（その他の夢の要素とそれらに関する彼の連想から，妻と彼の母親との結びつきが示唆された。そして彼が小学校のとき，母親が自分を待っている家にできるだけ遅く帰るのがどれほど楽しかったかも明らかとなった）。夢の最後での不安は，夢が露骨に満たそうとしていた願望，つまり妻を待たせ続けるという願望を彼が認識するのを妨げる効果をもつ幕の役割を果たしていた。

　このように夢での不安の現れは見せかけであることが非常に多い。不安は多くの夢において願望を偽装し，注意を逸らすために役に立っているのである。人はあまり信じようとしないが，実際，多くの夢がそうなのである。しかし，フロイトも，願望充足というカテゴリにまったく当てはまらない夢があることを示している。

『快原理の彼岸』(Freud, 1920/1955)〔全集第一七巻〕で，フロイトは反復強迫（「反復しようとする強迫」）という概念を導入し，一群の夢について概説している。そうした夢で，夢を見る人は，実際は準備ができていなかった状況に何らかの不安を導入できるのではという期待のもと，繰り返し外傷的な経験を蘇らせるのである。こうした不安について，フロイトは一種の準備，つまり，問題への最初の準備段階と結びつけている。たとえば，列車事故に遭遇した人の場合，事故の警告などない。そのため衝突前の瞬間と衝突自体の夢を繰り返し見るようになるだろう。そうして何とか差し迫った衝突に備え，身構えるのである――まるで，準備したり身構えたりすれば，その外傷を免れることができたかのように（列車事故による身体的外傷は無理にしても，とにかくその事故に対する外傷的反応を免れたかのように）。このような反復は，あたかも初めの出来事に分析主体が事後的に何らかの不安な予感や準備状態を導入しようとしているかのようである。フロイトは，こうした強烈な事例では，たとえその試みが無益だったとしても，精神が自ら「刺激を征服」し，また征服し続けようとしているのだと仮定している（p. 32）〔全集第一七巻，八五頁〕。

私の経験上，こうした状況で臨床家ができることは，分析主体に外傷に関する素材――たとえば，その経験に関わる人すべてとの関係，当時の年齢，その出来事の結末など――を，その外傷に付着したすべてのリビードが枯渇するまで，すべてを語り尽くすよう促すことである。ある私の分析主体の事例では，分析主体は自分の親友を死なせ，自分自身も巻き込まれた自動車事故の悪夢を繰り返し二十年間も見ていた。親友との関係，その事故に巻き込まれた他の搭乗者すべてとのつながり，当時の生活など，あらゆる事柄を聞き出すのに数年間の分析的作業が必要だった。彼女の悪夢は最終的にやみ，それ以来数年間二度と繰り返していない。

ラカンは最初期の出来事の単純な反復という形式をとら**ない**悪夢について一つの考え方を提示している。ラカンによれば，悪夢のような性質は，その夢で満たされるのが，願望の一つ（彼の用語では「欲望」の一つ）ではなくて，要求の一つであることに由来する。

> いずれにしても，次のことは経験的事実である。私の夢が私の要求と一致し始めるとき（誤って言われているように，現実 reality とではない。現実は私の眠り

の守護者となる)，あるいは，ここでは同じことになるが，他者の要求と一致し始めるとき，私は目覚める。(Lacan, 2006, p. 624)〔第三巻，五七頁〕

ラカンによれば，私たちはしばしば，ある意味では，与えてほしいなどと思っていないものを他者たちに要求することがある。というのも，もし彼らが実際にそれらのものを私たちに与えたとすると，私たちの欲望は消滅するからである。私たちの欲望（ラカンが解していたように，それは，何か他のもの，それ以上のものへの欲望である）とは私たちにとって最も大切なもので，それを満足させることより，そうした欲望を持ち経験することに深く結びついている。私たちが生きていると感じるのは欲望を持ちそれを経験することによってであり，その満足によるのではない。概して要求しているものはむしろ手に入れたくないものであり――たとえそれが手に入らなくて不満を表したとしても――，そうだからこそ私たちは欲望し続けることができる。私たちが夢で，要求がまさに満たされようとするときに恐怖で夢から目覚めるのは，そこで私たちの欲望が破綻し消滅するであろうからである，とラカンは理論化している。そうした夢は，欲望する存在としての私たちの存在自体を危険にさらすおそれがある。欲望とは私たちにとって最も貴重なものなのである（多くの場合，満足よりもはるかに貴重である）。

　ある分析主体が悪夢として経験した夢を報告した。その中で彼女は恋人に一緒に別の町に引っ越してくれないかと頼み，彼はそれを了承した。表面上はまるで彼女が望んでいたことが夢の中でかなうかのようだが，彼女と恋人との関係を話し合うと次のようなことが明らかになった。彼女は彼に一緒に引っ越すよう頼むことを考えてはいたのだが，彼女が最も望んでいたことは，彼にはいつもすぐに妥協する自分の父親のようになってほしくないということだったのである。彼女は彼がその町に引っ越したくないことは十分に分かっており，自分に柔軟に合わせるようなことはしてほしくないのだった。彼女の最も大切な欲望は，彼が自分の欲望をあきらめないことだったといえよう。夢の中で彼があきらめてしまったとき，彼はこうあってほしい，こういう人であってほしいという彼女の欲望は破綻した。それはまるで彼女がある種の男性への欲望を奪われてしまったかのようだった。その男性とは，自分が何を望んでいるのかを知っている男，彼女のために全力を尽くすのではない男，彼女の心にとっては

ファリックな男なのだった。

根源的幻想

> 無意識とは，存在が話すことによって享楽することであり，……それ以上何も知ろうとしないということです。
> ——ラカン（Lacan, 1998a, pp. 104-105）

　分析主体はほんの数年間の分析作業でも，実にさまざまな幻想を提示することが多いが，ラカンはそれらほとんどすべての特徴ある幻想は一つの同じ構造に由来するという仮説を立てている。「根源的幻想」（たとえば，Lacan, 2006, pp. 614〔第一巻，七四-八〇頁〕）が《他者》に対する主体の最も基本的関係や，《他者》に対する姿勢を規定しているというのである。[103]分析主体の心に生じるさまざまなシナリオ，つまり白昼夢や自慰幻想はその根源的幻想の置き換えであり，通常，偽装されてはいるが，その根源的幻想の一面を表している。つまり，さまざまなシナリオや白昼夢や自慰幻想はすべて「ただ一つの」根源的幻想に要約される。根源的幻想は分析主体の人生での重要な他者たちとの関係を構造化するのに重要な役割を果たすのである。

　根源的幻想については，他の著書で検討しているので，ここで再びその詳細を論じるつもりはない（Fink, 1995, pp. 61-68; 1997, pp. 56-71〔八四-一〇七頁〕。また，本書の第九章である程度ふれている）。しかし，大まかな考えだけ指摘しておきたい。分析主体の根源的幻想は，分析の初期には耐えられないものとして経験される。分析主体は満足を与える幻想について，すなわち，自分に享楽を与えるものについて，考えることに耐えられないのである。彼女はそれを非常にとがめられるべきものと感じ，また，自分自身であり自分らしいと思うことすべてに反していると感じるからである。彼女は「それについて……何も知りたくない」（Lacan, 1998a, p. 105）のである。たとえば，分析主体の根源的幻想が，ある男から軽蔑され非難されるということであれば（主として

---

[103] ラカンによるこの語の最初期の使い方については，ラカン（Lacan, 1988a, p. 17）を参照。

軽蔑と非難されることによって彼女は父親の注意を惹きつけていた）．そして，彼女が新たに男性と付き合うたび，その男性が自分を軽蔑し非難し始めるように物事を画策しているとするなら（つまり，既にそうした傾向のある男性を選ぶなら），幻想の水準では彼女は満足するだろうが，彼女自身の理想や目標という点からは満足しないだろう．彼女が，巧妙にせよ，そうでないにせよ，自分の理想や目標を根源的幻想のイメージに合わせるよう誘導して，それらとの関係を「汚して」しまうほど，それだけいっそう，彼女はその幻想を耐え難いと感じることになろう．明らかに分析家の目標は，できるだけ多く夢や白昼夢や幻想を語り連想するよう分析主体を促して，根源的幻想を修正する気にさせることである．ラカン（Lacan, 1978）が述べているように，それはつまり，根源的幻想を再構成し，「横断する」ことである．

　人の根源的幻想を見出し明確化するのは容易ではない．何年とは言わずとも，何か月もの分析が必要だろう．実際，私の感覚では，分析主体が明確に確信をもって説明できるほど根源的幻想の多くの要素を持ち出す頃には，それは既に変化し，何か他のものに取って代わり始めているのである．それが精神分析作業の不変の特徴である．分析主体は，そのときなおも囚われていることについてより，もはや自分を同じようには支配していないもののほうが，はるかにはっきりと述べることができる．たとえば，既に言及した事例だが，偽装された形で父親がその性的幻想に常に現れる分析主体は，自分の根源的幻想のさまざまな面を細かく述べることができた（この幻想は，あらゆる仕方で自分よりも優位に立っている父親を支えると同時に，父親の「名声」をはずかしめて「父親に仕返しする」ことを伴っていた）が，そのように話すことができたのは，彼の生活の中である特定の葛藤がいわば頂点に達したときであり，数年間の分析後彼にとって重い問題である《他者》への姿勢を乗り越える準備ができたとき，つまり，彼がまさに自分の根源的幻想を再布置化しつつあるときだった．

　根源的幻想の再布置化は分析の後半の段階に作業すべきことなので，その詳細な検討は，技法に関するより高度な専門書に譲ることにしたい（関心のある読者は拙著（Fink, 1995, 1997）での主として理論的な検討を参照されたい）．

第**7**章

転移と逆転移の扱い

……満場一致という名の同調圧力によって，[転移は] 依然として，患者が感じる一つの感情やいろいろな感情の集まりだとされている。しかしそれでは，転移を分析で生じる再現の一種として定義しているにすぎず，転移の大部分が主体によって気づかれないままとなるのは明らかである。
——ラカン（Lacan, 2006, p. 461）〔第二巻，二〇〇頁〕

転移の認識

現代の精神分析の文献では，**転移**という用語は分析家のオフィスで生じるほとんどすべてのことを示す言葉になっている。フロイトは，**Übertragung** という用語――**転移** transference と訳されてきたが，文字通りには伝達，翻訳，置き換え，あるいは適用（ある表現・記録から別の表現・記録への）を意味する――を導入して「分析の進行中に……生じる」「以前の人物を医師という人物に置き換える衝動や幻想の新版や複製」について取り上げ，「別の言い方をすれば，一連の心理的経験全体が，過去に属しているものとしてではなく，そのときの医師という人間に当てはめられて蘇るのである」と述べている（Freud, 1905a/1953, p. 116）〔全集第六巻，一五二頁〕。このような翻訳，すなわち置き換えにはいくつか異なる一般的形式があり得る。

- 知覚の水準――視覚的，聴覚的，嗅覚的，触覚的，その他――での分析家のある特徴によって，分析主体は親（あるいは自分の過去の重要な人物）を思い出す。たとえば，分析家の声の調子，眼や髪，皮膚の色，体型，あるいはセッションの開始時や終了時に握手する際の汗ばんだ手のひ

らや冷たい手のひら，など。

　分析家に鼻があるだけで——現実の形や大きさには関係なく——，分析主体はその鼻を母親の鼻のように思うのに十分な場合もある（母親の鼻を思い出すのは，ある角度からか，ある点から見たときだけだと分析主体は言うかもしれない）。つまり，分析家の現実的なある特徴によって分析主体が母親を思い出すのではなく，むしろ分析主体がそのときに問題として取り組んでいる母親の何か，母親の顔の特徴に結びつく何かを分析家のほうへ投射するのである。分析主体は，いわば知覚の登録簿を見るように「分析家の中にそれを見る」のである。

- 分析家とその周囲の環境の「コード化されている」いくつかの特徴，たとえば，分析家の年齢によって分析主体は親（あるいは自分の過去の重要な人物）を思い出す。さらに分析家の服装のスタイル（衣服，宝石類，化粧，アクセサリー）から，ある特定の社会経済的な階層や，ある種の外見をつくろう試みが見てとれるだろう——たとえば，専門職らしさ，カジュアルさ，民族色，だらしなさ，おてんば，プレッピー preppy〔服装や態度がプレッピー（prep school）ふうの人。prep school とは preparatory school（大学進学を目的としたアメリカの私立高等学校）の口語。prep school の学生，卒業生は金持ちの子弟が多い〕，スローン族 Sloan Ranger〔上流階級出身のおしゃれで保守的な若者。ロンドンの上流子女の社交グループが Sloane Square に集まったことによる。西部劇の主人公 Lone Ranger との語呂合せ〕など。分析家の語彙，語法，話し方からも，社会経済的な階層や願望，教育水準，出身の国や地域などについて何がしか示唆されよう。オフィスのタイプ，場所，装飾によっても，分析家はさまざまな社会的・言語的・記号論的にコード化された文脈の中に位置づけられるだろう。

　こうした特徴は，何らかの**記号システム sign systems**——特定の文化的言語的集団内で発達した記号システム（その集団内で，話されている言語は一つだけでなくてもよいし，またいろいろな文化があってよい）——と関連している。[104]分析主体はいつもそうだが，分析家の服装，話し方など

---

[104] 転移のこうした記号論的特徴には，たいてい知覚的要素と言語学的要素との両方が含まれていることに注意しよう。たとえば，分析主体にも分析家の実年齢ならば公式，非公式のさまざまな情報源から分かるだろうが，分析主体が実際に分析家に会い，話を聞き，一緒にいるようになると，分

から，分析家が決して意図していない何らかの意味を「自由に」読みとる。私たちは自分の発話，服装，行動の意味を制御したり決定することはできず，他人がその意味を決めるのである（Fink, 2005b, pp. 574-575）。

- 分析家側のある感情表出によって，分析主体は自分の親（あるいは自分の過去の重要人物）を思い出すかもしれない。たとえば，治療中のある瞬間に紅潮した頬に表れる当惑や，声の揺れや震えに表れる神経質さ，手のそわそわした動き，椅子に座ってイライラする，足を組んだり戻したり，不安でうろたえた様子，紅潮した顔，堅苦しい態度，怒りを抑えているのが分かるような押し殺した声，無愛想な仕草，当たり散らす態度（たとえば，分析主体に腹を立てているときに，電話をかけてきた誰かに怒った調子で話す）など。分析主体が過去の人物に見出していたような感情を呼び起こし得る，以上のような察知可能な感情はすべて**情動効果**という項目のもとに位置づけられる。つまり，こうした感情はイメージや記号それ自体ではなく，リビードを伴っているのである。[105]

  それどころか分析家に生じている特定の感情を分析主体が「感じる」のに，分析家自身が何らかの感情を現実に感じたり表出している必要はない。分析主体は，多くの場合，自分（分析主体）が母親に感じた感情，すなわち自分の心をかつて乱し，今もなお格闘している感情を分析家へ投射するのである。

転移を生み出す素材となりそうな分析家（とその環境）のさまざまな特徴——知覚的，記号論的，情動的——のすべてについて，フロイトが常に説明したと私は思っていないが，フロイトが転移を，患者が分析家に向ける一連の陽性感情・陰性感情だけに限っていないことは確かである。しかし，それが

析家の年齢について抱く印象はかなり違ってきたりする。同様に，分析家の服装にも知覚的要素と記号論的要素がある。前者としては，たとえば，全身の見かけ，生地の色，仕立て，手触りなどがある。後者の例には，ブランド名，価格帯，社会集団的な意味合い，着ている服が流行のものか・流行遅れか・まったく時代遅れか，などがある（こうした要素の中には知覚的・記号論的要素の両方を含むものもあるだろう）。

[105] もっとも次のことには注意しておこう。分析主体は多くの場合，視覚的・聴覚的チャンネルを通して分析家の感情に気がつくようになる。つまりそこには知覚的要素も伴うのである。さらに分析家が動揺して語彙に変化があったなら，そこに言語学的要素も含まれる。

おそらく最も流布している転移の理解の仕方だろう。たとえば，マラン (Malan, 1995/2001, p. 21)〔二七頁〕は，「転移という語は次第に厳密に使われなくなり，患者が治療者に対して抱く**どんな**感情に対しても使われるようになっている」ことを認めている。この理解は，おそらく転移について最も流布した**誤解**であるといってよい。転移はそれよりもはるかに複雑である。

転移の形

> すぐに分かるのは，転移とはそれ自体が反復の一部にすぎず，反復とは忘却された過去が医師に対してのみならず，現在の状況のあらゆる面へ転移することである。
> ——フロイト (Freud, 1914a/1958, p. 151)〔全集第一三巻，三〇〇頁〕

> 私はむしろ転移という概念の経験的な全体性を残しておきたいと思います。ただし，転移の概念は多価的であり，そこにはいくつかの領域，すなわち象徴的・想像的・現実的領域が必然的にからんでいる点を強調しておきます。
> ——ラカン (Lacan, 1988a, pp. 112-113)〔上巻，一八一頁〕

過去の何かを思い出させる分析家のある特徴に分析主体が出会ったとき，何が生じるのだろうか[106]。たとえば分析家が眼鏡をかけることがときどきあって，分析家と分析主体がほぼ同年齢で，その眼鏡が分析主体の母親の眼鏡に似ているとしよう。母親への分析主体の感情がいつも陽性であるなら，分析主体は分析家にそうした陽性感情を移して，セッションで分析家と協力して作業すると期待できるだろう。逆に，母親への分析主体の感情が常に陰性であるなら，彼は分析家に陰性感情を移してセッションでは分析家に敵対するだろう。

しかし，確かに転移は，分析主体が意図的にせよ意図的でないにせよ，あれこれ表出する感情という形によって分析家に明らかになることがあるものの，それが別の仕方で明らかになることも多い。母親との関係がかなり良くない分

---

[106] フェレンツィは，自分の過去の重要人物に分析家が似ているという分析主体の感覚を，**提喩** synecdoche（pars pro toto 全体を表す部分）として知られる修辞的比喩になぞらえている (Ferenczi, 1909/1990, p. 18)。分析主体がそうした感覚を抱くとき，彼は，その重要人物を思い出させる唯一の特徴（名前，髪の毛の色などの）を分析家の中に見出すのである。

析主体は，セッションの間中，表向きは熱心に取り組み協力的であり続けるかもしれない。しかし，内心ではその眼鏡をかけた分析家を少しも信頼せずに，自分自身による最良の洞察を分析家に知られないようにと心に誓ったりする。分析主体は自分が分析家の解釈を真面目に受けとっていることを分析家に何とか確信させようとするかもしれないが，しかしそのときもずっと，彼は心の中ではその解釈を嘲笑い，分析家の作業がスリッパを釣りあげたときのように無駄になることなら何でもするのである。分析主体は感情的なものは何も発散させないし，自分が分析家に向けている陰性感情には少しも気づいていないかもしれない。それでも分析家に対する彼の態度は，母親に対してとった態度，すなわち，密かな異議申し立てと反抗を伴った態度とよく似ているのである。

さらにもっとよくある事例を考えてみよう。母親との関係は良好だと言い，そう思いたいという分析主体の実際の行動を見てみると，たいていはまったく正反対である（たとえば，母親の助言に決して従わず，母親が良いという女性には興味を示さず，母親がこれという職業にもそっぽを向く，など）。実際，分析主体たちが，家族はまったく問題ないという当初の自分の主張を越えて進んでいけるまでには，かなり時間を必要とする場合が多い。よくあることだが，彼らは抑圧が強く，決してそうではなくとも，親との関係は最高だと意識的には確信しているのだが，それでも，気がついてみると彼らは親に対して反抗的態度——彼らにはなぜそうした態度になるのか謎なのだが——をとっているのである。

こうした分析主体が自分の母親と似ている眼鏡をかけた分析家と会ったとしても，彼の転移から生じる反抗的態度は，嫌な顔をしたり感情をむき出しにすることによって表されることはほとんどない。結局は，何度も遅刻したり，ずっと沈黙したり，すぐに帰ってしまったり，休んだり，休暇をとったりといった形で表れるだろう。そして，分析主体はこうした行動をもっともらしい理由によって正当化しようとする（社長が遅くまで働かせるのです，働きすぎでくたくたです，病院の予約をしているので急いで行かなくてはなりません，車がポンコツで壊れたままなんです，など）。このような言い訳をすれば，分析主体は分析家に対して不誠実な行動をしているわけではないことになる。彼は自分が気づいた理由を挙げたのであり，おそらく気づいた理由だけを挙げているのだろう。

ここで，分析主体は母親に対して，したがって分析家に対して「怒りという無意識的感情」を抱いていると言ってもほとんど意味がない。何かが無意識的である場合，それは厳密には，感情とは言えないからである。**それはまだ感情になっていない。感じられて初めて一つの感情となるのである**[107]。それでも，母親との関係の抑圧された側面は，自分自身では気づいていない分析主体側の反抗的な態度が生じていることに表れている。

したがって，転移は決して情動という領域だけに限られた形や形式ではない。分析主体の症状が家族の構造全体を反映しているように，転移も同種の極めて複雑な構造の反復を伴っているだろう。私が少しの間スーパーヴァイズした事例を次に検討しよう。その分析主体（女性）は長く沈黙することが何回もあり，彼女の分析家は進退窮まった状況にあった。その分析家も私も最初は次のように思っていた。言い表さなければならないことがあまりに恥ずかしいのでそれについては話せないと分析主体が感じている，つまり，これまで誰にも話したことがなかったので，これまで乗り切ってきたさまざまな実際の出来事自体が象徴化に抵抗しているのだ，すなわち言葉にされることに抵抗しているのかもしれない，と。まもなくして，その分析主体がかつて男性の開業医にレイプされたことが分かった。彼女はレイプされている間，自分の母親がすぐそばの待合室にいることを知っていたのに静かに黙っているままだった。この時点でその分析家と私は，分析主体が治療というものを一種のレイプとして経験しているのではないかと考え始めた。つまり，分析主体がその男性開業医の恐ろしい姿を現在の女性分析家に転移していると仮定したのである。

しかし，この考えられる関連についての検討によっても，分析主体の口がそれほど緩むことはなかった。彼女は頑なに黙ったままだったし，さらにセッション中，明らかに居心地悪い様子を示し，セッション外のときも不安な感じだったが，セッションには熱心にやって来た。夢は極めて断片的で，連想も不十分で，分析の作業はなかなか進まずうんざりするほどだったが，ついに次のような事実が明らかとなった。分析主体は子どもの頃の 2, 3 年間，母親が家

---

[107] フロイトが言うように，「厳密に言えば，……無意識的観念があるようには無意識的情動はない」(Freud, 1915b/1957, p. 178)〔全集第一四巻，二二六頁〕。同様に「無意識的観念があると言うのと同じ意味で無意識的情動があるとは言えません」(Freud, 1916-1917/1963, p. 409)〔全集第一五巻，四九〇頁〕。しかしフロイトは時に罪悪感を例外としている。

にいないときに，父親に触られ性的行為をされていた。父親は「お母さんにちょっとでも言ったら，家から追い出すからな」と脅した。彼女は何十年もの間，このことを決して誰にも言わなかった。**分析の中で彼女によって再現された家族状況はこうしてかなり複雑であることが分かった**。彼女がずっと沈黙しているのは，父親の言うことを守り忠実であり続ける仕方であり，黙ったままで父親に触られているときの確かに恐ろしいが刺激的でもある状況を追体験する仕方でもあった。そして，母親を出し抜いて父親の気を惹いていることを母親／分析家に内緒にしておく仕方であり，父親が背信し自分も共犯だという二重のショックを母親／分析家に与えないで済ませる仕方，そしてもちろん，さらにその他のことを達成するための仕方でもあった。

多くの場合，こうした複雑な転移を見抜くのは非常に難しく，そのため大多数の臨床家は，転移とはある特定の時点での分析家に対する分析主体の感じる仕方だと単純に見なしてしまう。[108] 複雑な転移を見つけるのが難しいため，臨床家は「情動狩り」ともいえるようなことに引き込まれ，「あなたはそれをどう感じましたか？」などと，（転移的か否かにかかわらず）**感情が物事すべての鍵であるかのように**——そうではないことは明らかだが——，分析主体に絶えず尋ねることになる。[109] また，現代の臨床家には次のようなやっかいな傾向も

---

[108] ラルフ・グリーンソン（Ralph Greenson, 1967, p. 155）は次のように転移を定義しているが，これはまだましな部類である。「今いる人物に向けられた感情，欲動，態度，幻想，防衛という経験である。これらはその人物に役立つわけではなく，幼児期の重要人物に源を発する反応が今いる人物へ無意識的に置き換えられて反復されているものである」。ラカン（Lacan, 1988a, p. 273）〔上巻，一八四頁〕はかつて転移について，ロマン派の時代の絵画で用いられたアレゴリーの技法を思わせるかなり詩的な「定義」を提唱している：「ごまかしに逃げこみ，誤解に捕まった思い違い」。

[109] 情動のおかげで，抑圧された素材の位置は確認しやすくなるだろうが，とにかく，まず何よりも，私たちは情動ではなく抑圧によって支配されるのである。情動と思考（あるいは欲望）は普通初めは相互につながっている。しかし抑圧を被ると，この二つは互いに離れて，他がなくとも単独で見出せるようになる。分析主体は怒っているのに，その理由が分からない。あるいは逆に，子どもの頃の出来事を鮮やかに覚えているのに，その時に抱いた感情は思い出さないのである。フロイト（Freud, 1916-1917/1963, p. 409〔全集第一五巻，四九〇頁〕）が論じているように，「（抑圧を被った思考と結びついた）（一つの）情動のさしあたりの変化は不安に変形されることである」。つまり，私たちが不安に出会う場合，ある思考（願望的思考）は抑圧されて，その思考に結びついていた情動がその初めの性格に関係なくさまようことになると考えられる。いわば，情動は分析主体の心の中では，もはやいかなる出来事，状況，思考にもつながらず不安に変容するのである。不安とは「情動に貼り付いている観念内容が抑圧を被ると，**いかなる情動的衝動とも交換される，あるいは交換できる普遍的に流通する貨幣**」（pp. 403-404）〔全集第一五巻，四八三頁〕である。

ある。事態を広く見ようとせず，頑固な沈黙やその他治療上のさまざまな困難（たとえば，連想が少ない，夢や白昼夢を思い出せない，遅刻，キャンセル，予約したのに来ないこと，など）を，治療に対する分析主体の勝手気ままな抵抗のせいにするのである。こうした治療上の困難はだいたい次の三つにより生じる。(1) それまでに決して表現したことのないことはそもそも表現しにくいという事実によって，(2) かなり複雑ではっきりさせるのが困難と思われる以前の状況の反復によって，(3) 分析家が何をなし，何をしないかによって，たとえば，それまでに決して表現したことのないことを分析主体がはっきり言えるよう手助けするのを拒否することによって（そうすれば，事実上分析主体も分析家もその困難な課題を避けられる），あるいは，分析主体がどのような以前の状況を反復しているのかを理解しようとしない，などによって。[110]

以上から，ラカンは多くの現代の臨床家と正反対の観点をとったのである。彼は「分析家自身の抵抗以外に，分析へのいかなる抵抗もない」[111]と述べている。分析主体が抵抗していると分析家は断定しがちだが，その多くの場合，分析家

この意味で，情動とは多くの場合，ルアーなのである。つまり，情動によって私たちは次のように考えやすくなる。分析主体が何かにかなりうろたえているのは，少なくともある水準では，逆にそれがかなり嬉しいからかもしれない。また，何かを極端に心配しているのは，少なくともある点では，逆にそれを望んでいるからかもしれない，と。不安は抑圧のかなり確かなサインだが，抑圧がどこに見出されるか，あるいは最初の情動が何であったかは教えてくれない。そしてその他の情動も同様にルアーとして働いている。分析主体は悲しいと感じているかもしれないが，実際には秘かにエクスタシーに浸っているのである。あるいは，無視していた愛の対象の喪失を本当は嘆き悲しんでいるときに，陽気に行動するかもしれない。

おそらく現代の臨床家は絶えず情動を探している。なぜなら彼らは，自分と患者との間の「ラポール rapport」を精神療法的治療の最も重要な要素であると見なし（たとえば，Malan, 1995/2001, pp. 84-85〔一〇二-一〇三頁〕），セッションの中で表出された情動が強ければ強いほど，関係はそれだけ重要になると思っている。関係に特権を与えることにより，治療者は他の何よりも情動を特別扱いすることになる。ラカン（Lacan, 1988a, p. 57）〔上巻，九六頁〕は既に1954年に，このような極端な情動の特別視を批判している。「セッションというテクストの中で，主体がほとんど陳腐で奇妙でさえある感情について公言することが劇的な成功だと見なされます。それはこの根源的な誤解から生じていることです」。精神分析での情動に関するより詳細な議論は拙著（Fink, 2004, pp. 50-52）を参照のこと。

110 フロイト（Freud, 1920/1955, p. 21）〔全集第一七巻，七二頁〕の「患者は転移においてこうした望まない状況や辛い感情のすべてを繰り返す」というコメントでの「状況 situations」という用語に注意しよう。

111 ラカンは「患者の抵抗はいつもあなた自身の抵抗です」（Lacan, 1993, p. 48）〔上巻，七九頁〕，「抵抗は分析家自身の中に出発点があります」（Lacan, 1976-1977, 1977年1月11日）とも述べている。

自身の失敗なのであり、分析主体の失敗ではないとラカンは考えたのである（Lacan, 2006, p. 595)〔第三巻、一七頁〕。つまり、治療上の困難は、フロイトのいう「ダチョウ政策（現実逃避政策）」、すなわち砂に頭を突っ込んで逃げたつもりでいるダチョウの方法を分析家が採用しているときに生じやすい（Freud, 1900/1958, p. 639)〔全集第五巻、四〇四頁〕。「分析作業の進展を妨げるものはすべて抵抗である」（同 p. 517)〔同、三〇〇頁〕――この点についてはフロイト（Freud 1915a/1958, p. 162)〔全集第一三巻、三一三頁〕）も参照のこと。分析家による治療妨害を抵抗と見なすのはまったく道理にかなっているのである。

転移はどこにでもある

> 転移は分析状況の産物だと考えなくてはならないとしても、分析状況が転移の現象を最初から生み出せるわけではありませんし、転移を作り出すためには分析状況の外側に、予めその可能性が存在していなければなりません。しかし、おそらく分析状況だけが、その可能性から転移を構成するのです。
> ――ラカン（Lacan, 1978, pp. 124-125)〔一六三頁〕

分析状況での転移で見られる、一つの領域から他へというような置き換えは、他の多くの状況でも見出せる。今出会ったばかりの誰かを好きになる（嫌いになる）というのはほとんど誰にもある経験だが、それは、単に好きな（嫌いな）人と似ているだけだったり、好きな（嫌いな）人と名前が同じだったり、あるいは、好きな（嫌いな）人を思い出させる特徴（外見、職業、声など）があるからにすぎない。

こうした転移によって私たちは愚かなことをするかもしれない。たとえば、信用してはならない人物をすぐに信じてしまったり、自分とかなり共通点が多い人を避けたり、過去に恋した人とそれほど深いところではなく表面的特徴が似ているだけの人物に惚れてしまったりする（ある私の分析主体は次のように語っている。「7 歳のとき、サマーキャンプの初日に出会ったある少女にすぐに首ったけになりました。彼女は自分の姉にほとんどそっくりでした」）。実際、恋に落ちるプロセス自体、そして恋するという経験はかなりの部分、転移のおかげである。最初から強く**恋すれば**するほど、それは分析中の転移におい

て見られるのと同様に「間違った同一化の事例」ということになろうし，また，昔の最愛の人物と現在の恋人との間に「間違った結びつき」が作られているということになろう（Freud & Breuer, 1893-1895/1955, p. 302）〔全集第二巻，三八六頁〕。[112] 最も熱情的な愛の形の場合には，一般的に，他人は他者であるということをまったく理解せず，ほとんど知らない人物へあらゆる類の望ましい特性を大量に投射する。そうした大量の投射を受ける対象のほうが，自分を尊敬したり理想化しないで自分自身として愛してほしいと異議を申し立てることさえある。多くの場合，相手の現実的特性がまさに見え始めてくると，恋から目がさめ，恋人が愛する者へと投射していた理想は幻想であることが判明する。[113]

同じように，教師と学生の関係でも転移が無視できない役割を果たすことは多い。学生は多くの場合，すぐに，教師はたくさんのことを知っていると思い込み，教師に夢中になり，後でようやく先生の知に限界があることを知る。学生たちは初め教師のことをほとんど全知であると考えるのだが，それは子どもの頃に彼らが両親についてそう考えたのと同じだろう。そして両親の場合に彼らが結局両親の知に限界があることを知ったように，教師の知の限界にもやがて気づくようになり，その過程で教師に夢中になることはほとんどなくなる。教師は学生によって初めは一種の「知を想定された主体」（第5章参照）と見なされ，学生の愛を引き出すのだが，その後，程度はさまざまであるにせよ，教師は結局その尊敬される立場から転落し，学生は失望，幻滅，そして絶望にさえ至る。そうなるまでにかなりの年月を要することもある。分析主体が抱く知への愛――彼はその知を分析家の中に見つけたいと思っている――は分析中，ほとんど最後まで重要な役割を果たす。ソクラテス自身が（愛に関する知以外）何も知は持っていないと言っているのに，ソクラテスはかなりの知を持っていると信じるソクラテスの弟子たちは，まさしくその確信があるからこそ知を求めることができたのである。分析主体が自分自身についての知を求めるという困難な仕事に取り組めるのは，まさしく，分析家がその知を持ってい

---

[112] フロイト（Freud, 1915a/1958, p. 168）〔全集第一三巻，三二一頁〕が述べているように，「これは恋している状態すべての本質的特性である」。

[113] このテーマで本が一冊書けるだろう。私の次の本の企画なので，本書ではこれ以上コメントしないことにしよう。

ると信じているからである。実際，ラカンはこの信念を，神経症者との分析の必要不可欠な動力であると見なしている。

しかし，転移は人生の多くの相に見出され，実にさまざまな見かけ（たとえば，自分の会計士に優しい気持ちを抱く，いつも抜け抜けと万引きする[114]，ハイウェイパトロールの巡査を嘲笑う，慣習を真面目に遵守する，など）を呈するが，精神分析の状況で出会うことが何でも転移というわけではないのである。

何でも転移というわけではない。

> 転移とは無意識が現勢化することです。
> ——ラカン（Lacan, 1978, p. 267）〔一九〇頁〕

私の分析主体を以前担当していた分析家は，固定時間式セッションにほとんどいつも 10 分かそれ以上遅刻していたらしい。この分析主体は親に無視されていると感じたことは特別なかったし，学校まで送ってくれたときもいつも間に合わず，クラブ活動が終わって迎えに来るのもいつも遅かったが，そのことで親に不満を持つことはなかった。したがって分析家がいつも遅れてきて，分析主体がイライラしたとしても，そのこと自体を転移と見なすことはほとんどできないだろう。分析主体が分析家に閉口していたのは，他人より自分自身の時間を優先するような人物に対してイライラするのと同じ理由からだった。無論彼は，たとえば水道工事屋が同じことをするよりも，分析家がそうした時のほうがイライラしただろうが，それは，ある程度の転移の結果として，分析家が彼の生活にとって重要だったからである。しかし，分析家がいつも遅刻することに対する苛立ちそれ自体を転移と言うべきではないだろう。

また臨床家がたいていすぐに推測したがることだが，分析主体のイライラは周りにいる人たちに対する分析主体のいつもの反応と同じである——たとえば，誰もが分析主体の時間より自分の時間を大事にして行動すると分析主体はすぐに考えるに違いない——などと考えるべきではない。分析家に対して分析主体が反応する仕方は，分析主体の行動が相手によってさまざまに異なるこ

---

[114] 私の分析主体たちの中には，自分が十代の頃起こしたトラブルと，父親に対する激しい，しかし置き換えられた怒りとをかなりはっきりと結びつける者がいた。

となどないかのように，分析主体の日常生活での他人への反応の仕方と必ず同じである，などと早合点してはならない。とにかく分析家は，分析主体が人生で出会うほとんど他の誰よりも，分析主体に対しておそらく白いスクリーンつまり「鏡」として現れている（Freud, 1912b/1958, p. 118）〔全集第一二巻，二五五頁〕。そしてそれによって，おそらく分析主体は，「特性のない女」（ムージルの未完成の小説のタイトルを言い替えて）のふりなどしない同僚や友人，恋人に対してよりも，分析家に対して過去の関係や状況を投射したり反復できるのである。転移は人生のあらゆる局面で見出される——人が職場で，家庭で投射し反復することは明らかである——けれども，人は普通，自分の中にある引き出しを使って他者とさまざまな仕方で関係している。たとえば，仲良く協力的な関係になることもあれば，こびへつらうこともあり，また競争する間柄だったり，非協力的にもなったりする。分析主体は分析家に対して行動するのと同じように，他の誰に対しても行動するに違いないと言うのは無理なこじつけである。それはパース的な意味でのアブダクション〔演繹・帰納に先立って仮説を創造するような推論。アメリカの論理学者・哲学者 C. S. パースによって定式化された。古典的な形式論理では「後件肯定の誤謬」とされる〕であり，演繹ではない！（Eco, 1984）〔二八九-三二三頁〕。

　他人はいつも自分に恥をかかせ「おまえは価値がない」と自分に伝えようとしていると分析主体が思い込んでいるといった場合は無論ある。こうした場合，分析家のやっていることはすべてそれを確かめるものとして解されることになる。しかし，かなり多くの場合，分析家がいつもセッションに遅れてくるという上述した分析主体の場合のように，（いわゆる投射同一化などを通して）作用しているのは，分析主体の「習慣的あり方」あるいは「劣等感」ではなく，むしろいつも遅刻する分析家の「習慣的あり方」あるいは逆転移なのである。

　こうした状況の際，分析主体の苛立ちの中に，見た目以上のものがあるかどうか確かめることは多くの場合有益だが，分析家は自分自身がそうした状況の

---

115 しかし，これはバウアーとミルズ（Bauer & Mills, 1989/1994, p. 200）によれば「力動的精神療法の根本的前提」である。「患者は，自分の特徴的な活動様式とだいたい矛盾しない仕方で（治療者と）交流する」。この前提自体は，奇妙なことに彼らの他の前提，たとえば，治療者のかなり個人的な「現実の行動」が治療者に対する患者の態度や行動に多大な影響を与えるという前提とは矛盾している。この二つの前提は両立しないと思われる。

一因になっていることを認識しておかなければならない。しかしそれは、分析家が自分の分析主体に胸の内を打ち明けて、遅刻することの考えられる理由をセッションの中で分析主体とともに探究するということではない。そうではなく、分析家は今後、定刻通りに始めるという約束をすべきであり、どんな無意識の動機がそこで作用しているのか、スーパーヴィジョンや自分自身の分析によって徹底作業すべきだということである。おそらくこの分析家は次第に分析主体が嫌になったのだろう。分析家は、分析主体がリラックスしているので、セッションの前にちょっとした用事を片づけても彼はイライラしないだろうと思っていたのかもしれない。あるいは、もしかすると分析主体のほうが、分析家よりも優位に立てるという感覚や分析家に対して正当な苦情を言えることを楽しむために、分析家がいつも遅れてきても文句を言わずに、分析家が遅れてくるように巧妙に仕向けていたのかもしれない。もちろんその他多くのことが同じように作用しているだろうが、ともかくそれらは、転移と関わりがあるのと同じように、分析家と分析主体との個人同士としての現実的関係に関わりがある。多くの事例では、実際には転移はそれらとまったく関係なく、逆転移が主要な役割を果たしているのである。[116]

たぶん逆転移は転移ほど単純ではないことは明らかである。逆転移の場合も、以前の状況や類似の状況が想像的・象徴的・現実的な成分を伴い反復されるだろう（たとえば、分析家が家庭の問題をクリニックに持ち込んだり、ある分析主体との問題を別の分析主体との作業の中へ持ち込む、など）。第4章で述べたように、ラカンは逆転移を大まかに定義して、「（分析の）弁証法的過程のある時点での分析家の先入観、感情、難点、そして不十分な知を併せたもの」（Lacan, 2006, p. 225）〔第一巻、三〇一頁〕と見なしている（および

---

[116] ウィニコット（Winnicott, 1949, p. 70）〔二二九頁〕は、私見では、「客観的逆転移」という用語を導入したために逆転移に関する事柄を混同することとなった。彼は客観的逆転移を「客観的観察に基づいた、患者の実際の人格と行動に対する反応としての分析家の愛と憎しみ」と定義しており、何人かの著者（たとえば、Spotniz, 1999, p. 229）はそれを「主観的逆転移」と区別している。しかし、「客観的観察」に基づいて「患者の実際の人格と行動」について意見の一致する二人の分析家を見つけるのは、かなりその方法が類似していないかぎり、かなり難しいのではないかと思う。また、逆転移に関して主観的なものと客観的なものとを区別しようとしても、すぐにうまくいかなくなるだろう。ラカン（Lacan, 1976-1977, 1976年11月16日）は、分析終了のときでも「無意識は依然として《他者》である」と主張しているが、それは、つまり分析家は自分自身の動機、感情、反応をなおも誤解し誤認し得るということである。

Lacan, 1998a, p. 23 も参照のこと)。

　この大まかな定義によれば,精神分析理論に関する分析家の考え方も逆転移として作用することが分かる。分析家が「投射同一化」の存在を信じているなら,おそらく(この章の後で見るように)自分が繰り返し遅れることに対する前述した分析主体の苛立ちを,少なくとも部分的には分析主体の側にも原因があると見なすだろう。分析家は次のように考えることもあるだろう。分析主体は「誰も皆,私(分析主体)の願望よりおのれの願望を優先し,私を利用している」との自分の思い込みを「分析家に投射」し,そして結局,分析家に分析主体の期待を実現**させる**のである,と。分析家が精神分析の重要な文献を読まないというだけでなく,治療上の困難の責任を分析家から分析主体へ都合良くシフトするような精神分析の発想をしている限り,分析家は「不十分な知」しか持っていないといえる。逆転移には,その形はどうだろうと,分析家自身の理論的バイアスや目隠しが含まれているのである。たとえば,それは,分析家がいかなる理論も考慮していない場合にせよ,また,予め抱いている考えやメディアから知った流行りの心理学によって分かることしかこの事例には存在しないと思っている場合にせよ,そうである。その他,たまたま読んでいるものに基づいて事例を毎週見直したり,セッションで理論に頼りすぎて,たとえば,分析主体が実際に言っていることを聞くことができず,頭の中にある理論の枠組みにセッションで起こっていることをむりやり押し込めようとする,あるいは,分析家自身が最近定式化した理論に根拠を与えようと,その枠組みに「事実」を当てはめて事例を利用しようとする,などの場合もそうである。以上のことはすべて分析家による逆転移の重要部分だと見なしておくことは役に立つと思う。

転移をどう扱うか

　　　精神分析が一つの手段だとしたら,それは愛という場所にあります。
　　　　　　　　　　——ラカン(Lacan, 1973-1974, 1973年12月18日)

　分析状況において転移に帰すべきことと,そうでないこと(代わりに逆転移

に帰すべきこと）をどのように認識しておくか，少し述べてきたが，以下ではいわゆる転移の**扱い**に目を向けよう。[117]

ここまで転移のパラメータについて要点を述べてきたが，読者は抽象的に感じたかもしれない。しかし転移という経験は，転移を受ける側である分析家の立場から考えるにせよ，転移に囚われている分析主体の立場から考えるにせよ，決して抽象的なものではない。

陽性転移

> 陽性転移とは，問題の人物，ここでは分析家が好意をもたれている場合であり，陰性転移とは，分析家が不信の目で見られている場合だと言えるでしょう。
> ——ラカン（Lacan, 1978, p. 124）〔一六二頁〕

分析主体によっては，気がつくとかなりの時間分析家のことを考えていて，分析家の生活についてあれこれ思いめぐらし，分析家のことをもっと知ろうとさえするだろう。つまり，分析主体は，赤の他人と言ってもよい女性や，（実際に彼が過去に関心をもった女性がいたとしてだが）過去に自分が関心をもった女性たちの特徴とほとんど似たところのない女性に夢中になり，取りつかれているとさえ言える状態になるのである。分析主体にとって，分析家は身体的には魅力がないかもしれないし，自分より数十歳も年上だったり年下であるかもしれない。分析家の服装は飾り気がなく，分析主体のセンスとは異なる文化的・階層的背景が感じられるものかもしれない。それにもかかわらず，何らかの理由で分析主体はいつの間にか分析家に夢中になり，毎回分析家とのセッションを楽しみに待つようになる（この種の心酔は，分析家と同性の分析主体の場合でもよく生じる）。

分析主体は，自分のことを本当によく聞いてくれて，自分のことを理解し，必要なときに自分を助けてくれると思われる人物を見出したと感じるのであ

---

[117] 特定の場所で予約時間に会う，一定の支払いをするなどの分析状況自体の基本的制約さえ転移の素材となり得ることに注意しよう。「システム」の一部であることを拒否する分析主体は，既成の体制や権威的価値を象徴するような制約に反抗したり，そうした体制や権威の責任を分析家に個人的に負わせたりするだろう。

る。分析主体にとって分析家は，自分のことをよく知ってくれている，すなわち，自分の問題が何であれ，それを解決する方法を既に知っている，あるいは知っていそうだと感じられる。つまり，分析主体は分析家を，過去に出会い，陽性感情を抱いた人物のように見なしたり，少なくともある時期に自分を受け入れ，助けようとしてくれた人物のように見なすのである。しかし，**彼は自らの転移を転移として体験しているのではない**。「自分の分析家についてこんなふうに感じるのは，自分が小さかった頃母親がどんなふうだったか，分析家を見ていると思い出したり，分析家が自分に対して母親のように振舞ったからだ」などと分析主体は考えない。むしろ分析主体は，まさしく今ここで，この特定の人物への強い感情として経験しているのである。分析主体はこうした状況に囚われ，そこから距離を置いて自己を観察することはできなくなる。分析主体にとりリアルに感じられるのは分析家への熱情なのである。

　分析主体の転移がこの形をなしていて，彼が治療でおこなっている作業を妨げない限り，**熱中する彼を和らげようと無理に介入する必要はない**。[118]精神分析は分析状況によって生じるこの種の興奮（リビード的エネルギー）を利用するのである。他のいくつかの治療法のように，それを中性化したり消失させようとはしない。ある私のスーパーヴァイジーが，男性の分析主体に「私が長距離バスに乗って治療に来ているのは，あなたが美人だという理由しかないと思うことがあります」と言われて悩んでいると話したことがあった。そのとき，私はそのスーパーヴァイジーに「とにかくそれはあなたに有利なことですよ」と返答した。彼女は後になって私に次のように明かした。「あのことは自分にも治療にも大変役に立ちました。分析主体が自分の人生を探求し変える作業に取り組む気になるのなら，感覚的な関心やエロティックな関心からだろうと，分析主体が治療に来るのは良いことなのだと分かりました」と。分析主体が分析家に対してこの種の陽性転移を抱くとき，分析家は分析主体に，分析家への愛

118　フロイト（Freud, 1916-1917/1963, p. 443）〔全集第一五巻，五三五頁〕が述べているように，「転移が分析という共同作業に有利に働いている限り，それを気にする必要はありません」。ギル（Gill, 1982, p. 81）〔八二-八三頁〕によれば，フェレンツィ，ランク，そしてライヒ，いずれも「強い陽性転移，特に分析が開始されて間もない陽性転移は抵抗の症状に過ぎず，その仮面を剥がすことが必要となる」と主張した。それゆえ，**彼ら**は，分析主体の熱狂を和らげるような仕方で介入することが必要だと主張したのだろう。ライヒは，それどころか陽性転移の背後には，より根源的で原初的な陰性転移が常に潜んでいると信じていた。

によって分析という骨の折れるプロセスを始めさせようと努力する。分析主体は普通，関心を持つことのない白昼夢や幻想だけではなく，過去のある一定の部分も想起し，それらについて連想し始めなければならない。この作業は困難であり，分析主体は持てるやる気をすべて使わなければならないのである。

　精神分析が愛の物語から始まったことを思い出そう。アンナ・O（本名ベルタ・パッペンハイム）は，ヨーゼフ・ブロイアーへの愛から「談話療法」を見出した。ブロイアーは魅力的な若い医師で，一時は朝晩往診し，何時間も彼女と治療をおこなった。治療のある段階では，アンナがその存在を認め，話をするのは，ブロイアーに限られていた（Freud & Breuer, 1893-1895/1955, pp. 21-47）〔全集第二巻，二四-五五頁〕。（精神分析の）始まりに愛ありき。アンナの愛は一人の男によって引き起こされたのである。彼女がブロイアーをハンサムな男と思ったかどうかはともかく，彼は十分信頼できる医師であり，アンナには，彼が自分の状態について分かっており，治し方も知っていると思えたのだろう（史実が示しているように，実際には彼女はすべてを知っていたのであり，ブロイアーは賢明にも彼女に導いてもらったにすぎないのだが）。精神分析を誕生させた愛の物語に関わった者たちはその後，皆が幸せに暮らしたわけではなかったが，相手が知を持っているという確信から生じた愛は，アンナ・Oが見つけた治療の推進力だったという事実は変わらない。

　私がスーパーヴァイズしている臨床心理学の大学院生たちはたいてい，患者を苦しめるものについて自分たちがかなり多くの知を持っているという患者の思いをすぐに一掃しようとする。院生たちは多くの場合，彼ら自身が言うように，率直にそうするのであり，治療関係の中で患者も臨床家のように力を持っていることを患者に納得させようとする。彼らの狙いは賞賛すべきであるにしても——実際，知を最も持っているのは患者であって，臨床家はほとんど持っていない（特に治療の開始時には）——，結局，院生たちは患者を援助する力を持っている，という患者の信頼を損なうことになることが多い。患者に「力を与える」というより，患者から力を奪い，患者を落胆させ意気消沈させてしまうのである。患者は，この分野に関して自分は有効な知は持っていない，と思っている。もし自分がその知を持っていたなら，そもそも窮地に陥ることはなかったろうと思っているのである。自分を助けてくれる知を誰かが持っていると患者が信じることは多くの場合，非常に重要である。その確信を

一掃するというのは，患者の最後のかすかな希望を取り上げることになる。したがって，患者が分析家へ知を転移することに対し介入しようとすると，絶望をもたらすことがある。

臨床家以上ではないにせよ，臨床家と同じように患者も知を持っていることを初めから患者に納得させようとすることは，臨床家自身が若くて，患者を初めて担当する治療者や1，2年の臨床経験しかない治療者だけの養成機関で作業する場合なら，うまくいくかもしれない。なぜなら，こうした場合には，患者はいわば「安物買いの銭失い」であることをたいてい知っている。つまり，自分の治療者は地域で見つかる経験豊富な他の治療者ほどには「専門知識」を持っていないことを分かっているからである。

しかし多くの場合，患者は，単に臨床家が「むきになりすぎている」か，謙遜しているだけか，患者に劣等感を持たせないようにしているのだと感じているにすぎない。(愛について以外は) 何も知らないというソクラテスの主張を弟子たちは決して信じなかった。彼らはソクラテスが知の紛れもない源泉であると信じ続けた。このことは精神分析技法の極めて重要な面を示している。分析主体の転移を一掃する，つまり「清算する」という試みは結局，失敗するのである。なぜなら，分析家の責任放棄の発言，たとえば「私には問題がどこにあるのかとても分かりません。それを知っているのはあなたです」などの発言を，分析主体は，自分が分析家に投射する人物像，すなわち，まさによく知っている者（そうでなければ，そもそもなぜこの人が臨床家なのだろうかと分析主体は自問するだろう）が発した言葉として聞くのだから。転移の内で転移についてコメントし解釈することによって（すなわち，治療者が，友人や同僚あるいはかかりつけの医師のような第三者とは異なり，分析主体の転移の対象となっている場合），転移の扱いにくい側面を和らげようとする試みは，まさに同じ理由によってたいてい失敗することになる。たとえば，自分に対して分析家は怒っているという感じを分析主体が持っていて，分析家がそうした怒りを否定したとしても，分析主体はその分析家の否定を，分析主体に対して腹を立てているに違いない人間から発せられた否定として聞くだろう。いやそれどころか，分析主体はその否定自体を怒りの印 sign と見なすだろう！

しかし，大多数の分析家は，転移が抵抗となり始めたときは常に転移を解釈しなければならないというフロイトの見解に同調しているように思われる

(Freud, 1913/1958)〔全集第一三巻，二四一-二六九頁〕.

患者の報告や思いつきがよどみなく出てくる限り，転移の問題には触れないままにしておくべきである。 転移（の扱い）には最も慎重な対応が必要であり，転移が抵抗となるまで待たねばならない。（同，p. 139）〔二六三頁〕

転移の対象である自分自身つまり分析家による転移の解釈は，転移からの出口ではなく，転移を再現しているだけにすぎないことを彼らは理解していないと思われる。ラカン（Lacan, 2006, p. 591）〔第三巻，一一頁〕が「分析家の発話は（常に）転移した《他者》から発せられたものとして聞かれている」と述べているように，たとえば，分析家が親のような重要人物と結びついている場合なら，分析家の解釈も重要なものとして聞かれるだろう。分析家が母親のような魅惑的人物と結びついているなら，分析家の解釈も魅惑的に聞かれるだろう。転移を解釈すれば転移の外側のメタ的位置に立てる，というわけではない——にもかかわらず，レヴェンソン（Levenson, 1995, p. 88）のような治療者たちは「私たちは『メタコミュニケート』することができる」と主張している。私たちは転移にすっかり巻き込まれたままなのである。ラカンが言うように「転移の転移はない」（Lacan, 1967-1968, 1967 年 11 月 29 日）。つまり，論議の際に，言語活動自体に依存せずに言語活動を全体として論じられるような，言語活動の外側がないのと同じように，転移自体において生起していることを，完全に転移状況の外へ出て論じることなど決してできない（Lacan, 1998b, p. 428〔下巻，二六六頁〕も参照）。転移の解釈とは一つの悪循環である！

分析家たちは，分析主体を二つの部分に分けること——「経験自我 experiencing ego」と「観察自我 observing ego」——によってこの悪循環を乗り越えようとしてきた（Sterba, 1934）。彼らによれば，秘訣は彼らが「合理的」と考える観察自我を促して，（もっぱら経験自我が関わるとされる）転移の外へ出させること，ある種のメタ空間，転移の外側の空間へ出させることにある。その空間では，分析家と分析主体は「理性的な」観察自我同士として出会い，転移／逆転移に囚われている非合理的で理性的でない経験自我の間で生じていることに関して意見を一致させることができるという。[119]

ここで私が皮肉を言っているように思えるかもしれないが，実際，多くの著者たちは，「合理的」，「非合理的」，「理性的」，「非理性的」といった言葉をあれこれの心的審級と問題なく結びつけられる単純で役に立つカテゴリであるか

---

119 分析主体の「観察自我」の発達を促すようなやり方により，転移の解釈が好結果を生み出せばそれだけ，ラカン（Lacan, 1967-1968, 1967 年 11 月 29 日）が述べているように「知を想定された主体の排除」，つまり，分析の動力の排除がもたらされるのが普通である。それにもかかわらず，多くの分析家はギルが述べるように「転移のほのめかし」や「転移抵抗……は分析の間中，常に存在しており」(Gill, 1982, p. 73)〔八二頁〕，「常に」ではないにせよ「首尾一貫して」(Gill, 1982, p. 27)〔三四頁〕それらを解釈するべきだという点で意見が一致している。分析家たちの目標は一般に「（分析主体が）自分自身を理解することを援助すること」(p. 66)〔六八頁〕，すなわち，分析主体の「観察自我」の発達を促すことである。「観察自我」とは，知を想定された主体ではなく，現実に知っている主体であり，分析主体における一種の意識的主体であるといってよい。

120 精神分析の研究や経験から分析家が学ぶとよいと思われることが一つあるとするなら，それは，多くの異なった形式の理性や多くの異なった論理（少なくとも命題論理，様相論理，直観論理を含む）があるということである。確かなのは，異なる診断カテゴリに関連するさまざまな形式の合理性があることである。たとえば，強迫型の合理性（時間や貨幣との同等性によって，資本主義の現代的形態と多くの点で相関が高い），ヒステリー型の合理性（多くの点で，強迫型と反対の行動をとる）など。ラカンのいう四つの語らい four discourses に関する彼の著書（Lacan, 2007, 1998a）および私の議論（Fink, 1995, 第 9 章）を参照のこと。別の文脈から言うなら，「理性」とは，時間と場所という先入観の総計にしかすぎない。マカルピン（Macalpine, 1950/1990, p. 196）が言っているように，『『合理的』行動を遡れば『非合理的』根源に突き当たることを示したのはまさに精神分析だったのだから，『合理的』対『非合理的』という対立が持ち込まれたのはとりわけ不幸なことである」。20 世紀の多くの理論家たちが「合理的な観察自我」に付与した役割については，第 4 章の脚注での私のコメントを参照のこと。

神経症者はあれかこれかの論理に従って動き，倒錯者はあれもこれもの論理で，精神病者はあれでもこれでもないという論理によって動く，と仮定してもよいだろう。あれかこれかの論理はごく普通の形式の哲学や数学を通してよく知られている。もし A が B ならば，A は非 B ではない（たとえば，ソクラテスが死すべきものなら，ソクラテスは不死ではない）。神経症において論理的矛盾がある場合（すなわち，ソクラテスは死すべきものであり，かつ不死であると主張するとき），一つの命題は意識的だが，他方の命題は無意識的である（たとえば，神経症の男性は自分を意識的には男性と考えているが，無意識的には女性と考えていることになろう。分析を十分受けた後にようやく，彼は意識的に自分を男性でも女性でもあると考えられるようになる）。倒錯者は，あれもこれもの論理（A は B でも非 B でもあり得る）に従っており，矛盾する主張を異なった審級に位置づける必要はなく，自分や他者の男性的側面も女性的側面もかなり意識的に認めることができる（Fink, 2003 を参照）。精神病者の場合は，いったん精神病を発症すると，あれでもこれでもないという論理に従い，妄想を構築することで自分の世界へ意味を取り戻すことができるまで，語はものに結びついたままではいられず，ずれて滑ってゆくため，A は A に等しくないと感じる（第 10 章を参照）。それゆえ精神病者は，A は B であるとも，A は B ではないとも断言できないのである。以上，やや思弁的で即興的な感は否めないが，診断カテゴリごとに作動する論理が異なるという特徴を通じて，合理性の形式は一つではないというここでの私の主張を読者がもっともらしく思ってくだされば幸いである。

のように使って語っており，そして，生じている事態について，理性的で「冷静な」観察自我同士の間での合意が，転移関係という温室を中断することによって成立したものでしかないのに，その温室へ戻ったときにはその合意によって何でも変化するかのように語っているのである（分析主体に対して，その後の転移反応をすべて抑えこむよう勧める，といったことは別として）。分析主体は，たとえば，それまでと同じように，非難というものに対して依然過敏なままだろうが，子どものとき父親に非難されていたといつも感じていて，それが非難に対する現在の自分の過敏さの起源ではないかという趣旨の分析家との議論を思い出し，憤慨して「黙り込む」ようになるかもしれない。結局，分析主体はやはり腹を立てたままだろうが，怒りに任せて行動するのではなく，それ以降は自分の怒りを抑えることを学ぶのだろう。あるいは，分析主体は，女性たちによる自分のうわさを常に誘惑として経験するのは変わらないだろうが，その女性たちの言葉を，母親との間で起きたことのせいで，そのように受けとってしまうのだということをそのつど思い出し，「自分を理性的に御する」ことを学ぶのだろう。こうしたことが分析主体の観察自我の援助を仰ぐことの効用（事実は，無益さ）なのである[121]！

---

[121] 転移の解釈と「観察自我」のさらに詳細な議論については，フィンク（Fink, 2004, pp. 5-9）を参照。「観察自我」はまた，多くの分析家によって，「自我の健康な部分」であり，同盟関係を結ぶことが望まれる自我の部分と見なされている。ラカン（Lacan, 2006, p. 591）〔第三巻，一二頁〕は，この自我の部分は「私たちと同じように考える部分」であると皮肉っている。すなわち，分析家が考えるように考える部分なのである。ギル（Gill, 1982, pp. 9-15）〔一七-二三頁〕は，「協力的な」「観察自我」を「促進する転移 facilitating transference」と彼が呼ぶものと関係づけ，「経験自我」を「妨害する転移 obstructing transference」と彼が呼ぶものと関係づけている。

分析主体のこうした観察自我の進展を促そうとする人々は，精神分析治療はこの観察自我へ知を分配することによって進めるべきだと信じている。しかし，第5章で私が述べたように，ポイントは，自分が何をしているのかについての知を分析主体が獲得することではなく，変化することであり，知は必ずしも変化するための鍵だとはかぎらない。それどころか知は変化を妨げるだろう。そうしたアプローチによって，多くの場合，分析主体は，本書の最初のほうで言及したようなコメントを言うようになる。「今私は何をしているのかよく分かるようになりました。けれども，自分を止めるのはとても難しいのです」。観察自我が分析主体の中で育ってきたとしても，行動を動機づけている抑圧されたものには少しも触れられていないのである。フロイト（Freud, 1937/1964, p. 233）〔全集第二一巻，二六七頁〕が述べているように，「私たちは確かに彼〔分析主体〕の知識は増やしたが，それ以外，彼は何も変わらなかった」。

ラカン（Lacan, 1978）はこの点について次のようにコメントしている。

ギル（Gill, 1982）は，クライン派でない分析界（クラインについては本章後半で取り上げる）の中で，転移の系統的解釈を支持している主要な分析家の一人である。しかし彼は，転移を解釈することは一般に無意味であるというラカンの見解を裏づけると思われる点があることを認めている（彼はそのことを自著の中で何度も繰り返し述べてはいるが，それを単に例外的で珍しいこととみなすよう訴えている）。ギルは，自著の第二巻に収録したセッション全体の完全な記録によって，「転移の分析自体がいかに判で押したように転移に反響し影響するのか（多くの場合，その影響により，解釈によって指摘された相互作用のパターン自体が行動化される）」が見えてくることを示している（Gill & Hoffman, 1982, p. 8；同様の指摘が pp. 4, 105, 170 にもある）。たとえば，ギルは次のような事例を挙げている。男性分析家が「患者 E」と呼ばれる男性と分析作業をしている中，「私との関係に親密な同性愛の要素があることを心配しているのですね」という意味の解釈をしたとき，患者はその解釈を「同性愛的アプローチ」，つまり誘惑として聞いた（p. 105）。この事例では，患者はしばらくの間，分析家が自分との同性愛的結びつきを促しているように感じたようだった。そして患者は，分析家の解釈を，以前から抱いていた自分の感覚を裏づけるものとみなしたのである。ギルが「患者 G」と呼ぶ別の分析主体の場合は，自分は分析家と張り合っていて，いつもその争いに負けていると，ある時期はっきりと感じていた。分析家がようやくこの点についてコメントしたときも，その患者は「解釈はすべてその争いが行動化されたものだと感じるのだった。まさにそのことを解釈したときも」――たとえば分析家が「『あなたは私の解釈を，私があなたをやっつけようとしている争いだと感じているのですね』という私の発言はあなたをやっつけるこのゲームでの，さらに別の一手なのです」と患者に語ったときなど――，それを患者は，分析家は「冷淡で一枚上手だ」と感じるのだった（p. 170）。分析家が患者に「あなたは私の承

主体の健康な部分は現実世界の中にあり，転移において何が生じているかを分析家とともに判断するのに適しているとされています。しかし，こうした健康な部分に訴えることは，転移に関わっているのがその健康な部分であることを無視することであり，そして，何と呼んでもいいのですが，ドア，窓，あるいはシャッターを閉じるのがまさしくその健康な部分（自我）であることを無視してしまうことです。つまり，誰もが話したいと思う美女（無意識）がシャッターの後ろにいて，そのシャッターを再び開けることだけを望んでいる，ということを無視することなのです。(p. 131)〔一七一―一七二頁〕

認を求めているように見えます」と言ったとき，患者は「まさにその言葉で，私はがっくりきました」と断定している。分析家が「あなたは，私があなたをへこませようとしていると思っていますね」とコメントすると，患者はそのコメントをまた別の意地悪とみなすのだった（pp. 162-164）。分析家の発話は，分析主体が分析家に帰した人物が発したものとして聞きとられるのであり，自分はこうだ，こうでありたいと分析家が考えている人物や公平な傍観者から発せられた言葉として聞きとられるわけではない。この意味で，転移の解釈は，転移を「解決」し「清算」するよう働くと主張されているのだが，結局は転移を助長し，さらに強烈でやっかいなものにするだけである[122]。

なぜラカン派の分析家が多くの場合，非常に短い解釈を行うのか，以上のことにその理由の一つがある。この短い解釈では，言表内容の主体は省かれ（たとえば「私は思います」は使わない），言葉の配列は少し変わるだろうが基本的に分析主体自身の言葉が使われる。その結果，**誰が**解釈を生み出したのか，分析主体にとってはそれが完全にははっきりしなくなる。それにより，こうした解釈（第5章参照）が転移した《他者》から生じたものとして体験されたり拒絶されたりすることがいっそう難しくなる。

第一巻は転移の解釈に関する理論的考察，第二巻は転移を感じとり解釈する仕方を読者に示すとされたセッションの記録だが，ギルは，提示した分析主体たちが転移の解釈によって永続的に変化したとする証拠をほとんど出していない。患者Eの性的関係恐怖や同性愛恐怖症に関して考えられる原因や展開についてまったく話題にしていないし，権威的人物と患者Gとの張り合いに関して予測される原因についてもまったく触れていない。恐怖や張り合うことによって他者との関係の多くが特徴づけられていることを，両患者ともかなり明確に語っている。しかし，恐怖や張り合いと患者の過去との関係について，読者には何も示されていない。セッション中，分析主体が語る話の中に現れる

---

[122] グローヴァー（Glover, 1955, p. 130）が述べているように，「転移神経症は，まず第一に転移解釈によって培われる」。しかし彼の関心は，転移神経症をさらに激しいものにするために，転移を計画的に解釈することにあったように思われる。ストレイチー（Strachey, 1934/1990, p. 79, 脚注31）は，最も効果的な解釈（彼はそれを「変容惹起解釈」と呼んでいた）とは転移解釈であると信じていた。そしてそのことは，「分析状況では解釈を与える者と解釈されるイド衝動の対象は同一であり，同じ人物である」という事実に起因すると彼は考えた。しかし，私はそれよりむしろ，転移解釈が多くの場合，なぜ**最**も効力のない解釈なのかを論じたい。

「転移のほのめかし」（Gill, 1982, p. 21）〔二三頁〕に分析家が慣れていることは重要だろうし、また、そうしたほのめかしについて分析主体に詳しく語らせることも大切だろう。しかし、ギルとホフマンが収録しているセッションを見ると、症例を担当した分析家たちは、転移を直接解釈しているほとんどすべての場合で、かなり苦労しないと抜け出せないほどの苦境に陥っている。ギルとホフマンは、それとは知らずに、**転移を解釈することは逆効果である**ことの豊富な証拠を提出しているといえよう。

彼らが例示している患者たちにとって利益が生じているとはとても思えないが、次のことは**はっきりしている**。すなわち、第二巻に収録されたセッションには、転移のほのめかしを至る所に見つけて系統的に転移を解釈しようとする分析家たちが何人か登場するが、彼らはそうすることによって、以下のように精神分析技法の最も基本的側面を見落としているのである。

- **言い間違い**を見落としている（患者 C は「私は彼に腹を立てているのです my being angry with him」と言うべきところ、「私は自分に腹を立てているのです my being angry with me」と言い間違っている。ここにはかなり違った意味が含まれている。Gill & Hoffman, 1982, p. 174）。
- **隠喩の混交**に気がつかない（患者 C は、治療の終了が近づいてきたことに触れて、「もう時間切れですね。砂のある水晶球は 7 月 21 日に終わります」と言っている。ここで「水晶球」は明らかに「砂時計」の意味であり、自分の分析家は占い師ではないにしても、千里眼の持ち主である（少なくとも、そう信じている）という患者自身の見方がかなりはっきりと述べられている。p. 156）。
- 患者に対して、**文を最後まで言う**ことをほとんど要求していない。その結果、患者は驚異的な数の思考を検閲できることになる。そうした思考の多くは、分析家についての思いや感情を直接それとなく言うことから始まっているように思われる（たとえば「あなたは、本当は……」p. 170、そして pp. 152, 160, 163, 169, および 176 も参照）。患者にもう少し**自由連想**をさせようとしていたなら、彼ら（分析家たち）は遠回しの「転移のほのめかし」をあれほど苦労して引き出そうとしなくてもよかっただろう（おそらく、彼らはまったく間違ったところに転移を探しているのである）。

- **分析主体の言語使用が特殊であること**に注意を払わない（患者 E は，特定の性的行動を指す場合にのみ**同性愛的な**語を使っている。しかし分析家は，言葉の意味を決めるのは自分だけであるかのように，自分が適当だと思うがままにその語を使っている）。また，患者が発したかなり多義的な表現に気づかないままである——あたかもそれらの表現を完璧に理解できるかのように。[123]
- 患者に日々の細々したことを延々と話させるだけで，もっと関連のあることについて話すよう促すわけでもなく，セッション中，「転移のほのめかし」を取り上げて，意味あることを患者に言わせようと惜しまず努力しているとも思えない（Gill, 1982, pp. 21-22〔二三-二五頁〕; Gill & Hoffman, 1982, pp. 149-154）。

分析家があらゆる転移の形に慣れておくためには，転移（あるいは転移に関係する他の何か）にだけ焦点を当て，分析主体の話すことすべてを自分や自分と分析主体との関係について何を言わんとしているのかという点から理解しようとするより，本書のこれまでの章で概説した一般原則に従うほうがはるかに妥当だと思われる。前者の場合，分析家は想像的な領域に横滑りして，いわば象徴的なボールから目が離れることになろう。[124]

過度な陽性転移

われわれには，分析治療において現れる恋する状態に「本物」の恋の性格を認め

---

[123] 実際，言語活動へのこうしたアプローチは，ギル（Gill, 1982）にはごく当たり前のことのようである。彼はフロイトやその他の分析家から多くの曖昧な表現を引用しているが，そうした表現が多元的な解釈に開かれていることには気づいていないようである。分析家たちが言わんとしたことだとギルが考えたことを，彼らがそれほど多くの言葉で語っているわけではないのに，彼は時に，自分が引用した分析家たちが本当は何を言わんとしたのか自分は分かっているとさえ述べている。

[124] 興味深いことに，バウアーとミルズ（Bauer & Mills, 1989/1994, p. 198）は「今ここでの転移の利用を進展させる重要な推進力は，急成長している短期精神療法という分野から生じている」と指摘している。つまり，患者の過去を探求するという長期的企ての近道となる方法を見つけたい実践家たち（および彼らにプレッシャーを与えている保険会社）から生まれているのである。バウアーとミルズが「成熟」，「不適応」などの概念を頻繁に用いてほのめかしているのは，彼らや「力動的」あるいは「精神力動的精神療法」の仲間たちの主要な関心が，患者を「正常な機能」に戻すこと——第9章でそのアプローチを詳細に批判している——にあるということである。

てはならないとする権利はない。
　　　——フロイト（Freud, 1915a/1958, p. 168）〔全集第一三巻，三二一—三二二頁〕

　既に言及したように，分析家は，分析主体の分析への熱意，自分への心酔を正真正銘の精神分析作業のほうへ向けることができるなら，それ以外には，自分を苦しめるものや自分を救ってくれる方法についての知を分析家は持っているのだという分析主体の確信を傷つけないようにさえすれば，他に特別なことは何もする必要はない。だがここで，分析主体が分析家に心酔していて，分析作業をするためではなく，分析家という不思議で聡明な存在に浸るためだけに，自分のセッションに行くようになっているという状況を考えてみよう。分析主体の愛情が本当は分析家にではなく，誰か他の人物へ向けられたものだと解釈することが有効ではないとするなら，他に何ができるだろうか。転移はここで分析の作業に対する抵抗になっているのである。「治療の継続を妨げるものは何でも抵抗の表現だろう」（Freud, 1915a/1958, p. 162）〔全集第一三巻，三一三頁〕[126]。具体的には何ができるのか？　恋することはないとされる観察自我に助けを求めても解釈はうまくいかず，主体を疎外するだけである。

　一般に最良の策は，分析主体を作業へ戻らせるのに最低限必要なことをすることである。分析家は，分析主体を，自分に恋しているからといって非難してはならない。分析主体が何もしゃべらない場合は，分析主体と視線を合わせたり注目したりしないようにするだけでよいかもしれない。そこにいるだけで彼が満足しているようなときは，うんざりだという態度を示して，夢や白昼夢，幻想について尋ねるだけでよいだろう。必要なら分析家は目下の状況と，分析主体が既に語っている，何か似たようなことがあった過去の光景とを関連づけるのもよいかもしれない（たとえば，子どもの頃の幸せなとき，母親がパンを

---

[125] これは，ソクラテスがアルキビアデスに対しておこなったことと同じである。そのためにソクラテスは「アルキビアデスは，私のために言っていることは，本当に言っていたのではなく，アガトンを惹きつけるために言っていたのです」と言ったのである（プラトン『饗宴』）。ラカン（Lacan, 1991）を参照。

[126] 抵抗の形をとる転移を表すフロイトの用語は Übertragungwiderstand 転移抵抗（Freud, 1913/1958, pp. 139, 144）〔全集第一三巻，二六三，二六九頁〕であり，ストレイチーは「transference-resistance」と訳している。この用語についてのラカンの注釈を参照のこと（Lacan, 1978, p. 130）〔一七〇頁〕。

焼き，オーブンの温かさや快い匂いが漂っている台所の床に彼は満足そうに寝転がっている，など)。そうすることで状況の類似性を強調すれば，分析主体の愛をはっきりと指摘しなくてもよい。分析主体は，分析家へ自分が恋していることを，本当は気づいていなかったり，嬉しく思っていなかったり，認めたがっていないかもしれないのである。

　分析家はどんな場合でも本来，まったく別の問い——なぜこのとき，こうした転移性恋愛が現れるのか——に関わるべきである。特に転移が分析の開始直後（分析が始まってすぐに強い愛情が生じる場合，神経症ではなく精神病の診断が示唆されよう）ではなく，後から生じる場合には，たいてい，分析主体は何かについて語ったり外傷体験を言葉にすることが事実上できなくなり，分析家に関することへ注意が逸れる，といったことになりやすい。何かを想起したり明確に話そうとしてもうまくいかず，部屋の中で自分と一緒にいる唯一の人物，つまり分析家に注意が移ってしまうのである。自分を悩ましている分析家に関する何かを急に思い出すのかもしれない（たとえば，あの日の分析家の握手の仕方，分析家が身に着けていたもの，部屋の新しい美術品，最近のセッションでの分析家のコメント）。あるいは分析家について何かポジティヴなことを突然思い起こすのかもしれない（たとえば，挨拶してくれるときの分析家の笑顔，分析家の歩き方や態度）。

　このような場合，転移が抵抗になっているということではない。それは，分析主体が分析家という存在にひたすら浸っていたいという前述の事例と同様である。逆に，外傷という現実のために続いている象徴化の作業への抵抗によって，陽動作戦としての転移が引き起こされている，つまり，分析主体が取り組もうとしている問題の「病因となる核」から注意が逸れて，その核にはっきりとは結びついていないことへ注意が向いてしまう仕方として**転移が生じている**のである（Freud, 1912a/1958）〔全集第一二巻，二〇九-二二〇頁〕。[127] ラカンが言うように，「転移とは想起に対する障害であると同時に，無意識の閉鎖の現前化であり，ちょうどよい時なのに出会いそこなうということである」(Lacan, 1978, p. 145)〔一九〇頁〕。つまり，転移は，分析主体が（分析家の手助けが

---

[127] ラカン (Lacan, 1988a, p. 36)〔上巻，六一頁〕が言っているように，「抵抗とは，語らいがこの［病因となる］核に近づくときに被る屈折（あるいは迂回路）です」。このテーマに関する私の詳細な議論も参照のこと (Fink, 2004, pp. 25-26，および脚注24, pp. 170-173)。

あってもなくても）あの「病因となる核」にもうこれ以上は近づけない，出会えないということに気づく，まさにその時に生じるのである。[128]

確かに分析主体が意識して注意を逸しているとは限らない。実際，こうした場合，分析主体はおそらくほとんどそれに気づいていないだろう。彼は，分析家がそうであるように，注意を逸らす戦略によって騙されているのである。ここでの転移が陽動作戦であると分析家が認識できれば，分析家は自分たちが病因となる核に近づいていることに気づき，分析主体がそれをつかもうとし続けるのを援助する仕方を見つけようとするだろう。このようなとき，転移はほぼ常に一貫して生じるので，転移**それ自体**が一つの抵抗になると考えるよりもむしろ，おそらくある特定の転移が抵抗の**産物**なのだと思うべきだろう（この抵抗は，象徴化に対する現実的なものの抵抗として理解できる。また，分析家の目つきなどに現れる非難，道徳的非難，敬意の欠如などの分析家の反応を恐れて，分析主体が分析家に対して何かを声に出して言う気になれないこと，などとして理解できる）。問題は，以前そうではなかったものが，今なぜ突然そうなるのかということである。

それほど陽性ではない転移

> 転移はそれ自体，相互主観性に対する異論となっている。
> ——ラカン（Lacan, 1968a, p. 18）

現実的なものを象徴化するという困難な作業から逸れて転移が生じる場合，転移は必ずしもそれほど陽性であるとは限らない。作業が困難で思うように進んでいないとき，分析主体は分析家を助けてくれない者として，あるいはそれどころか，**わざと**助けてくれない者として経験するかもしれない。分析家は分析主体が求めている答えを知っていると思われているのだから，分析家がその答えを分析主体に与えようとしないのは，分析家はわざと何かを分析主体に隠しているからに違いない，となるわけである。しかし，分析家はたいてい実際

---

[128] ラカン（Lacan, 1978, p. 130）〔一七〇頁〕は次のようにも述べている。「転移とは，無意識のコミュニケーションを妨害し，無意識を再び閉じる手段です。無意識への権限の移譲であるどころか，転移は反対に無意識の閉鎖なのです」。

にその答えを持っていることはなく，分析家にできる最良のことは，分析主体の心にそのとき浮かんだ自分（分析家）についての陰性的な考えはどんなものでも額面通りに受けとらないこと，そして，身近にいて分析主体の分析作業を援助しようとすることである。

そのためには分析家はかなり反直観的な姿勢を必要とする。つまり分析家は第一に次のことを肝に銘じておかなければならない。分析家への分析主体の陽性的／陰性的な考えや反応の大部分（おそらくほとんど大部分）は，人としての分析家——個性を持ち，好き嫌いやさまざまな価値観などを抱き，生きて呼吸する人間としての自分——にはまったく関係がないのである。分析主体の考えや反応は，むしろ分析主体の心的経済に以前から存在する位置に関係しており，その位置を今占めているのが分析家なのである。まさにそれゆえ，分析主体の考えや反応が転移と呼ばれるのである。しかし，これは最も忘れやすいことのようである。臨床家には，転移ではないときに転移に関わっていると考える（そして後述するように，転移であるときには転移に関わっていないと考える）という罠に陥る，ほとんど救い難い傾向がある。**分析家が自分自身の逆転移をどうにか最小限に保っている限りにおいて，分析家への分析主体の考えや反応は，彼らが取り組んでいる作業に関わっているのであり，個人としての分析家には関係しないのである。**

ラカン（1968a, p. 18）が注意しているように，転移の存在自体が「相互主観性に対する異論となる」。分析状況は，異なる二者が相互に主体として対戦する法廷ではない。なぜなら，（いわば）一方は，他方がかき集めるありとあらゆる投射の対象にされやすいからである。つまり，分析家自身の主体性に関わる本質的なものはこの出会いでは消えて，副次的にとどまるのである。ラカンは 1950 年代は相互主観性の考え方を支持していたけれども，分析状況を相互主観的なものとして語ることは，転移の存在を見落とすことだと考えるようになった。[129]

---

[129] 精神分析や精神療法へのいわゆる相互主観的・対人関係的・関係論的アプローチに関する多くの文献では，主体対主体の見方をやや変形して取り入れているようである。こうしたアプローチは，治療環境での力関係を批判するといった場合には魅力的なものとなろう。しかしある理論家たちが求める，分析家と分析主体との対等な関係というようなものは，既に20世紀前半にシャンドール・フェレンツィが試みた実験，分析家と患者とが互いに寝椅子で分析し合うという実験と変わらないのではないだろうか。フェレンツィは，その実験には効果がないことにすぐに気づいて，放棄して

いる。

　多くの関係論者たちが論及するボラス（Bollas, 1983）を取り上げよう。彼は分析家としての自分の中に《他者》を位置づけることによって，《他者》というラカンの用語を組み入れようとした。彼はこう書いている。「現代の転移理解の特徴は，分析主体の自由連想の源泉としての《他者》は精神分析家の逆転移であるという点である」（p. 3）。このボラスの考え方では，ラカンが分析状況にとって重要だとして提案した三つ組——分析主体の自我，（分析主体の無意識としての）《他者》，分析家の自我——は二つ組となってしまい，象徴的次元は想像的次元へと崩れている。たとえば，ボラスは「あなたは，この見知らぬ人間（私＝分析家）に話すことや，……最も簡単なことでも任せることが難しいのでしょう」と分析主体「ヘレン」に話すという対応をしている（p. 13）。なぜ黙ってしまうことが多いと思っているのか，彼女に簡単に聞けばよいことなのにボラスはそうしていない。無意識として知られるフロイトの「別の舞台 Other scene」——フロイト（Freud, 1900/1958, pp. 48 and 536）〔全集第四巻，七二頁；全集第五巻，三二五頁〕がフェヒナーから借用した「anderer Schauplatz 別の舞台」——によって彼女に何が起きているのかを理解するには，黙っているときヘレンの心の中に生じていることを尋ねる必要がある。また，そうした沈黙が彼女の過去に関わっているのかどうか確かめるには，過去にヘレンのように黙り込んでしまう人物がいなかったかどうか，聞かなければならない。しかしボラスはそうしていない。ボラスの仮定全体は，誰かよく知らない人に話をする場合に似ているのだろうという彼自身の感覚に基づいている（私の分析主体の多くは，開始時からそうした困難はないが）。しかもこの解釈は，ボラスのいう逆転移によってなされた他の解釈と同様，ほとんど効果を持っていない。ヘレンの沈黙は，それが母親をめぐる彼女の経験，すなわち母親との過去に結びつくとき，初めて破られるように思われる。ここで注目したいのは，ヘレンの母親にも実際に黙り続けた経験があったのだから，ボラスがヘレンに，過去に彼女と同じように沈黙し続けた人物がいたかどうか単純に尋ねていたなら，彼女はそのことを最初に（つまり，最初の一年ほどの間に）ボラスへ話していただろう，という点である。ボラスが採用している自分自身の主観性による回り道——すなわち，分析環境でヘレンについて自分が経験したことを通して，彼女の経験を理解する試み——はまったく実りがないと思われる。ボラスの試みでは，彼の人格や逆転移に基づく一連の推測が必要となるが，そのどれもが実際には的外れなものばかりだと思う。この回り道（ボラス自身の主観性に基づき彼女の主観性を推測する試み）は，最も思いつきやすい基本的な質問をボラスがしていないために，必要となったにすぎない（逆転移のその他の利用法については，第8章の注，レニックの仕事に関する私のコメントを参照のこと）。

　関係論的・相互主観的アプローチを支持するもう一人の分析家，オグデンも自分自身の主観性を介しての長い回り道を活用しようとしている。オグデンは，混乱した自分の思考や白昼夢を「分析的第三者」とまで呼び，明らかに患者とのセッションから自分が甘い汁を吸っているのである（Ogden, 1994, pp. 464-467）〔一一八-一二七頁〕。そしてオグデンは，患者に生じていることと，まだ認識されていないことに関する自分自身の思考や自分を不当に扱う車の修理屋などとの間の関係を丹念に見つけ出す（「作り出す」とも言えよう）のである。**第三者**という用語——この用語は精神分析では，一般的にはエディプスの三角形について使われ，さらにラカン派では，母と子，分析家と分析主体との想像的で双数的な関係を遮る象徴的次元を示すための語である——を使うことによって，オグデンが事を混同しているのは確かだが，それはさておき，一般的に二つのものの間には何らかの関係——それが理解しにくい場合でも独創的な場合でも——が見出せることにも注意すべきである。さらにオグデンが同じことをだらだらと患者にしゃべらせたり，15分や20分

自分（分析家）に関することと思われる分析主体の思考や反応のうち大部分が，実際には自分とは何も関係ないことだと分析家が常に心にとどめておくのは，直観に反している。日常生活では，私たちはたいてい，他人が自分につい

もの長い間沈黙のままにしたりせずに，セッションで患者に生産的な作業をさせるよう介入していたなら，自らの退屈な「もの想いreverie」を徹底的に分析するなどという必要はなかっただろう。
　たとえば，B夫人の事例（pp. 477-483）〔一三〇-一四一頁〕では，むしろオグデンは，信じ難いことだが，2年間（週5回のセッションで）B夫人に両親について多くを語らせないままにしていたのである。彼女が両親について「公平で正確な」（p. 479）〔一三二頁〕話をすることができないと感じていたから，というのである！　彼女は両親について不満を言ったり，大人になってから経験したように両親はうんざりだと言ったり，明らかに「公平でない」話をしがちだったのである。「あなたは公平でない話をしたくなっているのではないですか？」，「あなたは，両親が実際はどんな人物だったか，私を騙すことに関心があるのでは？」と端的に尋ねることによって，あるいは「それでも両親のことを私に話すのが最も大切です」と率直に言えば，彼女はいとも簡単に公平でも正確でもない話をする気になったのは確かだろう（どんな話もある程度，不公平で不正確ではないか）。しかし，オグデンはそうはしないで，彼女に日常的な出来事の話を際限なくさせている。その経験が両者にとって，かなり退屈でつまらないものでも驚くに当たらない（自分は何を言うべきなのか，彼女は徐々に思いつかなくなっていった。「両親のことは，ぴったりした話し方と言葉が見つかりましたら，お話しさせていただきます」という彼女の発言をオグデンが認めてしまったからである（p. 479）〔一三二頁〕。これは明らかに自由連想の拒否である）。オグデンは，B夫人の過去のことを知るために発話を使おうとせず，最後の頼みの綱として，セッションの間に自分（オグデン）の心身の状態について不安に感じたり思いめぐらしたことを細かく念入りにチェックし（無論，他の患者とのセッションの時とはその内容は変わるだろうが），分析で生じていることの解釈を見つけようとしている。しかしそれは，患者について既に現実に分かっているわずかなことに基づいてなされた解釈であり，読者が驚くようなものではない。これは，分析家の思考や感情が患者あるいは分析の産物（いわゆる分析的第三者）によって引き起こされるとみなすというより，むしろ自分自身の技法によってオグデンは具合が悪くなったのであり，最後には，そうして具合が悪くなったせいで分析での患者の苦境に対し，患者の過去と結びつけるような仕方で注意を向けるほどになったのである（B夫人は，分析家オグデンが父親と同じように自分にほとんど関心を持っていないと思えて憤慨したのだろう。それは少なくとも一部は，オグデンがB夫人に，彼女自身はおそらく話すことが必要だと分かっていたことについて話をするよう求めなかったからである）。オグデンの「相互主観的」反応は，患者への同調attunementの高まりを反映したもの，さらには，彼の解釈の客観性を保証するようなものというより，むしろオグデン自身が患者が話したくなかったことを話すよう促さず，患者と父親との関係を解釈することもしないことによって引き起こされた病気であると考えたい。オグデンが患者の過去の分節化——すなわち象徴的次元——について，呼び出すことが必要な「第三者」として，つまり転移的／逆転移的第三者のようなものと対立するものとしてみなしていたなら，分析ははるかに迅速に優先されただろうし，分析主体，分析家の両者にとって苦痛ははるかに少なくて済んだだろう。オグデンは，驚くべきことだが，自分で「身体的妄想」（p. 481）〔一三六頁〕と呼んでいるものに苦しめられた。おそらくオグデンが「私たちはどちらも自分自身の主観性に閉じ込められている」（p. 470）〔一一九頁〕と不満をもらしたのは，まさに，彼がいわば自分の外側から自分を捉えることによって作業しなかったからだろう。

て想像したり言っていることは，個人としての自分に向けられたものとして理解し受けとっているからである。世間の人々は日常生活で他人についてありとあらゆることを考えたり言ったりするものだが，その場合も実際は，たいていその人が人としてどうであるかにほとんど関係はなく，むしろ彼ら自身のそのときの争いや葛藤（たとえば，無視されているとか無能だと感じているのかどうか，自分の周囲の人々を妬んでいるのかどうか，誰にでも腹が立つのかどうか，などだが，こうした葛藤によって主体対主体の関係がいったい可能なのかどうか考えさせられることになる）がかなり関わっているのだと了解しておくのがよい。また，恋愛の場合，人はたいてい，恋人から言われる非難を額面通りに受けとりやすいけれども，人間関係の中で転移や投射が普通に起きると考えれば，その非難は多くの場合，その恋人の人生に関わる誰か他の人物――その恋人の過去に関わる人物や，その恋人自身であるにせよ――に関係していると思っておくほうがよいだろう。

　他人に非難されたり（冗談や皮肉，軽蔑的発言を言われたり）賞賛されたりしても，自分自身はその現実的な標的だと考えなくてよいと承知しておくことは，日常生活でも役に立つが，分析環境ではいっそう有益である。分析主体が転移を「投射にすぎないもの」として体験しているのでなく，分析家に対する自分の苛立ちをその通り分析家に関わるものと思い込んでいる場合は，**分析家は，決まりきった態度で非難したり，分析主体と同じように応答しないよう，特に努力しなければならない**。分析家がそうしてしまうと，最後には，分析家は分析主体の非難について討論してしまったり（「私は手助けしようとし過ぎました」），分析主体の言いがかりに反論したり（「でも私は昨日，解釈を新たに二つしましたね」），自分からも分析主体を非難して言い返したり（「あなたはまったく非協力的です」），怒るだけになってしまうだろう。そうではなく，分析家は自分自身を別の水準に置くようにしなければならない。つまり，自分は転移を扱っているのだということを常に忘れないように（少なくとも努力）して，自分が本当の非難の標的であるかのような反応をしない方法を身につけなければならない。[130]

---

[130] 私は以前の著作（Fink, 2004）で，やり返すという反応については，想像的転移に囚われていることとして言及した。自分は今転移を扱っているのだと心得て異なった水準に身を置くというのは，象徴的転移に関わることである。

分析主体とのコミュニケーションでの分析家の目標は，自分に対して分析主体がかなりひどいことを投射してきても，それを非難しないことである。このとき，分析家はそうしたきちっとした人物として，分析主体が激しく怒りを向けた過去の人物たちと，本来一人の人間である善意の分析家とを心の中で何とか完全に切り離しておけるよう，分析主体に対して要求するのである。なぜなら，分析主体が両者を完全に分けておけるようになれば，彼はもはや分析家に投射することができなくなるだろうから。しかし，このことはすぐに治療を全体として危うくするだろう。というのは，分析主体が過去の人間関係のいくつかの側面を想起できないとき，彼らは多くの場合，分析家を使ってそうした関係を反復するようになるからである。しかし，それによって，偽装されてやや扱いにくい形ではあるが，分析はその関係に接近できるのである。ある私の分析主体は，想起するのに反復という迂回路を必要とする場合が多かったが，家庭環境が劇的に変化する前の父親との生活はどのようだったか，一度話したことがあった。彼は食卓で父親のそばに座っているのを思い出したが，それがどのような場面だったか思い浮かばなかった。突然，私が分析主体を怒っているということが彼の頭に浮かんだ。それによって，私が分析主体を怒っているという彼の感覚は，私が以前にしたり言ったりしたことと関連しているのではな**く**，むしろ彼の父親が食卓で彼をときどき怒っていたのだろうと私は仮定することができた。分析主体がそれを追認したのは，子どものとき，父親が「肉を食べろ」といつも自分をどなりつけるので，たいていすごくむかついたと言うことによってだった。分析主体に向けられた父親の怒りはこうして，初めて転移性投射の中で出現し，そのときようやく一つの記憶として現れたのである。

　もし，仮にこうした反復が本当に阻まれるべきものだとしたら——たとえば，分析主体が，私が怒っているとか，喜んでいるとか，疑い深いなどと感じたときに，その分析主体の感覚を私が体系的に論じたなら（そのおかげで，彼はたとえば，私についてもっと「現実に基礎をおいた」見方をするようになるだろうし，私と他の人物たちとを混同しなかっただろうが）——，その分析から，分析主体の過去についての主要な情報源の一つが失われただろう。フロイト（1920/1955, p. 18）〔全集第一七巻，六八頁〕が述べているように，「患者は自分のうちに抑圧されているものすべてを想起することはできないし，彼が想起できないことがまさに抑圧されているものの本質的部分なのだろう」。分

析主体が想起できないことを反復するのを妨害することは，すなわち治療を危うくすることである。[131]

したがって分析家は，あらゆる投射を受け止めなければならない。たとえば，分析家は分析主体に「あなたは私とあなたのお母さんとを混同しています。私はお母さんとは全然違います」と言ってはならない。そのように言うのは，分析家の個性を主張することであり，それ以降この種の投射を妨げることになるからである。だから，分析家は隘路を行かなくてはならない。分析主体による投射を拒否できないが，分析主体からの申し入れや攻撃に対して，同じように申し入れや攻撃で返してはならない（日常生活では分析家もそうしたいだろうが）。同じように応答すること，自分がされたように他人にすること，小さい子どもがするようにしっぺ返しをすること（あるいは多くの大人や諸国家がするようにお返しをすること）は，想像的次元の泥沼にどうしようもなく陥ることである。「感情はいつでも相互的である」（Lacan, 1988a, p. 32〔上巻，五四頁〕；Lacan, 1973-1974, 1973年11月13日）し，一方の愛が他方の愛を生み，一方の憎しみが他方の憎しみを引き起こすのである。分析家は必ずしも「それを越えて」いなくてもよいが，異なる次元，すなわち象徴的次元に位置していなくてはならない。[132] 分析家は投射という事実をそのまま指摘しないようにしな

---

[131] ラカン（Lacan, 1978, p. 128）〔一六八頁〕は，反復の核心にあるのは，「失われた機会」であり，何かとの「常に避けられてきた出会い」であるという。何かを反復するのは，最後の瞬間にそこから逸れて目標を失うからである。そして「転移が反復に他ならないのなら，それはいつも同じ喪失 missing（あるいは欠如 failure）〔**失敗 ratage**〕の反復でしょう」（p. 143）〔一八八頁〕。

[132] ウィニコット（Winnicott, 1960/1965c, p. 161）〔一九二〜一九三頁〕が「専門家としての分析家の態度」，「**自らの心によってなす作業**」に言及したとき，まったく同様のことを言おうとしていたと思われる。「専門家の態度は，**分析主体である患者との距離**を保つという点でかなり象徴に似ている。象徴は隔たりの中にある」。

サス（Szasz, 1963）は転移概念の起源に関して非常に興味深い説明をしており，その中でアンナ・Oとヨーゼフ・ブロイアーは人と人（自我と自我）の関係に巻き込まれ，その関係は抑えきれないほど熱烈なものになっていたと述べている（ブロイアーは，彼の妻が嫉妬を感じるほど，アンナの治療に夢中になった。彼はアンナ・Oに対する感情の性質にようやく気づいたとき，その感情にかなり罪を感じ，治療をやめたのだが，そのときアンナ・Oは突然ヒステリー性妊娠を引き起こしたのである）。ラカン派の用語を使えば，この関係は想像的関係といえるだろう。両者が互いに，生きて呼吸する個人として関わり合っているからである。このときフロイトは，その関係の当事者ではなかったが，アンナ・Oは何年間も毎日毎日，朝夕自分のところへ往診に来て懸命に治療してくれる医師ならば，誰にでも恋しただろうとはっきりと述べている。フロイトの仮説によれば，アンナ・Oがブロイアーに恋するようになったのは，彼の性格や癖のためではなく，象徴として，か

くてはならない（「あなたは今投射しています」，「実際は誰か他の人物に腹を立てているのです」などと言ってはならない）が，陽動的転移反応が生じる以前に話し合っていた話題に会話を戻すように方向づける道を見つけなくてはならない。
133

つて彼女を愛してくれた人物の代理として彼に恋したのである。サスはフロイトの転移概念では，分析家は対象——何でもよい別の対象——ではなく，「象徴」（別の対象の）として見なされていると述べており（p. 442），ラカンが象徴的次元と呼んだものをかなり明確に述べるところまで来ている（分析家はその象徴的次元によって，患者の愛情が個人としての分析家というより，誰か他の人，何か他のものに関わるものだということを理解できる）。しかし，サスが主に関心を持っていると思われるのは，分析家が，防衛的に自分たちに事態を転移しているとして患者を非難しつつ，そうした自分たちの非難は「中立的記述」に基づくとうそぶいていることを示すことなのである（p. 433）。彼はそれを，分析家たちにとっての，自分たちの窮地を救ってくれる便利な方法として理解していた。「患者は本当は分析家ではなく，誰か他の人を愛したり憎んだりしているのである。これほど安心できることがあろうか」（p. 438）。サスが説明し忘れているのは，分析家は分析ではできる限り白のスクリーンのように振舞うよう努力できるし，すべきだという事実である。その努力によって，患者が分析家に対して感じる愛や憎しみはいずれも，個人としての分析家にではなく，本当は誰か他の人に関わっているということになるのである。

133 分析家の中には，「悪い両親」と自分とを分析主体が関連づけないよう腐心し，その結果，分析主体が素材を提供していても，そのかなりの部分を見逃してしまう者がいるようである。ある私の分析主体は，20年間にわたりさまざまな治療を受けたのだが，治療者はいつも女性であり，20年以上の間，自分の問題はすべて父親を中心に展開していると思い込んでいた。私との分析が始まり2, 3週間したとき，彼の思考を一時的にせよ，弁証法的に反転させるような素材が浮かび上がってきた。そこで彼が突然気づいたのは，父親との問題は依然として多いけれども，自分がいくつかの点では母親をかなり憎んでいて，母親を困らせるためにめちゃくちゃな生活をしていたということだった。ここで以下のように仮定してもそれほど無理はないだろう。分析主体の女性治療者たちは，分析主体が投射してくる中では，自分たちが父親と重なることはそれほど簡単ではないだろうと感じ，分析主体が自分たち（治療者自身）を彼の人生での陽性的な人物と関連づけて考えるよう望んだのである。その結果，多少なりとも無意識のうちに彼の注意が主として父親へ向くようになり，女性治療者たちはほとんど砲火を浴びずにすんだのである（不思議なことに，彼はほんの数週間，私と分析作業をしている間に，恋人との間での勃起の障害はほぼおさまった）。

一方，多くの分析家は，分析主体が話すことほとんどすべてに「転移のにおい」を嗅ぎつけようとかなり努力している。なぜそうするかといえば，それは，分析主体による投射を避けるためではなく，むしろ，分析主体に対して，分析主体が話題にすることすべては何らかの意味で分析家をめぐって展開しているのだと考えるよう促すためである。ギル（Gill, 1982）は，妻に対して怒りを爆発させたという話をセッションの中で語った患者の例を挙げ，分析家にも腹を立てているのではないかと考えてみるようその患者を促している。ギルはそうした解釈は分析主体から「私は，**あなたのことではなくて，妻のこと**を話しているのです」などと反論されるかもしれないことを考慮している（p. 65）〔六七頁〕。ギルが分かっていないのは，分析家はまさにそのようにして，患者を怒らせることにより解釈の確証をもたらしているのであり，解釈自体が患者を怒らせたのだ，ということである！ こうした事例では，腹を立てるのはたいてい分析主体ではなく，分析家であるこ

次の例を考えてみよう。ある分析主体は以前おこなっていた分析では沈黙が続き，どうしようもなくなったと私に教えてくれたが，その彼との作業は最初かなりスムーズに進んでいた。2か月間，彼は自分の過去と現在の苦境を詳しく語ったが，その後，時が経つにつれて，彼はセッションに持ってくる素材の，ほとんどは，夢の短い断片，束の間の思考，白昼夢の片鱗など，わずかなものになってきた。そうした断片や片鱗を語った後，彼は「セッションの前にはそこから何も思いつかないし，セッションの間も何も連想が浮かんでこない」とはっきり言い，黙り込んでしまうのだった。私は夢，思考，白昼夢の細部について彼からいろいろ聞き出そうと努力したが，数か月が経過し事態はさらに悪化し，セッションのたびに，素材の提供は少なくなっていった。

分析主体はまもなく，セッションをよく休むのが普通になってきて，予約したのに来ないことについても，「何も話すことがないと，セッションは苦痛です」としか言えなくなった。彼は，顔を見せたかどうかに関係なく，セッションの料金はいつもきちっと払っていた。休むのはそれほど良い兆候ではないことを私は承知していたけれども，彼が週に一度以上休むようになるまでは，彼が休んでも，それほどストレスは感じなかった。分析主体の過去という面からは，彼はある水準でおそらく私に激しく怒られて分析作業に戻るように言われたかったのだと考えてみたくなる。彼の父親はどこか頼りない人物だったが，あるとき，大騒ぎをしていた子どもたちに腹を立てたことがあった。父親は廊下で，子ども部屋から離れた部屋の壁に椅子を投げつけ，「今度は違うほうへ椅子が飛ぶぞ」と脅したのである。分析主体にはその言葉の意味がはっきり分からなかったし，実際にはそういうことは起こらなかった。しかし分析主体は，子どもや青年のときにやったいろいろなことのために罰せられるべきだったと感じたのである。父親への分析主体の怒りはしっかりと隠されていた（父親が自分を罰しないゆえの怒りだが，もし父親が罰してくれていれば，分析主体は常に自分で罰するという重荷から解放されただろうと思われる）。しかし，私への怒りはようやく外に現れ始め，特に夢の中で動物になって登場した私は

とのほうが多い。つまり，自分ではそれほど気づいていないのだが，自分がしたことのために，分析主体が自分に腹を立てるよう期待しているのは分析家なのである。「感情はいつも相互的である」（Lacan, 1988a, p. 32）〔上巻，五四頁〕以上，分析家は自分が腹を立てるのと同じように，あるいは自分が分析主体に期待していたように，分析主体を怒らせる手段を見出すのである。

ほとんど飢死しかかっており，分析主体に助けられるのだった。彼が予約したのに来ないことを繰り返すのは，私への怒りを無意識のうちに表現したものだったかもしれないし，そしてまた（あるいは），自分が受けるに値すると感じていた罰を私から受けようとする無意識の試みだったかもしれない。

　消極的にだが，分析をやめようかと分析主体が多少動揺していた時期を過ぎて，私の頭に浮かんだ考えは，彼はおそらく小さい子どもの頃に起きたことを反復しているのだということだった。あるとき，妹と性的な遊びをしていて，どうも自分ひとりでそう思いついたことのようだが，勃起した自分のペニスはたぶんそこに（妹の膣に）入ることになるという考えが浮かんだのである（あるとき母親はそれに出くわしたのだが，「まったく自然」に簡単に片づけた——このことは後に彼が自分は罰せられるべきだったと感じたエピソードの一つだった）。ペニスを挿入しようと提案した日まで，彼は妹の膣を見たことはないようだった。彼は妹の膣を「大きな赤い傷のようだ」と思っていた。妹は「いやっ！」と叫んでこの提案を拒否し，それ以降，二度と「お医者さんごっこ」をしようとはしなかった。彼は妹にかなり強固に同一化していた（男性器の片側だけだが，彼の身体には性愛的にかなり鋭敏な箇所もあり，彼自身はそれを妹のクリトリスが自分の身体に映った鏡像のようなものとみなしていた）。彼は役割を反対にしてこの光景のある側面を反復している，と私は仮定した。彼は私との分析で，妹が彼としたように振舞っていたのである。つまり，彼はある地点まで一緒にやるふりをして，その後やめてしまうのだった。彼は，私から尋ねるとどうにか答えるのだが，それ以上自分からは話をしないで口を閉ざしてしまうのだった。

　分析を危うくしていた「沈黙療法」のようなものに私がストップをかけられたのは，あの特定の光景について，そしてその光景についての考えや気持ちすべてを，もっとはっきりと彼に話をさせようとしているときだった。彼を悩ませてきたと思われる疑問の一つは，自分が妹に無理強いしてもっと先までやるべきだったかどうかということだった。彼がある水準で考えていることは，もし自分がそうしたなら，妹とのあの光景以降，決して見ることがなかった膣が死ぬほど怖くなることはなかろうということだと思われた。分析で生じていることがあの光景の反復である限りで，分析主体は，私が自分（分析主体）をもっと先に行かせるかどうか知りたいと思っているようだった。つまり，彼

自身が妹に対してしなかったことを，私が彼にするのかどうか，彼は好奇心を持っていた。

分析主体は，このほとんど思いもよらない問い（僕は妹をレイプすべきだったのか？）を明確に話そうとしている中で直面した困難のために，私との関係のほうへ注意が逸れていったと思われた。たとえば，私が彼を厳しく批判していると想像したり，そのためセッションに来て話をするのが困難になったり，私に何か（ある考えや願望）の理由をつけて自分を罰してほしいと願ったりするのだった。しかし同時に，罰から逃げたいとも思っていたのである。分析が停滞したこの時期を乗り越えられたのは，私が反復の源だと仮説したことへ戻ることによってであり，互いに気づいている分析での苦境（私は詮索し，彼はそれを嫌がるという）が妹との昔の苦境に似ているとの示唆を彼に与えることによってではなかった。後者は不確かな比較でしかなく，分析で起きていることについて一片の知を彼に与えるだけだろうし，**そもそも反復を引き起こした抑圧されたもの**に関わるものを変化させないだろう。沈黙を続けたりセッションに来ないという形をとる彼の転移反応を解釈するより，私はむしろその反応によって妨げられていることに焦点を当てた。すなわち，あの幼児期の光景について十分に話し合うことを選んだのである。

行動化

> しかし，分析が進み，転移が敵対的性格を帯びたり度を越してきて，抑圧される必要が出てくると，ただちに行動化が想起に取って代わることになる。
> ——フロイト（Freud, 1914a/1958, p. 151）〔全集第一三巻，三〇〇頁〕

分析主体による投射には，抑圧されたもののいくつかの側面への鍵をもたらす可能性がある。したがって，分析家は分析主体による投射を，それがこびるようなものであるか否かにかかわらず，受け止めなければならない。同様に分析家は分析主体の「行動化」も引き受けなければならない。「行動化」は正真正銘の精神分析の概念だが，ここ数十年で，平凡な心理学的用語となり「激しく行動する」あるいは「不適切に行動する」といったことを意味するにすぎなくなっている（後者の語については第9章参照）。しかし，フロイトがこの

「行動化」という用語を導入したのは，分析主体が，必ずしも自分自身や分析家が原因ではないのだが，治療室で言えなかったことを，置き換えた形で表現しているように思われる，治療室の外で起こす行動のことを指すためである。「行動化」について説明する中で，フロイト（1914a/1958, p. 150）〔全集第一三巻，二九九頁〕は次のように述べている。

> 患者は忘却し抑圧していることをまったく**想起**しないが，それを**行動化**する。彼はそれを記憶としてではなく，行動として再生産する。彼は自分がそれを反復していることをもちろん知らずに**反復**する。

　前節で検討した患者が一週間に一度以上どうにかしてセッションを休もうとしたことを考えれば，その患者は，想起できなかったこと，すなわち彼にとって苦痛だった妹の沈黙やおそらく妹に強要したいという欲望を行動化していたと言えるかもしれない（現代の分析家の中には，セッション中のこの患者の長い沈黙について，それが抑圧されたもののセッション内での表現であり，行動という形式，沈黙したままという形をとっているので，「治療室内での行動化 acting in」と呼ぶ分析家もいるだろう）[134]。

　分析家は分析主体に，行動化しないで，話すように（大声で話すようにさえ）促そうとすることができる。ものを壊したり，誰かを殴ったりせずに自分の怒りを言葉で表現するように促すことができる。しかし，分析家が分析主体の行動をすべて禁止しようとするなら，一つの重要な情報源となり得るものの分析を結局，切り詰めることになるだろう。さらに，行動化は分析家にとり一種の調整策として役に立ち得る。子どもたちが自分の言うことを両親が聞いてくれないと感じたとき，家の外で破壊的活動や自己破壊的な活動をすることがあるように，分析主体も，伝えようとしていることを分析家が聞いていないと感じたときや，真面目に言っていることを受け止めていないと感じたとき，治療室の外で自己破壊的な活動をすることがある。つまり，分析主体の行動化は

---

[134] たとえば，オーモント（Ormont, 1969）を参照。ステルバのように，セッションの内か外にかかわらず，分析主体の行う行動の形式がどのようなものでも区別せずに，**行動化**という語を使っている分析家もいる（Sterba, 1940/1990, p. 85）。

「一を聞いて十を知る」ことを可能にするものとして役立つだろう。[135]

紛れもない陰性転移

> 私がよく助言を求められるのは，医師が「患者の抵抗を指摘したのに何の変化も起こらないばかりか，抵抗がますます強くなり，状況全体がますます曖昧になってきました」などと不平を言うケースである。
> ——フロイト (Freud, 1914a/1958, p. 155)〔全集第一三巻，三〇五頁〕

　分析主体側の執拗であからさまな陰性的態度に直面したとき，分析家はいくつか異なる可能性を考慮すべきだろう——スーパーヴィジョンを続けることは分析作業には不可欠であり，良いスーパーヴァイザーと（あるいは，可能なら新たなスーパーヴァイザーと）作業を始めるという当然の選択は言うまでもないが。

　分析家が少しずつ分析主体の発話に句読点を打ち，解釈をして，分析主体がそれらを聞くだけでよい状態になっていても，その句読法と解釈が分析主体を激怒させるだけだった場合，分析家はまず真っ先に，自分が分析主体の診断を誤った可能性を考えるべきである。おそらく彼は精神病なのであり，神経症ではない。分析家は治療での自分自身の位置づけを徹底的に見直さなくてはならない（第 10 章参照）。神経症者であるかのように精神病者と分析作業を行うと，すぐに深刻な陰性転移を招くことになる。私がスーパーヴァイズした事例では，もし神経症者だったら迫害とは受けとらないようなこと——たとえば，句読点を打つ，解釈する，突然区切る，メモをとる，セッションの録音・録画を求めるなど（こうしたことは治療者のスーパーヴァイザーが，一定のトレーニングプログラムとして提案することがよくあるが，パラノイアという患者の水準については無視されている）——で，精神病の分析主体は激しい陰性反応を引き起こし，時に治療は終了となることさえある。

---

[135] ラカンが「分析なしの転移」と呼んだ状況下での「行動化」を参考にするとしっくりくる場合があることを指摘しておこう——たとえば，家庭で言えないことを教師にぶつける思春期の若者の場合など (Lacan, 2004, p. 148)。ラカン (Lacan, 1998b, pp. 420-421)〔下巻，二五三-二五六頁〕も参照のこと。エルンスト・クリスが報告している症例の行動化に関するラカンの多くの議論については，フィンクの解説 (Fink, 2004, 第 2 章) を参照。

少なくともやや陽性でゆっくり確実に始まった分析主体の転移が，頑固な陰性の転移となった場合や，その陰性転移を分析主体の過去の人物と結びつけて，（スーパーヴァイザーの助言によって）事例を概念化し直そうという分析家の試みが何も実を結ばない場合，分析家は次のような可能性を考えなければならない。すなわち，分析主体が自分の両親や教師などの世話人の一人にかなり腹を立て，その時点で分析家がもはやどうすることもできないほどの果てしない恨みを抱いており，分析主体の心の中で分析家がその人物に非常に密接に結びついている，といった場合である。ここで分析家にとって可能な唯一の行動の方向としては，その分析主体を別の分析家，できれば異性の分析家に紹介することである。[136]

分析主体側の執拗であからさまな陰性的態度がなぜ生じるのか，かなり多くの他の理由があり，本書のような入門書ではすべては扱えないが，次節はその理由のいくつかを明確化し，それらを乗り越えるのに役立つだろう。[137]

転移／逆転移の袋小路の扱い

> 自己分析の場合，それが不完全なものとなる危険性は極めて大きい。部分的な解釈にすぐに満足してしまうのである。その解釈の背後には，抵抗によって，もしかするともっと重要なものが隠されているかもしれない。
> ——フロイト（Freud, 1935/1964, p. 234）〔全集第二一巻，三〇六頁〕

---

[136] この点については，グレーテ・ビブリング=レーナー（Grete Bibring-Lehner, 1936/1990）の有益な検討を参照のこと。

[137] 陰性転移についての議論はミレール（Miller, 2005）を参照。彼は陰性転移に関するラカンの単刀直入なコメントをいくつか取り上げて，次のような概念・推論を提示している。(1) よくあることだが，分析主体が自分は何も知らず，多くの点で空虚で欠如を抱えていると感じながら分析に入ると，分析家に怒りを覚えるようになる。彼らは分析家はすべてを知っていて完全に理想的な人物だと信じているのである（分析主体の「存在の欲望（ありたい欲望）」がここで分析家の存在と競合しているのである（pp. 33-34））。(2) 陰性転移は抑圧が解除されたときに必ず生じる（pp. 90-92）。その理由として少なくとも一つには，分析主体は抑圧されているものについて何も知りたがらないということがある（そしてもう一つ付け加えるなら，分析家の解釈によって抑圧が解除されると，自力では抑圧から抜け出すことはできなかったことを分析主体に示してしまうことになるからでもあろう。このことで特にイライラするのが強迫神経症者である）。

　　　　自己分析は不可能である。もし可能なら，（神経症的な）病気は存在しないだろう。
　　　　　　　　——フロイト（Freud, 1985, p. 281）〔『フロイト フリースへの手紙』手紙146—1897年11月，二九四頁〕

　分析作業はさまざまなときにさまざまな理由で行き詰まる。その多くは広い意味での逆転移，すなわち「弁証法的過程のどのときにも認められる，分析家の偏見，熱情，難点の総計，あるいは不十分な知も含めての総計」としての逆転移に起因している（Lacan, 2006, p. 225）〔第一巻，三〇一頁〕。分析家がある特定の仕方で事例を概念化し，その結果，ある特定の仕方で分析主体に対して振舞うようになると（この二つの仕方は実際のところ，理論的には分けられない），こうした概念化と態度は分析のある時点では有効だったかもしれないが，今となってはさらなる展開の妨げとなるのである。
　分析家はどのように進めるべきか。ここで，分析家が分析主体とのある特定の想像的関係にはまっている，すなわち，分析主体や分析主体とともにいる自分（分析家）について自分が抱いているイメージに一定の備給をしていると考えられる場合，その分析家は自分のおこなった概念化に合わないことに耳を傾けなくなり，事例を定式化する別の方法に目もくれなくなることを認めなくてはならない。自分のおこなった概念化が自分にとって大切なものとなると，分析家はこの概念化に基づいて分析家としての自分は何者かという感覚を作り上げる。要するに，分析家は象徴的《他者》としての役割，分析主体の欲望の真の原因としての役割を果たさず，自我対自我という行き詰まりの中に閉じ込められることになる。分析家自身が事例について堅苦しく概念化し，分析主体を自我として実体化し具象化しているために，「自我対自我」の行き詰まりが生じるのである。
　ここでの解決策は明らかに，新鮮な息吹，象徴的なものによって与えられるような空気を取り入れることである。事例についての象徴的な目印や規定要因を考え直すことが必要だが，自力でそうするのはまったく不可能ではないにしても，かなり難しい。自分の症状や反復パターンが持つ象徴的（すなわち，無意識的）座標や決定因を知り，変えることは，分析家の助けがないと極めて難しいのである——完全な自己分析が不可能な理由はここにある。それが可能

だと考える人たちは，分析とは何か，何をなし得るのかについて思い違いをしている。それと同じように，他の誰か（すなわちスーパーヴァイザー）の助けなしには，個人としても考え方としても，いったん事例から離れ，まったく新しい視点からその事例を定式化し直すことなどほとんど不可能に近い。

　スーパーヴァイザーは治療者から相談を受けている分析主体と治療室にいるわけではないので，分析主体に関心を惹かれたり，うんざりしたりすることはない。治療室に一緒にいる場合は話は別である。たとえば，フロイトが，自分が受け持った，あの有名な分析主体〔ドラ〕は美人で魅力的だと述べるとき，逆転移にはまり窮地に陥っていることは確かである。また，スーパーヴァイザーは，砲火の飛び交う中にいると感じること，すなわち，分析主体の要求に困らされたり，その要求を満足させてやりたくなる，などと感じることもあり得ない。そしてスーパーヴァイザーは，分析主体を，その顔つき，身なり，声の調子，仕草などによって，自分の過去に由来する人物に結びつけてしまうという罠に陥ることもない。つまり，スーパーヴァイザーは非常に多数の想像的な落とし穴の影響を受けることのない場所に自動的に位置づけられているのである。もちろん，スーパーヴァイザーも自分の理論的見方にこだわり，気がつかないことはあるだろうが，少なくとも，**スーパーヴァイザーの無知が分析家自身の無知と重なり合うことはない**。スーパーヴァイザーは，スーパーヴァイジーがほぼ忠実に報告している限りでのことだが，分析主体の言葉だけしか受けとらない。言い換えれば，スーパーヴァイザーは想像的なものに陥ることなく，ただちに分析主体を象徴的な水準に位置づけることができるのである（ただしスーパーヴァイザーとスーパーヴァイジー間には，もちろん想像的なものの影響はある）。

　こうしてスーパーヴァイザーは，分析主体の語りから，分析家自身が聞いた場合よりもはるかに多くのことを聞くことができる。それは，必ずしもスーパーヴァイザーの何年もの経験や「並はずれた洞察力」によるのではなく，治療室では避けられないさまざまな想像的なものから，スーパーヴァイザーが遠く離れているからである。私の大学院生の多くが驚くのは，治療トレーニング中のときに彼らの院生仲間が一つの事例に関して非常に多くの新たな視点を提案したり，自分が気づかなかったかなり多くの関連を象徴的素材の中に見出す，ということである。院生たちは，そうした仲間のほうが自分よりもはるか

に洞察力が優れているに違いないと考えやすい。しかし立場が代わり今度はその院生たちがスーパーヴァイザーの役割を担うようになると，次はさっきの院生仲間のほうがその院生たちの発揮する洞察力に驚くのである。[138]

事例の持つ象徴的な素材へ実際に直接近づくことによってこそ，スーパーヴィジョンは，先輩の分析家によるものであるにせよ，熱心な同僚グループによるものであるにせよ，事例を再構成するにあたり非常に生産的なものになる。[139] このことは，かなり長い間臨床についている分析家の場合でもそうであ

---

[138] ラカン（Lacan, 2006）はこの点について，次のように述べている。

> それでも，（ある分析家たちによる）不可解な贈り物のうわべに騙されたままの若い分析家たちが……その錯覚から抜け出るには，自分が受けているスーパーヴィジョンを成功させるしかないだろう。（分析主体の）現実との接触という観点からはスーパーヴィジョンはあぶなっかしいものではあるが，それこそがスーパーヴィジョンを可能にしているとも言える。というのは，スーパーヴィジョンでは，スーパーヴァイザーは（患者の現実と接触せずに）別の見方を提示するからであり，……それによって，ともかくスーパーヴィジョンは，スーパーヴァイザーにもスーパーヴァイジーにも教えられることの多い有益なものとなる。そして，スーパーヴァイジーがそうした贈り物——自分の技法の秘訣についてもったいぶれば，それだけその贈り物は伝わりにくくなると考える分析家たちがいる——について説明しないほうが，今言ったことがいっそうよく当てはまる。
> なぜこうした謎が生じるかといえば，それはスーパーヴァイジーが分析主体の語りに対するフィルターや屈折レンズとして作用するからである。つまり，その作用によって，スーパーヴァイザーにはできあいの定型的な見方しか提示されず，最初から分析主体の語りによって作られる楽譜を読みとるためのパート譜の三つ，四つが除外されるからである。（pp. 252-253）〔第一巻，三四五頁〕

ラカンが提案しているのは，最良の場合，スーパーヴァイジーは分析主体と治療室にいるときでも，スーパーヴァイザーが自動的に位置づけられている象徴的ポジションに自分自身を置けるようになる，ということである。

> もしスーパーヴァイジーがスーパーヴァイザーによって，**コントロール（contrôle）**という悪意を含んだ用語（英語の場合だけ「スーパーヴィジョン」という用語に都合よく置き換えられている）のニュアンスとは異なる主体的ポジションを委ねられたなら，スーパーヴァイジーがこの経験から引き出せる最高の恩恵は，スーパーヴィジョンという状況によってスーパーヴァイザーが自動的に位置づけられる第二の主体性というポジションに自分を置けるようになることだろう。（p. 253）〔第一巻，三四六頁〕

明らかにこの位置は決して完全には達成できない理想的なポジションである。それゆえスーパーヴィジョンを継続することが必要となる。

[139] スーパーヴィジョンのためにセッションを録画したビデオテープの利用は，スーパーヴィジョン

り，同僚のグループ（一人よりは二，三人のほうがよい）に常に事例を提示している最古参の分析家にとっても有益で大切であることも示している。スーパーヴィジョンは，ほんの数年間のトレーニング期間中だけに行うことではなく，生涯にわたる努力であるとみなすのが一番良い。

何年もの間，スーパーヴァイズされたり，多くの人たちの作業をスーパーヴァイズしてきた中で，私はスーパーヴィジョンのプロセスが持っている利点をいわばミクロとマクロ，両方のレベルで理解し経験できた。ミクロのレベルでは，セッションにおいて象徴的水準に出現したものが，分析家の記録には含まれているのに，その場ではそれを分析家が聞いていないということが多いことに気づかされる。患者が言い間違いをしたとしても，私とのスーパーヴィジョンの際にそれを口に出すまで，それが言い間違いだと気づかない治療者もいる（患者は明らかに自分について「滅多にいない in short supply〔男だ〕」と言おうとしたのに「求められることのない in short demand〔男だ〕」と言ったなど）。また別の場合だが，「他人に食いものにされるのはうんざりだ」という患者の言葉と，同じセッションで患者が語った，自分は冷蔵庫の中で生きているという夢との間にある，かなり直接的な象徴的関連に治療者が気づかないままだったこともある。また別の事例では「下には何もない〔裏の意味はない〕」，「棒〔権威と性交の二重の比喩〕がない」という隠喩を繰り返し使っていた患者がいたが（見かけでは患者はその言葉で「背骨〔バックボーン〕がない」ことを伝えようとしていた），治療者は，他の場合なら去勢不安に十分慣れていたのに，この隠喩を聞くことはできないままだった。

もう少しマクロのレベルで，一つの事例を引用しておこう。ある分析家が私に報告してくれた夢を頼りに，彼女による事例の概念化の弁証法的反転をかなり確実に私が提案できた事例である。分析主体は，この女性分析家に，自分が不十分な育児の犠牲者だったことを繰り返し示していた。その分析家は，分析家によって育てられたいという分析主体の要求を退けられないと感じていた（分析家はまた，分析主体がセッション外での接触を要求してくることに制限

を危うくするかもしれない。というのは，ビデオはスーパーヴァイザーや同僚に対して想像的な影響を与えるからである。時に象徴的素材を見えづらくさせ，治療で**現実**に起きていることは，自分に今見えているもの（たとえば，ボディランゲージ）だという誤った印象を彼らに与えるからである。

を加えるのに苦労しているようだった)。分析主体は次のような夢を語った。「バスの中で女性数人に囲まれていました。彼女たちは皆たくさんのおむつを抱えていました」。少し話し合ってから，私はその分析家に次のように言った。「おそらく，子どもの頃に母親にまったく無視されていると思ったというより，**どの母親にも**扱うには多すぎる大便を自分がためていると，その分析主体が思い込むようになっていたということではないですか」と。分析家はそれによって，この事例に関する自分の思考がかなり有効に反転したことに気づいた。そして，分析主体のさまざまな要求のうち，とにかくそのいくつかについて感じていた従いにくさは多少和らいだのである。

　個人的な相談にせよ，より公の場での発表にせよ，スーパーヴァイザーや同僚たちから視点の反転を与えられ，それによって，自分の行っていた分析について新鮮なアプローチができるという経験は私もしてきている。このことは，うまくいっている事例ではなく，最も困難でやっかいな事例についてスーパーヴァイザーや同僚と話すことの重要性を強調することになろう。もっとも前者の事例のほうが，自分たちがよい仕事をしていることや，自分たちに患者を照会すべきであることを他の人々に伝えようとして，紹介したくなることが多いのだが。

　いくつかの例で，スーパーヴァイジーたちが私に報告する素材から明らかに言えるのは，彼らは，事例についてかなり違う見方を示唆する他の筋道がはっきり見えている事実があっても，分析主体の語りの筋道のうち，考えられる一つの筋道だけ（個人的根拠や理論的根拠から，彼らが推測できた唯一の筋道だったり，彼らの空想を最もくすぐるもの）に従ってしまっている，ということである。一つの筋道が検討し尽くされたり，一時的に行き詰まったりした場合には，他の筋道を探るべきである。

　また，これも明らかなことだが，単に象徴的素材――家族，幼児期の生活・親族関係，学歴，夢，幻想などの詳細――が不足しているために，分析家は，分析主体の日常生活の話やそのとき困っていることへの援助の要求という泥沼にはまってしまうこともある。分析主体は分析家を単に愚痴をこぼせる人物とか，自分の問題を解決できる専門家と見なすことにこだわり，分析家のほうは（おそらく，分析主体の人生が今もひどいもので，以前も壮絶だったと感じて）分析主体に，不平・愚痴を言うことだけにセッションを使わせてしまっている

か，（おそらく，おだてられ専門家と見られるような）誘いに応じたり，分析主体に自分の問題を解明すべく作業させるより，むしろ答えを提供しようとするのである。

　スーパーヴィジョンを続ける重要性について，ここで私に反対する分析家はほとんどいないだろう。しかし，スーパーヴィジョンの分かりやすい方法に関するケースメント（Casement, 1991〔I〕）の提案についてコメントしておきたい。彼はその方法を「心の中のスーパーヴァイザー」（pp. 30-32〔I，三四-三七頁〕を参照）と名づけている。ケースメントは，事例についてスーパーヴァイズを受ける過程で，分析家は一種の内在化されたスーパーヴァイザーを持つようになると述べている。分析家は，自分の声やものの見方の傍らで，スーパーヴァイザーの声を聞き，スーパーヴァイザーのものの見方で見ていると想像するのである。ケースメントは，そうした心の中のスーパーヴァイザーの発現によって，分析家は治療に従事できるようになり，同時に治療から少し距離を置けるようになると信じているようである。ケースメントは明らかに分析家におけるこの分裂を，ステルバ（Sterba, 1934）が分析主体において「観察自我」と「経験自我」との分裂を育成するよう提案したことになぞらえている。第5章で述べたが，そうした分裂によって，分析主体はあたかも別の人間（この場合は，分析家）であるかのように自分自身を観察し，自分の衝動を自分には無関係であるかのように抑制することが助長され，その結果，分析主体はさらに疎外されるだけである。ケースメントによって，疎外により時に「自由に漂う注意を妨げ得るセルフモニタリングに夢中になること」（p. 51）〔I，六五頁〕はあるだろうが，分析家におけるこの疎外は繰り返され長引くことになろう（「患者であるという自分自身の経験によって，治療者はその後，心の中のスーパーヴァイザーとなる最初の基礎を固めるのである」（p. 31）〔I，三七頁〕）。明らかにここでは一種の自己監視機能がみなぎり，分析家は「患者を見るのと同様に（おそらく自分のスーパーヴァイザーが自分を見るように）自分自身を見つめるようになる」（p. 32）〔I，三八頁〕。ケースメントはスーパーヴァイザーに対しても，スーパーヴァイジーが分析家としての自分の道やスタイルを見つけるのを手伝うこととは対照的に，スーパーヴァイジーを自分のイメージ通りに作り上げることを奨励している。ラカンが「私の真似をするな」と言ってはっきりと支持したのは前者のアプローチである（Lacan, 1975b,

p. 183)。

　「経験自我」と想像的領域に囚われた分析家との相同関係，そして「観察自我」と象徴的領域で作動する分析家との相同関係は表面的であるかもしれないが，私は，分析家はできる限り象徴的領域で働き，自分の経験と思考との分裂を増長させないことを強調することが重要だと思う。分析家は，分析で起きていることを常に闘争，競争，誘惑，攻撃という想像的領域の中で経験しているということに気づくべきだろうが，どれほど自己観察をおこなっても（頭の中で自分のスーパーヴァイザーの声を何度繰り返して再生しても——しかもその声は，スーパーヴァイザーが事例についていろいろ事実を知っていたなら実際に言うと思われることではなく，スーパーヴァイザーが言うだろうと分析家が**想像している**ことにすぎない），それを軽減することにはならない。分析家は自分自身の分析に戻らなければならないのである。

　ケースメント（Casement, 1991〔I〕）はまた，ロバート・フリースに従って，彼が「試行的同一化」と呼んだものを通して，転移の中で生じる多くの困難を適切に扱えると信じていると思われる。この試行的同一化によって，分析家は分析主体の位置にいることを精神的に想像し（こうして「分析家は，患者ならどのように感じるのかをモニターできる」（Fliess, 1942, p. 34〔I，四一頁〕），分析主体が解釈やその他の介入に対してどう反応するかを予期するのである。[140] これによって多くの場合，分析家は「正確」だけれども，分析主体に陳腐で紋切型で予測できるような解釈をしないようになると感じるのである（pp. 33-34）〔I，四〇-四一頁〕。「試行的同一化」の限界は，本書の最初のいくつかの章での想像的なものについての私の議論から明らかだと思う。人はそもそも互いにかなり違うし，私たちが非常に想像豊かであるとか，事実上すべての職業の人々との信じられないほど膨大な経験を持っているとかでない限り，他の人はどうなのかを本当に想像することなど決してできないだろう。私たちが何を言うべきか，何をすべきかを決められるのは，共感してその人の身になって考えることによってではなく，むしろその人の言語活動や歴史に基づいて作業することによってである。そうでなければ，結局私たちは分析主体が世界をどのように感じ経験しているかをうまく想像しているといった思い違いをすることに

---

[140] ケースメントはここでライク（Reik, 1937）とモネー=カイル（Money-Kryle, 1956）を自分の考えの先駆者として挙げている。

なるだろう。

　おそらく，かなり経験豊富な分析家なら他人がどんな人物かを想像し，同時に，想像した臨床像と合わない場合でも分析主体の言うことを公平に聞こうとするのだろう。しかし，そういう分析家はほとんどいないと思う。とにかく，そうした経験豊富な分析家たちがそうできるのは（実際にそうだとして），共感能力が特別に発達しているからではなく，彼らが**分析主体という存在の象徴的座標**の特異性を認め，そうした座標が自分（分析家）の座標と**根本的に異なっている**ことを認識しているからである。

　分析家が自分自身のスーパーヴァイズをするのに役立つものが何かあるとすれば，それは事例に関して綿密なまとめを書きとめておくことである。私はそれを，別の人のスーパーヴィジョンを受けるときの導入や準備として勧めている。そのまとめには以下のことが含まれる。(1) 分析家がつなぎ合わせて年代順にできるほどの，分析主体の幼児期とその後の歴史。(2) 分析主体が現在の自分の問題として申し出たことや，分析主体を実際に治療に駆りたてた問題だと分析作業中に思われたこと。(3) それまでになされた分析作業の主な相互関連。分析主体の歴史や諸関係について示された重要な諸関連。既に達していた見解と反対の見解も含む（たとえば，初めは家族の問題をすべて父親の責任にしていた分析主体が，後に，父親は実際には犠牲者にすぎず，その代わりに母親が責めを負うべきだとの結論に至り，さらにより微妙なニュアンスを持つ臨床像に至った例，など）。(4) それまでに検討された一過性の症状，持続する症状すべて。および考え得るそれらの症状の意味，それらの症状形成をもたらした抑圧された素材に関する仮説。(5) 分析主体が語る（あらゆる類の）さまざまな幻想と，それらの幻想が根源的幻想へと収束する可能性（なお根源的幻想とは，《他者》に対する分析主体の最も基本的姿勢は何かを示すものである）。(6) 診断（診断がはっきりしない場合は，ある診断が意味を持つと考える理由，別の診断も意味を持つと考える理由を説明すべきである）。

　分析家は，事例について他者に伝えたいことすべてを言葉にして（すなわち，象徴的なものによって），理路整然と他者に理解できる事例を説明した後でも，分析中の自分の位置や自分の過去や現在の問題も含めて，一度自分の説明から意識的にせよ無意識的にせよ除いてしまった部分に戻り検索すべきである。なぜなら，誰かに何かについて分かりやすく話をしようとすると，私たち

は（分析主体が自分の人生について私たちに話すときのように）後で重要だと分かるようなことを必然的に除外しているからである。分析家をスーパーヴァイズする作業で，私がよく思い当たるのは，分析家がそっけなく言う細部（分析家がメモに書いていなかったことや，言うつもりでなかったこと，私の質問に対する応答やその場での話し合いの中でしか出現しない細部）によって，事例のかなり異なった面が明らかになったり，新たに生産的に事例を再考できるということである。同様に発表のために事例の詳細な報告を書くとき，私がよく思い当たるのは，事例に関して最新の洞察をもたらすのは，やはり脚注に書いたり，ワープロファイルの後のほうに回したり，際限なく紙切れに書き続けていたりしていた細部だということである。また次のようなこともある。自分の事例報告書を書いて2，3週間後にそれを再読すると，そこからかなり多くのことに気づき，その報告書についてさらにいくつかの視点が得られる。このときには，論理的に良くできた筋を作るというプロセスにそれほど気をとられることなく，多少なりとも自分が誰か他人であるかのように，その筋を読むことができる。

　このような事例のまとめが有益なのは，こうしたまとめ方を通じて，事例の**象徴的座標**を考え抜き，再考し，それを言葉で表現することになるからである。自分の言葉にせよ，分析主体の言葉を書き写したものにせよ，自分の書いたことが一つではなくいろんなふうに理解し得ることに私たちは突然気づくだろう。紙面やコンピューター画面に物事を書きとめるだけで，そうしなければ発見できなかったような結びつきが見つかるのである（たとえば，分析主体にとって過去の重要人物二人の名前がまったく同じだったこと，分析主体が従っている宗教の慣習の外国語名のスペルが，その分析主体の姓とまったく同じであること，など）。しかし，こうした事例のまとめは個人スーパーヴィジョン，グループスーパーヴィジョンへの準備行為にすぎないと考えるべきである。他人だけが，私たち自身がまだ理解不十分なのか，理解できていないのか，理解しようとしていないのかについて私たちが理解するのを，促進し得るのである。

　ある時期のある事例を体系的にまとめたものは，一種の理論となる。しかし理論によってある事柄は見えるようになるが，それと同時に他のことは見えなくなる。クーンが教えているように，理論にしがみついても断念しても，必ず

大きな困難を伴う（Kuhn, 1962）[141]。ちょうど科学者が最初のうち現行の有力な理論に合わないデータに直面した場合，その重要な理論を捨てずにあちこち微調整して，データを理論に合わせようとするように（科学者がそのデータをノイズとして単純に無視しない場合），臨床家はそれまでに言及されたことのない人生上の出来事，夢，幻想についての発話を，まず必死になって既にある概念的枠組みに合わせようとしがちになる。何人かの科学者たちが彼らの大切な理論をあきらめ，新たな理論を探そうとするのはそれまでの理論を圧倒的に打ち負かすほどの証拠の重みのもとにおいてのみなのである。分析家の場合も同様の怠惰で頑迷で退屈な体質があり，それにより，とりわけ強迫神経症的な分析主体以外の分析主体を皆混乱させ，多くの分析をめちゃくちゃにするのである。分析家自身の分析と継続しているスーパーヴィジョンは，研究の継続とともに，私たちにとってそうした結果にならないための最良の保証なのである。

投射同一化

自分の無意識に恋していないと道に迷います。
―― ラカン（Lacan, 1973-1974, 1974 年 6 月 11 日）

「投射同一化」は，ラカン派ではない多くのさまざまな学派の精神分析家たちによって，陰性逆転移の原因である過程とされることが多いが，現代の転移の

---

[141] 精神病が教えるように，理論は自己確認的でもある。たとえば，私が恋愛妄想だとして，理由はともかく，いったん私の上司（女性）が私に惚れていると伝え聞いたり自分でそうだと決め込んだなら，上司が私に惚れていることを否定したとしても，私は彼女が私に惚れているという点から彼女の言うことすべてを解釈するだろう。そして上司は謎めいた口ぶりで話し私をもてあそび，気のないふりをしているのだと考えたり，彼女は自分自身の最も深い気持ちに気づいていないのだと思い込むだろう。私がパラノイアだとして，上司が私を取り込もうとしていると思ったなら，私はその確信に従って，彼女が密かに何か悪意を抱いているかのように彼女の言うことすべてを解釈するだろう。分析家による転移解釈の場合に検討したように，上司が言うことはどのようなことであっても，私のことを愛している人という私が決めつけた人物像からの発言として私には聞こえるのである。ラカン（Lacan, 2006, p. 428）〔第二巻，一四九頁〕は，このことを「人間の知のパラノイア的原理」と呼んでいる（pp. 94, 96, 111, 180〔第一巻，一二六，一二八，一五〇，二四三頁〕も参照）。

議論はこの「投射同一化」について検討しなければ完璧とはいえないだろう。

　分析主体の反応を（前述したように）個人的に受けとる傾向が分析家にある場合，その分析家は，気づいたときには分析主体についてやや否定的なことを考えたり，多少陰性感情を抱いていることが多い。自分自身を分析主体の怒りのターゲットとして誤って位置づけていることや，分析の中で自分を違う形で位置づけるようにすべきことを自覚するよう奨励されることはなく，自分は「投射同一化」を経験していると思うことを奨励されることが多い。「投射同一化」とは，分析主体が経験しているのに経験したくないこと（分析主体はそれを「分析家の中へ」投射する）を分析家が経験すると想定される状況のことであり，あるいは，分析主体が感じようとしないことや分析主体によって分裂していると思われる感情を分析家が感じると想定される状況のことをいう（この説明は，これから見ていくようにかなり単純だが，ここでの私の最初の目的には十分かなっているだろう）。この見方によれば，分析家の逆転移的感情は分析家自身の個人的特質や治療での不適切な態度ではなく，むしろ分析主体に関する「客観的なもの」を反映しているのである。たとえば，ポーラ・ハイマンが言うように「分析家の逆転移は分析関係の本質的な部分であるだけでなく，患者による**創造**であり患者の人格の一部である」（Paula Heimann, 1950, p. 83）〔一八五頁〕。

　ここでまず指摘すべきは，分析家は，自分たちが分析主体に対し不適切な位置をとっていることを考えるよう勧められているのではなく，分析主体がまったく気づいてすらいないことについて，自分が**見事なまでに敏感**になっていると考えるよう奨励されている，ということである。疑うべきはおそらく次の事実である。分析主体に対する分析家の陰性反応は「投射同一化」という考えによって魔法のように美点に変わり，そこでは分析主体のためではなく，おそらく分析家が心のやましさを持たないように状況の弁証法的反転がもたらされているのである。ただ一つ確かなのは，分析家はここで完全に窮地を抜け出し，自分の**不快な気分が神聖な感受性に姿を変えているという事実**自体によって守られているということだろう。みすぼらしいもの（分析家の混乱した逆転移感情や怒りという不純物）を価値あるもの（錬金術師の金）に変えるというこの錬金術的変化によって，この概念の流行はある程度，よく説明できるだろう。

　逆転移を転移に変える，すなわち，分析家にではなく分析主体に責任を帰す

という考えを分析家が抱くのを見ていると、「分析への抵抗は分析家自身の抵抗以外にはない」というラカンのコメント（Lacan, 2006, p. 595）〔第三巻，一七頁〕を思い出す。ラカン自身がそうしたように，精神分析理論を使って精神分析の歴史を分析することによって，私も「第二次世界大戦後に次第に逆転移に惹きつけられたこと，そして精神分析理論によってその埋め合わせをしていることが精神分析の過程自体に対する分析家の抵抗を表している」という仮説を考えてみることを提案したい。これから論じるように，逆転移が象徴的な領域よりも想像的領域を特別扱いしていることは確かである。

投射同一化概念の歴史的展開

> 私たちは実際に言われたことをはるかに越えるような仕方で言語を使っているのです。
> ——ラカン（Lacan, 2005b, p. 41）

投射同一化は非常に複雑な概念であり，さまざまな著者によってさまざまに使われている。[142] 精神分析の諸概念の歴史にはかなりよく起こることだが，この用語を造ったメラニー・クラインが当初意図しなかったさまざまな意味を，分析家たちがその語に担わせることによって，この用語はそれ自身の生命を持ったのである。

クラインは「投射同一化」という用語のもとにまとめた過程について，次のような注釈をつけている（Klein, 1946/1952）。

---

[142] ジョセフ・サンドラーが注意を促しているように，

> ［投射同一化は］クライン派でない見方からは議論するのが難しい観念である。それは部分的には，この概念を使う人たちが実際には（精神分析でかなり多くの人々がそうであるように）文脈に応じてその意味を変えているのに，それを単純なメカニズムとして語る傾向があることによっている。その結果，ある種の神秘性を帯びてしまい，不幸なことに，まったく捨て去られるか，特別の「内的知識」によってしか理解できないと考えられている（Joseph Sandler, 1987, p. 14）。

一方，オグデンは，クライン派のメタサイコロジー的な前提から解放するような形で，この概念を定式化しようとしている（Ogden, 1979）。

投射が，主に母親を傷つけたいとか支配したいという幼児の衝動に由来する場合は，幼児は母親を迫害者であると感じる。精神病的な障害の場合には，自己の憎い部分と対象とのこの同一化によって，他人に向けられた憎しみは強くなる。(Klein, pp. 300-301)〔一二頁〕

クラインの論文の文脈で明らかなのは，幼児や精神病者は自分自身の攻撃性（たとえば，自分の「憎い部分」の一つ）を母親や誰か他の人物に帰して，自分自身ではなく他の人物を攻撃者と「同一化して」いるということである。幼児や精神病者はそのとき，やましさを伴うことなく，自分自身ではなく他の人を憎むことができる。彼の憎悪は，前から存在する他者の攻撃性に対する単なる反応だからである。

この定式化には，**投射同一化**という用語を使っていること以外，実際には何も目新しいものはない。これは，誰か他の人物へ自分の思考や情動の一つを投射するという古典的な事例である。[143] 子どもが心の中で母親がそのようだとみなしていることは，文字通りに，つまり実質的に，母親自身の中にあるものではないし，決して人としての母親を侵害するものではない。それは，単に母親に対する子どもの見方（表象，幻想）の一部にすぎない。[144] ここでクラインが成人

---

[143] たとえば，パラノイアに関するフロイトの有名なコメントを見よう (Freud, 1911a/1958, p. 63)〔全集第一一巻，一六五頁〕。

> パラノイアの症状形成のメカニズムには，内的知覚——感情——が外的知覚によって置き換えられることが必要である。その結果，「私は彼を憎む」という命題は**投射**によって，「彼が私を憎む（迫害する）に変形され，彼を憎んでいる私は正当化される」。

オグデンによれば，クラインの説明には十分新しいものがあるという (Ogden, 1979, p. 358)。「まず，自分自身の一部を別の人物に投射し，その部分が内側からその人物を支配するという幻想がある」。第二に——ここでオグデンはシェーファーに従っていると言っている（パーソナル・コミュニケーション）——「投射している人物は，自分自身の一側面を投射した人物と一体となっていると感じているのである」。

[144] このことは，クライン (Klein, 1946/1952) が「取り入れ同一化」と呼んでいるものについての説明から明らかである。取り入れ同一化では，子どもは母親に最初に見られたいくつかの特徴を自分自身に帰属させる（つまり自分が持っているとみなす）。ここで子どもはそうした特徴を持っていると**自分では思っている**のだが，人は，子どもがそれらの特徴を持っているとは必ずしも考えない。

また，クラインが「分裂した自我の部分は母親の上にも——むしろ私は，母親**の中に**，と言お

患者によってなされるこの種の投射を，神経症者ではなく，**精神病者**に関連づけていることに注意しよう。

1958 年に行った発表で，ハインリヒ・ラッカーは，クラインの用語を使って，さらに付け加えている（Racker, 1968）。ラッカーによれば，患者が分析家に何かを投射すると，分析家のほうは患者の投射に同一化するという（ここで私は，ジョセフ・サンドラー（Joseph Sandler, 1987）による**投射同一化**という用語の歴史の説明におおむね従っているが，サンドラーはこのラッカーの説明をこの概念の展開でのステージ 2 と呼んでいる）。ラッカーによれば，通

う――投射される」と書いた箇所の，次のような脚注からもこのことは明らかである。

> こうした最初期の過程を記述することにはかなり困難がある。というのは，そうした幻想は幼児がまだ言葉で考え始めていないときに生じるからである。たとえば，この文脈では，私は「別の人物**の中に** into 投射する」という表現を使っているが，それはこの表現によってしか，私が描き出そうとしている無意識の過程を伝えられないと思われるからである。（p. 300）〔一二頁〕

クラインはこの箇所で，同じ文献の他の箇所と同じように，他の人物の中に何かを入れるという子どもの**幻想**について明確に言及している。しかし彼女は，ある種の独立した存在であるような性質を帯びるものが現実に他の人物の中に入るということに関して論じていない（phantasy の「ph」と fantasy の「f」とを区別する著者が何人かいるけれども，私がここでそれらを相互に交換可能な語として使っていることに注意しておきたい）。彼女は同一化に関する他の主要な論文でも，このことを論じていない（Klein, 1955，特に pp. 311-312〔一八四―一八八頁〕を参照のこと）。

その決定的確証として面白い話がある。フィリス・グロスカース（Phyllis Grosskurth, 1987, p. 449）は次のような報告をしている。クラインがソニー・デヴィットソンという若い分析家をスーパーヴァイズしていたときのことだが，彼がクラインに「私は患者に『あなたは自分の混乱状態を私の中に入れているのです』と解釈しました」と告げたとき，クラインはこう答えた。「あら，そうじゃないわよ。混乱しているのは**あなた**よ」。

グロスカースは続けて次のように書いている（Grosskurth, 1987, p. 449）。クラインは自分が進展させた逆転移の『流行』にかなり悩んでいた。スーパーヴァイジーが患者が自分をいかに怒らせ混乱させるかについてしゃべりすぎるような場合，クラインは端的にこう注意していた。「いい，あなたのスーパーヴァイジーにこう言いなさい。私は患者のことを知りたいのです」。

[145] オグデンは，ラッカーとほぼ同じ時期に，ビオンのような他の分析家がこの概念について拡大解釈したと指摘しているが，この概念の展開に関する説明の中でラッカーには触れていない（Ogden, 1979）。オグデンはサンドラーとは異なった仕方で投射同一化の現象を細かく分析している（Ogden, 1979, 1982）。ステップ 1 では，「自分の一部を別の人物へ投射し，その部分が内側からその人物を支配するという幻想がある」（Ogden, 1979, p. 358）。オグデンはこのステップを，人は自分の一部を投射していると夢想する人物「と一体となっている」と感じ続けると仮定することによって，いわば純然たる投射とは区別している。投射では厳密な意味で，人はその人物とは引き離されていると感じるのである。ステップ 2 では，「個人間の相互作用によるプレッシャーを被り，投射を受け

常の経過の中では，分析家は分析主体に同一化して分析主体を理解しようとする（Racker, 1968, p. 134）〔一九〇頁〕。さらに言えば，分析家は「（自分の）人格のそれぞれの部分」を患者の対応する心理的部分——（分析家の）エスは患者のエスに，自我は患者の自我に，超自我は患者の超自我——に同一化させるという。ラッカーは，このような「調和 concordant（あるいは相同 homologous）同一化」が「理解の基礎である」と主張している。つまり，分析家はあらゆるレベルで患者と同一化しないと，患者を理解できないことになる。しかしそうではなくて，分析家は自らの自我のレベルで「患者の内的対象，たとえば（患者の）超自我と」——たとえば，患者の内面化された苛酷な両親像と——同一化することもある。特にそうした「内的対象」が患者によって分析家へ投射されている場合にそうなる。ラッカーはこの場合を「相補同一化 complementary identification」と呼んでいる。相補同一化は，分析家が患者と調和的な仕方では十分に同一化できなかったことを示すものである。この場合，分析家は患者の現実とではなく，患者が投射しているものと同一化している。つまり患者は分析家を一種の対象と見なしており，そしてその対象に分析家が同一化しているのである（Racker, p. 135）〔一九〇-一九一頁〕。ラッカーが述べているように，

> 患者の防衛機制（投射同一化）は，多くの場合，実際にその目的を達成しており——分析家に罪悪感を感じさせる私たちの事例では——，（時に言われるように）「患者は分析家が罪悪感を感じることを期待している」ことや「分析家は悲しみ，抑うつ的にならなければならない」ことを意味するだけではない。患者が（分析家と）同一化させている対象と分析家との同一化は，繰り返すが，正常な逆転移の過程である。(p. 66)〔九一頁〕

る者は，その投射と一致するように考え，感じ，行動しなくてはならないというプレッシャーを経験する」(p. 358)。ステップ 3 では，投射された感情は，受ける側（母親や分析家）によって「心理的に処理される」。投射を受ける者は願わくばその感情を「投射する者が操ることができる方法とは違ったふうに」操ろうとする (p. 360)。そのとき（ステップ 4 となる），その感情は投射する者によって再び内面化され得る。オグデンの説明は極めて分かりやすく包括的だが，まったく信じ難い前提に満ちている。確かにオグデンは「治療者の精神活動や感情状態すべてが患者の内的状態を反映しているわけではない」ことを認めているが，投射同一化のオグデンの経験に関する説明はかなり極端である（Ogden, 1982, p. 148）。その一つとして，治療者は「自分の身体や発話が……，患者によって，ある程度，征服され支配されていると感じている」という (p. 151)。

分析家が自分の患者を理解しようとするなら，調和同一化が必要であるというラッカーの考え——私が第1章でかなり詳細に批判した考え——を認めるにせよ認めないにせよ，ラッカーの説明でとにかく明らかなことは，分析家が患者自身と同一化しようが（「共感同一化 empathic identification」と言えるだろう），患者が分析家に投射しているものに同一化しようが（「投射同一化」），分析家の側の主体的な関与があるということである。言い換えれば，分析家の側の関与なしに生じる自動的な過程あるいは完全に客観的な過程があるとは思えないのである。実際，ラッカーの表現から察するに，彼の考えは分析家による失敗を示唆するように思われる。それはおそらく起きなくてよい失敗，ほとんど起こり得ないような失敗である（ラッカーはそれを「正常の逆転移過程」と呼んでいるけれども）。

サンドラーは，投射同一化概念の展開のステージ3は，ウィルフレッド・ビオンによってもたらされたと主張している（Sandler, 1987）。サンドラーによれば，ビオンはこの点でラッカーの一枚上をいっている。ビオンは，調和的な仕方や補完的な仕方で——こうした方法は分析家の主体性がある程度関与していることを示している——，同一化における役割を分析家が担っているとみなすというより，分析家を（主体に対立するものとしての）ある種の対象として，「容器 container」として記述している（Bion, 1962）。分析主体は自分が望むものは何でも「容器 container」に投げ入れるだけでよいのであり，分析家は分析主体の投射するものの一部やすべてを認めたり拒否したりする役割をするわけではない。オグデンは分析家を「望まれていない部分が投げ捨てられる入れ物」と呼んでいる（Ogden, 1982, p. 161）。[146]この再概念化によって，

---

[146] 患者が「別の人物に感情を投げ入れる」理由とされるもののうち，少なくとも一つの理由は，患者が自分の感情にかなり怯えており，それらの感情は感じても大丈夫なものかどうか，まず別の人物に感じさせざるを得ないと感じているということである。たとえば，ケースメント（Casement, 1991, p. 71）〔I，九三頁〕とビオン（Bion, 1959, pp. 312-313）〔一一〇—一一頁〕を参照のこと。自分（分析主体）のある側面を分析家が拒否しないと分かると，分析主体はどれほどたやすくその側面を自分でも受け入れられるか，それは私も理解している。しかし，分析主体がいったいどのようにして，自分（分析主体）が感じるのを恐れているものを自分の分析家に感じさせ，そしてその結果，それが「感じても安全」なのだと確かめられるのか，私には分からない。

ビオンは投射同一化について，必ずしも「患者の幻想」以上の何かを伴うものとして語っているわけではないことに注意しよう（たとえば，Bion, 1957, p. 268〔五五頁〕を参照）。そしてビオンが，メラニー・クラインの前述した小論から自分自身の投射同一化の概念を読みとっていることにも注

分析家が何らかの形で非難されたり,自分が感じ経験していることの責任を負わされることはないことが示され,分析家はある意味で等式の外へ出ることができる。その感情は分析主体の転移を直接,無媒介的に示しているので,分析家の「逆転移感情」は実際には決して逆転移ではないのである。[147]

意しよう。投射同一化に関するクラインの短い検討について,ビオンは次のように書いている。

> このメカニズムによって,患者は自分の人格の一部を分裂させ,それを対象の中に投射する。そしてそれは対象において時に迫害者となり,それに応じて人格の一部を分裂させられた心のほうは貧しいままとなる。(Bion, 1957 p. 266)〔五二-五三頁〕

ここでビオンが,患者は自分の人格の分裂した部分について,それを投射した事物や人にインストールされたものとして**考えている**にすぎないとみなしていたか,あるいは,このことを実際に起きていることとみなしていたかどうかは,依然として疑問である。

私が面白いと思うのは——ラカンがよく言う「性的関係のようなものはない」という言葉に慣れている人たちも同じように面白いと思うだろう——ビオンが「容器を表象する抽象概念を表す」のに女性を示す典型的な記号(♀)を使い,「内容を表す」のに男性を示す典型的な記号(♂)を使ったことである(Bion, 1962, p. 90)〔一〇六頁〕。すなわち,ビオンは容器と内容の間,分析家と分析家の中に投射されるものとの間には直接的関係があり得ることを信じているように思われる。その直接的関係とは,両性間でのある種の直接的で媒介なしの関係(実際にはある種の「予定調和」)に類似した関係である。

[147] サンドラーがビオンについて説明する際におそらく依拠したビオンの論文(1959)を注意して読んでみると,その説明の一部しか裏づけられていない。ビオンは,母親も分析家も「(子どもや)患者が入って来るのを拒み」,「(子どもや)患者の投射同一化を取り入れる」ことができないときがあることを明らかにし,主体的要因がなくならないことを示唆している(Bion, p. 313)〔一一〇-一一一頁〕。ビオンは,分析家の中に自分の人格の部分を「むりやり押し込もう」とする患者がいるが,分析家は,母親のように,彼らの感情の「収納庫として役に立」たなくてはならないと断言している。「(そうした感情を)取り入れられないことにより,患者には外的対象がもともと敵意を持っているように見える」(p. 314)〔一一三頁〕。ビオンが逆転移感情すべてをそうした患者による投射によるものと見なしていたかどうかは,私にははっきりしない。

「客観的逆転移」と「客観的に患者(を憎む)」というウィニコットの概念(Winnicott, 1949, p. 70)〔二二九頁〕はまったく同じような役割を持っているわけではないが,私の考えでは,どちらの概念も,新米の分析家にも経験を積んだ分析家にも有害であると思う。私たちは皆,自分の幻想というレンズを通して「現実」を見ている以上,心理学的な領域で「客観的観察」のようなものがあるとは思わないし,臨床において自分の感情に拠るであろう患者に対する愛と憎しみと,「客観的観察に基づいた,患者の実際の人格や行動に対する反応としての愛と憎しみ」(p. 70)〔二二九頁〕を分析家が完全に区別できるとは私は思わない。精神分析において目指すことのできる客観性の唯一の形式は,象徴的素材,すなわち分析主体の発話やその発話がもたらす象徴的座標に基づく作業である。結局,そうした作業によって,私たちは自分の事例について他の分析家とともに検討できるのであり,他の分析家たちが私たちの事例について彼ら自身の見解——私たちとは異なる見解——を持つこともできるのである。そして彼らの見解にどれほど妥当性があるかは,彼らが

クラインは既に 1940 年代に，ある一定の投射過程や取り入れ過程は精神病だけではなく，重症の神経症にも見られることを示していたが，ラッカーやビオンが投射同一化はすべての患者において生じると言って，ことをかなりぼんやりさせていることに注意しよう。クラインは，そうした混乱した状態——投射過程と取り入れ過程——は，「抑うつ態勢」と彼女が呼んでいるものの徹底作業の後に普通消失すると述べている（Klein, 1957, p. 69）〔六九頁〕。「抑うつ態勢」は「普通，生後 6 か月以降から 2 歳になる頃までに克服され」，かなりの「投射同一化の減少」をもたらす。ラッカー，ビオン，そして彼らに続く多くの分析家は，「投射同一化」の概念を実質的にあらゆる年代，あらゆる診断に敷衍したのである。

投射同一化概念批判

> 人間の感情表現の形式はすべて慣習的な性格を持っています。いわゆる感情表現の自然さということは，よく検討してみると，問題をはらんでいるばかりではなく，かなり変動しやすいものでもあることが分かりますが，そのことを知るのにフロイト主義者である必要はありません。ある言語を話す地域でのある感情の意味することが別の地域ではまったく異なる表現上の価値を持っていることがあるのです。
>
> ——ラカン（Lacan, 1998b, p. 429）〔下巻，二六七-二六八頁〕

　分析家は一般に，分析主体の思考や感情について自分が知っていたり気づいていることはすべて，何らかの方法で自分が解釈し調査するものだということを認めていることに注意しよう。分析主体の発話——多くの臨床家がそれを精神分析作業にとり唯一最も重要な手段だと考えている——が解釈されなければならないのは，それを理解しようとしたり，それによって作業しようとするからである。[148] いわゆるボディランゲージも同様に，第 8 章で論じるように，多くの人々が思っているほど透明でも普遍的でも分かりやすいわけでもない。少なくとも社会的文化的環境や背景を無視して，誰にでも同じことを意味して

事例の象徴的素材をどの程度説明しているかにかかっている。

[148] 小説『異星の客』でのロバート・A・ハインラインの言葉を使えば，「グロク grok（表面的な理解ではない内面的な理解）」が直接なされるわけではない（Heinlein, 1961/1968）。

いるというわけではない。ボディランゲージは，分析家が「読みとろう」——「解釈する」という意味で言っている——とするものだが，分析主体のボディランゲージが言わんとすることを自分が分かっているかどうか，分析家が確かめられる唯一の手段は，分析主体にそれについて話すように求めることであり，結局やはり発話という手段に戻るのである。分析主体の行動も彼らの思考や感情に関わる何かを私たちに伝えるが，その行動もまた解釈されなければならない。分析主体の行動は，それが生じるそのときに分析で起きていることに少なくとも一部は依存しているので，その行動は，治療の最初と後のほうとで，必ずしも同じ意味を持っているわけではない。分析主体が違っても意味はいつも同じという特定の行動があるわけでもない。

　こうしたこと——分析主体の発話，ボディランゲージ，行動——はどれも，分析家がすぐにはっきりと理解できるといったものではないのである。どれも文脈を考えなければならない。社会的・文化的・政治的文脈だけではなく，分析でそれまでに判明していることすべてが文脈となる。つまり，分析家がこうした文脈のすべてを解釈し，分析の経過に明らかに関与している以上，分析家は常に不可避的に（逃れようもなく）問題の一要素であるということである。分析家はそうしようとしても，（霊と交流し，局面を一変させる霊媒のような）透明な媒体ではないし，分析の中で自分自身の神経症や不安定さが何も役割を果たさず，状況に対して何も影響しないといった純然たる道具でもない。象徴的位置に自分を置くことにかなり熟達している分析家の場合でも，想像的な妨害を完全に除くことは決してできない。

　しかし，投射同一化の概念は1960年頃から使われて以来，分析家が媒介なしに直接，分析主体に生じていることへ接近する機会を得られることを提唱しているのである！　分析家がここで得る知は，おそらく十分成熟した直観のセンスや何年もの実践を通して獲得した鋭い感受性がもたらす知の範囲をかなり超えている。投射同一化の概念では，分析家はバルカン人の精神融合のように，分析主体の心や熱情に直に触れていると仮定されている（『スタートレック』〔アメリカのSFテレビドラマシリーズ。精神融合はミスター・スポックらバルカン人が行使できる特殊能力で，相手に触れることでお互いをテレパシーで結び，意識を共有する技である〕では，ミスター・スポックは別の銀河からの人間や生物に触れることによって精神融合を果たすことができる）。私にはそうした力

はまったく信じられない。そうした力がかなり信じ難いのは，とにかく投射同一化について有名で流布した考え方によって，分析家は，分析主体が考えたり感じていることにではなく，むしろ分析主体が考えたり感じたり**していない**ことに通じるようになると考えられているからである。

　文献中にみられる事例を通じてこのことを検討するが，まず言っておきたいのは，かなり多くの分析主体がそうした精神融合について，控えめに言っても，むしろ気味が悪いと思っているようである。というより，分析主体は自分の考えや感情を口に出して言うのを恐れていることが多く，治療の中で分析家を徐々に信頼するようになって，少しずつ自分の考えや感情を表現しようとするにすぎない。実際，分析主体は，初めは自分（分析主体）の考えや感情について分析家が分かっていないことを口実にしたり，また，自分（分析主体）が自分の考えや感情をまだ探索しようとしていなかったり，分析家に探索させようとしていないのなら，ある程度それらを言わなくてもよいことを口実にすることがある。ウィニコットが言うように，

> 重要なのは，患者が手がかりを出している場合以外は，分析家には答えが**分からない**ということである。分析家は手がかりが集まれば解釈するが，患者が手がかりを出さなければ，分析家は何もできないということはよくある。患者にとって，分析家の力のこの限界は，分析家の力が重要であるのと同じように，重要である。分析家の力は解釈によって示されるが，その解釈は……解釈を作り上げ正当化する素材を提供する患者による手がかりや無意識的な協力に基づいているのである。(Winnicott, 1960/1965b, pp. 50-51)〔五〇頁〕

小さな子どもは，自分が話さなくとも親は自分の考えをすべて分かっていると信じることがあるが，大人は多くの場合，自分の考えや感情をそう望んだときにだけ他の人々に知らせて，それ以外のときは，ともかくある程度は隠しておけるということに安らぎを感じている（Freud, 1909/1955, p. 164）〔全集第一〇巻，二九七頁〕。他の人たちと直接つながることができたらと私たちの多くも時に望むことはあるだろうが，実際にそうしていると思っているのは普通，精神病者だけである。

　特に何年も分析を続けている分析主体の場合だが，私が何かを言うと，「自

分の心に起きていることはまさしくそれです」と彼らが答えることがある。私はどのようにしてそのことを知ったのか。もちろんそれは，文脈の全体——その日の彼らの語り，過去に私に言ったことの総和，より広い社会的文化的文脈，彼らが話す言葉の中で彼らが使う表現や定式——に基づいて私に浮かんだことである。つまり，それは本質的には，彼らがどのように物事を考え感じているかについて，かなり多くのことを知り，分析主体の母語を十分知っている，その結果である。たとえば，そのような「読心術」は，分析主体の母語が私には第二言語であるフランス語のときには，生じることは少ない。フランス語についての私の知識が豊富だったとしても，彼らなら浮かびやすい表現のすべてを私が自由に使えるわけではない。[149] 彼らの考えに私が近づいていく場合，常に彼らの発話，見振り，行動についての私自身の（意識的，無意識的，知的，直感的）解釈が左右する。そして私の解釈は必然的に私の背景すべて——私の育ち，教育，相互に会話するのに使う言語の知識——に媒介されている。たとえば，分析主体の信仰の教義に少なくともある程度なじんでいないと，彼らが宗教的にほのめかしたことを私は理解できない。最良な場合には，私は自分が分からないことについて尋ねるだろう。しかし，実際にそこに意図的な意味以上のものがあるとき，私は，その意図的な意味は分かると思ってしまい，それがほのめかしなのだと気づくことさえないだろう。

　このことは，他の翻訳家たちの仕事を私が査読するよう依頼されたとき，いつも出くわすことである。ある用語が慣用表現であっても，それが文字通りの意味とはかなり違う意味を持っており，辞書で調べるべきだということに彼らが気づくことさえない場合も多い。彼らはその代わり，その表現に既に識別できる意味があれば，たとえ著者が意図したものでないとしても，それをそのまま額面通りにとってしまう。このことはさらに，人の書いたものや発話を解釈

---

[149] もちろん，母語で使われる語や表現の数はあまりに多すぎて，その範囲全体を知っている人間は誰もいない（英語の場合で，45万から約100万語の異なる語や表現があると推定されている）。人がよく使う表現の範囲は主に育った地方や地域，他の地域や地方の人々との親交，読書などによっている。私のスーパーヴァイジーたちの中には，分析作業の最初の頃，患者たちが自分がそれまで聞いたことがない語や語句を無邪気に使っていると，患者たちは新造語 neologisms をしゃべっているのだ，と考えてしまいやすい者がいる。そうした語や語句は，ヴァイジーたちの出身ではない地方やサブカルチャーに特有のものだったり（方言や異文法），彼らにはなじみのない領域の専門用語，ある特定の世代や教育歴の人々ならよく知っている歌や詩，小説，テレビ番組，映画からの引用だったりする。

する際に,解釈する者の文化的教育的背景全体が影響を及ぼすということを示している。

これから検討するいわゆる投射同一化の最初の例はパトリック・ケースメントの事例である（Casement, 1991, pp. 64-78）〔I, 八三-一〇五頁〕。彼は投射同一化を「相互交流性コミュニケーション interactive communication」あるいは「インパクトによるコミュニケーション communication by impact」と彼が呼ぶさまざまな形態に分類している。ケースメントは,おそらく彼がスーパーヴァイズしている女性治療者の事例を報告しているが,その報告が簡潔で明快であるので,ここでこの事例を取り上げることにする。独身女性の患者 G 氏はたびたびセッションを休み,長期間にわたりセッションの始まりから沈黙したままということも多かった。担当の女性治療者はセッションの間,自分（治療者）から話さなくてはならないという「巨大な圧迫」を感じ,また G 氏がセッションに来ないときは何が起こっているのだろうかと,見捨てられたような不安定な感じを抱いたのだった。G 氏の過去についてこの報告の中で語られているのは,彼女が「子どもの頃,母親が癌のため入院を繰り返し,（4 歳のときに）亡くなり,トラウマを受けていた」ということだけである（p. 77)〔I, 一〇二頁〕。ケースメントの結論は,G 氏は「母親に何が起こっていたのかを知らないという状態にされることが多く,それがいかに耐え難いものだったか」を治療者に印象づけようとしていた,というものである（p. 78）〔I, 一〇二頁〕。つまり,G 氏は自分自身が幼い子どもの頃感じたのと同じような,見捨てられて不安定な感情を自分の治療者に体験させようとしていたというのである。G 氏は言葉で治療者にこうした効果を与えることはどうもできないと感じたらしく（それは,彼女のトラウマが,言葉でそれを言えなかったような小さい頃に起きたという事実によるのか,治療者が彼女の言葉にそれほど注意していなかったのか,報告の中では言及されていない）,その結果,行動によってその効果を与えようとせざるを得なかったのである。治療者が以上のようなことを G 氏に告げると,「患者は,それは自分にとって意味あることだと徐々に気づくことができて」,やがて,ほとんどセッションを休まなくなり,セッションの初めから楽に話すようになった。

ケースメントによって,患者は母親によって見捨てられたという感情を「自分の外へ」投げ出したと仮定され,治療者は無意識のうちにその感情に気づき

「それを取り入れた」——すなわち，それに同一化した（人が決して表現されていない感情にどのように「同一化する」のかは分からないままだが），あるいは少なくとも幼い頃の患者の苦境と同一化した——と仮定されている。

　G 氏についてはいろいろ考えられると思うが，そのうちの二つだけ，ここで検討しよう。フロイトが言っているように，「厳密に言って，……無意識の情動はなく」，「無意識の表象」だけがあるとするなら，ここで，分析主体は母親と関わる「見捨てられたという無意識の感情」を抱いているのだと言っても，ほとんど意味がないことになる（Freud, 1915b/1957, p. 178）〔全集第一四巻，二二六頁〕。前述したように，たとえ置き換えられたり偽装された形——たとえば，不安や怒りという形——にせよ，**実際に感じられない限り**，それは感情ではない。G 氏は，子どもの頃に母親がいなくなりトラウマを受けたことを既にはっきりと治療者に伝えており，自分の感情（精神分析的用語の意味としては，抑圧ではなく禁圧を受けやすい感情）を抑圧も投射もしていなかっただろう。それどころか，彼女は治療者と親しくなって**何かを感じる**ことを恐れていたのである。G 氏の小さい頃の経験を考えれば，彼女は見捨てられるのを恐れているために，人と（おそらく特に女性と）親しくなるのを大体の場合は避けているのだろう。彼女の目的は，自分の治療者に対して，できる限り何も感じないことであり，何も求めず期待しないことだった。治療者に対して何かを感じたり何かを求め始めると，すぐに G 氏は「無断欠席」するのだった。G 氏は見捨てられるという感情が現実化しないようできることは何でもやったのである。実際，彼女は，たびたび捨てられる恋人のモットー，「自分が捨てられるより先に捨てる」に従っていたのだろう。

　この意味で，彼女は自分の感情を自分の外へ投射していたとはどうも言えない。むしろ，彼女は無感覚であったし，無感覚のままでいようとしていたのである。治療者自身が感じていたことは，G 氏の沈黙やセッションを休むことに対して，固有の個性や感受性を持つ人間として自分がどのように反応するかだった。個性や感受性が異なる別の治療者なら，他の事例を考えるのによい機会として，その沈黙を利用し，また休んだセッションを，自分の読みを追いつかせる時間とみなしたかもしれない。あるいは，何度もセッションを休んだこ

150　自分の外へのこの感情の投射，この追放はどのようにして可能となるのか，ケースメントは述べていない。この点については後で詳しく言及しよう。

とで患者に怒ったかもしれない。また怒ることも心配することもなく,「続けて2回以上休んだら,あなたのためにもう予約をすることはしません」と言って,大目にみることに限度を設けたかもしれない。多くのスーパーヴァイジーは「分析主体は私に何かを投射し,私にある特定のやり方を感じさせるのです」と私(著者)に言ってくる。私なら,この場合はっきりしていることだが,自分の分析主体の誰からもそうした特定のやり方を感じたことはないので,他にやりようがなくともこうしたスーパーヴァイジーたちのように反応することはまったくなかっただろう。なぜそうなのかと言えば,治療で自分をどう位置づけるのかに関して,私の場合,他の多くの治療者とかなり違っているからだと思う。私は自分が,彼らが常にそうであるように銃弾が飛んでくる只中にいるとは感じていない。もし私が分析主体の当てこすり,沈黙,セッションを休むことを取り上げる場合でも,やはり彼らと同じようには取り上げないだろう。治療者によって人格はまったく違うし,患者に対する反応の仕方もさまざまだが,その反応の仕方が直接患者に起因するということはほとんどない。

ここでケースメントが「投射同一化」と呼んでいるものは,次の (1), (2) が一対になったものにすぎないと思われる。(1) 耐え難い見捨てられ感情が起きないよう親密さを回避するという,患者の側の「人と関係するスタイル」の反復——これは普通,より単純に**転移**と言えば済むところである。そして (2) 以上に対する治療者の側の逆転移反応。この逆転移反応は,確かに一般的なものだが,患者が治療者に**押しつけた**ものとは言いがたい。

かつて感じていて今はもう感じていないに違いないことを治療者に感じさせようという**要求**を患者が持っているとみなすより——患者の沈黙や休みに対する治療者の反応は分析で生じていることに関して何か重要なことを示していると確信できるにしても——,むしろその代わりに,このとき,治療者と患者の立場が逆転しており,患者が姿を消す者を演じていることに注目すれば,患者が過去の状況を無意識のうちに反復していると仮定できるだろう。以上のことは,反復強迫に関するフロイトの議論 (Freud, 1920/1955, p. 16)〔全集第一七巻,六九頁〕に沿って理解できるだろう。フロイトによれば,ひとは自分自身がトラウマの経験の受動的受容者ではなく動作主となるべく,トラウマの状況を反復しそれを支配しようとする。この事例でも,治療者に特に何かを感

じさせ行わせようという患者側の企てを仮定する必要は特にない。ここで再び，「転移とはそれ自体，反復の一部にすぎず，反復とは忘却された過去が医師に対してのみならず，現在の状況のあるゆる面へ転移することである」(Freud, 1914a/1958, p. 151)〔全集第一三巻，三〇〇頁〕ということが分かる。

いわゆる投射同一化について，ここで次のような疑問を提出しよう。患者がある感情を「取り除こう」としたり，「自分の外へそれを投射しようとしている」と仮定する（これは大げさな仮説である）として，なぜ治療者は「そうした感情と同一化する」，すなわちそれらを感じるのだろうか？と。[151] ケースメントが別の患者について「T夫人は自分の感情を私へ投射する以上のことをしました。彼女自身の中で意識的に感じることに**彼女が**まだ耐えられないことを，彼女は私に**感じさせました**」(Casement, 1991, p. 70)〔I，九一頁〕と述べて示唆しているように，治療者は患者によってともかく患者の感情を感じるよう強いられているのだろうか。それはボラスが，分析家は「分析主体の内的対象の一つを経験するよう強いられる」(Bollas, 1987, p. 5)と述べることで言わんとしたことなのか？　治療者が患者の感情を感じるよう**強いられ**，患者の感情を感じ**ざるを得ず**，患者の感情を感じることを**避けられない**とすると，現実にはそれを感じない治療者がいることをどのように説明すればよいのだろうか。患者の感情を感じない人は，デリカシーのないひとでなしのような人であるにすぎない，と結論づけなければならないというのだろうか？

おそらくもっとシンプルな説明がある。他人が感じていることを感じるというのは一定の文脈では，ほとんど誰にとってもありふれたことである。何か特別な才能や普通でない感受性が必要であるとは思えない。笑いは「うつりやすい」と言われているし，親しい人の悲しみは私たちを悲しくさせ，親しい人の喜びは私たちを喜ばせる。しかしあらゆる場合にそうなるわけではない。愛する人が悲しんでいるとき，むしろ，私たちはかえって決然とその人を励ますことがあるし，愛する人が喜んでいても，そのとき，事が自分の思うように運んでいないのなら，私たちはかえって落ち込むこともある。つまり，私たちは笑ったり泣いたり**する気になる**ことが必要なのであり，そうなるために笑った

---

[151] 精神分析における**同一化**という用語の使用に関するさらに厳密な議論としては，フロイト(Freud, 1921/1955, 第7章)〔全集第一七巻，一七三—一八〇頁〕を参照のこと。同一化に関するジャン・フローレンス (Florence, 1984) の啓発的なコメントも参照。

り泣いたりすることを望んだり期待したりさえするのである。たいていの人は時に，恋人の痛みにも無情になれる。たとえば，自分を操作しようとする見せかけをそこに感じたときや，こちらが強い人間という役割を演じたいとき，あるいはその恋人と別れようと決心したときなど。以上から分かるのは，分析家が分析主体の感情に感染する（「と同一化する」と読める）ためには，分析家に，そうしたかったり，そうしやすい傾向がなければならないということである。最初の例に戻ると，分析家は見捨てられ感情に影響されやすかったり，他人のことを心配しやすい傾向があるのだろう（後者の傾向は，皆ではないにしても多くの人がそうであり，いわゆる福祉関係の仕事に就く人たちの明らかな特徴である）。

すべての感情が誰にでも伝染したり感染したりするわけではない。たとえば，飛行機の中でのことだが，飛行機が滑走路を傾きながら走り離陸しようとするとき，私のそばの人はたいてい不安そうに必死に肘掛にしがみついているが，私はまったく心配にはならない。むしろ私は離陸の際，飛行機が加速するのが楽しいのである。同じように，不安そうな分析主体とのセッションでも，私はほとんど不安になることはない。分析主体と同じように私が不安になれば，ともかく彼らの不安に対して援助するのが大変困難になるだろうと思う。おそらく，私個人の気質のために，私は他の分析家（特に他の伝統的方式で訓練された分析家）よりも人の感情に影響されないのだろう。しかしそれよりもむしろ，分析家としての私の役割は何かについて，私が他の分析家とはかなり違う特定の概念を持っているからであり，また，分析主体や分析に抱く感情がどんな感情であれ，それは分析主体にではなく，私自身に起因すると考える傾向が私にあるからではないかと思う。

しかし，ここで議論のために，次のような分析家がいるとしよう。他人の感情に影響されやすいほうで，自分の患者が見捨てられたと感じているときには，いつも自分も見捨てられたと感じ，自分の患者が不安になったときには自分も不安になり，自分の患者が憂うつな気分になったときには自分も憂うつになるといった分析家である（この場合，彼ら自身のせいではないとして，つまり彼らがそうした感情を感じたい，そもそも感じやすいというわけではないとして）。彼らの患者にとり，このことがどのような価値があるのか，私にはよく分からないが，ここにはある一定の場合での人から人への「情動の伝達可能

性」に関して多少は確かな根拠がとにかくあるように思われる。ここで指摘すべきなのは，投射同一化という概念は（多くの臨床家によって広く使われているように），そうした場合より，はるか先に行っているということである。すなわち，**投射同一化の概念は，分析家は患者が感じていないことを感じる，ということを前提としているのである**。つまり，「投射同一化」の概念は「情動の伝達可能性」のような考えに頼ることはできないのである。この概念の前提が，分析家が経験する情動を患者は抱いていないということなのだから！

　感情は一般的に身体的経験であり，少なくともだいたい，内臓的要素を持っている。強い感情に苦しめられるとき，私たちはその感情が胸や胃，首，顔などからこみあげてくるのを感じるだろう。うまい俳優は役に応じて必要なときにそうした身体の兆候を生み出す術を身につけているし，有能な政治家は敵対する公衆や記者の前では「ポーカーフェイス」をして，そうした表面に現れる身体兆候を禁圧する方法を知っている。それでも，有能なポーカープレーヤーでさえ，彼らの世界で「テル tell」〔手がかり〕と呼ばれるような形で，強い感情が顔や身体につい現れ出てしまうことがあるし（顔面筋の痙攣，神経質な手の動き，髪や何かをいじる，など），有能な政治家でさえ，やはり言い間違いをしたり，発音が曖昧になったりして，感情の高ぶりが露呈してしまうことがある。

　私たちのほとんどは愛する者たちのこうした兆候をスムーズに読みとれるし，経験豊かな治療者は出会ったばかりの人，テレビに出ている人，ラジオの声の人，あるいは電話で話している人などのこうした兆候の多くをかなりたやすく読みとれる（第8章を参照）[152]。注目すべきなのは，投射同一化の観念を受け入れている分析家たちが自分たちは分析主体の禁圧された情動の微妙な兆候には**気づかない**と述べていることである。さらに彼らは，投射同一化が生じるのはまさにそうした兆候に気づかないときに生じるのだと主張している。ここで取り上げていることが抑圧という古典的なフロイトの概念の方向に沿ったものであることを彼らは論じていない。抑圧によって思考と情動の結びつきが壊れても，情動は存在し続け，分析主体もそれを感じ続けており，その結果，他

---

[152] ビジネス情報アドバイザー（BIA：Business Intelligence Advisors）と呼ばれる会社が最近，政治家や経営者がいつ本心を偽り隠すのかを見極めようと，話しぶりや発話のパターン，その他のレトリック戦術（第1章で言及したような）を研究し始めている（Laing, 2006）。

者にもその兆候は明らかなものとなる。つまり，分析主体が何かを感じているのに，まったくそれを感じたくない，それを知りたくない，それをどう呼ぶべきか知らない，それが何によるのか知らない，それを何に結びつけるべきかも知らないということを彼らは論じていないのである。彼らはまた，分析主体が自分の感情を故意にせよ無意識にせよ禁圧しているとも述べていない。彼らが主張しているのは，分析主体の感情は心身の外へ完全に投射されるという仕方で「分裂」しているということなのである。

　以上は私にはかなり信じ難い主張である。フロイトが分裂という概念を導入したとき，彼は（フェティシズムのような）稀な事例では，分析主体は，かなり単純な言い方だが，二つの心からなると言っている。このテーマに関する最も重要な論文で，フロイトは，分裂は一種の「……も……も both/and」の論理を伴っており，それにより，分析主体は女性がペニスを持っていないと思う**と同時に**，女性はペニスを持っている**とも**考えずにはいられない，と述べている（Freud, 1938/1964）〔全集第二二巻，二六三-二六七頁〕。分析主体は両方の仮説を考えてみることだけではなく，矛盾しているのに両方を本当に信じることもできるように見える。二つの思考のうちの一つ，いわば分析主体を特徴づける二つの心のうちの一つが，両親や兄弟にせよ分析家にせよ，他の誰かの中に据えられるようになったり，見出されるということをフロイトが言っている箇所はどこにもない。**内部・外部，内側・外側**のような用語は精神分析の場合，大まかに解しておかなければならないが，分裂はフロイトにとって，同一人物の内部で生じるものであり，分裂したどちらもその人物の「内部」にとどまるのである。[153] また，クラインによれば，人は，自分はある一定の感情に影響

---

[153] 「私たちの心の内にあるものがすべてだ」とか「外側の世界が私たちに何かを伝えている」などのように，私たちは世界をかなり固定的に内と外に分けている，と私は普通考えているけれども，いつも私が思うのは，投射同一化という観念を受け入れている理論家も内側・外側という用語をかなり固定して使っているということである。彼らが語る対象は「私」や「私でない」ものとして明確に限定された空間に実際に位置づけられており，子どもは絶え間なく対象を取り入れ投射している，などと彼らは語るのである。私の感覚では，かなり幼い子どもたちにはそのような明確な区別はない。この時期の子どもたちには，ラカンが「トランジティヴィズム transitivism」と呼んでいる特徴があり，たとえば，ある子どもが転んでそれを見ていた子どものほうが泣いたり，ポールがピーターを叩いたのにポールは「ピーターが僕を叩いた」と言うのである（Lacan, 1988a）〔下巻，一六頁〕。ラカン（Lacan, 2006, p. 113）〔第一巻，一五二頁〕も参照のこと。しかし，自我がいったんエディプス化を通して（すなわち，ラカンが定式化したように，父の名の作用を通して，ある

されず，代わりに，他の人が影響されていると幻想するかもしれないが，その分裂は幻想の水準にとどまり続ける（Klein, 1946/1952）。つまり，その感情はその人の心的経済から離れないのである。[154]

投射同一化を立証する責任は，投射同一化（サンドラーの説明によるステージ３に対応するビオンの投射同一化）の広範囲に及ぶ説明を信じている人々の

いは，より一般的に言えば，象徴的機能を通して）より明確になると，そうしたトランジティヴィズムは消失し，青年や成人で全面的な形でそれがみられるのは精神病者の場合だけである（第10章を参照）。たとえば，ある精神病の成人女性は次のように言う。「私の親しい人が苦しんでいるとき，私もとにかく彼と同じように苦しいのです。私は彼の苦しみを彼から受けとっているのです」(Cambron, 1997, pp. 94-95)。

したがって，投射同一化があると信じている分析家は，投射同一化は精神病者との分析作業でのみ生じると主張するか――この場合，精神病の分析主体と同じく，分析家自身がなぜトランジティヴィズムを被るのかという問題が生じるが――，あるいは，トランジティヴィズムは言語や慣習が介在しない仕方で生涯，ほぼ制限のない形で存続すると主張しなければならないはずである。後者はかなり疑わしいと思う。私たちは互いの感情をいつも感じているわけではないし，もしそうなら，人生は信じ難いほど混乱したものとなるだろう！ 私たちが皆，誰も感じていないことを感じるなら，さらに混乱したものとなるだろう！

いずれにせよ，投射同一化を擁護するのなら，どのような機制によって分析家が自分の分析主体は感じていないことを感じるようになるのか，やはり説明しなければならないだろう。

[154] 自分の考えをある時には否定するというのは誰にでもおそらくよくあることだろう。たとえば，私たちは愛する者や分析家に対して，それがまさしく自分に起きたことであっても「あなたがそう考えているのでしょう」とか，実際は自分が怒っているときにも「私が……だから，あなたは怒っているんですね」などと言うのである。つまり，私たちはある考えや感情を他者へ投射して，彼らがそれらを持っているのだとみなし，自分の中にではなく他者の中にそれらを見出すのである。しかし，そのために他の人々がそうした考えや感情を持たざるを得ないということでは決してない！ ある私の分析主体が次第に黙り込み，何を考えているのかと彼に尋ねると，彼は「あなたは私のことを最低だと思っているのでしょう」，「あなたは，私を哀れな奴だとばかにしているのでしょう」などとよく言う。私はたいてい彼がそのとき話していた素材に集中しており，そうした判断をすることにはまったく関心がない。発話によって自分の考えていることを私に伝えることで，彼はいわば確かに「私の頭の中にその考えを入れる」のだが，それによって私が彼と一つの見方を分かち合うことにはならない。私は彼が最も最低だと思わないし，哀れな奴だとばかにしてもいない。

別の分析主体は，セッションがちょうど始まる前や私たちが何かについて話している最中に，私がまったく怒りを感じていないときでも「あなたはいつも怒っているようにみえます」と早口で私に言ったりする。それは，時に彼が私のことを怒っているからであり，また時に，ほとんど誰にでも何でもいいから，自分のことを怒ってほしいからである。しかし，それでも私は彼に腹が立ってくるようなことはない。もし彼がかなり執拗に容赦なく「あなたは私のことを怒っているでしょう」と言い張り，何度も私を非難して私の中に怒りを生じさせ，ついに私をかなり怒らせた，といった場合があるとしても，その場合は，彼が自分自身の怒りを分裂させたとはほとんどいえないだろう。

双肩にかかっているといえよう。彼らは（1）「分裂している」感情が自分の心や身体の外にすべて投射される機制について，説得力をもって概念化しなければならない。（2）そうした感情が「分裂した」とき，どこへ「行く」のか，説明しなければならない。なぜなら，分析主体によって感情が分裂するのはおそらく，常にではないにせよ多くの場合，分析主体が分析家の目前にいるときだけではないのだから（セッションの終わりに感情が分析主体のところに戻ってくるとでも仮定するのだろうか？）。（3）そうした感情が分析家によって実際に感じられたとき，どのようにして分析家によって感じられるようになるのか，明らかにしなければならない。既に見たように，すべての分析家によって感じられるわけではないのだから。こうした過程に関する説得力のある説明はなされておらず，投射同一化の概念は極めて呪術に近い機制や方法に依存しているように思われる。私の考えでは，精神分析において投射同一化ほど混乱やアポリアをはらんだ概念はほとんどない。

　オッカムの剃刀——最もよい説明とは多くの場合最も簡潔な説明であり，疑わしい仮説をほとんど必要としない説明であるという原理——を信じている人には，分析家は何を感じているのかに関して，次のような順序で説明を探してゆくことを勧めたい——まず，自分自身（分析家自身）について，次に，分析の過程で展開してきた自分（分析家）と分析主体との関係について，そして最後に（万一，他の説明がすべてダメなら），分析主体が経験してもいないことについて。

正常化へ向かう投射同一化

　　　　傷口を広げるという人間の傾向は普遍的である。
　　　　　　　——ウッドハウス（Wodehouse, 1933/1981, p. 536）〔六頁〕
　　　　　　　　　〔イギリス生まれの国民的作家（1881-1975）〕

　投射同一化の考えの背後にある意味 subtext は，私の理解では，分析主体があることを話題にしているときに**感じているはず**のことに関する特定の概念に基づいている場合が多い。私がそれを背後にある意味と呼ぶのは，分析家たちがほとんどはっきりとは言わないにもかかわらず，それが暗黙のうちに，事例

に関する彼らのコメントの背景の一部となっていると思われるからである。第9章で指摘しているように，正常という観念はこの数十年間の精神分析理論の中でより大きな役割を果たすようになっているし，分析家たちもますます，ある一定の状況で**どの人間でも普通に感じるだろうと自分が考えること**に訴えている。想定された投射同一化の多くの例で，分析家は，分析主体がそれほど障害もなく異常でなくとも，分析主体が感じていることを感じるのだということになっている。

ケースメントの次のような事例について考えてみよう（Casement, 1991, pp. 68-70）〔I，八九-九五頁〕。T 夫妻は，ケースメントによれば，T 夫人の不感症のためにケースメントのところを訪れた。T 夫人がケースメントに語ったところによると，夫妻は「結婚して5年間で家を手に入れて，子どもをもうける準備をしました」。そして息子が生まれたが，生後6か月のときに重い病気にかかり，T 夫人がその後9か月間看病したが，その子は亡くなってしまった。息子の葬儀があったとき，T 夫人のお腹には7か月の女の子がいたが，そのとき，彼女は「涙ぐみそうになったけれど，それを抑えました」。彼女はそのときから決して泣かなくなり，何も感じなくなった。娘も「兄と同じ生まれつきの脳障害で」生後10か月で亡くなった。

ケースメントはこの事例について次のようにコメントしている。「最も印象的だったのは，苦痛と喪失が続いたこのつらい話をしている間，T 夫人の顔や声の調子が無表情で生気がないままであったことです。彼女はまったく感情を表しませんでした。しかし，私自身の感情は，彼女の話を聞いていて，ほとんど私を圧倒していました。私は心の中で文字通り泣いていたのです」（p. 69）〔I，九〇頁〕。ケースメントの反応には疑問があるが，それに関して，彼は，自分が「子どもが死ぬ話にはいつも心動かされる」[155]ことは自分でも分かっていると述べている。しかし，彼は，自分の反応は主に自分の気質に関わっていると言わずに，「私に対してこうした作用を生じさせていたものは，彼女が自分の感情をまったく表現できないということに何らかの関係があります」と断言している。T 夫人がそれほど感じやすい人物ではなかったということも，多少な

---

[155] ケースメントはここでウィニコットのコメント，「感傷はそれが憎しみの否認を含むとき，両親にとって（そして分析家にも）役に立ちません」（Winnicott, 1949, p. 74）〔二三九頁〕を思い出したほうがおそらくよいだろう。

りともあり得るのではないだろうか。彼女とのセッションで私もケースメントと同じように感じたかもしれないが，決してケースメントのようには結論しないだろう。

> T夫人は自分の感情を私へ投射する以上のことをしました。自分の中で意識的に感じることに**彼女自身が**まだ耐えられないということを，彼女は私に**感じさせました**……。私が気づいたのは，この患者の感情の欠如に私が最もインパクトを受けているということでした。その結果，私は，すべてが私のものとは言えない悲しみに触れているのだと感じました。(p. 70)〔I，九一頁〕。

（第9章で見るように）かなり多くの分析家と同じように，ケースメントは，誰もがそうした状況で示す情動の「適切な」タイプや質とはどのようなものかについて，当然だと思われる観念に頼っているように見える。その観念はどこから来るのか。ケースメント自身がそうした状況のときに表に出しそうな情動に由来しているのだろう。

　確かに，幼児を亡くすことが普通というより例外である現代では，自分の話をする際に見せたT夫人の情動の欠如は，ほとんどの西洋人にとって印象的なことだろう。しかし現代の世界でも幼児の死亡率が極端に高い地域がある。たとえば，ハイチでは今も，半数の子どもたちが5歳にならないうちに死亡する（Arnst, 2006）。女性が自分の子どもの多くを7歳にならないうちに亡くすのは，18世紀のイングランドでも珍しくなかった（紙幣の発明者と見なされることの多いジョン・ロー〔イギリス出身のフランスの財政家（1671-1729）〕の両親は，子ども14人のうち病気で10人亡くしている。現代の西洋人は，亡くした自分の子どものことについて語る非西洋人の冷静な口ぶり（および前の世紀の人々の書きぶり）に間違いなくショックを受けるだろう。今日でさえいくつかの国では生後1年の子どもが，5人に1人の割合で死亡しており，トーマス・ホッブズ〔イギリスの哲学者・思想家（1588-1679）〕の言葉で言うなら，人生は多くの場合，相変わらず「やっかいで，残忍で短い」のである。しかし，彼らの態度は冷酷さを示すものではなく，むしろ自分たちの苛酷な現実，冷静さ，そしてときに，神の意思であるという感覚を反映しているのである。

　「私は，すべてが私のものとは言えない悲しみに触れているのだと感じまし

た」というケースメントの仮定は，つまり，**T 夫人の反応は，ケースメントが心の中で泣いたという悲しみであったはずだ**ということである。ケースメントの仮定によれば，彼女が泣いていないのなら，彼女の悲しみは必然的に分裂していて，他人へ投射されているということになる。しかし，少なくとも理論的には，子どもを亡くした T 夫人の感情は彼女の話を聞いたケースメントの感情とはかなり違うと考えられるのではないか？　分析家は自分の感情に触れさえすれば分析主体が感じているに違いないことを感じているのだという仮定は，「基本的人間性」という点で私たちは根本的に皆似ているのだという前提にそのまま依拠しており，他者の持つ潜在的な他者性や人々の間の本当の違いをかなり多くの場合，まったく踏みにじっている。より無難な仮定としては，T 夫人が子どもたちの病気のときや亡くなったときにどのように感じていたかをケースメントはまだ決定しておらず，**彼**が感じていたのは，そうした話とその話し手のいわばフラットな情動との結びつきに対する彼自身の反応だったということだろう。

　T 夫人が最初にケースメントに，医学的には説明のつかない「婦人科的痛み」のために——すなわち，おそらくセックスと生殖に関わる症状の形成によって——過去 5 年間，性交することができない状態にあることを話している以上，ともかくケースメントは，T 夫人は子どもに関わる，そしておそらく夫にも関わる多くのことを抑圧している，と仮定できればよかっただろう。抑圧という点から事例のこの断片を定式化すれば，彼女の「婦人科的痛み」は彼女の心の痛みを置き換えたものだと仮定できる。**彼女の感情は彼女の身体を離れて，誰か他の人物のところへ向かったのではなく，偽装した形で彼女の身体の中に局在しているにすぎないのである**。この事例ほどの古典的な神経症者，いやヒステリー患者はいるだろうか？　どうすればここで，ありそうもない観念——空間を通して投射される感情に関する観念や，出会ったばかりの者に何かを経験させ，それで T 夫人の経験した（しなかった）ことをその者が知るようになるという，T 夫人側の意志に関する観念——に頼ることができるというのだろうか？

経験的に確かな方法

> 誰でも分かることだが,分析の工夫の中で患者がもたらす素材の中で無意識が働いているのを間違うことなく見つけることになるなら,それは自分自身の無意識にことを一致させたからに違いない。
>
> ——ラカン (Lacan, 1977b/1984, p. 11)

　私は次の二つのことを経験的に確かな方法として提案したい。まず,分析家(特に新米の分析家)は,分析主体が感じていること・感じているはずのこと・感じたくないこと・自分(分析家)に感じさせようとしていることを自分が感じているのだ,などと決して仮定しないこと。もう一つは,投射同一化のような概念(そして,たとえば「投射超同一化 projective transidentification」,「投射逆同一化 projective counteridentification」のように投射同一化の概念に由来する最近の概念すべて)は,他の説明がすべてうまく行かない場合に,最後の手段としてのみ頼るべきであること。

　また,「投射同一化」による説明に頼るにしても,精神病,つまり,その説明が生まれてきた精神病理学領域の検討にのみ使うべきであることを提案したい。しかし最近の投射同一化の文献例の多くは明らかな神経症の事例である。オグデン (Ogden, 1979, pp. 368-369) は,事実上,分析家を含めて誰もが分析中,常に投射同一化を使っているとさえ述べている！　思考や感情,自己の「諸部分」を自由自在に移動できる非常に多くの対象だとして扱う考え——投射同一化の概念の中心にある考え方——それ自体は,多くの場合,精神病と関連する「具体的思考」の一種のようなところがかなりある。おそらくこのことから,そうした対象があちこち移動することを伴う解釈を精神病者はすぐに拒絶しないのだろう。そうした解釈は,物事に関する精神病者自身の思考法を真似しているのである(実際にそのように対象があちこち動き回るということではないし,ハムレットに対する反論となるが,「考え次第でどうにでもなる」[『ハムレット』二幕二場でのハムレットの台詞]というわけではない)。

　分析主体と分析家の間に複雑な相互作用が生じるのは当然である。両者は決して,互いに現実的に影響し合わない(ライプニッツの意味での)孤立したモ

ナドではない。たとえば，前節で検討した事例での分析主体との場合，確かに，探ろうとする私の傾向があり，それによって，子どもの頃，妹との間で生じた特定の場面を私との間で反復することが助長された。その結果，彼はさらに沈黙することが多くなり，それでまた私は詮索しようとし，彼のほうはなおさら黙り込むようになった，など。分析家が分析主体にある仕方で行動させようとすることもあれば，分析主体が分析家にある仕方で行動させようとすることもあり，そこから微妙で複雑なダンスが生じる[156]。分析家は分析の中で生じる反復において，明らかに重要な役割を果たしている。分析家は決して中立で客観的な観察者ではない。分析の中で生じることで自分はいかなる役割も担っていないと思っている分析家は，かなり強迫神経症的な精神分析治療理論を抱いているのだろう[157]。

投射同一化を含んだ概念的枠組みで分析作業がなされているとき，分析家が分析主体へ行う解釈の類は，第5章で提示した基準に従って厳密に言えば，まったく解釈とはいえない。ラカン的な意味で解釈といえるには，喚起的で多価的でなければならない。いわゆる投射同一化について分析家が言いがちなことの類は，発話という楽譜の多様なパート譜をほとんど利用することはなく，

---

[156] オグデン（Ogden, 1979, pp. 359-360）は「投射した幻想に従わせようと，治療者に対して恐ろしいほどの圧力をかける」患者について言及し，「個人間の相互作用によってなされる外的な圧力」について述べている。投射同一化の概念を全体として容認しなくても，確かに人々が互いに特定の仕方で圧力をかけて行動させるという考えは受け入れやすい。しかし，ここで注意しておきたいのは，分析家は自らを象徴的領域におけば，それだけ，そもそもそのような「恐ろしいほどの圧力」を経験しないで済むだろう，ということである。

[157] 「自律的自我」のような概念は，精神分析の理論化における主に強迫神経症的形式においてみられる。「人間の欲望は他者の欲望である」というような概念は主にヒステリー的形式に，「投射同一化」のような概念は主として精神病的形式に由来する。この意味で，そうした概念のセットは各々，それらの概念によって取り組み解明しようとする特定の患者集団だけでなく，精神分析を理論化する特定のスタイル各々に魅せられている精神分析家たちをも反映しているものとして理解できるだろう。ラカン（Lacan, 1976-1977，1976年12月14日）があるとき，公然と自分自身を診断し（いずれにしても多少の皮肉だろうが），「最終的な分析では私は完全なヒステリー者である。つまり，ほぼ症状のないヒステリーである」と言っていることに注意しよう。
　ギル（Gill, 1982）の『転移分析』は，精神分析の文献の中で最も退屈で強迫神経症的な理論的著作の一つだと私は思っているが，不思議なことに，分析状況での分析家の役割の重要性を強調している。マーク・トウェインが『トム・ソーヤの冒険』*Tom Sawyer Abroad*（Mark Twain, 1896/1996）の中で言っていることはおそらく常に忘れてはならないだろう。「理論には別の困難がある。すなわち，理論には確かに細かく見ると，いつもどこかに一つの穴がある」。

むしろ説明，つまり特定の具体的な意味をもたらす発言だと見なすべきである。既に見たようにそうした説明は，神経症者との作業では避けるべき類の発言であり，精神病者との作業では第 10 章で見るように，完全に意味をもつ類の発言となる。

一つの教訓

> 「あなたには眠気をさそうような雰囲気がありますね」
> ——ある分析家が分析主体に言う

かなり洞察力のある治療者と私は数年間，一緒に仕事をしたが，あるとき，その彼女が私にこう言った。「私の最初の分析は 3 年間続きましたが，ひどいものでした。私の分析家は，あるセッションのときに自分（その分析家）が居眠りしてしまったことを説明するのに，投射同一化を持ち出したのです」。そのセッションの少し前，彼女の兄（弟）が自分と一緒に自殺してくれと彼女に懇願したということがあり，そのため彼女は，自分でそう言っていたのだが，最悪の状態で，泣きながらはっきりものも言えなかった。その最中，彼女には分析家が居眠りしているように見えたが，うつむいて自分のメモを見ているのだろうと彼女は思った。しかし，その分析家が，自分の頭が横にガクッと傾き，その動きと大きないびきで目を覚ましたとき，分析家が居眠りをしていたことは彼女にも明らかとなった。分析家は何もなかったかのように振舞おうとし，彼女に何を考えていたか尋ねた。「先生は疲れているのですか」と彼女は屈辱を感じ，動揺しながら言った。分析家は疲れていることを認めたが，「あなたには眠気をさそうような雰囲気がありますね」と言った。そして「あなたは無意識のうちに私（分析家）に自分を捨ててほしいと思っていて，**実際に**そうなるようにしたのでしょう」と説明した。

この説明はセッションや分析での彼女自身の経験とまったく一致していなかったが，彼女はこの分析をすぐにはやめなかった。彼女は自分自身の無意識の意図というものについて考えるようになり，その後のセッションでそれを探ってみることにしたのである。しかし彼女がそのことを持ち出すと，いつも分析家はテーマを変えてしまい，その出来事を徹底的に作業しようという気は

ないように思われた。セッションで聞きそこなうこととなった分析家のやや突飛な逆転移反応と、以上のことが結びついて、彼女はこの分析をやめて、他の分析家を探すことにした。分析家が疲れていて居眠りしたことを率直に認めて謝罪し、セッションも予約し直していたなら、何も問題は起きなかったろう。分析家は自分の持つ精神分析の手立ての中にある投射同一化のような理論的概念の存在そのものによって、居眠りしたことの自分の責任を否認し、「眠気が起きたこと」を分析主体のせいにしたのだと思われる。ビオン（Bion, 1955, p. 226）はある自分の患者について「分析家を居眠りさせようと計算された物憂げな仕方で」話していると述べているが、こうしたビオンのような人々から支持されれば、多くの分析家はさらに執拗にそうすることは確かだろう。[158] 転移と逆転移についてラカン派アプローチの訓練を受けた者なら、分析家のうたた寝の責任が分析主体にあるとは誰も主張しないだろうと思う。ギル（Gill, 1982, p. 63〔六五頁〕）でさえ言っているように、「逆転移は治療の理論によってたやすく合理化される」のである。

　投射同一化の概念に頼ることが、すべて以上の教訓的な話で取り上げたような単純でつまらないものというわけではない。私としては、この教訓によって、臨床家が自分自身の過ちによって生じた苦境から抜け出ようとするのを思いとどまらせたいのである。

想像的なものに特権を与えること

> ここで問題なのは分析家の熱情の効果ということにすぎない。……それはあれこれの分析家側の逆転移とは関係ない。治療者が双数的関係（すなわち想像的関係）を克服していないなら、それは、その双数的関係の結果と関わりがある。治療者が双数的関係を自らの行動の理想と見なしている場合、どうしてそれを克服できようか。
> 　　　　　　——ラカン（Lacan, 2006, p. 595）〔第三巻、一七一八頁〕

158　分析家側のそうした動きによって、分析主体たちが、先生たちは自分よりも頭がおかしいと思うようになり、その先生たちの頭を、そこまで変人ではない他の先生たちに吟味させるのももっともだろう。ジョニ・ミッチェル〔カナダの女性シンガーソングライター、画家。1947-〕が「トゥイステッド Twisted」で「私の分析家が私に言った／『あなたは狂ってる』と／でも『ねえ、先生』と私は言った／『私じゃなくてあなたが狂ってると思うわ』」と歌っているように、分析主体たちがこうしたことを語るとき、彼らは正しいのである。治療者にはご注意を！

分析家は，分析主体の投射に対する自分の側の想像的水準の反応（イライラする，腹を立てる，うんざりする，眠い，拒否される，見捨てられる，おびえる，など）を利用することにより，自分の仕事を想像的領域に位置づけるよう促され，作業の最良の成果は転移・逆転移において生じると考えるのである。しかし，ラカンによれば，転移は象徴化が失敗したとき，すなわち，分析主体が「病因となる核」についてそれ以上言葉で表現できないというときに生じる。逆転移は，分析家が自分を象徴的《他者》の位置に置くことができず，想像的関係，すなわち二つの自我間の双数的関係にはまって身動きがとれないことを示すものである（Fink, 1997）〔フィンク，2008年，第3章〕。

つまり，ラカンの見方によれば，転移と逆転移は，象徴化の重要なプロセスすべてが失敗するときに生じるのであって，分析にとって何か生産的なことが起こるときに生じるのではない。転移と逆転移とはそれゆえ方向を逸らすものであり，想像的なおとりであって，精神分析的に何か重要なことがなされるときではなく，停滞のときと結びついている。転移と逆転移を直接扱う作業はある水準では分析主体に満足をもたらすだろうが，ラカン派の精神分析が目指しているような変化を生み出すことはない。[159]

ハイマン（Heimann, 1950, pp. 83-84）〔一八五-一八六頁〕は，分析家の逆転移は分析関係の重要部分であるだけでなく，患者による創造であり患者の人格の一部分であることを強調し，分析家の逆転移は患者の無意識を探求する手段であると断定している。危険なことにハイマンは象徴的次元をほとんど放棄している。臨床家は，分析家の潜在的な精神病理——これをスポトニッツ（Spotnitz, 1999, p. 229）は「主観的逆転移」と呼んでいる——を分析家の「客観的逆転移」（患者自身の純然たる無媒介的な反映あるいは産物であるとさえ想定されている）から切り離すために，理論的な曲芸をせざるを得なくなる。しかし，オグデン（Ogden, 1979, p. 367）でさえ「私たちはここで，『全か無か』の現象を扱っているのではない」ことを認めている。

根底にある仮定，すなわち，「分析家は自分自身のことをよく分かっており，分析主体に対する反応のうち，どの部分が主観的で，どの部分が客観的か，分かっている」という仮定には根本的に欠陥がある。なぜなら，かなり長く分析

---

[159] ミレール（Miller, 2003, p. 35）は次のように述べている。「今日では，逆転移が無意識への王道だと考えられている。夢ではなく逆転移が，である」。

を続けた後でも，分析家は依然として自分自身の動機すべては分からないのであり，それが無意識の本性だからである。「治療者の人格の真の側面」をゼツェル（Zetzel, 1956/1990, p. 145）のように強調することは，分析家とは自分の人格のうち，どこが本当でどこがそうでないかを知っている者であると仮定することである。しかし，よく指摘されるように，分析主体は分析家の人格の一面に特に順応するのであり，分析家自身はその自分の人格について，思慮の無さあるいは強情さから，気がつかないこともあるのだ！ それゆえフロイトは，分析家は時にはもう一つ別の分析をするつもりでいるよう勧めている（残念ながらフロイト自身はそうしなかったが）。

　ビオンとその信奉者は，分析家を，いかなる媒介もなしに分析主体が何でも好きなものを入れられる容器 container だと見なしているが，その場合，象徴的なものはすっかり放り出されてしまうと思われる（ビオンの容器はダナオスの娘たちの穴のあいた壺のようである〔ダナオスの娘たちは新婚初夜に婚約者たちを殺した罪で，穴が多数あいた壺で永遠に水を汲むという罰を受ける（ギリシャ神話）〕。あるいはむしろ，密閉されたタッパウェアの容器のようだろうか？）。

　さまざまな臨床家から聞くのは，分析作業の方法が異なっていても分析家は皆，その度合いはさまざまでもある程度は成功するのだから，想像的領域を通じても，象徴的領域を通じての場合と同じように問題を理解できるに違いないということである。主として想像的次元において作業する分析家が患者，特に精神病患者に対して治療的効果を持っていることに異議を唱えるつもりはない――精神病の場合，想像的次元は作業するのに使う次元の一つである（第10章を参照のこと）。しかし，ほとんど象徴的なものを排除して想像的なものを強調する精神分析的アプローチで訓練された分析家を何年もスーパーヴァイズしている経験や，私のところへ来る前に他の分析家たちと想像的次元での作業を既に長く（そして，かなりいろいろ）おこなってきた患者を何年も分析している経験に基づいて，私は，こうした実践で目指される治療のタイプは，象徴的領域を強調する場合に目指される治療のタイプとは非常に異なっていると主張したい。殊に前者の治療タイプは分析主体の「パターン」――多くの場合，変化しないパターン（第5章で指摘したような）――に関する知を獲得する観察自我の発達を促進させる。もちろん，ラカンとは違う仕方で転移や逆転移を定義するのは分析家の自由だが，この場合，分析家の作業は主として想

像的水準に位置づけられるだろうし，想像的次元では分析家自身の人格が中心的な位置を占める。ラカン（Lacan, 2006, p. 587）〔第三巻，六頁〕が 1958 年に既に述べているように，「（分析家の人格が）関われば関わるほど，分析家は自分の行動について自信がなくなる」。おそらく，以上から，分析家の逆転移について検討し，逆転移がとにかく分析家と同様，分析主体にも影響することを論じる方法を見つけようとする現代の精神分析の文献に見られる強迫観念の少なくとも一部は説明できるだろう。[160]

---

[160] たとえば，オグデン（Ogden, 1994/1999）は，逆転移を分析家と分析主体によって共同で生み出されたものと見なしている。オグデンは自分がおこなっている分析から，患者よりもはるかに多くの利益を得ているという印象さえ受ける。というのは，オグデンは，解除された患者の抑圧について語るよりもむしろ，解除された自分自身の抑圧（p. 471）〔一二一頁〕と，分析の過程で自分が経験した「特別な形の分離と喪」（p. 483）〔一四〇頁〕について私たちに語っているからである。

第8章

「電話分析」
(精神分析状況のヴァリエーション)

> 治療のためにせよ，教育分析のためにせよ，調査のためにせよ，精神分析はひとつの媒体しか持たない。それは患者の発話である。
> ——ラカン (Lacan, 2006, p. 247) 〔第一巻, 三三八頁〕

　平均して，アメリカ人は18か月から24か月ごとに住む所を変える。時には「単に町の端から反対の端へ」移動するだけの場合もあるだろうが，それでもロサンゼルスのような地域の大都市圏では，以前の住まいから車で2時間の距離ともなる。また時には，別の町，別の州，別の国，さらには別の大陸へ移動することもあるだろう。私自身の臨床では，分析主体のほとんどが少なくとも分析の最中に1,2度の転居をおこなっている。千マイルほども離れたところまで住まいを移すことも珍しくはなかった。私の分析主体のうち，4人は1年以上も北米大陸を離れ，また2人がおよそ8年のうちに少なくとも8度の転居をおこなった。

　アメリカ人でない多くの人々にとって，アメリカ人がどれほど移動するかは理解し難いだろうが，この移動ということを考えると，アメリカの分析家はやっかいな問題に直面することになる。すなわち，分析主体との長期間の精神分析作業をいかに維持するかという問題である。もちろん，分析主体が移動する先の町にいる別の分析家を分析主体に紹介することも時に可能である。しかしたいていの場合，分析家は，信頼して誰かを推薦することができるほどには，その町で開業している分析家の臨床作業を十分に知っているわけではない。さらに，分析主体が行う移動の非常に多くが，3か月の研修や半年のサバ

ティカル，1年のフルブライト，2年限定の海外法人本部出向など，期限つきのものである。こうした場合，かなり短い間隔で帰郷することが実際十分あり得ることを考えると，誰か別の人と分析を続けることは実用的ではない（言うまでもなく分析主体にとって，誰か新しい人と一からやり直すことや，考えられる言語の壁に取り組むことは気の進まないことである）。しかし，こうした合間をぬって分析治療を続けるよう要求することも，分析主体には同じように難しいことかもしれない。

　分析家は理論上は，分析主体がこうした短期の移動を行おうとした場合，個人の分析作業を継続する重要性を印象づけることで，それを思いとどまらせようとすることはできる。いくつかの場合では，これは確かに適切なことである。しかし多くの場合，そうした移動は，二度と起こりそうにない非常に特別なチャンスであるし，別の場合でも，それはたとえば，分析主体の雇用者が「X市に行き新しい事務所の立ち上げに協力してくれ」とか「新しい仕事を探してほしい」とか言う場合のように，何か強いられた選択である（合衆国の雇用保障は今，たとえばヨーロッパの大部分での事情とは異なっている。前にはない仕方で生活上緊急の必要が分析に介入するような場合，わずか数か月しか分析が続かないこともある）。したがって，実際上こうした移動が避け難い間にも分析作業が続けられるような方法を見出すのは重要なことである。

　随分昔，私自身の臨床でのことだが，ある分析主体がフェローシップをとって1年間海外へ行ってしまってから，悩みを抱えて私に電話をかけてきた。帰ってから分析を再開することに私たちは同意していたが，彼女はそれを待てないと感じるほどに苦悩していたのだった。何度かこうした苦しみを訴える電話があった後で，私たちは，定期的に彼女が電話する時間のスケジュールを組むことにした（特定の考え，連想，感情について短く話すだけのスケジュール化されていない電話は，緊急時を除いてあまり意味がないと私は思う）。私たちは，彼女が合衆国へ戻ってくるまで，電話によって作業をおこなった。私はすぐに，彼女との電話越しの作業が，かつて寝椅子でおこなっていたのと同じように，多くの進展を見せていることに気がついた。後に私がウエストコーストを去ることとなり，ピッツバーグ（2500マイルほどの距離）での職を引き受けたときに，私たちは電話セッションを再開した。

　私は少しずつ，他の多くの分析主体との作業にも，臨時の電話セッションを

組み入れていった。彼らのうちには，圧倒的な不安のために時間通りに家を出ることのできない人もいたし，時間になると気分がすぐれなくなったり，動けなくなったりする人もいた。また単に車の故障のために立ち往生してしまった人もあった。この電話セッションにより，何人かの人々は，さもなければ深い抑うつの悪循環に陥りかねないような場合にも，分析を続けることができた。また別の人々は，人生で最低の時期にあるときにも分析を続けられたし，さらに別の人々は，車やバスがひっくり返るという恐怖のせいでセッションに出て来られないようなときにも分析を続けることができた。また私は，ピッツバーグ地区で，豪雨や竜巻警報，大雪，吹雪といった，車の運転が極めて危険な状況になるような場合に，セッションをキャンセルする電話をかけてきた分析主体に対しても，臨時の電話セッションを提案し始めた。さらに，厳しい冬の寒さで足を満足に動かせなくなるような，部分的障害を抱えた年配の分析主体に対しても，この提案をおこなった[161]。

電話セッションは対面セッションを有効に**補足する**ことがすぐに明らかになった。しかし，距離や金銭状況（ピッツバーグへ定期的にやってくることが難しくなる）のせいでほとんど全面的に電話越しの作業しかできないような分析主体を引き受けることには，何年間かためらいがあった。しかし，ウエストコーストの分析主体と電話で作業を十分に続けた後には，ラカン派の分析家が他にいない遠くの地域に住んでいる分析主体も受け入れ始めた[162]。

---

[161] 北アメリカの天候の過酷さは，世界の他の地域からきた人々の多くを驚かせるだろう。ヨーロッパでそれに匹敵するような，分析主体のセッションの妨げとなる唯一のものは，私の経験では，公共交通機関のストライキで，時折，数週間も町が動かなくなることもある。

[162] 私の分析主体の多くは，彼らの背景を考えるなら，ラカン派ではない誰かのところへ分析を受けに行きはしなかっただろう。これはおそらく私の臨床の特徴だろうが，そこには考えるべき重要な点があると私には思われる。分析主体が分析にやって来るようになるのは，多くの場合，ある理論的枠組みやアプローチに対する陽性転移のためにすぎない。そして各アプローチの臨床家たちの数は少なく，それぞれやり方は非常にかけ離れている。精神分析のいくつかの学派は，合衆国の特に或る人々の間では悪評が高く，多くの人々は明らかに，そうした学派出身の臨床家の分析を受けるくらいなら，まったく分析など受けないほうがましだと考えている。こうした場合，非ラカン派の分析家を紹介しても無駄なのである。

想像的現象

> 電話の受話器が送信マイクに合わせて調整されるように，分析家は自分を患者に合わせて調整しなければならない。
> ——フロイト（Freud, 1912b/1958, pp. 115-116）〔全集第一二巻，二五二頁〕

　私はまず，これらの「電話分析主体」（あるいは「電析主体 telysand」）の分析が他の分析と大変よく似た始まり方をし，彼らに直接会うのはときどきか，稀でしかないにもかかわらず，彼らに分析的努力に取り組ませることができることに気づいて驚いた。さらに気づいたのは，直接の作業ではおなじみの転移反応のすべて（愛の表現，夢中，理想化，怒り，憎しみ，裁かれることの恐怖など）が電話作業でも生じることであり，唯一欠けているのは，私の身体的見かけや服装に基づく転移だけであった。実際，私が直接に会ったことのない分析主体は，彼らの眼前にいる私について視覚イメージを持たないがゆえに，いっそう自由に私へさまざまなものを投射した，と言えるかもしれない。寝椅子にいる分析主体は分析家を見たり見られたりすることがないが，それと似て，電話越しの分析主体は，どれほど私を好んでいても，私を想像することはできないのである。

　電話分析は実際，同じように分析家にとっても，想像的現象を抹消する。私たちは新たな人と出会うと，その人を，どこかその人と似た，既に知っている別の人と連想で結びつけがちになる。見た目が似ていることは，こうした連想に強い影響を及ぼすことがよくある。さらにまた，この新たに会った人に対して，少なくとも初めは，昔の人に対するのと同じような反応をしがちである（新たな人物をよく知るようになれば，互いに連想した両者の違いも見えてくるようになり，各々の反応もそれに応じて変わってくる）。分析作業が電話で行われるときは，分析家は分析主体の見た目にはとらわれないですむ（フロイトはときに，ドラのような，彼の女性分析主体の美しさにすっかりとらわれてしまっていたようである。そのため彼は，彼女らに対する自身のほれ込みようの虜になっていた）。また，分析主体を別のなじみの（愛したり，憎んだりし

た）女性や，既に治療をおこなった別の分析主体とまぜこぜにすることもない。

分析主体もまた，分析家を別の人物と即座に同一視する傾向から免れる。また，視覚イメージに魅惑されることもない。にもかかわらず，自己を開示するのは分析家ではなく，分析主体なのだから，分析家は相変わらず何か空白の投

---

[163] 私の考えでは，分析家が自己を開示する理由はほとんどない。別の形の精神分析で訓練を受けた臨床家がそう思っているのと比べれば，その理由はさらになくなる。分析家による自己開示によって，分析主体は分析家を血肉の通った人間と考えるようになり，この人間の気持ちを傷つけてはいけないと思うようになるだろう。分析主体は，分析家について心配し始め，彼を狼狽させようとはしなくなる。もし分析主体が分析家に，具合が悪そうですねなどと言う場合，たとえば，分析家が「ええ，具合が悪いんですよ」と言うなら，分析主体は何をしようとするだろうか。分析主体は分析家を気の毒に思い，あまりに多くを要求したくないと感じるのではないだろうか。分析主体は，分析家の時間を煩わせてはいけないと感じるのではないだろうか。分析家の自己開示的応答（「ええ，具合が悪いんですよ」）は当然，分析家に向けられたもので実際に分析家のことについて言われたことだと思われることになり，分析主体のコメントは想像的な水準に位置づけられることになる。ある私の分析主体が私に対して，私が疲れたような口ぶりだと言ったことがあったが，その際，私は「疲れた？」と答えた。少し間があいた後で，分析主体はじっと考えて語った。「たぶん私は，人が私の話を聞くと疲れるのだと考えているのです。私はいつも，自分は人をうんざりさせているのだという気になってしまいます」。分析主体のコメントがいつも必ず私に関するものだとは想定せずに，自己開示を避けることによって，私はそのコメントを象徴的な水準に位置づけることができた。それにより，他人についての自分の見方がどんな時に正確だったり不正確になるのかを仮定の話として彼女が知るための手助けをする（時に分析家は，このような仕方で，まるで現実がかなり率直なものであるかのように分析主体の「現実吟味」が改善するための援助をしなくてはならないと考えていると思われる。第9章参照）よりも，いっそう意義のあるところに行き着いたのである。ここではほんの簡単な繰り返し（「疲れた？」）によって，分析主体は，他人との，いや《他者》そのものとの関係の中での自分自身の見方に関して何か重要なことを口に出すことができた。一方で分析家の自己開示（私が疲れていたことを認めること）は，その代わりに彼女の注目を私の状態へと向けることになったろうし，そうすると彼女は私に手加減しようとしただろう（分析家は圧倒的な疲れを否定すべきだなどと言っているのではない。第7章で検討した「教訓」を参照）。

訓練により分析家が分析主体の要求と不安を扱えるようになっているなら，分析家が耐えられるかどうかを分析主体が考えながら自分の話をすることを，分析家は奨励すべきではない。分析主体が分析家を現実の人とみなすと，いっそう分析主体は言うべきことを検閲したり差し控えたりするようになり，自分の「根源的幻想」を分析家と演じようとしなくなる。もし分析家が自分の家族に不幸があったことを話したならば，分析主体は自分が持っている死の願望について話せないと感じるようになるかもしれない。分析家が自分自身の状態について明かすことはすべて，分析主体が言うべきことを言う妨げとなり得るのである。

ある私の分析主体は，私に会う以前に受けていた治療の中で，自分がカトリックの家庭で育ち，カトリックの学校に通わされたことについて不満を言ったそうである。するとその数週間後，その治療者は分析主体に自分がカトリックであることを告げたのである。これではもう分析主体は口を

閉ざす他無く、結局、この治療者のもとを去ることになったのである。こうした話は枚挙に暇がない！　治療者によるこうした自己開示は、分析主体の歩みにとってほとんど生産的ではない。おそらく治療者はこうした不満をきちんと聞くことはできなかったのだろうから、その点では治療者にとっては生産的だったのである。

　自己開示を避けるうえで重要なのは、疲れであれ、退屈であれ、不安であれ、そうした**自分自身の状態を否定する**ということではない。こうした状態は分析家が自分自身の情報や不満として、セッション後に記録しておくべきであり、無視されるべきではない。こうした状態は多くの場合、分析家が自分を位置づける仕方や、どの点で分析に介入しそこねたかを教えてくれるものであり、そこから学ぶべきである。自己開示の不利益に関するさらなる理論的検討についてはフィンク (Fink, 1997, pp. 31-33)〔四五-四七頁〕を参照。

　特定の状況においてのみとはいえ、自己開示の実践を正当化しようとする臨床家は、理論的に言って、自分が深みにはまっていることが多い。たとえば、以下のマランのコメントを考察してみよう。

> このような状況では、患者に言ったことの中に個人的な感情をまぎれこませるのは容易なことだが、同情を与えるよりも同情を求めることになりかねない。患者は、治療者の個人的な悲劇には関心を持っていないし、患者自身が悲劇の只中にあるときには間違いなくそうである。それゆえ治療者の感情を示してもよいが、**客観的で**完全なコントロールの下に、まったく患者の役に立つように示されなくてはならない。(Malan, 1995/2001, p. 26)〔三四頁〕

マランは正しく治療者に対し、自身の経験や悲哀を患者のセッションに気楽に投げ込むことは、本質的に患者に共感を要求することに等しい（ラカンが言ったように、あらゆる発話は承認と愛の要求を為している。治療者の発話もこのルールの例にもれない）として警告しているけれども、時たまの自己開示については、これを「客観的に」なすべしという容認できない主張によって認めてしまっている。「客観的に」とは、治療者の議論において、どのような状況でも使用するには奇妙な言葉である。そして彼は「完全なコントロール」などと、まるでそのようなことがあるかのように説明している（第9章参照）。

　レニックは自己開示の実践の主要な弁護者の一人である。彼は、「選択的」自己開示と彼が呼ぶもの（「相対的匿名性」に通じる）をまったく認めず、継続的な徹底的自己開示を認めている。これを彼は「カードをオープンにしたトランプ遊び」と呼んでいる。自己開示の目標は、彼によると、分析家と分析主体の間の「臨床的分析の競技場」を明らかにすることである。より民主的だからとかポストモダンだとかいう理由からではなく、単に「それが良い臨床結果をもたらすから」(Renik, 1999, p. 523) である。レニックも、特定の患者との分析作業が先に進まなくなるような形式の自己開示は認めていない（たとえば、彼が患者に性的な感情を抱いたとしても、そのように患者に伝えてはいない）。しかし、彼のあげる例で示されているのは、彼がほとんどまったく意識の水準、つまり観察自我において作業していたということである。彼は患者とのやりとりを詳細に語っている。「アンヌ」と彼が呼ぶこの患者は、レニックとのやりとりによって、分析家や夫といるときに自分がいかに振舞うかについて多くを**理解する**ことになった。しかしレニックは、獲得した新たな理解のおかげでアンヌに何か持続的な変化が起きたとは一切述べていない。「彼女と夫はしっかりと語り合うようになった」、そしてその夜に「数年ぶりに親密に激しく愛を交わした」(p. 527) という単純な事実が、こうした治療アプローチの価値の証拠として引用されているのである！

射スクリーンのようなものであり続け，それゆえ分析主体は分析家のうちに，分析家の話し方や声の調子，イントネーション，抑揚，さらには息つぎの仕方に基づいて別の人々の特徴を「見る」ことも起こり得る（ある私の分析主体はときどき，私の息の仕方を，自分の母親のそれと結びつけた）。

分析家の現前

けれども分析家は自分の存在を与えているではないかという指摘もあろう。だが，そこにいるというのは，そもそも分析家が話を聞いていることの一部にすぎず，話を聞いているというのは，発話の条件にすぎないのである。ともかく，分析の技法として，分析家がこれほどまで自分を目立たなくするのは，実際はそうはならないにしても，なぜだろうか。

——ラカン（Lacan, 2006, p. 618）〔第三巻，四九頁〕

アリストテレスが私たちに思い出させているように，「一羽の燕だけでは，春が来たとも晴れるとも言い難い」。同様に，素晴らしい一夜だけで，こうしたことが分かるわけでもない。

レニックの自己開示のアプローチは確かに，観察的自我のレベルでの変化は促している。つまり自身の行動パターンに関する分析主体の考え方というレベルでの変化である。だが，より根本的な水準での変化を促すことが意図されているとはほとんど思えない。実際，レニックは自分や自分の物の見方についてたくさん話すことで，明らかに，分析主体たちが，彼らの以前の関係の中で起こった問題を自分とともに作業するのを避けようとしており，それによって転移のさまざまな側面から逃げている。たとえば，彼はこう言っている。「私は自分がアンヌの母親のように監視しているとは思われたくないことに気づいた。アンヌが母親から受けると感じていたような無遠慮さは，私は特に好まないものだった。それゆえ私は，アンヌが私のことを違うように経験していると分かるのは苦痛だったのだ」（p. 526）。つまりレニックは，アンヌのおそらくは転移的投射をわざと避けようとしていたのである！

レニックの別の分析主体は，レニックの「威張り屋で不公平と見られないことに対する個人的なこだわり」が非常に大きいために，分析主体がレニックをそんなふうに見ると，彼が「正しかろうと間違っていようと，すぐに反応してそれを片づけようとしている」ように思えると述べている。彼女はそれが「時には，自分の話を聞いてもらっている方にも」及んでいるように感じていた（p. 532）。言い方を変えれば，分析主体が頭の中でレニックを，誰か過去に彼女が威張り屋で不公平だと感じていた人物と一緒にしたときに，彼は自己開示をおこなって，転移を切り抜けるのである！　レニックがあらゆる場合のあらゆる分析家に対して自己開示を行うよう勧めている事実は，彼が転移概念の最良の部分まで投げ捨ててしまったということでもある。「治療関係での分析家の個人としての役割について患者の観察を積極的に誘発し」（p. 529），患者から学ぼうとするにしても，体系的な自己開示をする以外の別の取り組み方があるのである。

非ラカン派（Zalusky et al., 2003）であれラカン派（Miller, 1999）であれ，双方とも電話分析は不可能だと主張していることで知られている。というのも，分析家と分析主体が物理的に互いに目の前にいることが必要だからというわけである。それほど物理的現前が重要であるとはどういうことか。電話分析には，何かが欠けていると思われているのはどういうことなのか。

もちろん直接的な物理的接触が欠けているというのではない。そもそも精神分析ではそうした接触は認められていないのである（セッションの開始前後の儀礼的な握手のような形式的接触は除く）。ラカンが言っているように，「分析の語らいに入った瞬間から，もはや身体同士の出会いはまったくない」（Lacan, 1971-1972, 1972年6月21日）。分析家と分析主体は，分析を進展させるために互いを触る必要はない。同様の理由から，分析家と分析主体は，互いの趣味嗜好を通じて交流を図るような必要もない。

ましてや分析家と分析主体が互いの匂いが分かるほどのところにいなければならないとも考えられない。ラカンがコメントしている滑稽なエピソードがあるが，それは1950年代初期のパリ精神分析協会で起こったことである。その当時，分析主体を理解するためには言語活動の向こうを見透かす必要，つまり分析主体の発話の向こうを見る必要があると考えていると思われる分析家たちについて論じながら，ラカンはこう述べている。

> 今日，分析の養成を受けている若い分析家は，自分の患者との実りのない分析を2, 3年もやった後で，患者に匂いを嗅ぎつけられて，ようやく待ち望んでいた対象関係の到来だと言って喜ぶらしい。そして，それを，私たち分析家仲間に「**入るに相応しき dignus est intrare**」もの，彼の能力証明として受けとっているのである。[164]（Lacan, 2006, p. 267）〔第一巻，三六四-三六五頁〕

ラカンが言及するこのエピソードの分析の研修生は，自分の分析主体がついに彼の匂いを嗅ぎとることができたという，せいぜいあやふやな価値しかないものの報告をして，熱狂的にSPPの上層部への参加を認められている。このエピソードについて私が思うのは，電話分析の反対者が第一に関心を向けている

---

[164] この挿話についてラカンがさらにコメントしている箇所として，以下を参照。Lacan, 2006, p. 465〔第二巻，二〇四頁〕, 1994, p. 79.

のは嗅覚ではないのかということである。しかし，私は自分自身のエピソードによってこれに簡単に反論できるだろう。ある私の分析主体が突然電話セッション中にこう言った。「あなたの息がまさにこの瞬間に臭っているかどうか気になります」。そこで私が「私の息ですって？」と尋ねると，彼は，自分の父がよくパーティーで葉巻を吸ったり，珍しい物を食べたりしてから帰宅したことを話した。これらのことから，分析主体は「大人のにおい」を連想したのである。たとえ同じ時間に同じ部屋の中にいたとしても，分析主体が私の息の臭いをかいだかどうかははっきりしない。明らかなのは，この嗅覚的な投射や連想は，分析作業が電話越しに行われていたからこそ，除外されなかったのだろう。

もし分析家と分析主体の間に視覚的な接触がなければならないと考えるのなら，目の見えない人には，分析をおこなったり，分析家になることは不可能ではないだろうか。だが，ほとんどの人はそんなことはないと言うのではないか。さらに，精神分析で寝椅子を利用することは，セッションの始めと終わりを除けば，視覚的接触を大きく阻んでいる。こうした極めて限られた視覚的接触ですら不可欠だと考える人々は，テレビ会議（テレビ電話やウェブカメラ）が問題の改善に有効だとでも思っているのだろうか。互いを見ることの重要性は，どれほど限られたものであれ，眼差しとの関係がある以上（少し後でこの点に戻ろう），手のうちから排除しきれない。にもかかわらず，それが常に不可欠だというわけではないことは，盲目の人でも分析を行えることを認めた時点で既に，明らかなはずである。

私の考えるところでは，本当に本質的だと思えるのは，聞くことである。分析家と分析主体は，互いが話すのを聞くことができなければならない。分析主体が何を言っているのか，そしてそれがどのような仕方で言われているのかということこそ，分析で最も重要なのである。電話接続が（背景のノイズ，エコー，遅れ，混線がなく）きちんとつながっており，分析家と分析主体の相互が，口をついた言葉や言いよどみ，口ごもり，ためらい，ため息，あくびなどが聞こえるほど十分によく聞きとれるときに限り，分析は進展することができる[165]。とても興味深いことに，分析主体のうちには電話セッションのほうが対面

---

[165] 分析家と分析主体は自由に話すべきであるとしても，もちろん互いのプライバシーは全面的に保たなければならない。

セッション**よりも**私のことが随分と身近なものに感じられると言う人もあった。それは，私の話しているのが直接耳に聞こえるため，私と数フィート離れた寝椅子に寝そべっているときよりも，電話越しのほうが私をより身近に感じるからだという。[166]

ボディランゲージ

> 分析の最初の見通しの際に，主体の語らいが万が一，真理の開示をふさいでいるようなルアーや障害物だという理由で括弧に入れられるようなことがあれば，そのとき語らいはただの記号として扱われることになり，永久にその本来の価値を失ってしまう。……別の形での主体の現れ方のほうが，すぐに好まれることになるだろう。彼の応対や振舞い方のうちに見てとれる様子や，礼儀作法や気取り，別れ際の挨拶などである。
> ——ラカン（Lacan, 2006, p. 337）〔第二巻，二〇頁〕

　分析主体のボディランゲージを「読むこと」に多くを頼っている分析家たちには，電話の利用を疑問に思っている人が多い。しかし，先に私が述べたように，「ボディランゲージ」は，多くの人が考えているようには，透明でも，普遍的でも，明白でもない。分析家が分析主体のボディランゲージの意味するところを理解したと確認する唯一の方法は，分析主体にそれについて話してもらうことである（そうしたとしても，分析主体自身が分からない場合や，話したがらない場合もあるだろう！）。同じ文化の中での手振りにしても，曖昧でない普遍的な意味を担うものは多いとは言えない。同様に，臨床家が読むことのできると主張しているらしい多くの姿勢についても言える。
　たとえば，異常なほど直立した姿勢は厳しさを暗示するのだろうか。ある種のファルス的スタンスを表すのだろうか。あるいはむしろ，両親の道徳的訓戒

---

[166] シャロン・ザルスキ（Zalusky, 1998）とアーリーン・クレイマー・リチャーズ（in Zalusky et al., 2003）が，とてもよく似たことを報告している（これらの文献を私に送ってくれたダン・コリンズに感謝する）。電話はもちろん何十年も前から，長く親密な会話のために恋人たちに使われてきた。さらにここ最近ではテレフォンセックスのためにも使われている。しかし，電話が標準的な分析の寝椅子と比べて，よりはっきりとした性的含みをおのずと持っているとは誰も言っていないと思う。

や両親の厳格な倫理的スタンスが身体へとつながっていることを示すような「直立性〔正しさ〕」の具体化だろうか。別の例をあげよう。背を丸めて座るのは，常に，自己防衛や自己保護の姿勢なのだろうか。それとも腸過敏症候群の兆候だろうか。あるいは，ことによると，カジモドやカンカンポワ通りのせむし男（Lacan, 2006, p. 422〔第二巻，一四〇頁〕を参照）への同一化に由来するのだろうか。**ボディランゲージは自明のものではない！** それを理解するためには，分析主体にそれが何を意味するのかを尋ねなくてはならない。つまり，分析主体にそれについて話すように頼まなくてはならないのである。

　ある私の分析主体は，私に感情的に気負った話をする際には，決まって両手をお腹の上に置いた。臨床家によっては，分析主体にとって自分たちが「腹のよじれるほどのストレス」になっているのだとか，彼は潰瘍など消化器官の問題を抱えているのだ，などという結論に飛びつく者もあろう。私がそれについて彼に尋ねると，彼は，自分の文化ではここは慣習として心臓があると考えられているところであり，彼はよく心臓に締め付けや圧迫を感じるのだと述べた。また，彼は自分の文化圏の女性はすべてこの種の心痛を持つと考えていた。さらに，彼の母語では心臓に当たる語には隠喩的な意味があり，彼にとってそれは極めて重要だった。彼はかつて，「自分の心臓には打ち砕かなければならない固い石」があるとも言っていた。これらは，彼とは異なる文化と異なる言語的背景を出自とする私にとっては，「ボディランゲージを読む」という試みでは決して推し量ることのできないものだった。

　人間の姿勢と身振りは，動物の姿勢や身振りのようには読みとれない。動物のそれは，同種のすべての個体にとって，遺伝子コードに基づいた明白な意味を持っている。[167] 人間の姿勢や身振りは言語や歴史，文化に冒されている。それゆえにすべての人間はおろか，同じ言語を話す各個人にとっても，明白な意味を持つとは考えられない。それらの意味は多くの場合，きわめて個別的なのである。[168]

　分析家の中には，発話は嘘がつけるので，発話よりも確かで客観的なものを

---

[167] これが過剰な単純化であることは私も承知している。動物界における姿勢や身振りが，考えられているほどに普遍的なものではない，と行動学者が主張していることも理解している。

[168] ラカンが述べるように，「人間の身振りは言語活動と密接に結びついており，単なる運動的表れに結びついているのではない」（Lacan, 1988a, p. 255）〔下巻，一五〇頁〕。

探そうとしている人がいると思われる。彼らは，ボディランゲージは虚偽を被らないと思ってるようである。身体は常に真理を語るというわけである。しかしボディランゲージも，他の言語活動と同じく「嘘つき」であり得る。これを知るには，役者がある身振りをしたり，あるボディランゲージを使うことで，どれほど真理を隠しているかを考えてみればよい（実際，私たちは皆，日常生活という舞台での役者である）。分析主体の表情や身振り，姿勢を理解する能力が，時には，彼らが言っていることと感じていることの間に矛盾があることを，分析家に示唆することがあるかもしれない。しかし，その矛盾を額面通りに受けとることはできないし，分析家はやはり，たとえば母親の死が恐ろしい経験だったと言いながら笑う分析主体に対して，その笑い顔が何を表すのかを尋ねなければならない。さらに，私の経験上，こうした一見した矛盾は別の仕方で拾い上げることのできるものであり，いずれにせよ，こうした矛盾が治療的効果をもたらすには発話することが必要である。[169] 端的に言えば，精神分析では発話の使用を避けることはできないのである。視覚的手がかりがないことは，それによって分析家が分析主体のボディランゲージについて，すぐに結論を出そうと飛びつきたくなる誘惑が阻止される点で，有益な効果もあるかもしれない。

　結局，遠距離通信技術の導入は，その「ネガティブな面」，つまり，そこから除外されたもの——（寝椅子が利用される際の）触覚，味覚，嗅覚さらには視覚——とは反対の「そのポジティヴな面から，いっそう〔分析的〕経験を吟味するようにわれわれを促すものである」（Lacan, 2006, p. 267）〔第一巻，三六四頁〕。[170]

---

[169] フロイトは，鼠男症例において，分析主体が鼠刑の話をフロイトにしたときに，「彼の顔が大変奇妙に混成された表情をした」ことを観察し，続けてこう述べている。「私はそれを彼自身知らない快に対する恐怖の一つとしてしか解釈できない」（Freud, 1909/1955, pp. 166-167）〔全集第一〇巻，一九一頁〕。しかし注意したいのは，フロイトはこれを鼠男に解釈として直接述べたのではなく，ここでたんにそれを心的に記録したにすぎない。分析主体の発話であれ，表情であれ，身振りであれ，姿勢であれ，分析での何かの意味については，結論を急がないように注意しなければならない。

[170] ラカンの仕事では，眼差しが対象 a のとる形の一つである以上（対象 a に関する詳細な議論は以下を参照。Fink, 1995, pp. 83-97），分析は，分析家の眼差しの現前がなければ進展しないと考えられるかもしれない。まず思い出してほしいのは，ラカンの対象 a の化身 avatar のリストは非常に広いものであり，声，眼差し，乳房，想像的ファルス，糞便，尿，音素，そして無がある

電話分析に特有の難問

　われわれの努力は……分析主体という位置にいる人とともに行う，再構築のため

(Lacan, 2006, p. 817)〔第三巻，三二九頁〕。注意すべきは，これらの対象のすべてでないにせよその多くが分析の間に議論に付されるとはいえ，普通目の前に出てくるのはそのうちのほんのいくつかにすぎないことである。特に糞便と尿は面接室ではほとんど歓迎されないだろう。ひょっとしたら，「寝椅子が湿ったり……，患者がシミをつけたり，洩らしたりする」と言って，「退行」を，想像できる限り最も文字通りの意味で受けとったウィニコットのような人は別かもしれないが (Winnicott, 1954/1958b, p. 289)〔三五〇頁〕。他方，ラカンは，分析状況での「退行」は，分析主体が小児の表現や赤ちゃん言葉を使うときに関連していると理解するのが最良であると主張している (Lacan, 2006, pp. 617-618〔第三巻，四八頁〕, 1998b, p. 426〔下巻，二六三頁〕)。この主張は，ある種の「現実的」な発達的退行や，本当に子どものように行為することとは対立している。
　ラカンの対象 a のさらに別の具体化へと目を向ければ，分析作業が生じるのに乳房が目の前に出てくることはまったく必要ないことに気づく。二人の男性の間での分析もあり得るからである。にもかかわらずラカンは少なくとも一度は，「分析家は乳房を持たなければならない」と述べている。それは，分析主体は，分析家が男性だとしても，ある時点で分析家には乳房があると考えなければならないという意味においてである。それはおそらく，乳房が母親の二次的な性的特徴だからだろう。
　明らかなことは，これらほとんどすべての対象（対象 a のほとんどすべての化身）は，「実際の対象」としてではなく，むしろ分析主体のリビード経済の一部として，分析に参入するということである。では想像的ファルスや無がどのような「現実的」な仕方で分析に参入するのだろうか。私自身の経験では，眼差しが非常に重要な対象 a であった分析主体たちが述べたことによれば，私は，想像の中で彼らをさまざまな立場や視点から見つめる者であり，彼らが他人と交流したり，教えたり，自慰をしたりするのを観察する者だった。彼らは必ずその眼差しの質と重みを説明しようとしたり，それを両親のどちらか，あるいは両方の眼差しに結びつけようとした。要するに，直接のセッションで私が期待している眼差しに関する現象のすべては，電話セッションでも生じたのである。
　ミレールはこう述べている（Miller, 1999）。「セッションにおいて，〔分析家と分析主体〕はともに同期しているが，しかし，寝椅子の使用からも分かるとおり，互いを見るためにそこにいるわけではない。生身の両者が相互に現前していることは，性関係がないことを示すこと以外の理由がなくとも必要不可欠である」。ミレールは，分析家は目の前にいるのに分析主体とセックスはしないというパラドックスに分析主体が直面しない限り，「性関係のようなものはない」(Lacan, 2007, p. 134, 1998a, p. 57. およびその他の箇所）ということを分析主体に痛切に感じさせることはできないと考えていると思われる。これは，分析主体にこの基本的な精神分析の真理に直面させるひとつの道であり得るとは思うが，唯一の方法というわけではない。実際私は，ラカンがこの基本的観念（この詳細についての検討は以下を参照。Fink 1995, pp. 98-125.）を分析状況そのものをはっきりと念頭において定式化したとは思わない。この観念はほとんどどこからでも拾いあげることができる。

の共同作業である。

——ラカン（Lacan, 2007, p. 100）

　しかし電話による分析作業がそれ固有の難問を持っていないというわけではない。たとえば，分析主体が笑っているのか泣いているのか分かりにくいことが時折あり（こうしたときにわれわれが立てる物音はかなり似ていることがある），この場合，分析家はそれがどちらかいつも分かるとは言えない。対面で行う予備セッションでは，分析家は多くの場合，分析主体の顔の見かけによって，分析主体が皮肉屋なのか，冷かし屋か，ふざけ屋なのか，堅物かを推測する（その推測が間違うこともある。特に分析主体が「ポーカーフェイス」の場合にそうである）。こうしたことは，電話越しでほとんど不可能である。ちょうど分析主体が寝椅子へと移ったとたんに，そうはできなくなることがあるのと同じである[171]。そこで分析家は，息遣いや，笑ったときの短い呼吸の変化，また自分を表現する分析主体の典型的な仕方が変化するときなど，わずかしか得られない手がかりに特に注意しなくてはならない。要するに，分析家はいつでも，与えられた状況の制約や変数の中で，自分の得られるものを最大限大事にしなくてはならない。対面での作業では，手振りや口の開きによって，分析主体が何かを言いかけてやめたことが分かる。しかし電話分析で使える媒体は唯一，音しかなく，そのため分析家は，分析主体が息を呑み，これから何かを言おうとしてやめるその時に，注意を払わなくてはならない。そうしたことに注意を払えるようになれば，いかに多くのことがそこから拾い上げられるかに驚かされる[172]。

　電話分析は時にかなり便利であり，便利すぎるほどに思える。分析主体は，

---

171 寝椅子へ「移ること」は慌てて行うべきではないが，多くはそのように行われており，その結果，やっかいな状況が生じている。私はスーパーヴィジョンでこうした状況をよく聞くが，そこでは，分析主体は不本意に，肘掛け椅子と寝椅子を行ったり来たりさせられている。寝椅子の使用は，診断（精神病以外。第10章参照）がかなりはっきりと確定し，また分析主体が自分自身の問題をはっきりと言葉にするまで延ばしておくべきである（Fink, 1997, pp. 14, 25-27, 133-134）〔二〇頁，三七-三九頁，一九五-一九六頁〕。それには多くの場合，週に数回のセッションを1年ほど行わなくてはならないが，いずれにしても注意するに越したことはない。

172 分析家はもちろん，直接のセッションと同じくらい電話セッションでも注意深くなければならない。自分が分析主体から見えないことを利用して，読書したり，白昼夢にふけったりなど，分析主体との作業から注意を逸らすどのような活動にふけることも許されない。

分析家のオフィスへと出向くために各セッションの前後 30 分を確保しておかなくてもよい。分析主体がすべきことは，どこにいたとしても（家であれ，仕事場であれ，車の中であれ，ホテルであれ，どこでも）ただ電話を手に取り，適切な番号をダイアルすることだけである。これに要する努力は，ある人たちにとってはあまりに小さい。そうした人たちは，分析家に会いに来るという余計な努力がないために，多くの場合分析を，困難な連想作業の現場としてではなく，「うっぷんを晴らす」便利な方法とみなしがちになるかもしれない。そのため，分析家は，分析主体がそんなに楽をしないほうがよいと思うかもしれない。しかし，本当の問題は別のところにある。セッション料金がほどほどに高額の設定となっており，分析家もちょうど良いタイミングで支払いを要求して，分析主体がいわばただ乗りしている気にならないようにしているとしよう。こうした場合，この問題が解決するのは，分析家のオフィスへ向かうごとに 30 分余計に手間ひまをかけさせることによってではなく（これは，分析の過程に自分がより関わっていると感じさせるための人工的な方法である），分析主体に分析作業に本当に専心させる方法を見つけることによってでしかない。言い換えれば，この問題は，分析主体がその時間の間，愚痴をこぼしたり，日常の事柄をしゃべったりして，何を話すべきかまったく知ろうとしないような分析で生じるのと，同じ種類の問題なのである。分析主体の分析過程への専念は，ハードルを加えたからといって増大しない。分析家は，分析主体が自分自身の問いを提起するように鼓舞する仕方を見つけなければならないのである。

　分析主体の中には，電話分析の困難はすでに十分な難問だと思っている人もいる。驚くほど多くの分析主体にとって，電話をいつもつなげておく，いつも支障なく電話を操作する，電池を充電しておく，有効なテレホンカードを持っておく，適切な電話番号を手元に控えておく，といったことは難しいのである。また，かなり多くの分析主体が，決めておいた時間に電話をかけ損ねる。実際，直接行う分析に見られる作業への抵抗のすべてが，電話分析においても

---

173 移動の時間を削ることで，電話分析は移動それ自体をも削減している。それゆえ電話分析には，直接行う分析に比べかなり容易な環境で行えるというはっきりとした恩恵がある。

174 私は現時点ではコードレス電話や携帯電話の使用を勧めていない。それらは通常，伝統的な有線電話（「地上線」）と同じほどの音の明瞭さに欠けているからである。

働くのである。うまくいかない可能性のあることはすべて，抵抗が生じれば，うまくいかなくなるのである。

　分析家の中には，電話分析というより制限された領域では，分析主体の抵抗と転移は表出され得ないだろうと考えている人もいると思われる。しかし，私の経験によれば，そうした抵抗や転移は**常に**自らを表現する道を見つけ出すものである。フロイトは，一度のセッションの間に夢のすべての側面を完全に調べられないときには関わるべきではないと述べている。というのも，一つの夢で調べられずに残るものはどれも，その後の夢に現れてくるからだ。それと同じく，状況の制限のためにある仕方で（たとえば視覚や嗅覚の特徴によって）分析家に表現され得ないことはどれも，分析家の感覚に到達可能な別の仕方で表現されるだろう。

　もし分析主体が分析家に対する苛立ちをふとした身振りで示せない場合には，分析主体は「偶発的に」電話を落としたり，電話が壁にぶつかるように動いたりすることだろう（どんな種類の行為でもその意味がただちに明らかになると主張したいわけではない。やはりどのような意味が考えられるか，分析主体に話してもらう必要がある）。分析家と一緒にいるとどれほどくつろげるかを表現しようとして，うっかり自分の家の鍵で分析家のオフィスのドアを開けようとするなどはあり得ないにしても，これからデートに誘おうとする人に自分の電話番号ではなく，知らないうちに分析家の電話番号を渡すということはある。分析家に対して母親と同じ親密さを感じていることを姿勢によって伝えられない場合には，分析主体はうっかり，母親に電話しようとして分析家の番号にかけたり，またその逆をおこなったりするだろう（これは私の実践で何度も起こったことだ）。支払いが嫌なことを分析家に示すために，小切手や現金に手を伸ばすまで5分もポケットや財布をまさぐるようなことができない場合，分析主体は誤って，手紙で送る小切手に間違った番地や郵便番号を書いてしまったり，小切手にサインを忘れたり，封筒に切手を貼り忘れたり，泥や雪の上に封筒を落としたりする——どれも私が経験したことである！

　真理は表に出てくる。分析主体が言うべきことを何でも歓迎し，話したがらないこともすべて促して話させようとしていれば，その素材はあれこれの仕方で出てくるものだと確信してよい。分析家に必要なのは，ただ自分が得られるすべてのものに注意を払い，聞きとったと思ったことや，分析主体がはじめの

うちうまくこじつけていたことについて尋ねるのを忘れないことである。分析主体の身体が分析家に分からないところで語ろうとしているとき，たとえば感情をこめずに夢について語りながら手が震えたり，父親にまつわる事件を語りながら頭がきりきり痛んだり，またダメになったときのことを語りながら腹に鋭い痛みを感じていたりしているなら，ふつうその分析主体は作業に協力して

---

175 フロイトはこう述べている。「この世に生きる人々が隠しとおせる秘密などないことを，見る目を持ち，聞く耳を持つ者は，認めることになるだろう」(Freud, 1905a/1953, p. 77)〔全集第六巻，九八頁〕。また，ラカンはこう述べている。「抑圧は抑圧物の回帰とは区別できない。そこでは主体が，彼の存在の毛穴のすべてから，話すことのできないものを声高に叫んでいる」(Lacan, 2006, p. 386)〔第二巻，九二頁〕。「真理は表に出る」という事実によって，かなりいろいろな信念を持つ分析家たちが，時にフロイトやラカンが概念化したような基本的な夢作業を無視して，精神分析以前の夢解釈の方法に回帰していると思われる場合でも少なくとも多少は成功を収めていると思われる事実をとにかくある程度は説明できるだろう。多くの分析家はともあれ，分析主体が使う特定のシニフィアンを利用しないし，また，ユング派ではふつうのことだが，夢から連想するよう分析主体を促すこともしないで，その代わりに，解釈に際して夢の中で見つかった「イメージ」(あたかもこれらのイメージが分析家に言葉では伝えられないかのようである) に頼ったり，夢の中で語られている物語（すべての夢が認識できる物語を持っているわけではないのに）と分析中やセッション外での分析主体の生活で生じていることとのアナロジーに依拠するのである (一例として以下を参照。Casement, 1991, p. 95)〔I, 一二六頁〕。ここで仮説として，こうした分析家が，それにもかかわらず熱心に夢について話を聞こうとし，それに基づいて作業しようとしているならば，分析主体の無意識は，その宛先たる分析家に理解される言語を語る方法を見つけると言ってよいかもしれない。もし分析家が，「なぜ Why (ワイ)？」という疑問が夢の中の Y (ワイ) 字形に分かれる階段によって示されていることを取りあげないとしても (ケースメントは，ビオンが提供しているこの例に言及している (Casement, 1991, p. 37)〔I, 四四-四五頁〕。ただしケースメントはこれを，「夢想」の概念の説明として示しており，分析主体の語らいにおける**文字**へ注意を払い，そこに働く同音性と二重の意味を聞きとることの例として示しているのではない)，無意識は別の道を見つけて分析家へ欲望を伝えようとするだろう。欲望は夢の中に表現を求めているのである。実際，ラカンが言うように，夢は単に願望を満たそうとするだけではなく，それが差し向けられている人に願望を認識させようとする (Lacan, 2006, pp. 623-629)〔第三巻，五五-六四頁〕。分析主体が分析家と一定期間作業したならば，分析主体の無意識は，その生産物を，それが向けられている人の聴きとり方に合うようにする。もし分析家が物語や寓意にしか注意を払わないなら，無意識が生み出すのはやはり物語や寓意であり，もし分析家がイメージにまず目を向けているなら，無意識はイメージを生み出すだろう。このことは，別の分析家の患者が生み出した夢を分析する際に，私たちが忘れないようにすべきことである。私たちは，自分固有の視点からその夢を解釈しがちだが，そうすると，その夢はそもそも，それを届けるべき人のために見られたのだということを見過ごすことになろう！ たとえば，ある私の分析主体は，骨盤が痛む sore 夢を見たが，それは彼の無意識が，私が sore という言葉を，逆さまにした *eros* や，*rose* というアナグラムとして読みとるだろうと「知っていた」からといえよう。また，別の分析主体は，**martial** *arts* 武道についての夢を見たとき，そのアナグラムである ***marital*** 結婚の技法について悩んでいたのである。

くれていると考えてよい。私たちは，私たちの知らないところで起こっている無数の事柄，いわばセッションごとの合間に分析主体が思いつく束の間の考え，白昼夢，幻想，夢，悪夢，感情の噴出，止まらない涙，喜びの瞬間などを分析主体が話してくれることを当てにしている。であれば，セッション中の身体反応についても同じように考えてよいのではないだろうか。自分だけがそうした反応に気づくことができる者だと私たちは考えているだろうか。

電話セッションにはもちろん他の難問もある。電話線は時に警告もなく切れることがあるのだから，変動時間セッションを行う分析家は，単に電話を切ることによってではなく，それ以上のこと，たとえば「では今日はここまでにしましょう。また明日の3時に話しましょう」などと言って，セッションを終わりにすることを，分析主体に念を押しておく必要がある。こうした前置きなしに電話が切れるような場合には，ただちに電話をかけ直すよう分析主体に頼んでおくべきである。

セッションの区切りは時にむしろ唐突なこともある以上，電話でこれを行う分析家は，ここに対面セッションとの違いがあることに気づくだろう。突然の区切りは，それが電話で行われる場合よりも，その後ドアで握手して次のセッションを歓迎する挨拶をする場合のほうが，分析主体に罰として受けとられることは少ないと思われる（第4章で述べたように，時にそれは「ミニ去勢」として経験されることもある）。声の調子くらいしか，そうした唐突さを和らげるのに役立つものはない。それゆえ，ある分析主体の場合には，分析家はこうした唐突な区切りを（たとえば，御機嫌よう，とか，さようならなどと付け加えることで）避けたくなるかもしれない。

電話分析は間違いなく，万人向きではない。分析主体のうちには，直接会うことでしか生まれないような類の分析家とのリビード結合がなくては，分析作業に専念できない人もいるだろう。そうした場合は，視覚的なものによる性愛的転移がないことで，転移がほとんどまったくなくなってしまう（これに対しては，ある段階で，頻繁ではなくても定期的に直接会ってセッションを行うことで対処できる）。他にも，分析家が物理的に目の前にいることを心地良く思う分析主体もおり，こうした人たちは，単に注意深く聞いてもらうことだけではなく，定期的に関心の目を向けてもらうことが必要と感じている。こうした分析主体は多くの場合，分析の初めにはそれほど自由に話さない。彼らは，注

意深く聞いてくれることを拠り所にするよりも，面会のときに実際に確かに目の前におり，そこでじっと自分が話し始めるのを待ってくれるということを拠り所にして，分析家への信頼を築くようである。

　いずれの場合でも，定期的に直接会って行うセッションで補いながら電話を利用することは，遠くに住む分析主体と1か月に1度集中的に会うようにするヨーロッパでの普通のやり方と比べても好ましいものだと私には思われる。というのも，分析主体が分析家のいる町に週末滞在する間に4回以上のセッションを行う場合であっても，3，4週間の中断があると分析のリズムは必ず壊れてしまうからである。分析を休んでいるときに，いわば無意識が「閉じてしまう」きらいがある以上（Lacan, 2006, pp. 838-839）〔第三巻，三六一一三六二頁〕，どのように何らかの現実的作業がそこでなされるのか，なかなか想像しにくい。実際，まさにこの理由から，分析家は，週にたった1度（精神療法の世界で多く採用されている頻度）ではなく，できるだけ多くのセッションを分析主体と行おうとするのである。セッションごとの間に多くの時間が経ってしまう場合，前のセッションから得た素材に基づくことは極めて難しい。私の経験では，週に1度のセッションよりも，週に3度から5度のセッションの場合のほうが，はるかに集中的な作業を行うことができるのに，4週に1度となればその効果ははるかに少なくなるだろう。

---

[176] ラカンのコメントも参照（Lacan, 1991, p. 390, 2006, pp. 333, 359）〔第二巻，一五一一六頁，四六頁〕。これらの箇所でラカンはとりわけ，1920年ごろにはある種の解釈をすることの効果が減少していることについて述べている。特に以下を参照（Lacan, 1978, 第10章）。

[177] 違う国に住んでいるためセッションを受けるのに海を渡ってこなければならないという理由から，2か月から半年おきにしか分析家と会わない分析主体はかなり多い。多くの南米人，さらには北米人にも，たとえば，2か月に1度パリへと飛び，短期滞在して，その間，1日に数回のセッションを受けるという人たちがいる。彼らにとって，学校の授業で訓練を受けているような感覚を手にするのには役立つかもしれない。精神分析の枠内でこうした意味で訓練されているという感覚を得る方法があるとするなら，彼らとこのように分析を行うだけでよいだろう。しかし，この方法は十分な分析を行うための方策であるとはほとんど思えない。それがもたらすのは，むしろ，たんに，ある分析家の場合はどんなふうな分析作業を行うのかの味見やサンプルにすぎないだろう。なぜなら，無意識がほとんど毎日働くようになっていないと，既に到達している考え方や位置の周りに自我が再形成され，再結晶化されやすくなるからである。そうなってしまうと，無意識を再開させて，自我の固着性を再び揺るがすように作業させるのに，新たな努力がかなり必要となる。フロイトは，日曜を除く毎日，つまり週に6日，患者を見るのがふつうだったが，それを「月曜のかさぶた」と呼んでいる（Freud, 1913/1958, p. 127）〔全集第一三巻，二四七頁〕。分析主体にとって，一日でも空いたなら無意識を再び作業に戻し入れるのがより難しくなることを，フロイトは分かっ

共通の実践

夢そのものの語り口——言葉の素材——こそが,つねに解釈の基礎として役立ちます。

——ラカン(Lacan, 1976, p. 15)

ほとんどの分析家にも,どこかの時点で,緊急入院や,パニック発作,深刻なうつ,また何らかの予期せぬ緊急事態のために,分析主体と電話でしばらく話さなくてはならないことがある。多くの分析家にとり,こうしたことは気の進まないことである。というのも,それが,打ち立てた治療枠組みを侵犯しているように感じるからである。そこで分析家たちは,分析作業を継続するチャンスとして電話を利用するどころか,電話での会話は避けようとする。私は,分析状況で「陽性的なもの」,つまり,分析を有効なものとするために分析の中で利用されている諸感覚についてさらに議論がなされ,それにより電話による作業が分析家にとってもより心地よいものとなってほしいと思う。私の見解では,とりわけ,発話で明確に述べられたシニフィアン(セッション中にはっきりと発音されたものとしての言葉)に基づく作業が分析を有効にするのであり,分析の進展に必要なものはすべて電話によって得られるということである。声という媒体だけに限っているから,シニフィアンによる作業が唯一有効な作業だなどと考えるようになるのである——つまり,自己実現的な予言である——という人があるかもしれない。しかし,私自身の場合,精神分析では「象徴的次元が治癒する唯一の次元である」という前提で臨床をはじめたのであり,媒体として電話を利用するようになったのはそれからずっと後になってからにすぎない。私の理解によれば,フロイトとラカンは二人とも,精神分析の成功は発話を通じて打ち立てられた関係と発話を通して進展する作業とによるとしている。

ここ数年で,私は,アメリカの非常に多くの分析家が,分析を部分的もしく

ていたのである!

は全面的に電話によっておこなっていることを知った。リチャーズとゴールドバーグがおこなった調査によると，アメリカ心理学会の精神分析部門（部門39）の会員の85％以上が，少なくともいくつかの作業を電話によっておこなっており，またその効果に満足しているという（Richards & Goldberg, 2000）[178]。しかし，それについて執筆している分析家は多くないと思われる。これに関し，特に，ロサンゼルスのシャロン・ザルスキは注目すべき例外である（Zalusky, 1998）。大変興味深いことに，彼女は電話分析を初めて経験したとき，自分が「分析主体の連想のニュアンスを聞きとるためにいっそうそこに在り，分析主体の話を違ったように聞くことができた」と書きとめている。私は彼女のこの記述は特に意義深いものだと思う。というのも，彼女は明らかに，非言語的なもの，情動，逆転移，「抱える環境」といった現代分析家の多くの関心事にむしろ焦点を合わせていた分析家だからである。私自身は部分的に[179]

---

[178] テレビ面接による治療についてのスリークの論文（Sleek, 1997）も参照。

[179] ザルスキの論文が刺激となり，あちこちで分析家同士の論争が起きた。何人かの分析家が彼女に同意し，電話分析は対面分析の有益な補完物になり得ると認めている。彼女に同意しない人々がその第一の根拠としたのが，分析状況での「コンテインメント」，「抱える環境」（これらは特に神経症者との作業では，他の多くのものと比べてもそれほどに重要ではないと思う）や，退行（第4章参照），そして分析主体のボディランゲージや身体の状態を「読みとること」などの重要性だった。面白いことに，彼女に対する反論者（Zalusky et al., 2003 参照）は，後者の要素が自分たちの作業に必須である以上，電話分析は精神分析とすら考えられないと思っているようである！ このテーマについては，さらに，すべて電話で進めた分析についての私の事例を参照のこと（Fink, 2003）。

ウィニコットの抱え holding の概念は，精神分析の歴史では普通のことだが，ウィニコットがそれを発展させた文脈，つまり幼児-母親関係の文脈から抽出されたものであることに注意したい。

> わたくしは，心理学的にみて幼児が絶対的に依存している育児の時期から十分に自己を独立させるまでに至っていない最初の時期の，幼児と母親の関係の実際の状態のことを言っているのである。（Winnicott, 1960/1965b, p. 48）〔四七頁〕

それ以来，分析家は抱えの概念を，診断スペクトラムを通じて，分析主体との作業に当てはめてきた。しかし，ウィニコット自身はそれを精神病者との作業に限定しているのである。注意したいのは，ウィニコットが「分析家の信頼性」が解釈よりも重要である，言い換えれば分析家が実際に述べることよりも「治療同盟」のほうが重要であると述べたのは，これもまた「統合失調症および他の精神病の治療」に関してであり，神経症に関してではないのである（p. 38）。

さらに，特に精神病者との作業のために案出された概念や技法が，無差別に使用されるようになった別の例もある。そこでは，多くの臨床家のアプローチでは，神経症者との作業と精神病者との作業の間にほとんど区別が設けられていない。現代の治療場面では，ひとつのやり方がすべてに使われるのである。

も，全面的にも，多くの分析を電話でおこなってきたが，その成果は，直接おこなった分析と比べても変わりはない。また私は，ラカン派の教育を受けた分析家でも非ラカン派の教育を受けた分析家でも，電話分析による分析家のスーパーヴィジョンを数多くおこなっている。また，以前に「抱える環境」や逆転移，ボディランゲージを多用する分析家と直接会って分析をおこなっていたが，結局その分析が失敗におわった分析主体が，私のところで電話越しの分析をすることで大変有効な作業（分析主体自身の評価による）を行えた例を数多く体験してきた（もちろん，それが以前の分析家とはだいぶ異なる私のアプローチによるのか，電話作業のおかげなのか——あるいは両方か——という点は未決の問題である）。もちろん多くの分析家が，別の方向性の分析家との分析がうまくいかなかった後で自分のところにやってきた分析主体と，成果のある分析をおこなったという話をしている。おそらく私の方向性が，他のものに比べて，電話を使う場合により適しているのである。他の分析家が対面分析と比較して電話分析をどのように考えているのか，時間をかけて調べるのも興味深いことだろう。[180]

---

[180] 実験的に E メールやインスタントメッセージを利用している分析家もあるが，シニフィアンと書かれた語は同じものではない。話すことは，言語活動による存在としての私たちの，最初にして第一の様式であり，言葉を発することに伴う享楽は，精神分析作業の本質的な面である。したがって，私たちが何か意味あるタイプミスをしがちだとしても，E メールやインスタントメッセージは，精神分析にとってはかなり制限のある媒体だというのが私の実感である。

第9章

正常化を行わない分析

> あたりまえのことですが分析の語らいは，通常の語らいではうまくいっていないこととされているものを押さえ込むことでそれを追い出してしまうように機能することはありません……。真の発話によってのみ進行する語らいとは，まさに事態を混乱させるようなものなのです……。誰にとってもやっかいを引き起こすようなことのために，誰かが真の意味で話そうと努力すること，それで十分でしょう。
>
> ——ラカン（Lacan, 1973-1974, 1974年2月12日）

　正常性という概念は，私たちに相当の強制力を持っており，おかげで私たちの多くは，自分の闘っている内なる魔物や衝迫，幻想が「正常」だと聞くと安心してしまう。マックウィリアムズ（McWilliams, 2004, p. 212）は自分が扱った神経症の女性の短い症例報告を提示している。この女性は分析が始まってからかなりの時間がたった後，「彼女がひどく恥じていた，さまざまなマゾヒズム的な隷従を伴う自慰幻想」について語り始めた。マックウィリアムズの報告によると，彼女はこの分析主体に「そうした幻想は普通のもので，必ずしも実際にマゾヒズム的な性的行動に関係するとは限らない」と一言述べたそうで，その理由はこの分析主体が「自分が『現実に』，ある根本的な意味で性的マゾヒスト」なのではないか，心配していたからである。[181]

---

[181] マックウィリアムズ（McWilliams, 2004）は同書の別の箇所で，私たちが分析で行うある種の作業を患者の精神病理の重篤さのレベルと連動させるように勧めている。

> 神経症の枠内にある者に対しては，われわれは問題を開示し続け，探求を促し続けてもよいだろう。境界例の枠内にある者について予期されるのは原初的な二者関係であり，ここではわれわれは能動的であること，境界設定すること，原初的な力動性を解釈し，今ここでの関係の焦点を絞ることなどが要求される。精神病の枠内にある者に対しては，われわれは教育

分析主体の諸幻想を「普通」（多くの治療者の語彙では「正常」の同義語である）とみなすことで，ここでの分析家のアプローチは患者の心配を取り除き，緊張を緩和させるよう努めるものとなっている。こうしたアプローチ――現在では広範に見受けられる[182]――は，ある種の患者に束の間の安らぎを与えるかもしれない（患者によっては自分の幻想が「正常」「普通」あるいは「通常」と見なされることをうっとうしがり，保護者ぶった態度だと思うかもしれない）。しかし，こうした介入がもたらす長期的な影響と同様，他にいろいろ考えられる短期的な影響も考察しなければならない。直接的には，こうした介入は患者が自慰幻想を探求することにストップをかけてしまう――つまるところ，もしそうした幻想が「普通」なら，ここで必要なことは，その詳細を明確化して連想をし，その幻想が何をいわんとしているかを描き出すことなのではなかろうか。ほとんど誰もがそうした幻想を持っているのなら，分析主体がわざわざ自分にとってそれがどのような特別な意味を持っているのか解読せねばならない理由は何だろうか。その解読プロセスが長く，困難で，しかも恥ずかしいものなら，なおさらではなかろうか。また長期的には，分析家のこうしたコメントは，大多数の人たちと同様に分析家もまた正常性なるものがあると思っており，かつ正常ならばOKだと（そしておそらく私たちはできる限り正常であるべく努めるべきだと）信じていると，分析主体に暗示することになってしまう。これは分析家の側の一種の**正常規範の独裁**を示しており――この

的であり，正常化を行い，また患者の能力に対してはっきりと支持的である必要がある。(pp. 143-144)〔二五〇頁〕

しかし，彼女が正常化をするという所見を述べた患者は，本人も認めるとおり明らかに神経症者である。このことが示唆するのは，正常化への扉を一度開いてしまうと，あらゆる患者との実践に影響を与えることになる，ということだろう。

[182] こうした正常化アプローチの別の例を挙げよう。バセスク（Basescu, 1990）はこう書いている。

ある女性［患者］がこう言った。「ひどい週末でした。他の人たちは落ち着いているのに，私は浮き沈みが激しくて。冷静さがなくなってしまって」。私は言った。「みんなそんなものじゃないですかね？」「先生もですか？」「驚きました？」「ええ，そんなことないと思ってました。先生も人間なんですね」。(p. 54)

ここで分析家は，自己開示という体裁で暗黙の内に自分が正常であり「人間」である，それゆえ自分と似てくれば，患者もまた正常で人間であると示唆しているのである。

種の独裁は，分析主体が友人や親戚，ガイダンス・カウンセラー，学校心理士などのような人たちに期待するものである（分析家もこの中に入るとみなす必要はほとんどない）——，そうなれば分析主体は分析家に，自分（分析主体）が本当に病気ないしは異常であることを何らかの形で示そうとして，自分の人生のあれこれの面は正常かどうかと聞き続け，分析家が正常とはとても見なせないようなものに出くわすまで，やめないだろう。

マックウィリアムズは，この自慰の幻想について話し合いを始めることができるようになる以前から，この特異な分析主体の懸念を和らげる必要があると感じていたようである（言い換えれば，彼女は自分の介入の効果によって，こうした幻想について話し合う余地を閉ざさず，開かなくてはならないと思っていたのである）が，しかし私の経験ではこうした場合，そうしたことが正常だと思っていない分析主体のものの見方を問題として取り上げるだけで——たとえば，「正常じゃないのですか」などごく簡単に言うだけで——十分で，これなら正常性という概念自体を是認してしまうこともない。

ある私の男性分析主体が，自分が結婚する相手として選んだ女性が多くの点で自分の姉妹に似ていることを気にしていた。そのとき私は，母親や姉妹に似た女性を選ぶことはかなり正常なことだと，その男性に言うこともできただろうし，私のこの言葉で，彼は束の間救われた気分になったかもしれない。しかし，近親相姦的だと感じてしまうがゆえに妻との関係を享楽できないという彼の実感を邪魔してしまうということも，大いにありそうである。統計的に言えば，男性が母親や姉妹似の女性を選ぶことが例外的事態だということはまずありそうにないが，たとえ，そうした影響に着目したところで，彼が自分の姉妹と何年も前から続けていた近親相姦的な関係の特異性や，そのことが今の妻との関係に及ぼす影響を扱うことにはなるまい。[183]

フロイト自身（Freud, 1916-1917/1963）も，そう思われがちなほどには正常性という概念を使っていない。いくつかのケースでは非常にはっきりと，正常者と神経症の間には実際には区別がないと述べている。

　理論的な見方に立って，こうした量の問題を度外視すれば，私たちはみな病気，

---

[183] 分析主体が正常か異常かを判断する分析家という主体に関する踏み込んだ言及に関しては以下を参照。Fink, 1997, pp. 35-38。

すなわち神経症者であると言ってよいでしょう。症状形成を引き起こす条件は正常な人たちにもまちがいなく指摘できるからです。(p. 358)〔全集第一五巻,四二七頁〕[184]

ラカン(Lacan, 2006, p. 394)〔第二巻,一〇一頁〕は正常や異常という概念を用いることがさらに少なく,他の分析家の著作に見られる「正規化を行う分析につきものの傲慢」を厳しく批判している(pp. 263, 282, 488, 730 も参照)〔第一巻,三五九頁,三八五頁;第二巻,二三〇頁;第三巻,二一二頁〕。私見によれば,こうした概念は統計学者に任せるのがよい。彼らなら,正規分布,正規的な鐘形曲線,平均値からの標準偏差といった形でのみ議論に登場しても当然だからである。こうした統計の利用には,常に次のような疑問がつきまとう。「他のほとんどの人がそうであるように,平均的であること(たとえば正常な,平均的知性を持っていること)は,それほどすごいことなのか」。

フロイト本人は滅多に正常性という概念を用いなかった事実はあるものの,それでも彼が,特定のリビード段階——口唇期,肛門期,性器期——という概念によって,正常性と異常性という理論への道の地ならしをしたことには変わりない。フロイトはそれを,特定の順番で展開していき,性器期によって支配されるヒエラルヒーへと導かれるべきものと考えていた(性器期を「よく組織された専制政治」を形成するものとさえ述べるに至っている(Freud, 1916-1917/1963, p. 323〔全集第一五巻,三八八頁〕)。[185] とはいえ非常に多くの症例で,

---

[184] フロイト(Freud, 1916-1917/1963)は『精神分析入門講義』で同じポイントをより詳細に指摘している。

> 健常な人の心の生活にも,夢形成や症状形成を引き起こすのに不可欠な要因があることは否定できないところですので,私たちとしましてもこう推論せざるを得ません。すなわち,健常な人もこれまで抑圧を行使してきており,今その抑圧を維持するためにある程度のエネルギー消費を行なっているということ,健常な人の無意識の系には,抑圧されはしているものの,まだエネルギーが備給されたままの欲動の蠢きが潜んでいるということ,さらに**健常な人のリビードの一部も自我の意のままになってはいない**ということです。(pp. 456-457)〔全集第一五巻,五五四頁〕

以下のラカンのコメントも参照のこと。「神経症者は精神的に病気だと本当に言えるとは思わない。神経症者はたいていの人々がそうであるような者なのである」(Lacan, 1976, p. 15)。

[185] 心理学の教科書の多くでは,こんにちこの三段階の発達モデルは(エス,自我,超自我という心

あるヒエラルヒーが形成されてもそれが性器期によって支配されていないことはフロイトには既に自明であり、時が経つにつれ、何のヒエラルヒーも形成されていない症例があることも明らかになった。

ここから導かれ得る一つの結論はこうなる。口唇期から肛門期そして性器期へという進展には、**おきまりのもの**など何もない、それを「自然な進展」と考えてはいけない、なぜならその進展は非常にはっきりと、子どもが最初に世話をしてくれる人間との間に持つ関係に依存するからであり、またこの関係がそのときどきの多くのポイントで違う方向へと向きを変える（あるいは「進展する」といってもいいが）からだ、と。「正常」ないし「自然」な発達の経路があると言い得るとしたら、それはただ統計的観点からのみだろう（もっとも、内奥の性的幻想が性交を伴うことが非常に少ないことを思えば、統計的にも正しくないということは十分にあり得る）。

しかしながら、多くの分析家はこの観点でフロイトを追い越して進もうとしている。彼らは子どもの発達プロセスを、**妨害が起きない限りは**自然な、正常な、そして潜在的にはおきまりのものと自分たちが考えるようなやり方でチャート化したがる。彼らは、人々は多くの場合このやり方で発達するとか、あるいは20世紀の西洋社会ではこうした時系列に沿って発達する傾向がある、というだけでは満足しない。彼らが求めたのは明確な発達の目標であり、明確な最善の最終状態であり、それはしばしば「感情的成熟」と呼ばれており（たとえば以下を参照。Spotnitz, 1999, p. 23）〔六〇頁〕、子どもの本来の性質は、子どもの世話をする人間がその進展を妨げない限りそちらへ向かって推進されていくとしている。

「何でまた彼らはそんなことをしたがるのか？」と尋ねたい人もいるかもしれない。このようにきっちりと確立された発達モデルは、彼らが型にはめて造り出したい人格のタイプの明確なイメージを与えてくれるだろうし、（抑圧されたものを探せというフロイトの推奨に単純に従うこととは反対に）その方向へと分析主体を動かしていくための介入すべてを正当化してくれるだろう。手に負えないほど長期にわたる分析のプロセスに対しても、ある種の見取り図をもたらすだろう。というのも、彼らは分析のことを、それ以外の点では正常な

の三分割と並んで）、フロイトの著作のうち、多少なりとも詳しく論じられている実質上唯一の側面である。

「成熟過程」(Winnicott, 1977, p. 2)〔一四頁〕の最中に起きた発達上の混乱の各段階へ分析主体を連れ戻し、「成熟段階」(p. 3)〔一五頁〕の各地点をやり直すよう導いていく、そういったことが行われる修復過程であると見るようになったからである。この手法に納得した分析家は、ごく単純に分析主体の自然な発達の障害物を取り除き、そして自分の行為に対する責任を理論的モデルのほうに移動させる。言い換えると、そのモデルによって分析家は安心するのである。なぜならそのモデルが、分析家に対して、分析主体がどの「段階」で動けなくなっているか、その評価をもたらし、分析家が何を**すべき**かを教えてくれるからだ。

　普遍的に確証される精神分析理論を定式化する上で、この概念はかくも誘惑的であるがゆえに、それは一枚岩の、超歴史的、超文化的な人間本性の概念に依拠してしまう（たとえば Bowlby, 1982, p. 123〔一四九頁〕を参照。ここで、ボウルビーが自分の著作は「人間本性の理解の基礎となるもの」であることを確信していることがはっきりと出ている）。しかし、ここ数千年の間に定式化されてきた人間本性に対する見方は、控えめに言っても（これから見ていくことになる、ここ数世代の精神分析的な見方がそうであるように）それぞれかなり異なっている。ほとんどすべての哲学者たちが「何をなすべきか」「何がなされるべきか」という問いを立てそれに取り組んできたと言ってよく、権利や義務、責任といったものの源泉となる、普遍的に確証される人間本性の概念を定式化しようと試みてきた。まるで哲学者たちがこう言っているかのようである。「人間とは何かを教えてくれ、そうしたら私は人間のなすべきことを教えよう」。もし、たとえば人間が理性的に考える能力を持った唯一の動物であるなら、人間は理性的に考え可能な限り理性的に行動する**べきである**。もし人間が自分たちの存在を問いかける唯一の動物だとしたら、存在という問いに、あるいは「死へ向かう」存在という問いに心を配る**べきである**、などなど。さまざまな正常モデルが人間存在が何であるかについての主張を普遍化していくことから雑草のように伸びていくように思われる。[186]

---

[186] こうした哲学的な主張に対しては、懐疑主義の立場から常にこうやり返す権利がある。「他の生き物がそうはできないからと言うだけの理由で、私が死へ向かう存在であることをわきまえ心にとどめておかねばならないのでしょうか？　そういうことができないからといって、何か申し訳なく思わなければいけないの？」同じように構成された「正常」な人間の発達経路という主張についても、懐疑的な分析主体は常にこう答えられるはずだ。「どうして正常じゃないといけないのです？」

コフートは 1945 年にキングが生物学における**正常**に与えた定義，すなわち「その設計に従って機能するもの」に賛同して引用する（Kohut, 1984, p. 187）〔二六一頁〕。これではまるでコフートが，その定義が心理に対しても同じように十分に適用できて，人間存在が何のために設計されているかは明らかだと考えていたかのようである！　他方でジョゼフ（Joseph, 1982）は，メンタルヘルスの理想的な状態として正常性を定義する分析家側からの試みのいくつか主要なものを概説している。彼の概論が示唆するのは，ジョーンズ，クライン，ハルトマン，キュビー，モネー＝カイルやその他，それぞれ異なった諸定義の間で重なる部分はほとんどない，ということである――そして，彼らの依拠する基準も実際のところは検証不可能である，ということも。[187] 精神分析的な考察が一世紀にわたって展開してきた，人間発達に関するそれぞれ異なった諸理論を詳細に比較してみれば，それらの間で重なり合う部分はほとんどないことが立証されるだろう。それは，普遍的に受け入れられる人間本性の概念はさらに見通し不透明であると私たちに信じさせる結果となる。

人間本性の普遍理論？

> 分析家は［判断を誤って］主体の行動を規範に添ったものへと正常化しようと試みます。この規範は分析家自身の自我に添ったものです。それゆえ，こうした意志によって常に，一方の自我を他方の自我に，［おそらく］上位の自我に合わせて形成することになります。
> ――ラカン（Lacan, 1988a, p. 285）〔下巻，二〇三頁〕

それぞれ異なった精神分析の諸理論をここで詳細に比較するわけにはいかないが，そこに見出されるいくつかの最も基礎的な概念が，おそらくほとんど並び立たないものであることを示してみたいとは思う。以下の諸理論が並び立つのがどれだけ難しいものかご一考願いたい。

「どうして自分の本性に従わねばならないのです？」
187　ジョゼフ（Joseph, 1982）はそれでもこの概念を時系列に従って展開する「プロセス」として，救い出そうとしているように思われる。強引に自説を通そうとするときによく使われる手である。

- フロイト（Freud, 1923b/1961, p. 29）〔全集第一八巻，二四頁〕によれば，自我は誕生の時点では存在しておらず，両性の両親との一連の同一化を経て，「放棄された対象備給の沈殿物」として，時間の流れの中で発達していくものとされる。
- クラインにとっては，基本的な自我は既に誕生の瞬間に存在しており，「迫害不安」（人生の最初の 3 か月に特有の，妄想-分裂態勢と呼ばれるものの特徴。Klein, 1955, p. 309）〔一八三頁〕に苦しんでいる。これにより乳児は同じ一つの対象——たとえば乳房——を二つの異なった対象（良い乳房と悪い乳房）へと分割させることになる。この二つの対象は時に愛され，時にサディスティックに攻撃され（最初は口唇的に，次いで排尿や筋肉運動，そして肛門的に），取り込みが行われまた投射もされる（Klein, 1950, p. 249）〔第一巻，二八〇頁〕。クラインの見方では，万事がうまくいけば，3 か月から 6 か月の間に子どもは「抑うつ不安」（抑うつ態勢と呼ばれるものの特徴）に苛まれ，そして 6 か月から，子どもの自我は比較的安定したものとなるはずである（Segal, 1964）。
- ラカンによれば，自我は 6 か月から 18 か月の鏡像段階の間に最初に形成され始める（Lacan, 2006, pp. 93-100）〔第一巻，一二三–一三四頁〕。
- 何らかの生物行動学的な立場を出発点としている分析家（たとえばボウルビー（Bowlby, 1982）のように，動物の行動および発達の研究を基盤とする者）にとっては，対象のスプリッティングを仮定する理由はほとんどなかろう。乳児はある瞬間は母親（正確にはその乳房）に満足しており，次の瞬間は母親に対して怒り狂っているというだけで，乳児が母親に対してまったく別の二つの表象を形成していると考えねばならない必要性はないだろう（自分自身の悪意や怒りを悪い乳房に投射したり，あるいは善意や愛を別の対象に投射して自分自身の内的な悪意から無事保護しようとしたりする，などと考える必要はなおさらない——あるいは自己と他者の間の境界がいまだ定義されていないときに，投射や取り込みを語ることは何ら意味がない）。
- マーラー（Mahler, 1972）の「分離」と「独立」という概念，およびそれらが起こる年齢は，ラカン（Lacan, 1978）の言う疎外と分離という論理的契機（時系列的な契機と対置される）の概念とはほとんど類似性を持た

ない。後者は——フロイトの原抑圧の概念にも似て——精神的にも概念的にも，発達段階の以前の状態へと退行する可能性，そして精神病者の治療でこうした退行が必要であるとさえ考えているウィニコット（Winnicott, 1954/1958b, pp. 278-294）〔三三五-三五七頁〕の信念とも対立する。[188]

　この一世紀のあいだ精神分析のおこなってきた理論化からは，精神分析の各学派（私がここで指摘したのはそのいくつかだけだが）の間の違いがあまりに大きすぎ，広く受け入れられ，しっかりと確立された正常な人間発達のモデルは引き出されていない，というここでの私の主張は納得のいくものだ，と思わせるくらいのことはできたのではないかと思う。分析家たちはそれでも，あらゆる時と場所で検証可能な発達理論を見つけ出すという希望をあきらめてこなかったし，その着想を得たり補強を見出すために「ハードサイエンス」へと目

---

[188] 「発達過程」（Winnicott, 1977, p. 2）〔一四頁〕という概念は，障害が起きる前は予め決まったコースを自然にたどるものであるとされており，これは精神分析の装備一式の中でもほとんど十分な論証ができないものの一つとして私には強く印象に残っている。さらに論証できないのは，成人の分析主体は事実上発達過程のどの段階にでも退行でき，「何かを修復し」そして再び前進するという概念である。こうした概念が含意するのは，成人に達しそして精神病者になった者は理論的には失敗した発達段階のどの段階にでも戻ることができ，そして分析の終わりには神経症者に（あるいは「事実上正常」に，つまり無意識と意識に分割された主体に）なれるということである。しかしその証拠はほとんどないように思われる。たとえばウィニコット（Winnicott, 1960/1965a, pp. 145, 149）〔一七七頁，一八二頁〕は，「本当の自己」の核がある限り，患者の「偽りの自己」は分析の過程で徹底作業され，明らかな精神病者も神経症者に変化し得ると論じている。もし「本当の自己」がそこにあるのなら，ウィニコットに従えば理論上はこの真の自己は覆いを取られそしてその姿を現すことになるはずである。銘記しておくべきは，ウィニコットの見解では本当の自己が前面に現れているかどうかは大きな意味を持たないということである。「本当の自己は，個人の精神機構がありさえすれば現れるものであり，感覚運動系の活動の総和以上の意味はないのである」（p. 149）〔一八二頁〕。彼の観点では，精神病者との精神分析には以下のようなものが含まれることになる。すなわち，患者の信頼を勝ち得て，ついには分析家とともに最早期の母への依存の瞬間まですっかりさかのぼって退行するに至ること，また，分析家は患者が子どもの頃に自分の母親との間で直面した母親のマザーリングの問題を修正できることである。これがいつ起こり得るのかについて，年齢上の限界は存在しないように思われる——原則的には，八十歳の人間が幼児期に退行して，自分の人生をそこから再構成して，精神病者ではなく神経症者になって出てくる，ということもあり得るはずである。スポットニッツ（Spotnitz, 1999）も同様の見解を指示している。ラカンの観点では，逆に，人生の早期に原抑圧が起きなければ，それはもはや決して起こりはしないだろうし，また成人の精神病者との分析の作業が目指すのは，成人神経症者との作業で目指される者と時にはまったく違ったものでなければならないであろう。

を向けてきた。たとえば，母子間の愛着関係に伴う「神経回路」を理解しようという神経科学に支持を求める，などである。明らかに，神経科学が一生のそれぞれの年代で「最適な神経機能」についての客観的で反証不可能な定義を与えてくれるだろう，という点に希望がかけられているのである。その定義によって，私たちは，子どもとその母親がこれこれの機能を獲得するには子どもは人生のこれこれの時点で何をしなければならないかを公式化できるはずである。しかしさらにまた「ではそれは何を目的とした場合にとって最適な神経機能なのか？」という問いを提起し続けることができる，ということを考え合わせると，ごく単純に問題は一段階後退しており，そしてそれぞれの分析学派が神経機能は何を目的として最適化されていなければならないかに関して異なった考えを持ち続けるだろうということが，示唆されていると思われる。

誰にとって正常なのか？

> 神経症の症状と呼ばれているものは，単に神経症者が生きていくことを可能にするものです。
> ——ラカン（Lacan, 1976, p. 15）

いろいろな精神分析家が説明するさまざまな発達理論のけっこうな数を見ただけでも，人間の発達のようにどう見ても複雑なものに対して一つの満足のいく説明を見つけ，さらには「正常な」発達の唯一の経路を見つけ出すことができるはずだという信念は，どうにも疑わしくなってくる。どう譲歩しても，（統計的に言って）強迫神経症者にとって正常とされるものが，（統計的に言って）ヒステリー者にとって正常とされることはほとんどあるまい，ということは認めていただかねばなるまい。異なった診断カテゴリに属する人々は基本的に異なった仕方で振舞う。人間が発達し，それぞれの人生を生きていく仕方の論理は，一つの診断構造と隣接の診断構造との間ではっきりと有意に異なっている（第7章脚注120でこれらの論理について言及してある箇所を参照のこと）。

男には女（統計的にヒステリー者が多数派である）のことが分からない，と

は，西洋社会の男（統計的に強迫神経症者が多数派である）が述べる非常にありきたりな発言だが，これを考えてみよう。女性は男性がするように性的パートナーを身体部分に還元しない傾向にある，女性はパートナーが自分のことを欲望していると定期的に表現してくれなくてはならないと感じていることが多いが，男性のほうはといえば，女性が自分のことを欲望していると表現すると，脅かされるように，あるいは圧迫されるように感じることが多い，等々といったものもそれに入るだろう。男性は女性が不条理な欲求を抱いていると感じがちであるし，また彼女たちの欲求は（しばしばそんな欲求を抱くなんてどうかしていると女性が感じるほどに）不条理だと女性に納得させようとしてきた。確かに，女性は非論理的だ，というのは，男性が行う最もよくある主張である（そして20世紀の精神分析家の大多数が男性であったということも忘れないでおこう。つまり，精神分析理論はしばしばこうした観点に傾きがちだということである。この点については Lacan, 2006, p. 609〔第三巻，三六頁〕を参照）。しかし男性は女性の欲望の論理は自分たちの欲望の論理とまったく違っているということを実感すべきだろう。両者ともに論理がある。しかし**それらは根本的に異なる論理なのである。**

　男性はしばしば，自分たちと同じように考える女性を手に入れられれば，などとこぼす（『マイ・フェア・レディ』でのレックス・ハリソンの台詞は有名である。「どうして女って奴はもっと男っぽくなれないのかね」）──言い換えれば，自分たちと違うところをなくせば，女性は男性と同じになるのではないかということだ。分析家という手合いもたいていは神経症的だったりするもので（必ずそうとは言わないが），精神病者を神経症者に仕立て上げられればとしばしば望むわけである。つまり，精神病者を自分たち自身のイメージに描き直し，自分たちと同じようにしたいと望むものなのだ。こういった投射はどちらも，他者の《他者》性を消去して，他者が表に出している自分と違うところは何であれゼロにしたいという意図が込められている。彼らは見事に完全にフロイト（Freud, 1919/1955, p. 164）〔全集第一六巻，一〇〇頁〕の警告に反している。「［救いを求めて私たちの手に委ねられている患者に］私たちの理想を押しつけ，造物主の高慢さをもって自分の気に入るように私たち自身の似姿に彼らを仕立て上げる」ことのないように警告しているのである。フロイトは間違いなく，自分が時としてこの種の正常化を行う誘惑に屈していることに気づ

いていた。だからこそ，彼は私たちにこの警告を発しているのである。[189]

　私の見るところ，問題なのは，いくつか新しいカテゴリ——「女性にとっての正常性」「男性にとっての正常性」その他——を加えることで，正常化へのアプローチの彩りを豊かにすることを提案することではない。逆に，正常性という概念一般を投棄することを提案することが重要なのである。というのも，それは私たちの臨床の作業には無用なばかりではなく，しばしば有害でさえあるからである。実のところ，そのために私たちは，どの人の神経症（あるいは主症状）も他の人から見れば「異常」に見えるだろうが，当人にとってはまったくもって「正常」な仕方で活動できている，という事実が見えなくなってしまう。たとえば私の分析主体の一人は，絶対にドアノブに触らず，また誰とも握手せず，他人には決して自分の本を触らせないようにするためにベストを尽くしていた。このことは多くの人々にとっては奇妙な，非合理な，あるいは狂気じみたものという印象を与えるだろうが（インフルエンザの時期は別として），彼にとってこれは完全に「正常」で「合理的」なことなのである。なぜなら，こういった事柄は彼にとってはすべて汚れているという感覚に結びついているからである。彼が分析にやってきたのは，こういった事柄が「異常」だと考えたからではない。むしろ，少なくとも部分的には，年月が経つにつれどんどんと多くのことがこの汚染しているという考えと結びつくようになり，そのせいで世の中を渡っていく能力がしんどいほど制限されてきたからである。

　こうした分析主体にとって，「正常」になるとはどういう意味だろうか？　汚染恐怖を金輪際心配しないで済むということだろうか？　つまり，他のたい

---

[189] ラ・ロシュフーコーが愛について語ったことをパラフレーズすると，正常について云々されるのを聞くまでは正常であるかを気にしたことなど一度もない人々もいるというわけである。さらに，ラカンが自我について述べたことをパラフレーズすると，正常性は現代の「人間の精神疾患」の一部と言っても差し支えないだろう（Lacan, 1988a, p. 16）〔上巻，二四頁〕。

　男性の欲望の論理には，しばしば隠されたり，合理化された欲望が伴っている——つまり，実際にはまさに自分が**望む**ように行動しているときにも，まったく非利己的で「合理的な」動機から行動しているかのように振舞うこと——が，それに対して，女性の欲望はしばしば欲望を前面に出すものである。フランス語では，「正常」と呼ばれているものがどれほど男性中心的であるかを明らかにするのはもっと簡単である。というのも，正常という言葉自体が"nor-mâle"すなわち男性を意味するmâleを含んで発音されるからである。このことは，正常とは男性の正常であること，またこの語には悪や痛みを意味するmalも含まれていること，などを示唆する。

ていの人々も心配するような状況においてのみ、汚染を心配することだろうか？ それとも、「本当の」危険がある状況においてのみだろうか？ もしそうだとしても、「本当の」危険とは誰が決めるのだろう——ある種の病気は誰かの手に触れることで広がると語る科学者によってか、あるいはそんなふうでは広まらないと語る科学者によってか？ 伝染経路が長い期間把握されていないということはよくあることで、だから多くの科学者がその予測にチャレンジしてきたわけである。「ごく常識的なもの」に訴えかけるというのは、ここでは「たいていの人々」（と書いて「たいていの分析家」と読む）が考えるだろうことに訴えかけることと同じであり、それは、汚染の恐怖に関して、何が「合理的」で何がそうでないかを決定する何らかのはっきりした基準とは対照的な基準である。[190]

　分析家はこのような正常性の理念という分かりにくいものに囚われるのではなく、抑圧されたものの痕跡におのれの目と耳を向けるほうがはるかによいと私は思う。そうすればおそらく、たとえばこの症例で言えば、分析家は、そうした恐れが初めて現れたのはいつか、突きとめようとするに違いない。私が分析主体に尋ねて分かったことだが、その恐れは彼がまだ若い頃に、ハンセン病患者と働いていた人物と接触したことに関連していた。子どもの頃、彼の家からさして遠くないところにハンセン病患者が住んでおり、周囲の人間はこの患者と接触してはいけないと警告していた。この警告がその人物との接触によって彼の心の中に呼び覚まされたのである。同時にまたこれは、ハンセン病患者かもしれない人物を自宅に招いて彼の健康を危険にさらした母親に対する怒りや、まだ彼が少年だった頃に感染性の強い病気で死んだ父親に対して抱いた苦悶を呼び起こした。父親の死後、彼は母親に対してほとんど無制限に接触できたわけであり、そのことに彼は罪悪感を抱いていた。それゆえ、彼は自分自身が感染して父親のように死ぬべきだと感じていた——実際、母親はときどき彼にまさにそのように語っていた。彼の弟もまた、感染性の強い病気で亡くなっていたため、彼は弟に対しても同様の罪悪感を抱いていた。家族のメンバーは、時折弟は兄よりも丈夫で賢いと言い、兄は時に弟が消えてなくなれば

---

[190] かつて私がある症例検討会に出席したとき、症例を呈示する分析家は、患者にエイズをうつされるという自分自身の恐怖のことばかりを話していた。おかげで私は患者の神経症より、分析家の神経症について詳しくなった気分で帰ったものだ！

いいと思っていたのである。汚染されることに対する恐怖は、父親や弟が感染したように、彼なりにそうなるべきだと思った相手を汚染したいと思う彼の願望を偽装したものであるとも思われる。

　これらの要因および他の関連要因がひとたび解明されると、彼の恐怖は、もう滅多にそのことを愚痴ることもないほど収まった[191]。彼の最初の恐怖を「異常」ないし「不健康」、その後恐怖がなくなった状態を「正常」ないし「健康的」とレッテルを貼って何か得るものがあるのだろうか？　最初の恐怖を「非合理的」、後になって恐怖がなくなった状態を「合理的」とレッテル貼りして何か意味があるのだろうか？　**合理性**や**正常性**などという用語を用いるのは、現在の精神分析的言説の中でも、最もインチキなことの一つである——というより、最大の合理化の一つである。マカルピン（Macalpine, 1950, p. 196）が見事に指摘しているように「『合理性』対『非合理性』というアンチテーゼが導入されたことは中でも残念なことだ。まさしく精神分析が、『合理的』行動は『非合理的』なルーツにまで遡ることができることを証明したのだから」。

　性、人種、宗教、文化、そして教育的背景の違いから生じる見方の違いに私たちはかなり慣れてきたし、また自分のルーツや言語、社会環境によって、世界や自分自身をどう経験するかが影響され、ひるがえってその経験の仕方が現実の見方を決定している、という考えにもかなり対応できるようになった（こうした順応は、遠近法主義と呼ばれる認識論的な立場をもたらし、その仮定によると、文脈や視点に依存しない認識は存在しないとされる）。まさにそういったときに、心理学や精神分析において、正常性や正常化がこれほど重要視されるようになったのはほとんど偶然の一致とは思えない[192]。臨床家たちは、伝統的な認識理論に対する攻撃に直面して、自分たちの作業を方向づけてくれていたフロイト理論の多くの面を拒絶してしまい、文化、人種、認識等々の研究

---

[191] 注意すべきは、この事例の症状は、その土台となるものは多くが早期の幼年期にさかのぼるとはいえ、分析主体が若者となってから始まったものだという点である。この点で、この事例はフロイトの「遡及作用」の概念を例証している（「事後作用」「遡及性」としても知られる）。ある危機的な出来事（こうした症状を引き起こすことはなかった）から二十年たって、ハンセン病患者と働いている人物と出会ったことが、汚染への恐れを形成し、その恐れがその後数十年続いたのである。このテーマに関しては以下を参照。Freud, 1895/1966, pp. 353-356〔全集第三巻、六四-六七頁〕。

[192] そしてまた、アメリカのような「人種のるつぼ」で正常化への欲動がかくも強く、他のみんなと同じようになれという圧力が学校生活から始まって精神療法にまで続いているというのは驚くことではない。

分野での近年の展開によって生じたと思われる一種の相対主義と闘うために，正常性のような概念によりいっそうしがみついているように思われる。正常性や，特定の正常な最終段階に到達するためにすべての人間がどのように発達するかに関する目的論的な視点に厳格に固執したところで，私の見るところ，それは臨床家の作業を導く助けにはならず，むしろ正常性という暴政をいっそう強めるだけに終わるだろう。困惑する事態に突き当たっている治療者にとってはるかに有益な指標は，個別のそれぞれの事例で抑圧の起源，働き，帰結に焦点を当てることである。

「不適切な情動」

> （神経症者の）情動は，少なくともその質においては常に適切である。たとえその強度が，置き換えによって高められているにしてもである。……精神分析は，情動を正当性のあるものと認め，その情動に本来属しているのに代用物によって抑圧されて置き換えられてしまっている表象を探し出すことによって，情動を相応しい道に置きなおすことができる。
> ——フロイト（Freud, 1900/1958, p. 461）〔全集第五巻，二三〇頁〕

　正常化を行うアプローチは，アメリカのクリニックで最も頻出する言葉の一つとして，絶えず目に入ってくる。私は**適切**と**不適切**という用語から話を始めようと思う。誰かの情動の状態を「適切」ないし「不適切」とし得るものがあるとすれば，それは何なのか？　ある人物の情動は何に対して適切なものと考えられるのか？

　「適切」とは，おそらくプラトン的な意味での，感情の普遍的で不変の性質や特徴ということではないだろう。この用語を用いるほとんどの臨床家は，推察するに，ある種の情動を表出することがどんな文化でもどんな時代でも，いかなる状況いかなる場所でも不適切である，ということを主張したいわけではなかろう。ただおそらく，ある特定の時代の特定の場所で，ある種の情動はある状況下では常に不適切だと主張しているようである——クリニックや病院，あるいは治療者の個人診療所では，ということかもしれない。ある分析主体があるセッションで攻撃的なもの言いをするようになったとしたら，多くの臨床

家たちはすぐに，それは不適切な行動だと分析主体を責めるだろう。だがそれは単にごく普通の，分析主体が両親とやりあう際の傾向を反映した転移的応答か，臨床家の用いる治療へのアプローチに対する分析主体の陰性反応ではないのか？　治療の場で起きることを，どのようなものであれ不適切と考えることができるのだろうか？　分析主体が分析家の電灯をわざと壊したら，それは何かを語っているのではあるまいか？　事実，それは分析家が分析主体に何らかの別の方法で表現することを許さなかったこと，あるいは何らかの別のやり方で表現するよう導いていかなかったことを語っているのではないか？

　分析主体の行動は，ここで精神分析的な意味で「行動化」と理解できるだろう。そしてそれは「分析主体の過失」ということにはならない。第7章で私が示したように，「行動化」は患者が語ることが難しいか不可能と思っていることと関係している。あるいは，分析主体がそれを語ったり発話を通じて把握できるように，分析家がしていないことと関係している（もっとも，この用語は多くの場合，診療室の**外**で生じる行動のために使われているが）。あるいは分析主体のここでの行動は抵抗として理解できるかもしれない。しかし，この抵抗は結局のところ分析家の抵抗である。つまり，分析主体が話し続ける，何か重要なことを話し続けるようにするために何かを言ったりおこなったりすることに対する分析家の抵抗なのである。**治療において「不適切な情動」は存在しない――治療を行う上で不適切なやり方があるだけだ**，と私は言いたくなる（この定式の後者の「不適切」は，分析主体の助けにならないという意味である）。

　用いられる技法の如何に関係なく，治療の作業に真剣に関わる準備ができていなかったり，それを望まない人の存在を否定しているのではない。しかし，準備ができていてそれを望み，実際にやろうとしている人たちには，不適切な情動などというものは存在しない――**単に情動が存在するだけである**。患者の誘惑的な行動は，治療室のような「専門的な場」には場違いに思われるかもしれないが，それは明らかに患者の身に起こっていることを反映している――あるいは，その患者があらゆる関係性は潜在的に性的なものだと考えていることかもしれないし，権威的な立場の男性すべてを誘惑的な行動であしらうということかもしれない。あるいは，もしかしたら，患者は時に想起や徹底作業という困難な作業から注意を逸らすために，一個人としての分析家に自分の感情

を集中させているのかもしれない。こうした行動は、最初は治療の場で扱うのが難しいかもしれないが、多くの場合非常に生産的な治療活動をもたらすものである。実際、これほど、分析の場で患者が表現するのに適切なことがあろうか？

　フロイト（Freud, 1909/1955）が現代の多くの治療者たちから間違いなく「不適切な情動」と形容されるであろうことを定式化した、その仕方を考えてみよう。自分の父親が死に瀕しているときに小一時間ほど眠ってしまった鼠男は、強い自責の念を抱いた。この眠りの最中、父親は死んでしまったのである（父親は一両日で峠を越えるだろうと告げた医者の誤りが証明されたわけである）。フロイトはこう書いている。

> 情動と、その観念内容の間に**不釣り合いな関係**があるならば（この場合、自責の念の強さとその具体的な状況との間に）、素人は、きっかけに比べて情動が強すぎる、大げさすぎると言うだろう。それゆえ素人なら「自責の念から引き出された、自分は罪人であるという結論は誤りだ」と言うかもしれない。逆に、〔分析家は〕こう言うのだ。「いや、情動はもっともである。罪悪感はそれ自体ではさらなる批判へとつながるわけではない。しかしそれは別の何かの内容に属していて、それがまだ知られておらず（**無意識的**）、それを探し求める必要がある」と。知られている観念内容は、偽りの結びつきによって、未知なこの無意識の内容の場所に置かれているにすぎない。私たちは、それに対応する観念内容を伴わない強烈な情動を心に感じることには慣れていない。そこで観念内容が不足している場合には、何らかのどこかしら適切な内容をその代用として採用する。それはたとえば警官が本当の殺人犯をどうしても捕らえられないときに、代わりに無実の者を逮捕するのに似ている。(pp. 175-176)〔全集第一〇巻、二〇〇頁〕

　フロイトの見方によれば、鼠男の情動は「不適切」なものではなく、むしろ**置き換えられた**のである。情動（自責の念、自己批判、罪があるという感覚）は、父が死ねばいいという鼠男の積年の願望と結びついている（彼の情動はその願望に対して「適切」と形容してもよかったかもしれない。彼の道徳観念がその願望を非難しているのだから）。つまり、彼の父の臨終に立ち会えなかったという事実に結びついているわけではない。後者が「偽りの結びつき」であ

る。実際，**分析家が誰かの情動を「不適切」と表現したい誘惑に駆られるときはいつでも，そうではなくて代わりに置き換えや投射を考えるべきなのである**。[193]

適切，**不適切**のような用語を，臨床家が行動や情動を形容するために用いている場合[194]——それは彼らが**貧しい**ないしは**不適切な情動制御**といった用語を使うのとまったく同様で，その陰険なニュアンスは看過し難い。それは以下の二つの内の一つの徴だと思われる。

- こうした臨床家は皆，成熟した人間なら誰でもある状況である特定の情動を示すはずだと正当な根拠をもって断言できると信じている発達モデルを完全に是認している。
- あるいは，こうした臨床家は端的に慣習的な道徳や正常性＝規範を支持してきたのであり，患者の行動を今日の労働条件と一般的な慣習とに適応できるように型にはめていくことに身を献げている。治療で「不適切な情動」を示す患者は家庭や職場あるいは社会一般でも「不適切な行動」を呈する可能性が高い，と彼らは考えるのである。

後者の度合いが増すにつれて，こうした用語がさらによく使われるようになり，心理学が（そして精神分析も），一般的に普及している社会的，文化的，性的，政治的，そして経済的な正常性＝規範に個人を従わせるという任務を徹底的に担っていくことが明らかとなる。それはつまり，権力行使の偽装された（いつも上手に偽装できているとは限らない）手法でもあるということである。ラカンがいつもの身も蓋もない言い方で述べるように，「心理学はテクノ

---

[193] フロイト（Freud, 1894/1966）はその何年も前から同じことを述べている。

> これに反し経験ある医師には，この情動（患者は自分にその情動があることに驚いていると言っている）には正当な根拠があり，理解可能なものだと思えるのである。ただ，**医師**の注意をひくことは，その種の情動とそれに相応しくない表象との結びつきである。強迫観念に伴う情動は，言葉をかえると**所を変えた情動**，**移調した情動**と考えられる。（p. 54）〔全集第一巻，四〇三頁〕

[194] たとえば以下を参照。マックウィリアムズ（McWilliams, 2004, pp. 221, 230, 237）〔二六一頁，二七一頁，二七八頁〕。

クラシーに奉仕することで生きながらえる策を見つけてきた」(Lacan, 2006, p. 859)〔第三巻，三九五頁〕のである。その他の数多くの「人文諸科学」（たとえば社会学や人類学）のように，心理学もまた商品が王様という社会への奉仕に務めることで，財貨＝善 goods に奉仕することに身を献げ，そして「財貨＝善へ奉仕する一分野」(Lacan, 1992, p. 324)〔二三八頁〕となったのである。

そうすることで精神療法的な実践の多くは——もちろんすべてではない，顕著な例外もあるが——，アメリカ社会で主流の道徳的，文化的価値観を固定し，補充し，詰め込んでいるのである。ラカンは第二次世界大戦の前や最中にアメリカに移住した分析家が多くの場合アメリカ文化の当時支配的な理念とうまくやっていける形に精神分析臨床を適合させたことを批判している (Lacan, 2006, pp. 402-403)〔第二巻，一一四-一一六頁〕。事実ラカンは，アンナ・フロイト（彼女はアメリカに移住したわけではないが）が「高収入の獲得」といったような基準を，自分がおこなった分析が成功した (p. 604)〔第三巻，二九頁〕ことを示すために引き合いに出していると非難している。精神分析家自身も，患者たちに，社会的，経済的な成功を約束するようになり，分析でそうした目標を促進するような方向に自分たちの臨床を適合させたのである。

言い換えれば，臨床家は患者が財貨の社会，現在の私たちのグローバルな資本主義形態でよりうまくやれるよう手助けをすることを目標としていると思われる。患者が職場でより集中力を高める上で，上司や部下，同僚とうまくやっていく上で，そうして自分の取り分を大きくしていく上で，障害となるものを克服できるような手助けが必要なのだと，臨床家たちは感じている。そうした背景でのみ，「患者」を「クライアント」と呼ぶことに意味があるのだろう。なぜならこのとき，臨床家は自分の患者の目標を（そして患者が治療の最初にはっきり述べる目標は，多くの場合，以前のように社会で「機能する」能力を取り戻したい，「活躍する」能力を以前よりも向上させたい，というものである），自分のものとして設定しているからである。このとき，患者が目指すものと臨床家が患者のために目指すことの間には何の隔たりもない（レニック Renik, 2001）はこれを極端に突き詰めた立場をとっている）。

フロイト (Freud, 1912b/1958, p. 119)〔全集第一二巻，二五六頁〕は，精神分析の治療は分析主体が「働き享楽する力」を得られるようにすることだと述

べているが、私は、フロイトが働くと口にしたからといって、それを患者が財政的に向上することを助けるという意味だと主張できるとは思わない。フロイトの技法は、大半が欲望の開示——患者が視野から、そして心から追い出していた願望を暴露すること——に充てられていると思われる。「働く」と述べたときフロイトの念頭にあったと思われるのは、たいていの場合、昇華の作業——創造的、多くは芸術的作業——のことであり、これは西洋文化ではほとんど大した稼ぎにはならない(多くの場合、最低限芸術家本人が死んでからである)。

　患者が「適切な情動」を示しているというのは、現在の治療界では、分析家が患者の立場にいたら呈するであろう情動と同じような情動を示している、というほどの意味である。まるで分析家が万事の基準であるかのようであり、とにかく分析家の信じる情動の質と量によって、分析家が理解している世界の中で患者がうまくやっていけるかのようである。患者が「不適切な情動」を示しているというのは、結局、分析家なら同じ状況でそんな情動を呈することは想像もできないような、あるいは、分析家が推奨している今日主流な目標を達成する上で逆効果だと分析家が考えるような質および/ないし量を持った情動を患者が示していると言うことと同じである。

---

[195] さらによく知られた「愛と労働」という定式は、明らかにエリック・エリクソンがフロイトによるものとしたものである。

[196] フロイト (Freud, 1919/1955) は自分のことをそのように考えることに反対し、分析家にこう警告している。

> われわれはまた、少しもしっかりしたところがなく、生活能力も持たないために、分析的な影響と教育的な影響を協働させて行わなければならないような患者を受け入れることも避けるわけにはゆかない。それからまた他のたいていの場合も、分析家が同時に教育者、助言者とならざるを得ない機会が時に起こるものである。しかしこのような場合には常に、かなり慎重に臨むべきである。患者は、われわれ分析家との類似模倣を目標とするのではなく、彼自身の本性の解放と完成へ向かって教育されなければならない。(p. 165)〔全集第一六巻、一〇〇—一〇一頁〕

　ラカン (Lacan, 1988a, p. 18)〔上巻、二七頁〕も、彼の時代の分析家が「分析家の自我こそが現実性の指標として用いられる」と信じているように思われる点について皮肉を述べている。

「高機能」と「低機能」

> フロイトは時として，無意識は非合理的であると語りましたが，それは単に，無意識の合理性はこれから構築されねばならない，ということであり，もし矛盾律が無意識の中では……古典論理の中で考えられているような形では機能していないとするなら，私たちは別の論理を構築せねばなりません。古典論理はとうの昔に時代遅れになってしまったのですから。
> ——ラカン（Lacan, 1973-1974, 1973年11月20日）

　適切と**不適切**が現代の精神療法のジャーゴンの中で正常化の傾向をうかがわせる唯一の語というわけでないことは確かである。患者を「高機能」と「低機能」（あるいは「さほど高機能でない」）に分割することが，とみに人気を博しているが，明らかにこの区分は，政治的，経済的，社会的に組織された現在の社会状況の中で活動する能力——そして臨床家が相応しい，「適切」だ，と判断する仕方で活動する能力——によって患者を評価することを意味している。この区分にはまた，患者は社会でうまく活動できているべきだ，その社会が自由放任型の資本主義だろうが独裁体制だろうが，福祉国家だろうが警察国家だろうが関係ない，ということも含意されている。住民の一部を組織的に迫害している社会で，高いレベルで機能しているとはどういうことだろうか？　幸運にも迫害される側ではなく迫害する側にいる，命令されたら迫害を実行をする，ということだろうか？　社会の勝者は熾烈な競争の名人だという社会で，高いレベルで機能するということはどういうことだろうか？　相手の背中を刺してゲームに勝つということだろうか？　読者によっては極論と思うかもしれないが，この両方ともある意味でアメリカ社会を表していると言えるだろうし，ほとんどの治療者はその政治的傾向によらず，社会は多かれ少なかれ不公正に満ちているということに同意してくれるのではないかと推察する。おそらく，不公正な社会，その不公正さが人々を狙い撃ちにするような社会で（パスカルが『パンセ』で言うように，ある状況下では「人は必然的に狂人である。もし狂人でないなら，別の仕方で狂人であるというほどに必然的に狂人である」），きちんとは機能しないというのがまったくもって賢いことだろう！　個

人と社会との関係に関する倫理的，政治的な見方は，**高機能**や**低機能**のような用語を治療者たちが用いるときには，念頭から一切消え去っているように思われる。

この区分は，しかしながら私が序文で述べたようにかなり広まっており，それこそ今日のアメリカの多くの臨床家が，実質的に他のあらゆる診断（DSMによるにせよ，精神分析によるにせよ）より優先させて使っている基本的な診断区分であると言えよう。このことは，私には非常に嘆かわしいことだと思われる。

「現実検討」

> 幻想は現実にその枠組みを与える。
> ——ラカン（Lacan, 1969a, p. 96）

> 分析の実践においては，主体を現実との関連に位置づけることによって，私たちが成り立っていると考えている人々がいます。つまりシニフィアンとの関係に位置づけるのではないのです。こうした位置づけのために，主体を心理学的に構成するという堕落への落とし穴にはまることになるのです。
> ——ラカン（Lacan, 1978, p. 142）〔一八六頁〕

現代の治療者たちの手持ちの武器の中で，この他にもかなり正常化とつながっている用語がある。それが**現実検討**である。ほとんどすべての社会科学が，現実性 reality という概念は社会的に構築されたものだ——したがって，その概念はある特定の社会や集団の言語活動と世界観によって形成されている——という方向に向かってきたというのに，心理学と精神分析は多くの場合，現実性は客観的であり，歴史的に位置づけられる私たちの信念体系の産物のようなものではない，完全に認識し得るものだ，といった考えを擁護することに固執してきた。多くの臨床家は，自分たちは現実性について，ほとんどすべての患者よりもはっきり分かっていると考えているようである——つまり，自分たちのバックグラウンド（経済的，文化的，宗教的等々）が患者のそれとは違うために，ただ単に患者とは違うように現実性を見ているというわけでは

ないのだ，と。あるいは，自分たちの心理的な性質（たとえば，自身の欲望，幻想，神経症等々）のために，違ったふうに世界を見ているだけというわけではないのだ，とも。彼らは，自分たちはどういうわけか歴史状況から——そして自分たちを目利きにも盲目にもする，おのれの時と場所に特有の思考パラダイムから——，さらには自分たちの時代の語彙そのもの（本章でそれを示そうとしているわけだが，そこには暗黙のパラダイムも含まれる）からも，距離をとれるある種の科学者の類だと自認している。まるでそんなことが可能であるかのように，自分たちには，直接無媒介で現実へのアクセスが可能であるといわんばかりである。

　私たちが現実性に近づくに当たっては，言語活動（そしてそれに含まれ伝えられる政治的，哲学的，文化的含意）が媒介となる。そして——第7章で示したように，私たちは転移の外に踏み出すことはできないように——現実性を直接に何らかの形で経験するために，言語の外に踏み出すということはできない。特別な語彙や記号（「メタ言語」）でさえ，言語活動を材料に作られており，さらなる言語活動によってのみ説明され得る（あるひとつの用語や記号の定義は，常に他の用語や記号を参照している）。言語活動の媒介から逃れるすべはない（第1章で見たように，言語活動が機能していない自閉症者は例外かもしれない）。

　治療者によっては，自分の周囲の人たちの感情や意図を誤解するという患者の報告——たとえば，本当はそうではないのに，妻は自分のことを怒っていると思ってしまうと，患者が繰り返し言っている場合——だけを取り上げて，自分たちの言う**現実検討**という語の使用はそれよりもっとずっと限られたものだと主張するかもしれない。しかし，この場合，妻が本当に患者に怒っているわけではない，と臨床家はどうやって定義するのか？　臨床家は，患者が報告した通りに，妻は怒りを認めていなかったと単純に信じることができるだろうか？　妻は自分自身が怒っていることに気づいていないということではないのか？　あるいは，妻は怒っていることを認めたくなかったということではないのか？（もちろん，妻が実際に患者に向かって言ったことを，患者が聞いていなかったか，覚えていない可能性や，そのごく一部だけを報告したという可能性もある以上，事態はさらに複雑になる）。

　上司が自分のことを嫌っている，クビになるかもしれないと心配している

と，ある分析主体が長々と述べたとしよう。にもかかわらず彼が失職せず，それどころか昇進を続けたら，彼は「現実検討に乏しい」（あるいは「現実との接触に乏しい」）と評価されるのだろうか？　少なくとも，それはちょっと危ない判断だということになろう。彼はクビになる瀬戸際まで行っていたのかもしれないし，あるいはそうではなかったかもしれない。昇進したのは上司が分析主体を（たとえば，違う部署に異動させて）やっかい払いにする方法だったのかもしれない。職を保ったり，昇進したのは，自分の上司とその指揮系統のさらに上にいる人間との権力闘争の産物だったかもしれない（複雑な事情という奴である）。分析家は単にそういう事情を知り得なかっただけである！　分析主体が直面している現実性を分析家は知り得ない。たとえ，ここでいう現実性とは，さまざまな派閥が関わる一連のさまざまな状況の積み重ねであるというより（物語にはいつもひとつ以上の側面があるものだ），ただひとつの事態でしかないと認めることになった場合でも，である。

　「ハードサイエンス」に関わっている者たちの間でさえ，その大部分の者たちに，物質には直接触れられず，ただ媒介された形でのみ——彼らの研究を形づくり，その思考形態を制限する，支配的な科学のターミノロジーと理論を通じてのみ（たとえば Kuhn, 1962 を参照）——それが可能なのだと理解されるようになっているのに，精神療法士が「現実検討」や良好か不良な「現実との接触」などという「パラダイム・フリー」のような概念に頼っているのは奇妙である。[197]

　皮肉なことに多くの治療者は，フロイトこそ自分たちの使っている現実検討という概念を理論的に基礎づけた人間だと考えている。フロイトが後になって，「現実検討」と名づけるようになったこと——すなわち，精神は願望に基づいて心中で形成されるイメージ（すなわち，想起された事柄の幻覚的活性化や，今日では時に「魔術的思考」とも言われる「願望的思考」）と，外界の知覚に基づいて形成されるイメージ（言い換えれば「現実知覚」）とをいかに区別しているか——に関するフロイトの当初の意図を読み解くのに時間をかければ，彼らはこうした基礎づけがいかに当てにならないものか，フロイトの議

---

[197] たとえばビオン（Bion, 1959, p. 309）〔一〇二頁〕がある自分の患者について述べた以下のコメントを考慮されたい。「私は彼が現実との接点を持っていることが分かった。彼が自分で分析に来たからである」。

論全体にどれだけ問題があるかを認識するだろう。以下のような文章を考察していただきたい。

> ［間違いなく］知覚と記憶（観念）の間を区別する指標があるはずである。
> 　おそらく ω ニューロン［知覚に関係するニューロン］が，この指標を提供しているのだろう。すなわち，**現実性の指標**を。あらゆる外的知覚に際して，質的な興奮が ω において発生するが，しかしこれは最初の審級では ϕ ［記憶装置］にとっては示差的ではない。ω の興奮が ω からの放出を引き起こし，そしてその情報が，放出の常として ϕ に達する。**ω からの放出の情報はこうして質ないし現実性の指標となる。**
> 　願望された対象が大量の備給を受けると，それは幻覚的な形で活性化され，外的知覚の場合のように，同じ放出や現実性の指標もその後に続く。この審級では基準が機能しない。しかしもし願望による備給が**制止**を被ることになれば（備給された自我が存在していればこれが可能になる），その内部では願望的な備給が十分な強度に達していない場合には，外的知覚なら生み出すことが可能な**質的指標**を生み出さないような，量的な審級を想定し得る。したがって，基準はこの場合その効力を維持している。違いは以下の通りである。すなわち，外部から来たものならば，備給の強度如何によらず，それに次いで**質的指標**が続くが，他方で ϕ から来たものであれば，巨大な備給があったときのみそれが可能になるのである。自我による制止に応じて，知覚と記憶を区別する基準が可能になるのである。（Freud, 1895/1966, pp. 325-326）〔全集第三巻，三八頁〕

最初期の著作のこの難解な一節でフロイトが立てた仮説はこうである。現実性の徴ないし指標 Realitätzeichen は，外界から知覚が訪れた際に知覚システム（ω）によって生み出されるのだが，同じ種類の徴は「願望された対象が大量の備給を受ける」のであれば知覚の記憶が内界から呼び覚まされたときにも，つまり願望が非常に強力なときにも生み出される（ここでは自我はおそらく一次過程の願望思考がその好みに従って動くことを許してしまっているものと思われる。というのも，自我はそれを制止するにはあまりに弱いからである。たとえば，飢えた赤ん坊が母親の乳房のイメージを呼び起こすなど），というものである。

294

　したがって，自分の外にある何かの（「現実世界」にある何かの）知覚を扱っているのか，それとも幻覚的に呼び起こされた記憶イメージを扱っているのか，前もって知ることはできない。自我が強ければ，こうした仮説的な現実性の徴ないし指標（明記しておくが，私の知る限りこれに対する神経学的な証拠は今まで何ら見つかっていない）は「現実の知覚」によってのみ生み出されるだろう，とフロイトは論じている。他方で，もし自我が弱ければ，そうした現実性の徴ないし指標は「現実の知覚」からも「想起された／幻想された知覚」からも生じ得るかもしれない。自我が強ければ，現実の知覚と幻想を区別し得るだろうし，自我が弱ければそうはできないということになろう。現実の知覚は，幻想が与えるものとは違う現実性の徴ないしは指標や，正しく読みとることを学べるような徴を与えはしない。この初期のフロイトのテキストに従えば，むしろ私たちが自分の願望を制止すればするほど（願望がリビードのエネルギーによって備給され閾値を超えることを——つまり幻想を通じての「放出」，つまり広く知られた言い方では，満足を——妨げることによって），それだけ私たちは純粋な知覚と幻想を区別できるようになるのである。

　以上は，現代の多くの治療者が現実検討について抱いている考え方とだいたい一致すると思われるかもしれないが，この手短な議論から明らかになればよいと思うのは，フロイトにとって現実検討とは，私たちには「外界」を何らかの直接的な無媒介の形で本当に知る能力がある，という意味を含んでいないこと，むしろ含意しているのは，私たちが経験しているものは知覚なのか記憶（への精神内的，内部発生的再備給）なのかを判断する能力——つまり知覚と幻想を区別する能力である，ということである。それは知覚の**現実の内容**には

---

[198] 議論の全体が，決して明確ではない「現実性の徴ないし指標」という言葉で私たちが理解していることにかかっていることを銘記されたい。フロイトがその性質について示した唯一の注釈は以下であると思われる。それらは「反射運動の放出の情報」を大脳皮質に与える（Freud, 1895/1966, p. 318）〔全集第三巻，三〇頁〕——言葉をかえると，精神に満足が得られたという情報を告げるのである。フロイトは「（皮膚および筋肉の）新しい敏感な興奮……が一つの**運動像**を生み出す」（p. 318）〔全集第三巻，三〇頁〕ことからそれらが成立していると示唆しているように思われる。ラカン（1992, 第二-五章）によれば，自分が満足した事実についての手がかりを私たちに与えるのは，本質的には私たちが自分自身で作り出した音である。いずれにせよ，フロイトのモデルはこう示唆しているように思われる。つまり，私たちは自分の身体の変化を感じることで，あるいは私たち自身が話し，反応し，叫ぶ等々といった行いをするのを聞きとることで，自分の内部で起こったことに気づくのだ，と（この点については以下を参照。Freud, 1940/1964, p. 162）〔全集第二二

関係しない。ソクラテス以前の哲学者たちの時代から既に知られているように，感覚的知覚（内容）を通じて私たちに伝えられる情報はしばしば誤解を引き起こすものであり（たとえば一部が水たまりに，一部がその外にある小枝は真っ直ぐでもそうは見えない），他の知覚によって補強ないし修正されねばならない。フロイトは，私たちが現実性へ直接アクセスしているわけではないことに，つまり知覚という媒介によってアクセスしていることにはっきりと気づいていた。無意識は「**外界の現実性と同じように私たちには知られておらず，外界が私たちの感覚器官の報告によっては不完全にしか捉えられないのと同じように，意識のデータによっては不完全にしか捉えられない**」（Freud, 1900/1958, p.613）〔全集第五巻，四一七頁〕。

　フロイトの後期の著作は，記憶が知覚の内容を常に性格づけゆがめていることを極めて明瞭にしている。これによって，なぜ私たちはこんなにも自分の見たいことや見ると予期していたことを見てしまうのか，なぜ私たちはこんなにも他人が私たちの前で，私たちが予期し望んだ通りに振舞うのを「知覚する」のかが分かる。**純粋な知覚などない**。[199] 今私たちが知覚していると思っているのは過去に私たちが知覚したと思っているものに大いに依拠しており，なじみのない，あるいは予期せぬ対象に直面すると，それに気づかないことや，その本当の特徴をごくわずかしか知覚していないことがよくある（第1章のいくつかの実例を参照されたい）。言い換えれば，私たちが知覚したとき，私たちが見ていると考えているものは事前に解釈されている。つまり，私たちの以前の経験全体や，私たちがそれを理解してきた仕方と関連するものとして（一言で言えば私たちの世界観に関連するものとして），あるいは，私たちが特定の時間と場所で予期するものと関連するものとして，解釈されているのである。生ま

巻，一九七頁〕。私たちは何らかの知覚は単に精神内的ないしは内部発生的なもの（つまり記憶の幻覚的な再生）ではないと遡及的に推論できるのだが，それは私たちが自分の皮膚や筋肉から（ラカンの説明では，自分自身の口から発したものを自分の耳によって），本物の放出が起こったことを告げる信号を受けとるおかげである。ここで銘記すべきは，こうした放出は単に私たちが満足したことを幻想するだけでも起こり得るという点である。実際，それは繰り返し起き得るが，食事を与えられたことを想像すること（同時に指しゃぶりもしているかもしれないが）で得られる束の間の満足以上のものには決してならない。より持続的な放出につながり得るのは，乳房の「現実の知覚」や「乳を吸っている現実の感覚」に基づいた満足によってのみである。いわゆる夢精は「現実の知覚」を伴わない放出であることも銘記されたい。

[199] おそらく自閉症者は例外である。

れたばかりの最初の何日かを除けば、おそらく知覚と記憶の内容の間には、すべてか無かというような区別は存在し得ない。

多くの精神分析用語がそうであるように、**現実検討**もフロイトが最初に意図した意味からは非常にかけ離れてしまっている。[200]

「自我の強さ」という論点に関して、明確にしておきたいことがある。フロイトの後期の著作を信じるならば、物事を抑圧するのに最も長けているのは強い自我を持つ人たちである。それは多くの場合、彼らが最も抑圧された素材を抱え、表現を見つけようと努力しているということを意味している。その表現はしばしば投射という形で見出される——たとえば自分が他人に怒りを抱いているとき、その人物のほうが自分に怒りを抱いていると「知覚する」など。もし（非常に可能性の低い「もし」だと思うが）強い自我を持つ人たちが弱い自我を持つ人たちに比べ、自分の経験していることが知覚なのか記憶なのかをよりよく判断する能力があるとしても、彼らが、知覚の**内容**が彼らや他の人たちを最大限正確に説明しているか判断する能力があるということにはほとんどならない。実際、多くの場合、**自我がより強くなれば、それだけ自分の内に抑圧されたものを知り得なくなり、そのため自分の「見ている」ものが自分自身から来たのか、他人から来たのか区別することができなくなる**、と仮説を立てることができるかもしれない。おそらくこうした観察によって、なぜ精神分析が患者の自我の強さに魅了されるのかについて新しい光が投げかけられるだろう。

私の知り得る限りフロイトは、分析家は自分自身で分析を受けたのだから、分析主体より「外界」をよりはっきり見ているだとか、よりしっかりとした

---

[200] これに関連しては、精神分析家がしばしばそのような形で理解している「現実性」について、ラカン（Lacan, 1978）が述べていることを考察されたい。

> フロイトによって、無意識の次元とまったく同質のものとして第一に強調されているもの、すなわち性を忘れないようにしましょう。無意識と性的なものとのこの関係が何を意味するのかがどんどん忘れられていったのは、フロイトが二次過程の水準に位置づけた現実とは何の関係もない現実の概念を分析が受け継いできたからだ、ということを見なくてはなりません。(p. 146)〔一九一頁〕

この数頁後で、彼はこう付け加えている。「無意識の現実、それは耐え難い真理ではありますが、性的現実です」(p. 150)〔一九六頁〕。

「現実的接触」を保っているなどとは主張していない。確かに分析家は世界を見るだろうし，現実性については分析を受ける前とは違うように考えている。分析家に起こった変化をどう説明できるだろうか？　第6章で触れたように，ラカンはこう定式化している。神経症者はそれぞれが，他者および世界全般との関係を組織化する根源的幻想を持っている，と。確かに私たちはそれぞれが異なった意識的な幻想を持ってはいるが，その大部分は，自分自身にある特定の役割を割り当てた同じシナリオに沿ったものだとみなし得る。たとえば，懲罰を下すという情熱に駆られた他者の犠牲になる役であり，他者が欲望したり利用する対象という役であり，他者を使うという役であり，あるいは犠牲者を救うヒーローといった役である。私たち個人の根源的幻想は私たちの世界の見方を彩り，それと相互作用を起こす。そのことで，私たちは同じ種類のシナリオ，同じ種類の他者との関係を延々と創造しまた再創造することになるのである（たとえば上司や同僚，家族や配偶者に搾取される者として自分を見ること）。ラカン（Lacan, 1968a, p. 25）はそれをこう述べている。「幻想は私たち一人一人のために現実性へ通じる窓を構成する」。分析の過程でこの根源的幻想は揺さぶられ，最終的には再構成される（ラカンは時として**横断 traversed**という用語を使っている）。だがそれは，根源的幻想が根絶可能だと言っているわけではなく，より堪え得る形と思われる少し異なる根源的幻想になるということである。このことが示唆するのは，私たちは皆根源的幻想というレンズを通じて（私たちが求める，そして私たちを恍惚とさせ，それなしでは生きていけないと思わせるレンズを通じて），世界を見ている——現実性を見ている——ということである。たとえ，そもそもの根源的幻想とは既に同じものではないとしても。

　世界と私たちとの関係は，私たちの心的現実によって，幻想によって媒介され続ける[201]。そして最良の場合には，私たちはいかに私たち自身の幻想が他者に影響し，また私たちが他者と結ぶ関係に影響しているか，幾ばくか学んでいるかもしれないというところだろう。自分自身が分析を経験することで，分析家

---

[201] ラカン（Lacan, 1975b, p. 193）は冗談のようにこう主張している。「われわれは皆現実原則に，つまり幻想に従っている」。ある点については以下のようにさえ述べている。「おどろくべきことに思われるだろうが，精神分析が……現実性であると述べたいと思う」（Lacan, 2001, p. 351）。さらに続けてラカンはこう述べている。「幻想は現実のフレームとして用いられる」（p. 366）。

は自分を制止している欲望と欲動について，そして，それらがどれだけ分析家が分析主体と行う作業に影響するかについて，より鋭敏な感覚を持つようになるはずである。「現実性」というものを何らかの対象についての感覚だと理解するなら，分析家は以前より良くも悪くもなっていない現実性との「接触」を持っているはずだ。しかし，自分自身の心的現実については当初よりもずっとよく知っているはずだ。そのおかげで分析家は最良の場合，自分自身の現実についての概念を他者に押しつけようという試みには関わらないと悟るはずだろう。

「障害」「機能不全」「ストレス」その他

> 私はトポロジー［現実的なもの，象徴的なもの，想像的なもの］を構築しました。それによって，私は敢えてフロイトが「心的現実」という用語で支持したものを違うやり方で分解してみたのです。
> ——ラカン（Lacan, 1973-1974, 1973年12月18日）

臨床家が現在用いている語彙の多くは，ここまで私が扱ってきた語彙と同じように正常化の傾向を映し出している。**障害 disorder**，これはそこら中に登場するが，明らかに標準ないし理想と見なされる「秩序 order」を前提としていて，「障害」はそこから逸脱しているというわけである。誰かの人格や精神が「しっかり秩序づけられて」いさえすれば，その人物と周囲の人間にとってこの世は万事が快調であるということがここには含意されている。そこに誰も問題があるとは考えないだろう。対照的に，誰かの人格や精神が「障害」を起こしていれば，その人物と周囲の人間にとってこの世は万事がうまくいかないということも含意されている。そこには問題があるのだと人々は考えるだろう。「障害」という用語は，より科学的な装いをしてはいるものの，単に**異常**という用語（**欠陥**や**欠陥性**という語と関連する）の新しいバージョンでしかない。

同じことは明らかに**機能不全**という用語に関しても言える。この語は個人や，家族のような社会体がある特定の機能——おそらく明確に定義できるだろうから，結果的にその定義は満場一致で承認されるだろう——を果たして

いるとの想定を前提としている。家族の社会史（たとえば Ariès, 1960/1962 を参照）では，異なった文化，異なった時代では，家族に割り当てられる機能は大きく異なることが示されている——つまり，家族の理想的な機能に関して普遍的な合意はほぼないか，まったくないと思われる。一つの機能や機能一式を個人に割り当てる試みは，どれも人間本性一般を定義しようという（本章の前半で論じた）試みと同じ罠に陥る。**退行**と**退行性**も同じように理想的機能のレベルに訴えて，そのレベルから低下している，あるいは後退しているなどというわけである。**適応**と**不適応**が示唆するのは，行為というものは理想的な機能——周囲の世界と調和した（つまり適応した）機能——のレベルに合致していなくてはならず，時としてそれに失敗することがあるということである。

どの時代にも，お気に入りの何でもありの説明というものがあるが，国中や業界を席巻している用語にはすべて注意せねばならない。**ストレス**という語もその一例である。これはもともと生理学で「恐怖や苦痛のような，生体の正常な生理学的均衡を乱したり干渉するあらゆる刺激」と定義されている。この三十年以上，治療者たちはこの用語を気に入り——その見た目の科学的な根拠に惹かれたことは間違いない——，心的生活のほとんどすべての局面に当てはめてきた。今となっては，ほとんどあらゆるものがストレスの発生因，つまりストレッサーだと考えられている。

治療者がこの語を使う際の暗黙の了解として，ストレスは持たざるべきである，という観念があることをまず銘記しよう。つまり，人生にはストレスは無縁であるべきなのである。不公正な社会で「高機能」でなければならないのかは疑問だが，それと同様に，ファシストの独裁体制でも人はストレスと無縁であるべきか，あるいは，「適者生存法則」（競争的資本主義のことだ）に支配された社会でストレスと無縁であることが理論的に可能なのか，疑問だろう。現在のこの用語の使い方の背後にある前提は，職業や文化的，社会的，政治的状況如何にかかわらず，できる限りストレスを抱えるべきではないということだと思われる。しかしおそらく，ある程度のストレスは有益だろう。それによって人は文化的，政治的行動へ関わる気になるのである。

第二に，たとえば生理学でのこの語の使用では一見客観的状態に見えるもの——生体の正常な生理学的均衡の障害——が示されているので，間違いなく，治療者はそこに心惹かれるのである。しかし彼らは，生理学の定義では，

恋に落ちるとか，宝くじを当てる，金メダルをとるといった肯定的な経験もまた一般に「生体の正常な生理学的均衡」の障害を引き起こす以上はストレッサーと見なされるという事実を知っていながら無視している！　さらに，現実に生きている人間は治療状況で普通に引き起こされるストレッサーの類に，かなり異なった反応をするものである。離婚した一方の当事者は茫然自失，他方は一安心，ということもあるだろう。両親の死によって，子どもの一人は自殺したくなるほどのうつに見舞われ，別の子どもは大喜びということがあるかもしれない。生死に関わる大病を患った者の一人は深い絶望に陥り，別の一人は人生を好転させるチャンスと捉えるかもしれない。心理学の領域では——そしておそらく生理学の領域でもある程度は——ストレスは主観的に経験されるものである。「ストレステスト」[202]で計測できるようなものではない。

　現代の治療用語の使い方に首を突っ込んだことで，少なくとも臨床家の心に，一つの問いが生まれる助けになればよいと私は思う。すなわち，人間にとって何が良く，何が最善かに関して，人間本性についての真の学問に基礎づけられた，広く受け入れられた理論を自分は手にしている，それゆえ自分たちの患者にとって何がいいかを私たちは知っているし，正常と異常，適切と不適切，機能と機能不全といった判断はそこからローマのトレビの泉のように（あるいは，イエローストーン国立公園のオールド・フェイスフル・ガイザー〔間欠泉〕のように）自然に流れ出てくるものだ，といった信念があったとして，それにはどれほどしっかりした基礎があるのかという問いである。哲学者，政治理論家，経済学者の間には——精神分析家同様——人間が感じ，行動し，発達し，そして生きる上での正しく最良な方法について，ほとんどろくな合意がない。もしあったとしても，それは単に治療者が，理論家の多くが信じているものに基づいて道徳的判断を下しているだけのことだろう。そうした判断は分析主体に対して何かまともな役に立つのだろうか？　分析主体について同僚と議論する際に役に立つものであり得ようか？　その判断によって，何よりも，周囲の世界の価値観を額面通りに受けとる現代の心理学的思考に陥ってしまうだけではなかろうか？

---

[202] 関連する問題についてフィンク（Fink, 1999）でさらに詳細に論じている。

第10章

精神病を治療する

> 精神病は……精神分析療法にとっては，少なくとも現在まで実施してみたところでは不適当であります。しかし，この方法に適切な修正が加えられれば，これらの不適当な諸条件もやがては克服され，やがては精神病の精神療法にも着手することができるようになるでしょう。私はそんなふうにならないとは決して思いません。
> ——フロイト（Freud, 1904/1953, p. 264）〔全集第六巻，四〇六-四〇七頁〕

> 分析家の役割は……患者の診断に応じて変わらねばならない。……精神分析を求めて私たちのもとを訪れる大部分の人々は精神病ではなく，それゆえ学生はまず非精神病の事例の分析を教わらねばならない。[203]
> ——ウィニコット（Winnicott, 1960/1965c, p. 162）

私がこれまで本書で説明してきた技法へのアプローチのどれ一つとして，ラカン派の精神分析で理解されている意味での精神病治療に適用されるものではない。**精神病**という用語がカバーする領域は，ラカンの使い方とそれ以外の現代の精神医学ないし心理学（たとえばDSM-IV）の使い方とでは同じではない。ラカンの使い方はより特定的であり，かつ包括的であるというところに違

---

[203] ウィニコットがここで述べていることにもかかわらず，彼の精神病治療に対する退行に基づいたアプローチは，神経症治療と比較してそのアプローチを変える必要はないと彼は述べている。さらに，彼ははっきりとこう述べてもいる。「〔分析家に〕精神病の患者を引き受けるよう依頼はしない」，それも特に「分析家としてのキャリアの最初の十年は」（Winnicott, 1954/1958b, p. 293）〔三五五頁〕と。しかし彼は精神病者との作業では「治療設定は解釈以上に重要になる」（Winnicott, 1955-1956/1958c, p. 297）〔三六一頁〕とも主張している。

ラカン（Lacan, 1977a, p. 12）は対照的に，「分析家は精神病から撤退すべきではない」という主張を維持している。私は，この言葉で彼が言わんとしているのは，分析家は精神病者との作業を学ぶよう試みねばならないということだと思う。しかし，個人個人の分析家が，まだ精神病者とどう作業を進めるか何も知らないときでも精神病者を引き受けねばならないという意味ではない。

いがある——ラカンが「排除」という用語を用いた（抑圧とはまったく異なっている）[204] 特殊な否定のメカニズムを基礎としている点で特定的であり，既に精神病を発症した人間（症状が治まってからかなり経った場合でも）すべてに対してのみならず，潜在的に精神病を発症し得る人間すべてをもカバーしている点で包括的である（後者は時に「前精神病」と言われ，「精神病的構造」をその特徴とするとされる。詳細は Fink, 1997，第7章を参照）。神経症にもいくつかの異なった形態があり，そしてまたそれらに応じた有用な治療へのアプローチがあるように（Fink, 1997，第8章を参照），精神病にもいくつかの異なった形態——パラノイア，統合失調症，恋愛妄想，メランコリー，躁病等々——があり，その治療はどの形態でも，あるいは同じ形態ならどの事例でも，まったく同じように進むものと考えるべきではない。[205] 精神分析の作業は神経症の分析主体に対しては非常に創造的であり，したがってそれぞれの事例で分析家は有用な解釈を組み立て，特定の個人に対してぴったりした仕方で介入するために心の筋肉を大いに活用することが求められるわけだが，これから見るように精神病的分析主体に対しては，精神分析の作業はよりいっそう創造的でなければならないだろう。

ここで，ラカンの精神病理論全体を説明するつもりはない。それは本書の目標を越えているし，また別著で既にそれを試みてもいる（Fink, 1995，第4章，第5章，1997，第6章，第7章）。精神病では抑圧が存在しない，ということはつまり，厳密に言えば無意識は存在しない，という理論的な論点（複雑かつ

---

[204] ラカンが最初にこれに言及したのは Lacan（1993, pp. 150-151）〔上巻，二五一-二五二頁〕においてである。

[205] パラノイアと統合失調症の差異についてのフロイト（Freud, 1911a/1958, p. 77）〔全集第一一巻，一八一頁〕のコメントを参照。統合失調症についてフロイトはしばしばそれを「早発性痴呆」と呼んでいる。ヴァンヌフヴィル（Vanneufville, 2004）はメランコリーの重篤な事例を報告している。ソレル（Soler, 2002）はかなり洗練されたラカン派の視点から精神病のさまざまな形態についてすばらしい説明をおこなっている。そこでは，恋愛妄想，メランコリー，自閉症，躁病，パラノイア，そして統合失調症が章ごとに分けられて示されている。読者の中には興味を持たれる方もあろうが，私は精神病をラカンが「疎外」と呼ぶものを経験してこなかったと理論化してきたが（Fink, 1997，第7章および第9章），ソレル（Soler, 2002, pp. 118-121）は自閉症と統合失調症は疎外を経験してこなかったがパラノイアは経験していると理論化している。彼女の見方によれば，パラノイアが経験してこなかったものはラカンが「分離」と呼ぶものである。彼女はまた語らいの中に書き込まれるには，人は分離を経験したのでなくてはならないと措定している（p. 63）。同じく銘記すべきは，彼女の目算では，父性隠喩はオールオアナッシングではないという点である（p. 140）。

第10章 精神病を治療する　*303*

間違いなく議論の余地がある論点だが）に絞って，本書でここまで述べてきた
[206]

---

[206] ラカンは初期の著作（Lacan, 1993）で，ここでの私の言い方とはいささか違った形でこのことを述べている。

> 私が出発点とするのは，精神病では無意識が露わになってそこにあるということです。精神分析家たちは，是非はともかく，このことを認めていますし，私たちもそれが**ともかく**出発点であることは認めます。確かに精神病では無意識はそこにあります。**しかしそれは機能していません**。これまで信じられてきたこととは逆に，無意識がそこにあるということだけでは何の問題解決にもならず，逆に，それはかなり特異な無気力が示すことになります。(p. 143-144)〔上巻，二四〇頁〕

二十年ほど後，ラカン（Lacan, 1990）は精神病における「無意識のはねつけ rejection」について語っている（英語版のテキストではこの引用箇所は「無意識の不良品 reject」と誤訳されている。p. 22）。このとき，ラカンはこの表現を排除 foreclosure の行為ないしプロセスと同じ意味で用いている。またあるところでは，ラカンはジェイムズ・ジョイスを，ある意味で「無意識への署名を取り消した désabonné à l'inconscient」ものとして言及している（Lacan, 2005b, p. 164）。フロイトも，統合失調症では無意識が脱備給されていることを示した際に，いくぶん類似したことを述べている（Freud, 1917/1957, p. 235）〔全集第一四巻，二七〇-二七一頁〕。よく似た文脈で，フロイトはこうも述べている。「統合失調症については……次のような疑問が浮かばざるをえない。それは，統合失調症の場合に抑圧といわれる過程が，転移性神経症の場合に抑圧といわれているものと，共通点がいったいあるのかどうかということである」（Freud, 1915b/1957, p. 203）〔全集第一四巻，二五二-二五三頁〕。

厳密に言えば，精神病には無意識はないと述べたからといって，私は精神病者が常に自分が行っていることをなぜ行うのかを知っていると言おうとしているのではない。逆に，無意識において見出される知が神経症の場合と同じようには機能していないことを言っているのである——特に，知を想定された主体としての分析家に無意識が投射されない，という点で。

フロイトは，精神病では無意識が存在しない，あるいは機能しないという点について，いささか異なった仕方でコメントしている。彼はこう述べている。「神経症の場合には，かなり苦労して深層からひきだされてくるようなことが，精神病ではその多くが誰の目にも見える形で表面にもたらされるということである」（Freud, 1925c/1959, p. 60）〔全集第一八巻，一二二頁〕。間違いなく，これはラカンのよく知られた「青天井 à ciel ouvert」という表現のもとになったものである。この表現が意味するのは，剥き出しに開かれるということ，それゆえ誰でも見ることができるということである（たとえば以下を参照。Lacan, 2006, p. 825）〔第三巻，三三九頁〕。ここでの要点は，まさに最初のセッションから，精神病者は剥き出しに，困惑することなく「私の妻は母の場所を占めています」と言うかもしれないということである。神経症者であれば，抑圧されたものに到達すべく企図された膨大な分析作業が終わった後で，場合によっては同じことを言うかもしれない，という程度である。

精神病では無意識は存在しないと私は主張しているわけだが，これは他の分析家（たとえばクライン，ビオン，ウィニコット）の「無意識」という用語の多くの使い方に真っ向から反駁するものだ。フロイト本人もこの用語の使い方は一貫していない。特に彼が第二局所論（1921）を作り上げてゆく最中ではそうである。そしてフロイトに続く分析家たちはフロイトの展開した無意識のあ

ことをもとにして，精神病治療と神経症治療の間の簡単な対比をいくつか提示することから始めよう。その後，分析主体にも有効であることが証明されているような臨床作業を通じて，（ラカンの定義した）精神病がどのように探知されるのか示すことにする。それにより精神病の本質や，二，三の可能な治療手段について，さらに若干理論的考察ができるだろう。とはいえ本章を通じて念頭に置いていただきたいのは，私がここで描き出す治療へのアプローチは，精神病の他の形態よりもまずパラノイアに適用可能なものであるという点である。[207]

精神病者にしてはならないこと

パラノイアとは想像的なものにはまり込んでいるという意味です。
—— ラカン（Lacan, 1974-1975, 1975 年 4 月 8 日）

私たちが現実性と呼ぶこの夢……
—— ラカン（Lacan, 1974-1975, 1975 年 2 月 11 日）

る一面また別の一面を強調しているか，あるいは少しばかりの自前の展開を議論に付け加えているのである。デ・マシが示しているように，分析家は同じ語を非常に異なった意味で使う。デ・マシがやったように，分析家すべての意図する意味での無意識を包含しようと思えば，無意識の特殊性を希釈することにしかならないだろうから，本書ではそれよりはむしろ，抑圧がなければ機能しないシニフィアンの連鎖としての無意識というラカンの概念を採用している。これは彼が著作の中で「象徴的秩序」と呼んでいるものとおおむね同じである。ここでこの点について長々と理論的議論をするより，読者には以下の著作を参照していただきたい。Lacan (2006, pp. 11-61, 829-850)〔第三巻，三四九-三七八頁〕, Fink (1995, 第 2 章, Appendix I)。

[207] ラカンは，統合失調症にとっては「すべての象徴的なものが現実的なものだ」と述べ，統合失調症とパラノイアの間の区別を示している（Lacan, 2006, p. 392）〔第二巻，一〇〇頁〕。

そうは考えない臨床家にとってさえ，診断は相当に重要なものである。読者の中に，完全に非精神分析的なやり方での実践——心理劇やゲシュタルト療法等々を用いる——を行おうと決めたり，結局そうすることになったという方がいるとしても，やはり精神病者や前精神病者に，たとえば彼らの父親役を演じさせることを依頼してはいけない，ということはしっかり認識しておくべきだろう。そうでないと，彼らを狂気に駆り立てたり，治療から離れさせてしまいかねないからである（たとえば，初めゲシュタルト療法家と作業をしていた精神病患者についてのガルシア＝カステラーノのコメントを参照。IRMA, 1997, p. 252）。

分析家は精神病の分析主体の発話を象徴的なポジションから聴きとるように努めねばならない——分析家はそこでは自分が万事の基準であるとか，分析主体のこぼすことはすべて自分をターゲットにしているなどと見なしてはならない。さらに分析主体が言ったことの意味を，もし自分が言うとしたらこういう意味だろうという推論に基づいた結論に飛びついてはならない。そして，分析家は一般に"hmm"とか"huh"とか，疑念や懐疑として安易に受け止められてしまうような言葉の響きを使うことは避けるべきである。というのも，ここで私が提唱しているように精神病では抑圧が存在しないため，こうした言葉の響きによっては，分析主体が除外していた自分の話の一部，恥ずかしいとかみっともないと感じた話の面を話し出すよう促すことはできないからである。事実，そうした言葉の響きは往々にして，嘘をついているとか誠実に行動していないと，分析主体を非難しているように分析主体に受けとられてしまうことのほうが多い。私が「精神の絞り器 psychiatric wringer」と呼ぶもの（幻覚や妄想は病気の一部だから無視して忘れなければと告げて，幻覚や妄想について話そうものなら，すぐに薬を処方したり入院させてしまう数多くの精神科医やその他のメンタルヘルス従事者との出会い）を経験してきた精神病者たちが，物語のいくつかの部分を省略することを学んでいるとしてもおかしくはない。しかし，そうした絞り器を経験してこなかった者たちからはっきり分かるのは，嘘をつくのは非常に難しいことや，ある考えや感覚を話さないようにしていても，つい口に出てしまいやすいということである。

　言い間違いや言葉の躓きを注意深く聴くことは，どの患者との作業でも，最初の頃は分析家にとりかなり役に立つが，精神病者はフロイト的言い間違い——つまり，分析主体が話し合うつもりがなかったり，言おうと思っていたのとは実際正反対である考えや欲望について考えるよう分析主体の心を開くために，たやすく使える言い間違い——をほとんどしないことに分析家はたいてい気づくようになる。というのも，精神病では，対立する強力な力に逆らってまで表出しようとする無意識が存在していないため，言い間違いは無意識的思考や願望と意識的なそれとの干渉によって生み出されるものではないからである。分析家が初めから言い間違いを強調したとしても——診断にそれほど確信が持てないときには，徐々にではあっても，特にそうすべきである——言い間違いは極めて稀で，治療にそれを役立てようとしても何の実りもないこ

とに気づくだろう。精神分析治療にいくぶんかなじみのある分析主体であれば，言い間違いを強調すると笑うかもしれないし，分析家の提案するその意味の解釈に同意もするかもしれない。しかし，分析主体が自分なりの意味を提案することはおそらくあるまい。タバコがただのタバコにすぎないこともあるのだ。精神病者の言い間違いは，フロイトが言うような傾向から生じるものではない。単なる間違いである。（精神病者は一般に分析家の言い間違いにはまったく興味を示さないが，神経症者はそれに非常に敏感なことが多く，その意味に思いをめぐらす傾向があることも銘記しておこう。）

確かに一般的には，精神病の分析主体に数多くの予備的な質問を投げかけて，分析主体の生活および経験についてより理解しておくことは非常に重要だが，しかしそれが禁忌になるときもある。たとえば，精神病の分析主体の人生で父親が（しばしばあることだが）非常に問題含みの役割を果たしているとき，分析主体は，過去に自分の身の上に起きた，父親が関係している出来事を話し合う際には極度の不安を感じるかもしれない。明らかに神経症的な分析主体との作業では，分析家は，分析主体に幾ばくかの不安が見受けられたとしても，詳細を明らかにすることに気乗りしない（あるいはそれを恥じている）分析主体を後押しできるという希望のもとに，あるいは，分析主体がそれを思い出すよう導けるという期待のもとに，真相究明を続けるだろう。不安がやや強ければ，ごく単純に，次回かその先のセッションで改めて取り上げようと心の中で再確認するだけかもしれず，あるいは——特に治療がまだ初期の段階なら——そのうち話し合えればと思っているが，もし気乗りしないなら今すぐにはこれ以上事細かにする必要はない，と分析主体に伝えるだろう。しかしながら分析主体が精神病者である場合，行方不明の父親に関する記憶が不安を喚起するものとなっているのなら，分析家は話題を変えたほうがよい。こうした

---

208 以下の文献によれば，ジェラール・ミレールは精神病では言い間違いは不可能であるとまで言っているらしい（J.-L. Belinchon and colleagues, 1988, p. 294）。彼が言いたいのはおそらく，「フロイト的言い間違い」——意図的な意味と意図しない意味とを同時に持つ言い間違い——が不可能だということだろう。というのも，その他のタイプの言い間違いは精神病でも明らかに起こり得るのである。

209 私がここで提示している神経症治療のための精神分析アプローチは，多くの養成機関で導入している現代アメリカのアプローチとはかなり対立している。というのもそこでは，分析家は分析主体の不安を増しかねないことは何であれ，しないよう教えられているからである。

記憶は治療の過程でそのうちに解明されるかもしれないが，この先もそれを解明する必要はないかもしれない。特にこうしたことを考えることが，分析主体を裂け目の穴に，つまり精神病の発症を引き起こしかねない，象徴的なものの中に開いたある種の穴に導いてしまう場合には（こうした象徴的なものの穴については Lacan, 2006, pp. 558, 582〔第二巻，三二三頁，三五一頁〕を参照。同様に本章の「サントーム」と題された節も参照のこと）。こうした発症は，これから見るように治癒の過程の一部（多くのメンタルヘルスの先生方が考えたがるような病気の一部ではない）[210] として理解される幻覚の形成に至ることがあるかもしれないが，一般的には，少なくとも初めのうちは事態を悪化しかねない発症を招くことは注意深く避けたほうがより安全である。おとぎ話の魔神は一度壺から出てくるともう引っ込んでくれそうにはないし，そうなってしまったら物事は同じようではあり得ない。**Primum non nocere まず傷つけないこと**。つまり，私たちの最初の義務は害を与えないことである。

句読法（区切りも含む。第4章で言及したように，これは句読法をより強調した形態にすぎない）のほとんどの形態が目指すのは，抑圧されたものを突きとめることにあるわけだから，大まかにいえば句読法は精神病者との作業ではさほどの価値がないことになる。精神病の分析主体が述べるいくつかの言葉に分析家が光を当てるのなら，なるべくそれらの言葉は曖昧でも多義的でもないものでなくてはならない。分析家が強調すべきなのは，自分が分かっていないことを分析主体に明確にさせたり，特殊な語をさらに説明させたり，分析主体が言おうとしていることを続けることだけである。分析家が言いそうな，品のいい"hmms"についても事情は同じである。自分が話を聴いていること，分析主体が話を続けるのを奨励していることを示すためだけに使うべきである。

不意の区切りは避けるべきである。特に，神経症の場合なら分析主体が言ったばかりの曖昧な陳述や言い間違い，不意に視点が反転していることを強調するのに役に立つような区切りは避けるべきである。精神病の分析主体との作業の多くは，セッションそれ自体で行われるのであって，神経症者との場合によくあるような，セッションとセッションの間に行われるものではない。神経症では，分析家は分析主体の無意識を活動させておくようにするのに対し，精神

---

[210] この点についてはフロイトのコメントを参照。Freud (1911a/1958, pp. 71, 77)〔全集第一一巻，一七五頁，一八一頁〕。

病では活動させておくべき無意識が存在しない。なぜセッションがある特定の点で終わったのかについて，不確かな思いを分析主体に残しても，神経症のときと同じような効果はもたらさない——それどころか，連想作業は刺激されず，困惑や不快感，不安を刺激することのほうが多いと思われる。

解釈は抑圧されたものに照準を合わせること——たとえば，夢の中の無意識的願望を明らかにする，など——と理解するのなら，精神病者との作業では解釈に居場所はない。夢や幻想，あるいは精神病者本人には分からなかったり，やっていないと思っている言い間違いについて治療者が何かを指摘しようとすると，精神病者が非常に動揺してくるのを私は経験している。精神病者に対して，治療者が彼らの語らいの中の無意識と思われることを繰り返し解釈すると，しばしば治療者は分析主体から，迫害者——分析主体の考えを読みとったり，自分の考えで分析主体に影響を与えたり，分析主体の頭の中に異質な考えを持ち込もうとする人々とされ，取り返しのつかないことになる。分析家が精神病者と解釈作業を行うことになるとしたら，意味をベースにしたものでなくてはならない——言い換えれば，かなり特定された意味（これから論じるように，多くは心落ち着かせる非迫害的な意味）を伝えようとするものであるべきで，分析主体の既存の意味体系を暴くことでも，意味そのものの領域を掘り下げることでもない。[211]

神経症者との作業では，多くの場合，分析家は曖昧な言葉遣いをして，分析主体が自分の発言の意味をいくつか異なった仕方で取り上げられるようにするのがよい[212]——分析家が聞くことは，かなりの場合，分析家が思っていたことよりも面白いものだ——が，分析家が精神病者と作業するときは，一般的にできる限り物事を明快に述べるほうがよい。神託的な発話，分かりにくさ，そして多義性は避けるべきであるし（もちろん，どうやっても自分の発話から曖昧さをすべて取り除くことは決してできないが，とにかく精神病者は「偶然的な」二重の意味でも必ずしも聞きとれるわけではないだろう），可能な限り常

---

[211] ポール・ウィリアムス（Paul Williams, 2001, p. 1）は，最近出版された非ラカン派的な見地からの精神病に関する論文集の序文で，「［精神病者の］患者の危機の中心にあるのは，意味の破壊であり」また「異なった精神分析の指導を受けた治療者が意味の再建という課題にアプローチしている」と論じている。

[212] もちろんこれは，スケジュール調整や支払いのような，分析の継続に直接に関係する事案については当てはまらない。

に分析主体の語彙の枠内で作業しようとするべきである。分析の目標は，精神病の分析主体を，最終的な説明というものはないことに，《他者》（すべてを包括する完璧だとされるような意味システムとしての）は欠如していることに，つまり去勢それ自体に直面させようとすることではまったくない――そうした努力は精神病者にはまったく治癒をもたらさない。

精神病を診断する

> 精神病は，もはや主体が現実性への対応に失敗しているということではなく，言語活動とあるタイプの関係を持っている，と考えられます。
> ――フレダ他（Freda and colleagues, 1988, p. 149）

　精神病者を治療する上ですべきではないことについてさらに述べる前に，診断に関していくつかのポイントを指摘させていただきたい。私の経験では，治療者は多くの場合で神経症と精神病の区別の困難さに直面し，結果としてかなりの数の精神病の患者に対して混乱した扱いをしている傾向がある。

　何が精神病をもたらすのかについて，ラカンの理論の詳細をすべて検討するのではなく，ここでは精神病の特徴である抑圧の不在にのみ焦点を当てよう。そこで，分析主体の発話や分析主体と分析家の関係からいくつか目につきやすい，示差的診断（つまり自信を持って神経症と精神病を区別する）の助けとなる特徴について触れておきたい。幻声や幻覚，妄想といった伝統的な精神病の徴候のほうが，これから私が説明する基準よりも決定的なものだとは考えないでいただきたい。というのも，正確に何が精神病的な「声」を構成しているのかを議論の対象とするからである（とにかく，私たちはほとんど誰もが何らかの種類の声をいくつかの時点で聞いているかもしれないし――こうした精神内的，内精神的な声は多くの場合，フロイト的な超自我と関連づけられる――，

---

[213] 精神病と神経症の間に，**いつでも**説得力のある区別を付けることが可能だと思うべきではない。優秀なラカン派の分析家グループによる，多くの特異な事例の診断についての詳細な議論は IRMA（1997）を参照。私は三つ目の主要診断カテゴリである倒錯の治療については本書では論じないことにした。倒錯の議論についてはフィンク（Fink, 1997, 第9章, 2003）を参照。

平凡な超自我の声と「精神病的幻声」とをもっともらしく区別するにはかなりの緻密さが必要なのだから）。「幻覚」についても事情は同様である。神経症者はこの用語をいい加減に，普通ではない視覚聴覚体験を説明するのに使うことがしばしばあり，逆に精神病者がこの語を使うことはそう多くはない。彼らなら，むしろイメージ vision だとか体験と言うだろう（Fink, 1997, pp. 82-86 を参照）。分析家は幻声や幻覚の報告（患者本人からであれ，治療スタッフ，病院スタッフからであれ）を額面通りに受けとることはできないし，また最初はどれほど妄想的な思考のように思えても，それを額面通りに受けとることもできない。たとえば普通の治療者から見て，FBI が誰かをスパイしているかどうかを確定するのは不可能だとまでは言わないが，だいたいの場合非常に困難なのだから，患者は何かを想像しているのだ，などという結論に急いで飛びつくべきではないのである。何らかの特殊な思考が，誰かが妄想を持っていることの説得力ある証拠となることはほとんどない。むしろ，患者が思考を表現する際の**確信**こそが証拠なのである（言い換えると，患者は，FBI がスパイしているのかどうか何ら**不思議に思う**こともなく，むしろ**絶対に確信を持っている**のであって，それゆえ FBI は自分（患者）ではなく隣人をスパイしているのかもしれないという考えさえ受け入れることができないのである）。患者の語らいの内容ではなく，その形式のほうがここでは肝心なのだ。

語らいの形式

　　　　無意識という概念は，その一部分は言い間違いをもとにしていることが理解できないということはないでしょう。

---

214 ラカンはこう示唆している（Lacan, 1974-1975, 1975 年 1 月 21 日）。「精神病では，主体は声［の実在］を信じているばかりではなく，声［の言うこと］も信じている」が，他方，神経症では，主体は声を聞いたと信じることはありそうだが，しかしその声が述べたことを信じるとは限らない。神経症の分析主体はその声が正しいのかどうか，精神病者のようには確信が持てない。確信は精神病の非常に重要な特徴である。

215 精神病者は確信を持っているからこそ，分析家に知を求めたりしないのである。神経症者は確信がないか，果ては疑いに満ちていたりするので，確証，妥当性，保証といったものを分析家に求めるのである。とはいえ，精神病者が**いつも**確信を持っていて決して疑い深くなったりしないという意味ではない（Soler, 1997, p. 215 を参照）。だが神経症に比べれば，精神病者は分析家のもとに，確証，妥当性，保証といったものを求めに来ることはない。

　　　　　　　　　　　　　　——ラカン（Lacan, 2005b, p. 97）

　　どの言い間違いの裏にも，意味しようという目的性が存在しています。無意識が
　　あるところ，間違いは何かを表現しようとする傾向があるのです。
　　　　　　　　　　　　　　——ラカン（Lacan, 2005b, p. 148）

　分析主体の語らいの形式は実際，実に多くのことを私たちに教えてくれる。先に，精神病者はほとんどフロイト的な言い間違いをしないと述べた。さまざまな状況で（社会生活で，ラジオで，そして分析のセッションで）言い間違いやちょっとした口ごもり，呂律の回らないしゃべり方に聞き耳を立てる訓練をした治療者なら，神経症の分析主体との分析セッションではほとんど毎回一つ二つ——時に1分に1度くらい——の言い間違いを聞いているだろう。このような「聞きとりができる」治療者が，ごく標準的な早さでしゃべるが，1か月に1度くらいしか言い間違いをしない人物と自分が作業しているときには，分析主体の発話の流れを遮ろうとする抑圧された素材は存在しないのではと疑ってかかるべきである。

　同様に，分析家が分析主体の発話にしっかり注意を払っていれば，ある一定の分析主体たちはちょうど神経症者がしばしばそうするような露骨に防衛的な仕方で表現することがほとんどないことに気づくだろう。たとえば，神経症の分析主体なら通常は次のような主張から発言を始めるものである。「あなたにとってはくだらない考えかもしれませんが」「ばかばかしいことをちょうど思いついたのですが」「絶対何にも関係がないんですが」「完全に的外れなんですが」など。つまり自分の語らいを「ばかばかしい」「的外れ」「こじつけ」「どんくさい」「ありふれた」「つじつまの合わない」「いきなりですが」「ただの冗談ですけど」といった言葉を使うことで論評し，まだ誰も責めてはいないことを自分で否定しているわけである（言い換えれば，分析主体は，私が第3章で言わずもがなの否定と呼んだものを提供しているのである）。これらすべては，

---

216 多くの真実の言葉がジョークで語られるということは常に心にとどめておかねばならない。このような評論ふうのコメントはおそらく，ある分析家たちが「観察する自我」と名づけているものから生まれてくる。フロイトが「検閲官」ないし「検閲」と呼んだものから生じると考えるほうがよいだろう。

神経症者の側からの防衛のサインであり，分析家が神経症者の抑圧された真理（分析主体が「ばかばかしい」と呼んだものは非常に賢く，「的外れ」と呼んだものは非常に的を射ていることがしばしばである）を目指すための方向性を示している。こうした防衛のサインが分析主体の語らいにまったく存在しない場合，分析家は精神病の診断を考えるべきである。

精神病者の話し方にある奇妙さを，現代の精神医学は**具体的 concrete** というかなり曖昧な用語で要約している。この用語はもちろん，精神病者の発話の一面を説明はしているが，どうも神経症者の発話の流暢さと対比されているように思われ，だとするとそれは間違った点が強調されていることになる。ゆっくりとたどたどしい言葉の響きや概念の停滞を，精神病者の発話と混同してはならない。「具体的」とはまた，想像性がないことを強調しているようだが，これもまた必ずしも的を射ていない。精神病者と神経症者の発話のより重要な差異は，同じ発話の一部分からいくつかの異なった意味を読みとれるか（神経症者）読みとれないか（精神病者）である。このことから，私たちは発話と意味——言語学の用語ではシニフィアンとシニフィエ——の関係を考えさせられる。神経症者と精神病者ではその関係が大きく違うのである。

シニフィアンとは誰かが話したときにあなたが聞くもののことであり——つまり，シニフィアンは本質的に人が話したときに生まれる音である——，シニフィエとはその音が意味するもののことである。法廷の速記者は言葉の**音**を記録する。こうした音は時として異なった形に分割され得るので，テキストの意味が曖昧なままになる（「disciplined answers きちんとしたアンサー」と書かれるべき音が「discipline dancers ダンサーを鍛える」と理解されてしまうこともありそうではないか？　これは私の分析主体が口にした言葉である）。音の流れ，あるいはソシュールが「音のリボン」と呼んだものは，ある状況でさまざまに異なった仕方で分解されてしまうのである（Saussure, 1916/1959）。

しかし，精神病の分析主体にとっては，意味と音，シニフィエとシニフィアンは分離不可能である。この分析主体が口にしようとしたシニフィアンは，当人の心の中では自分がそれを用いて伝えようとしている意味と分かち難く結びついている。ここには横滑りもなく，自分がしゃべることの中には自分が意図している以上の意味はない。同じ言葉を異なったように読む読み方は存在せず，何か違うことを意味するようにするために，音のリボンを異なったように

切るやり方もない。シニフィアンとシニフィエはここではハンダづけあるいは，溶接されているとも言える——両者の間にギャップはあり得ないのである。以上のことが意味するのは，精神病者は一般に，（複数ではないにしても）ある言語を話し，しかも実際どこから見ても，非常に上手に話しているかもしれないが，神経症者がやるようなやり方では言語を話したり，言語の中で動いているわけではないのである。シニフィアンとシニフィエとの潜在的なギャップを伴う厳密な意味での言語活動の象徴的次元は，精神病者には失われている。[217]

---

[217] 特に精神病者はある特定の音素や音のセットが数多くのさまざまな文脈で登場すること（たとえば肉を**食い**，**杭**を打つ，など）に注目する傾向がある。このとき，その音素のセットが同時に伝えることのできるいくつかの異なった意味を認識できてはいない。一例を挙げると，フランス人の分析主体はコンピュータ用語で言うビット bit とフランス語でペニスを意味するスラングのビット bitte とがまったく同じ発音であるという事実についていけなかった（Nominé, 2005, p. 209）。彼の同級生ならその「比喩的な意味」をジョークにすることもできただろうが，そういうわけにはいかなかったのである。もちろん私たちは，精神病者が同じ一つの語ないし名の中にある多数の意味を理解し聞きとれるような例を見つけることもできる。ジョルジュ（1997, p. 40）は若いフランス人男性が診察の最中に，自分が出会った女性の名前 Edevine の中に Edwige, divine〔神聖な〕, Eve〔イヴ〕, devine〔見抜く，を意味する〕といった語を聞きとったと述べている例を論じている。しかし私は，精神病者が自分自身の話の中からこれほど多様な意味を見抜いたのを見聞きした覚えはない。

神経症の場合と同じ意味作用の働きは，明らかに精神病には見当たらない。神経症の場合では，一つのシニフィアンが他のシニフィアンを参照する。それに対して精神病では，シニフィアンとシニフィエには静的な，非弁証法的な関係が存在している。ソレルもそれをこう述べている。「精神病者は言語活動の外にいるのではなく，むしろ語らいの外にいる」（Soler, 2002, p. 63）。ここでソレルは，統合失調症者にとって「象徴的なものはすべて現実的なものだ」というラカンの発言を注釈してこう付け加えている。

> つまり，統合失調症者は話せるし母国語を自由に操れるとはいえ，象徴的なものを自由に扱えない，ということである。ここでわれわれは，フロイトの定式「統合失調症者は語をモノのように扱う」に非常に近いところにいる。というのも，象徴的なものへアクセスするには，単に母語を学ぶ以上のことを引き受けているというのが実際のところだからである。つまり，現実的なものとしての生きた存在を空にすることが前提であり，それはシニフィアンを昇進させることで生み出される。(p. 118)

言い換えれば，言葉がモノの死となったとき——たとえば，子どもの "fort" や "da"（それぞれ「行っちゃった」「ここにいる」を意味する）といった言葉は，現実の中に母親がいるかいないかという隔たりを差し挟むことになるが（Freud, 1920, pp. 14-17）〔全集第一七巻，六二-六八頁〕，このことにより子どもは母親がいないときでもいるかのように，いるときでもいないかのように話すことができるようになる——そして言語活動が身体に上書きして，社会的身体に変えたとき，つ

神経症者の分析主体は，自分が発話で言おうとしたことを伝えるのによく失敗する，と感じている。心の中に考えはあるのだが，誰かにそれを話しているときには，十分には伝えてはいないと感じるのも当然だろう。自分の言おうとしたこと以上のことをしゃべってしまった，それ以下のことしかしゃべっていない，心にある考えに言葉がどうしても追いつかなかった，というわけである。

　大まかに一般的するならば，神経症者にとっては，**根本的に異なる二つのレベル**——語と意味（つまりシニフィアンとシニフィエ）が共存しているのである。そして神経症者が望んでいるほどにはそれらがしっかりと結ばれて**いない傾向がある**，と言えよう。

- 神経症者の言うことは曖昧な形で終わる。本人も話し相手もともにその発言がさまざまに理解できることを認識している。
- 神経症者の意図したことを言葉にするのはそう簡単ではなく，その考えにぴったり合うようなやり方で上手に表現できない，力強くかつ上品に言えないことに，神経症者は欲求不満になることが多い。[218]

　意味と表現の間のこのようなギャップは，精神病者には存在しない。**ひとつのことを言って別のことを意味させることは，精神病者にはできない**。このために，精神病者の発話には，私が純粋アイロニーと呼ぼうと思っているようなものは存在しない。[219] 神経症者は言語を意図的に使って，他人に自分の意図とは

　　まりよく知られた性感帯と相関する，ほぼ社会的に受け入れられているやり方で享楽する社会化した身体に変えたとき，初めて象徴的なものが存在するようになるのである（Fink, 1995, 第3章を参照）。

[218] 実際，ラカンは "le bien dire"，すなわちよく語ることは，神経症の分析主体が結局自分自身で設定する目標の一つであると考えていた。

[219] とはいえ，統合失調症者はある種のアイロニーを用いるとミレールが提起していることにも留意しておこう（Miller, 1993, p. 8）。それは「《他者》が知らない知によって採用されたコミカルな形態——つまり，知の《他者》としての《他者》が存在しない，ということである」。のちに彼は分析家とある種の謎かけ遊びをする統合失調症者の例を提示している（IRMA, 1997）。この統合失調者が分析家に出した謎かけの答えは，答えともつかないような答えであって，分析家がそれに答えようがないことを彼ははっきりと分かっていた。分析家にないものを自分が持っているというので，彼はくすくすと笑ったのである。ミレールによると，「こうしたなぞなぞゲームは統合失調症者のアイロニーの立場を非常にうまく具現している」（IRMA, 1997, p. 202）という。ここで私は

正反対のことを言って騙したり，アイロニーを使って語義そのものの意味とは反対のことをほのめかしたりすることを十分に意識している。特に困難を感じることもなく，分析家に「あなたとお会いするようになってから**随分良く**なりました」と言いつつ，何も変わっていないとか，前より悪くなったと伝えようとするのである。

　精神病者は，このように言語活動の両面を用いることはできない。**精神病者はアイロニーを使わない**——とにかく意図的には。言語活動が神経症者にもたらす二重性——誰かにうんざりしたとき慇懃になるとか，怒り心頭のときに歯の浮くようなことを言うといった，言語の社会的使用——は，精神病者には利用できない。臨床家なら，精神病者の分析主体が語ることの中に山ほどアイロニーがあるのを見てとるだろうし，分析主体が意図的に機知を交えて言葉を使っていると信じるかもしれないが，自分がそこから読みとったことと，分析主体本人が意図していることとは丹念に区別しなければならない。ここで再び，分析主体の発話の形式が私たちに多くのことを教えてくれていることが分かる。[220]

　アイロニーという言葉を少々違った意味で使っていることをはっきりさせておこう。分析家たちが精神病者のアイロニーに言及する場合によくあるのは，**分析家は**精神病者たちの言葉の使い方にアイロニーを見ているのに，当の精神病者たちはそうではないことが明らかな場合が多い。たとえばシュローは，「あなたは私の『守護天使』です」と彼に言った患者について述べている（IRMA, 1997, p. 204）。シュローはそれを非常にアイロニカルだと考えた。というのも，この患者は精神病院で「守護されている」（つまり強制的に入院させられている）ことを懸念していたからである。しかし，それほどはっきりしていないのは，この患者自身が私の言う意味でのアイロニーを意図していたかどうかである。つまり，患者本人がその言葉は二つの異なったレベルで読みとれると分かった上で，シュローにこのあだ名をつけて，嫌味を言ったり挑発していると思っているか，それが明らかではないのである。ここではっきりしているのは，アイロニーとはそれを見てとる人の目の中にあるということである。

　同様に一般的に，精神病者の発話の中にそれほど意図的なユーモアは見つからない。キャスタネとド・ジョルジュはメランコリーに関して同じことに気づいており，「前メランコリー的主体には生真面目という魅力と，相対的なユーモアの欠如が見られる。ユーモアによって内省が可能となり，既存の価値観から距離をとったりすることができるのである」と述べ，この方向に関心を向けている（Castanet & de Georges, 2005, p. 41）。他方，デクールは，統合失調症者が冗談好きになるという事例を報告している（Decool, 1997, pp. 29-36）。その患者は人を笑わせるために，明らかに言葉遊びや当てこすりによるジョークを言っていた。この事例で私が提起したい問題は，患者は自分でそのジョークを作ったのか，あるいは単に他人から聞いたのか，たとえ自分ではそれがよく分からなくても，それで他人が笑うのを見たのか，という点である。

[220] 神経症者との作業で頻繁に生じることの一つに，分析主体が自分の言葉ではうまくそれを伝えら

転移

> 精神病では，分析家の位置は知によって規定される。しかし，問題の知は《他者》としての無意識に関する知——つまり，解読されるべき知——ではなく，《他者》の享楽に関する知である。
>
> ——カイザー他（Kizer and colleagues, 1988, p. 146）

　分析家は神経症と精神病との区別を，分析主体が分析家との間に形成するある種の転移関係を考察することによって学ぶこともできる。フロイトは，精神病者に対して精神分析は不可能だと考えた。フロイトは，精神病者は分析家との転移を形成できないと考えていたからである（この点に関する彼の見解は1930年代に修正されたかもしれないと，これまで何人かの著者が示唆している）。明らかなのは，精神病者が分析家との間に形成するある種の関係は神経症者によって形成されるものとはまったく異なっていることである。まずは知との関係の違いから始めよう。

　神経症者は自分に関することを数多く抑圧してきており，自分が見失っている自分自身に関する知，自分が持っていない自分自身に関する知は括弧つきの意味での《他者》としての分析家の中にあると信じている。見かけからはこのことは明らかではないかもしれないし，若い臨床家は年配の治療者たちほど転

れないと感じ，患者が何に対して腹を立てているのか分析家が**実際**に分かるようにするために，早い段階で配偶者や恋人を連れてきたがるということがある。分析主体は，分析家が自分の人生の苦境を十分に把握し同情するためにも，この我慢ならぬパートナーと面会しなければならないと信じている。分析家がパートナーに会うことを拒むと，分析主体は自分の苦境の証拠として写真や録音，手紙等を持ってこようとするかもしれない。ともかく分析家は，患者の苦境を完全に認識するために，患者とまったく同じ目線で状況を理解するようにさせられるのである（こういう場合，本当に治療を受けなければならないのは患者ではなく，むしろパートナーだという発言も出てくることが多い）。

精神病では，こうしたことはほとんどまったく起こらない。精神病者の場合，状況の説明が適切でなかったために，自分の苦境の正確な認識を分析家に伝えられなかったことを懸念することはまずない——確かに，分析家のほうが患者の状況を患者以上にずっと心配するいうことはよくあるが。神経症者は，ある種の個人的ドラマを，おそらく分析家は軽く受けとりすぎていると考え，分析家に納得させたがるものだが，他方，精神病者は事実に即した状況説明をして，分析家にショックを与え驚かせるといったことのほうがずっと多い。

移のこの側面をあまり公言しないかもしれない。しかし遅かれ早かれどの神経症者の分析でも，程度の差はあれ，はっきりしてくることである。神経症者の分析主体は，自分で持っているとは思っていないが必要だと感じている知を持っていると考えている相手に対して自然に愛情を感じる。単刀直入に自分の症状や幻想，夢の意味を教えてくれるよう分析家に繰り返し頼むこともよくある。

　精神病者の分析主体はそのようなことはしない。彼は，分析家は摂食を改善する二，三の技法，睡眠を助けるいくつかの薬物療法，あるいは世の中でうまくやっていくためのいくつかのコツは知っていると考えるだろうが，自分自身の人生上の困難の意味について何か特別のことを分析家が知っているとは想定しない。精神病者は，自分が分かっていないことを言った場合に分析家ならなにがしかを理解しているに違いないという印象を自分から持つことはない。他方，神経症者では，それは非常に典型的である。神経症者の分析主体の用いた表現は曖昧でかなりいろいろに解釈できる，と分析家が言ったとする。すると分析主体はまずそのことに文句を言うが，しかし，分析家には，自分が意図しなかったことを自分の発言の中に聞きとる資格があると喜んで認めることもあるかもしれない。遠回しなもの言いにうんざりするかもしれないし，分析家がある程度は自分のことを見抜いてくれていると大喜びするかもしれない。ともかく自分が言ったことが潜在的には曖昧な性格を持つことに異を唱えることは稀であろう——特にある程度治療が行われた後では。神経症者が次のように言うことはあり得ない。「いえ，私が言ったことはかなりはっきりしています。文法的に誤解の余地や，それ以外の解釈の余地など一切ありません」。一切の**多義性**（同音異義的なものにせよ，文法的なものにせよ）の可能性を否定することはあり得ないし，逆に自分の言ったことの意味をコントロールできないとたまに愚痴をこぼすことならあり得る。神経症者は，自分があるひとつの意味を伝えようとしても，他の人にはそれを別の意味にとる自由があると自分が分かっていることを暗黙のうちに認めているのである。その別の意味が自分にとってやっかいなものであってもである。

　私は，ある神経症者の分析主体が言った「私のポルノ趣味（あるいはポルノ愛好）my attraction to porn」という句について，それは「あなたが，自分のほうにポルノを誘惑する力があると考えている」という意味にもとれるだろう

と指摘したことがある。彼は最初，困惑してどう答えていいか分からなかった。次のセッションの冒頭で，彼は，私の言ったことをじっくり考えて，自分が見ていたポルノの映像に出てくる女性にとっての対象として，自分を思い描いていたかもしれない可能性について私が触れたのだろうかと言った。これによって，自分は受動的な性的対象を見ている欲望する主体であるという彼の仮説は逆転した。そして彼は自分の年来の信念を論じるようになった。彼の信念は，女性はセックスを欲しても享楽してもいない，とにかくそう**すべき**ではない，なぜならセックスでは欲望する者は一人しかあり得ないはずだからというものだった。彼はそのことを「ゼロサムゲーム」（どちらかが欲望したら，他方はそうはできない）と呼んでいた。この神経症の分析主体がはっきりと感じとったのは，私が彼の発話から聞きとったことにそれなりに妥当性があっても不思議はないこと，そして私がこの句を強調したのは，間違いなく私が彼自身がまだ知らない彼のことを知っているからだということである。こうした些細な文法的曖昧ささえも，神経症者との作業では使えるのである。他方，精神病者にはまったく役に立たないだろう。彼らは，分析主体が話の中から聞きとった自分の意図せぬことには興味を示さない。というのも，彼らは，分析家が自分の内奥の働きについて何か特別な知を持っているとは想定していないからである。

分析家は，自分の知が分析主体にほとんど役に立たないと思われていたり，分析主体から自発的に求められてもいないと感じた場合，精神病的な構造を持つ人物を治療しているのではないかと疑ってみるべきである——なお，ここで「役に立たない」というのは，ヒステリー者がよくやるような挑発という意味や，強迫神経症者がよくやるような踏みにじるという，単純な意味で言っているわけではない。どちらの場合も，一般的には，分析家の解釈が最初は拒絶されても，結局は受け入れられたり，少なくともあるレベルで非難の対象になることが明らかとなる（時として，分析家が最初に話してから何回か後のセッションで，ほとんどそっくりそのまま分析主体が繰り返して語ることさえあるが，分析主体のほうは，それが分析家が言ったことだとは気づいていないようである）。

分析家は，分析主体が談話療法を信用していないと主張しただけで，自分は分析主体に《他者》の位置に位置づけられていないと性急に決めつけるべきで

はない。自分が言おうとしていることは何でも分析家が既に知っていると思えると本人が直接何度も言ったり，自分の人生についてスケッチふうに話せば分析家から魔法のような解決法や診断，予後が教えてもらえると期待したりしているのなら，場合によっては，最初のセッション直後からある程度の信頼性をもって，患者は分析家を象徴的な《他者》として位置づけているといえるかもしれない。また別の状況で，分析主体がいきなり始めから（あるいは，おそらくかなり経ってから）精神分析を信用していない，精神療法なんてどれもこれもばかげている，何を言おうと精神科医など尊敬できない，と抗議してくる場合も，同様の結論を引き出せるかもしれない。シェイクスピアにならって，ただ分析家の知をあげつらうだけにしては「分析主体の抗議はくどすぎる」と疑ってもいいかもしれない。しかしそれは，分析家の知に対するその抗議自体が，**分析主体の世界の中にそうした知が存在している**ことを示しているからである。たとえ，分析家がその場所へ近づいてくることを分析主体が拒もうとしているようであっても，である。少なくともこの例で明らかなのは，分析主体の中にはそうした観念が存在しており，全知の《他者》という概念が到来し，おそらくある時点で誰かがそこに位置づけられること，そしてまさに患者の失望は，もはや誰もその場所を占めたり，その場所にふさわしいとは思えないことに関係していることである。

　ある患者がいきなり最初から分析家の知に異議を唱えること自体が，患者は自分でどう思っていようが分析家が何かを持っていて，たとえば挑発するとか，単に分析家の反応を見るために（他の理由もあろうが）それを否定したいと思っていることを意味している。つまり，こうした発言は典型的なフロイト的否定として作用しているのである。このことが特に当てはまるのは，自分は何か特定の知を持っていると分析家がはっきりとは主張しなかった場合である——ポイントは，分析家が知を持っているということが患者の心に浮かんだということである（もちろん，たとえ分析家自身が自分は何らかの知を持っていると口にしなかった場合でも，社会的，制度的な状況自体が，分析家は知に関係するある一定の力を持っていることが既に示唆しているが）。分析家の知は否定されねばならない，それが真っ先に分析主体の念頭に浮かんだはずである。つまり，分析家が分析主体を手助けできるある種の知を持っているということを患者が激しく**否定**する場合，それは，分析家がその種の知を持ってい

ると患者が**肯定**する（多くの場合，分析家は出し惜しみしているという不満を言いながらだが）のと同様に，神経症の明らかな指標であろう。

　たとえば，非西洋文化圏の出身者が治療にやってきたことがある。患者は，西洋の医者や心理学者が自分を助けてくれる能力があるとはまったく思っていないと言っていたが，他方で以前自分の文化の信仰療法者や呪術医にはかなり助けられたと信じていた。また別の患者は，コーチやボーイスカウトのリーダーや宗教指導者のような，患者に身体的，精神的な挑戦や達成すべき行為を示してくれた者たちに助けられていると口にする。患者は，ただ話すだけで何かが良くなるとは信じていないのである。しかし分析家はこうした懐疑的な発言に腹を立てなくてもよい。なぜなら，以上のことは，患者がとにかくある種の知っている《他者》，何が患者に良いことなのかを知っている《他者》の観念を形成していることを示唆しているからである（ラカン（Lacan, 1978, pp. 230-243）〔三一一-三三〇頁〕は，この《他者》を「知を想定された主体」と呼んでいる）。とにかく分析家は，時間はかなりかかるとしても，患者が何らかのやり方で結局，自分を《他者》と結びつけるだろうと期待できるのである。

　一方，精神病者は「〔神経症者の〕主体を導いて，自分の真理は既に私たちの中にあり，前もってそれを知っていると信じさせる」幻影には同意しない（Lacan, 2006, p. 308）〔第一巻，四二〇-四二一頁〕。精神病者は分析家のことを，自分を苦しめるものを知っている——その苦しみの隠れた起源を知っていて，それをどう治すか知っている——と想定される《他者》に見立てることは**ない**。神経症者なら《他者》に見立てるのだが，それはしばしば次のようなふとした発言に表れる。「でもあなたはもう既にこのことを全部聞いていたでしょう」。あるいは，神経症者がふと黙ってしまったとき，分析家が「今何を考えていらっしゃいます？」と質問をした際の返事，「**あなた**がこのことすべてをどう思ったか考えていました」などである。

　もし分析家がこうした発言に入念に注意を払い，まだ発言になっていないとき（たとえば分析主体が黙り込んでしまったとき）でも，そうした考えを引き出そうと最善を尽くしている場合，いくつかの事例ではそうしたことがまったく見られず驚くだろう。つまり，治療者が何を知っているのか，何を考えているのかについてまったく関心がない患者がいることに気づくことになろう。ある部類の患者は，分析家が自分のことを頭がおかしいと考えていないか，自分

のことを悪く思っていないかを心配していると繰り返し述べるのに対し，別の部類の患者はそんな問題にはまったくかまけていないように思われる。この後者の部類，精神病者は**自分自身の健康**や，自分がおかしくなっていないか悩むことはあるだろうが，肝心なのは，**分析家が自分のことをおかしいと考えているかどうかは悩まない**という点である。[221]

　彼らは，分析家が何らかのやり方で助けてくれる——転職，睡眠，違うダイエットなどを勧めてくれるのなら，それは助けになる——と考えているかもしれない。しかし，自分の子ども時代，内面の葛藤，本当の感情に関する何らかの特別な洞察や知識を持っているとは見なさない。彼らの心の中では，分析家は根本的には自分と何ら変わらないからである。彼らにとって，分析家は一人の他者だが，《他者》ではない。分析家が質的に違うということはない。それゆえ量的な違いしかないのである。

　これを，質的に違う全知の《他者》（たとえば神）を信じているなら誰でも自動的に神経症である，と捉えるべきではない。肝心な問題は，自分に関する何らかの知が自分を超えたところ（自分の外部）に存在しているという分析主体の推測が分析家に転移され得るかどうかである——言い換えれば，分析主体が自分の分析家を何でも知っている《他者》と見なせるかどうかである。**患者が分析家を知の位置に位置づけられるなら，分析家は精神病という診断を除外することができる**（分析主体本人が症状だと考えていることについて分析家が何かしら知っているという神経症的信念と，分析家は自分の心を読むことができるというパラノイア者の確信とは，はっきり区別しなければならない。この確信は少なくともその一部は，分析家は自分の頭の中に思考や衝動を植えつけるという信念に基づいている。全知の迫害者たる他者というポジションは，分析家にとって，そこに位置づけられることを避けたい場所である！）。

　分析主体が分析家を転移の通常の一部としての知の場所に位置づけることを期待する傾向が分析家の側にある以上，分析家に何ら特別な知があるとは見なそうとしない分析主体の事例ではまったく転移は存在しない，と感じがちになる。神経症者たちとの広範な作業のおかげで，分析家は転移を分析主体による投射——分析家への知っていると想定された主体の投射——と密接に関係づ

---

[221] 自分がおかしいのではないかと疑う者は，まったくそうしない者に比べてはるかに神経症的である可能性が高い。疑いそれ自体が有益な診断のバロメータとして使えるのである。

けており，それゆえこの投射の徴候が見られないとき，分析家には，いかなる転移の徴候もないと思えるのである。転移が存在しないというより，むしろ厳密には，精神病者との分析作業では次のように言ったほうがよいかもしれない。すなわち，**精神病者には，転移は想像的・現実的なレベルでのみ存在し，神経症者のように三つのレベル**（想像的なもの，象徴的なもの，現実的なもの）**すべてで存在してはいない**，と。これは，分析家が精神病者と作業するときには発話を無視してよいということではない。作業の大部分には依然として発話は必要である。しかしこの場合，発話によって象徴的なものが作用しだすことはない。言語活動と発話は精神病では想像化されている（つまり想像的なものになっている）からである。

　用語の厳密な意味で言えば，精神病者が何か――たとえば，精神病者の人生で重要な人物との経験の一部である，悪意や迫害的意図――を分析家に転移することも十分あり得る。しかし精神病者が転移するのは――本当に転移しているとしてだが――その性質上，想像的なものである。この場合，その転移は精神病者自身に似た他者に対する熱情的な愛か憎悪かである。言い換えれば，このような転移は何よりもまず本質的に性愛的なものか（色情妄想は，分析家が分析主体を愛しているという妄想的確信である），攻撃的なものだろう（迫害型のパラノイアは，分析家が分析主体を冷酷に享楽し搾取しようとしている，および／ないしは，破壊しようとしているという妄想的確信である）[222]。精神病での転移は，知ではなく熱情となる傾向にあり（知が熱情と関連する場合は別だが），他方で神経症では，その両方となる傾向にある。

精神病者にとって分析家はどのような《他者》か？

　　こうした主体は語らいの外部にいるのと同じように，転移においてもその外部にいるとはいえ，それでも自分の幾人かの仲間を信頼するようになることもある。それは厳密に言えば転移ではない。なぜなら，転移は知を想定された主体を含む象徴的関係だが，統合失調症者はそこに足を踏み入れないからだ。だが対象関係の余地は残されている。その関係は想像的かつ現実的であって，転移と容易に混

---

[222] 異なった形態のパラノイアについての議論は，フロイトによるシュレーバー症例を参照（Freud, 1911/1958, pp. 63-65）〔全集第一一巻，一六四―一六八頁〕。

同され，時としてここから何らかの効果を得ることもできる。
―― ソレル（Soler, 2002, p. 123）

　精神病では象徴的次元（無意識の別名）が失われているがゆえに，精神病者の世界には，象徴的な《他者》，すべてを知っている《他者》，象徴的契約を可能にする善意の《他者》の入る余地がない（Lacan, 2006, p. 303；あわせて pp. 272, 308, 430, 686 も参照）〔第一巻，四一三頁，三七二頁，四二一頁，第二巻，一五一頁，第三巻，一四八-一四九頁〕。神経症者の世界では，一般的にこうした《他者》の基礎は（ごく簡単に言えば）ほど良く親切にしてくれる養育者によって準備される。養育者とは多くのことを知っており，家庭での法（道徳的，政治的そして／あるいは宗教的な決まり事）――厳密にはその養育者が自分で作ったものではない法だが――を守るように言う者である。こうした基礎によって，困っているときに物事を良くする仕方を知っている存在，いろいろな考えをすべて知っている存在，どういう場合が善か悪かを知っている存在，恣意的にではなく認識可能なルールによってほめたり罰したりする存在という概念が育つのである――子どもの側の精神的な努力も確かに必要だが。こうした存在の概念は多くの場合，初めは両親，それから教師や宗教的人物，やがて至高存在と結びつき，神経症者の《他者》は，一般に全知と正義とがその特徴となる（子どもは普通，個人としての両親や教師，そして宗教的人物が，最初彼らに結びつけていた全知や絶対正義といった崇高な理念にかなっていないことに気づいていく）。

　精神病者が神を信じることも十分ありそうな話だが，精神病者がこれまで見知ってきた両親としての《他者》は，知の《他者》ではなく，むしろ冷酷で，搾取的な享楽の《他者》なのである。[223] 精神病者は一般に，家庭での法（厳密に言えば自分で作ったわけではない）を決める親切で知識豊かな養護者に出会ったことがない（あったとしても非常に短期間か，人生の後のほうになってからである）。主体の存在そのものを消費したり無化したりしようとする《他者》，主体の体と魂そのものに侵入したりそれらを所有したりしようとする《他者》，主体からその精神を搾取したり取り上げようとする《他者》のためだけの基礎

---

[223] ミレールが措定しているように，パラノイアにおける《他者》は象徴的なものとしてではなく現実的なものとして存在している（Miller, 1993, p. 11）。

が準備されてきたのである。

　分析家が精神病者にとっての権威のポジション，つまり，精神病者の行動の動機について権威ある知識を持つ者というポジションを占めようなどという，向こう見ずなことをしたとしよう。その分析家は，自分があっという間に，精神病者をいいように利用し，性的に搾取し，思考を盗みとり，大雑把に言えば人生を台無しにする（もちろん，こうした要素のすべてが，個別のどの事例にも見られるわけではないが）冷酷で迫害的な《他者》に結びつけられることになりやすい。

　それまでの生活史で，象徴的な立場（象徴的契約が可能となる《他者》の立場）に誰かが立っていたという先例を持たない（つまり，象徴的秩序自体が設立されていない）患者に対して，分析家がそうした立場に位置しようとすると，それが精神病発症の引き金となることが多い（治療状況の外では，精神病者に対して上官や上司，家主などがはっきりした，あるいは厳格な態度をとると，精神病者が不安定になったり発症したりすることはよくある。こうした人物たちは知らないうちに，精神病者の心的空間内にはまったく存在していない一つの位置を占めようとしているのである）[224]。それゆえ，分析家は自分の場所を知り，そこにとどまることが極めて重要なのである。診断に確信が持てなければ，唐突に句読法や区切りを用いないよう，また迫害的ととられかねない発言やほのめかしを避けるように注意しながら，かなりていねいに事を進めなければいけない。

　では分析主体が精神病者だとはっきり確信が持てたら，分析家はどの場所にいるべきであろうか？　象徴的役割を占めることはできないわけだから，（できるだけ簡単に言うと）想像的役割にとどまるのである。想像的な次元はライバル関係と嫉妬によって特徴づけられる（Fink, 2005b を参照）が，ここでの想像的関係の重要な側面は，分析家と分析主体が質的に同じであるという点である。両親と子どもというより，兄弟・姉妹の関係である。多くの点で彼らは互いに類似するのである——ラカンが言ったように，彼らは「似た者同士」であり，違うところもあるがそれ以上にお互いに似るのである。

　分析家は想像的なものの罠を回避し続けなければいけないのは，既に第1章

---

224 チェス盤のマス目の上にコマを置こうと想像的に試みるのだが，そのマス目がそもそも盤から削除されているようなものである。

で説明した通りである。分析家は分析主体の言ったことを何もかも自分自身の経験に照らして理解しようとしてはいけないし、またその発言が自分について何を言おうとしているのか（たとえば、分析主体が自分（分析家）のことを頭が鈍い、賢いとか、おしゃれ、ダサいとか思っていないかなど）に気をとられっぱなしではいけない。こうしたことはいずれも精神病者にとって、神経症者の場合ほど価値を持たないのである。精神病者に自己開示をしても、神経症者相手の場合ほど意味はない。一般的に言えば、分析主体が分析家について知っていることが少ないほど良い。精神病者は分析家を初めから想像的なポジションに位置づけることもあるかもしれないが、だからといって分析家はそうしたポジションのすべての面を占めることに同意するべきではない。[225]

とはいえ分析家は、セッションのスケジュールを組み直すことや、休暇に出かける場所などについては曖昧さを減らし、反対に透明性を上げることで、精神病者の分析主体とうまくやれることもある。分析家がスケジュールを組み直す理由や休暇や余暇の活動について、詳細な情報が得られないときは、神経症者ならそれについてのシナリオを想像しそうだし、それがまた分析作業の格好の材料になることもしばしばである。他方、ある種の精神病者は迫害的なシナリオを想像するほうがずっと多いだろう。たとえば、分析家がとある権威筋と一緒に陰謀を企んでいて、精神病者をその意志に反して入院させようとしているとか、そのストーリーをチェックするためにどこかに出かけるのだというように。同様の理由で、一般には精神病者との作業では寝椅子の使用を避けるべきである。彼らにとっては、分析家が何をしているのかを見せるほうが、自分の後ろでよからぬことをやっていると想像させるよりもましである（精神病者に対してカウチの使と用を避けるべき、より複雑な理由が他にもある）。

神経症者に対しては一般的に避けたほうが望ましい方法だが（神経症者が、たとえば子どもなら避けなくてよいが）、精神病者と同盟を結ぶことも有効である。神経症者に対しては、分析家は分析主体にとって何が良く何が悪いかについての自分の考えはできるだけ言わないでおくべきであり、神経症者が下す

---

[225] 銘記していただきたいのは、神経症者は分析家を象徴的な立場に最初から位置づけるだろうからといって、分析家が神経症者に対してそのポジションを占めることに同意しているというわけではない、という点である。分析家は分析主体の欲望の原因の立場を占めることのほうを選ぶのである（たとえば以下を参照。Lacan, 2007, p. 41; Fink, 1997, 第4章）。

決定，関与する行為にはできるだけ介入しないようにするべきである（実際，神経症者の生命や生活が危険にさらされ，分析の継続を危うくするような恐れがある場合のみ介入すべきだろう）。しかし他方で，精神病者の場合には，いったん分析主体の信用を得て，分析主体の生活や興味，能力，現状についてかなり分かってきたならば，こうした介入は，時として，安定をもたらし，その人生で精神病の発病とまでは言わなくとも，かなりの葛藤を引き起こしてきたものを抑えるような，精神病者の分析主体の作業を促すことに役立つだろう。分析家はここではある意味で，おそらく世間並みに期待される親友のように行動するよう努めているわけである――自分（友人自身）の目的や利益のためでなく，できる限り相手にとって最高の利益になると判断することを相手が追求するよう促す友人のように。[226] こうした判断は急に，あるいは断定的に行えるものではない。分析主体に関する広範な知識が必要だし，またいつでも見直せるようにしておかなければならない。

ガルシア゠カステラーノ（IRMA, 1997）は精神病者の女性を扱った自著でこのアプローチについてのよい例を提供している。この女性は，彼との分析の2年目の時点で，「重要な発見」をした。それは彼女が父親，母親，そして兄弟数人からレイプされていたというものだったが，彼女はそれが本当に起こったのかどうか，これまでまったく思い出すこともなかったというのである。ガルシア゠カステラーノは書いている。

> 彼女はこの出来事について何の記憶もないことに困惑していたが，自分の身に起こった出来事の痕跡を，自分の体によって発見したのだった。彼女の苦痛こそがその痕跡なのである。明記しておくべきは，このテーマに関する彼女の思索は，ほぼ治療設定の中に限られていたということだ。彼女は実際に調べ始めようとしたが――暴力を帯びた投射――，私はそうしないように彼女を抑えた。彼女はこう言って不本意ながら従った。「他よりはここで，このレイプのことを話したり叫んだりするほうがいいですものね」。数年後，私のこの介入について話が及

---

[226] 私が疑問に思っているのは，こんにち，少なくとも英語圏では，精神分析家の多数が分析主体に対し，神経症者や精神病者によって異なった立場をとるのではなく，診断の如何によらずこの種の「親友」としての立場をとっているのではないかということである。このとき，分析主体との作業は，分析家自身の現実の見方や，事の善し悪しの判断に基づくことになる。

んだとき，彼女は「私を守ってくれている親切な手」をそのとき「感じていた」と指摘した。(pp. 104-105)

　神経症者に対しては，分析家は自分の持っている善悪の概念を押しつけたり，何らかの形で伝えたりすることを避けようとするものであり，分析主体が善だと想定しているものよりも，むしろ分析主体のエロスを助成するように振舞おうとすることで，分析家はある意味で精神病に対するのとは正反対のことをしているのである（Lacan, 1991, Fink, 1999 も参照）。分析家は，可能な限りの判断のもと，精神病の分析主体の善を助成し，耐え難く，理解不能だと感じ，ひとたび襲来すれば動揺させられかねない分析主体の抱えている享楽を制限し，局在化し，また意味を与えるよう手助けしなければならない（そして分析主体が時に他者の中に発見したと思い込む，享楽への悪意に満ちた意志に，鎮静化するような意味を与えなければならない）。

助けとなる他者

　　　　精神病者が求めるのは証人であって，知を想定された主体ではない。
　　　　　　　　　　――フォーブス他（Forbes and colleagues, 1988, p. 321）

　精神病者に対する分析家のポジションは，私の提案する呼び名で言うと，「助けとなる他者」であるべきである。これは知を持つ《他者》の立場ではない。正確には，誰が，あるいは何がこの助けとなる他者なのだろうか。精神病

---

227 神経症者との作業についての議論で，ラカンはこう述べている。「精神分析家は，自分たちがどうにか善をなそうとするのは，人々にとっての善を求めることによってではないことをよく知っています。たいていは逆でさえあります。……誰かが現実に自分の仲間のために善いことをしているのは，その仲間のために何か善いことをしようと切望しているからではないことをより多くの人が認識すれば，それはきっと助けになることでしょう」(Lacan, 2005a, p. 19)。
228 この二つの異なった他者を見分けることは，理論上は簡単だが，実践ではそう簡単とは限らない。というのも，助けになる他者は何かしらの知があると見なされることもあるからである。たとえば，それは社会制度から（たとえば，住宅やフードスタンプ，健康，失業，障害保険等々を受け持つ社会事業担当機関から）何か望むものを手に入れることに関する知識かもしれないし，あるいは精神医学的な薬物や薬草治療，理学療法に衛生環境，運動等に関する知識かもしれないが，いずれにせよ患者が助けになると感じるものである。ここで挙げられた種類の知は，患者の「内面

者が治療を望む際，そのような他者を求めているのだろうか？

少なくとも，神経症者が治療に来て求めることの一つは再認である。そして，分析家に再認してほしいと考えているもの——たとえば，被害者や犠牲者としての自分の立場——については分析家は再認をもたらさないにしても，分析家は，分析主体が話すことを**聞いていること**，そして**分析家が再認するのは，分析主体の語らいの中に潜む本人が気づいていない欲望である**ことを分析主体に知らしめるのである。言い換えれば，分析家は，分析主体にある意味での疎外を再認させるというより，分析主体の内にある，何か他のものへの欲望を強調し明らかにし，再認しようとするのである。

治療者と話をしに来る精神病者は何を求めているのか？　分析家は，神経症者との作業の場合と同じように，精神病者が求めているものを与えることは**拒否する**のか？　治療では，精神病者は話を聞いてくれる人を求めているのであって，「あなたの言うことは病気の一部だから，忘れるべきだ」と言うような人は求めていないと思われる。彼らはこれまで自分に起きてきたこと，今なお起こっていることを，判断したり批判したりせずに，必ずしも信じたり疑ったりすることなく，**証人**になることを引き受けてくれる人物と話を続けるつもりなのである——つまり，一定の状況下でそれを受け入れられる人物ということであり，その状況とは分析状況という領域のことである（分析家には，神経症者との予備面接での立場と同じ立場をとると助けになるだろうが，ある段階を超えてもその立場を維持し続けていると，精神病者は分析家のことをばか

生活」とも，また患者の苦痛に満ちた思考や幻覚等の原因とも，何の関係もないことに注意されたい。

とはいえ，完全にそうだとも言えない。患者はそうした思考や幻覚を経験している理由が睡眠に問題があったりするせいだと考えられることがあるからである。こうした問題は，たとえば指導員や医者がもっと運動するとか，就寝の直前には食事をしないようにとか，消灯する前にベッドで読書したり，テレビを見たりするのをやめるように勧めればほとんど解決され得る問題かもしれない。言葉をかえれば，この助けになる他者は，あるレベルでの，**患者の問題の原因についての知**を持っていると言えるのである。

この内と外との区別はここでは不明瞭になっている。「外部原因」は苦痛に満ちた「内的状態」の原因として見ることもできるからである。それでも分かることは，助けとなる他者しかいない患者たちは，今現在の困難の原因であったかもしれない自分の人生の早期の出来事について，分析家に対して，何か知っているとか，今愚痴をこぼしているある種の問題（おそらく「性的虐待」やADHDといったよくあることは除いて）につながる家族関係について何か知っているとか，そういった期待を抱いているようにはまったく見えないことである。

か間抜けと思う可能性が高い)。

　これは，分析家が分析環境外での精神病者の行動もすべて受け入れるよう求められているということではない。とにかく分析家は分析環境という「括弧に入れる」と呼べるような枠内で，精神病者が言わねばならないことを受け入れなければならない。このことによって，分析が患者の生活上の安らぎの場とは違う場所に位置づけられるようになる——毎日の生活からは切り離され，分離された，あるいは括弧に入れられた場所であり，分析家が何か特別な行動をするわけではないとはいえ，かなり真剣に言葉を受けとってもらえる場所である。意味という織物が紡がれ，部分的にほぐしたり，織り直したりできる。そして，治療室外で特に何か特別になされるわけではなく，詳細に織りあげられていくのである（この例としては，Fink, 2001 を参照）。

　神経症者は治療にやってくると，自発的に分析家を知ることのできる《他者》と位置づけ，この分析家を通じて抽象的権威像との葛藤に取り組もうとする。それとちょうど同じように精神病者も自発的に分析家を迫害的な《他者》と位置づけ，分析家を通じてこの猥褻で致死的な《他者》との葛藤に取り組もうとする，と考えたくなるかもしれない。しかし，精神病者は日々の生活での迫害者のイマーゴや役割を分析家に転移して，治療環境で作業することを期待しているとは必ずしも言えない。このことは，分析家が望むよりもずっとよくあることかもしれないが，それはたいてい分析家が段取りを誤った結果であり，事態の進め方，患者が話題にすることとしないことの区別，そして自分がすべき介入の種類，に関する工程表の間違いから生じたのである。

　神経症者の治療では，分析家が神経症者の投げかけるありとあらゆる投射に身を入れるとき，分析家という存在は最も助けとなる（分析家がこうした投射を解釈の作業の俎上に載せるとすればだが）。一方，精神病者にとっては，分析家がこうした投射に身を入れると，「助けとなる他者」でなくなる。分析家は神経症者の投射を受け入れもはねつけもせず，いわばその背後にあるもののみ見分けようとする。一方，精神病者と作業をする場合には，精神病者を犠牲にして享楽する危険な《他者》として分析家を位置づけると思える精神病者の投射を一掃すべく最善を尽くさなくてはならない。

　行うより言うは易しと思われるかもしれない。特に分析家が分析主体につい

てほとんど知らない段階では，第7章で述べたように，ひとたび転移による投射がなされると，分析家がその後述べることすべては，分析主体が分析家に割り当てた役回りに由来するものとして聞きとられる。分析家はこの転移の外に立つべき場所（メタポジションないし「転移の転移」）は見出せないし，自分が期待していた通りに状況が緩和するどころか，かえって深く入り込んでしまうことになるだろう。確固とした支持的なスタンスと「私はあなたからあなたの考えを取り上げることに何の関心もありません」「私は決してあなたをそんなふうに利用しようとは思っていません」「あなたをクビにさせようとしたことなど決してありません」のような直接的な発言こそが，普通できる最善のことであり，また幸いにもそれで十分なことが多い。

治療の目標

> 精神病者は語らいの外にいる，という概念によって，私たちは精神分析にとっての躓きの石をもたらしていたものを位置づけることができる。このことは，精神病の主体は分析家を見つけ出せないという意味ではなく——経験が彼らはそうできることを立証している——，彼らの分析家の利用の仕方は無意識の分析ではないということである。
>
> ——ソレル（Soler, 2002, p. 97-98）

これまで見てきたように，神経症者の自我は，その大部分の事例であまりに強すぎて自分の益にならない。あまりに強く厳格なので，神経症者本人の性的ないし攻撃的な思考が自分のものの見方の枠内に収まらなくなるたびに，抑圧が起き，症状によって抑圧されたものが回帰してくることになる。自我が弱すぎて，こうした衝動を自我の外に押し出せなければ，症状は存在しないだろう。それゆえ神経症者との分析の一つの目標は自我の厳格さを緩めることである。なぜなら，まさにその厳格さこそが，多くの事柄を心の外に追い出すことを要求するからである。厳格な自我を和らげるために，分析家は，自我が分析主体の行動と衝動を合理化しようとして，絶えず再構成しようとしている統一体に疑いを差し挟み，その穴，欠陥を探すのである。分析主体は自分自身を見る見方を常に自分の一部を排除するような形で再結晶化させるが，分析家はそ

れを脱構築するのである。[229]

　精神病者の自我はその反対で，いくつかの点で脆弱である。精神病では，自我は密閉されてもいなければ全体化されてもいない。なぜなら象徴的な次元が決して設立されていないからである（Fink, 1997 の第 7 章を参照）。ある意味で自我は開いたままか不完全なままである。比喩的に言えば，精神病者の自我には穴があり，分析主体が自分の自我にある穴に近づきすぎるときこそ，事物はバラバラになり，分析主体は精神病の発症を引き起こしやすくなると言えるかもしれない。[230] 分析主体の自分を見る見方を脱構築しようとしたり，過度に全体化された自分を見る見方の穴を捜したり穿ったりするより前に，むしろ分析家はそこにパッチを当てる手助けをする必要がある。これが，ラカンが「補填」と呼んでいることの最も簡単な言い方である（Lacan, 2006, p. 582）〔第二巻，三五一頁〕。[231]

　神経症では，私たちは分析主体の自己像とその世界——それは，自己と，象徴的領域や軸の設立によりもたらされた自己以外のものとの厳密な区別によって全体化されている——を不完全化しようとするのだが，精神病では，分析主体を助けて，自己像とその世界を何らかの形で補填することで完全なものにしようとする（Fink, 1997 の第 7，8 章を参照）。分析主体の世界観はどうすれば補強され，補填できるのだろうか？

　まず，まさに何が失われているのか，それを明らかにしなくてはならない。

説明原理の構築を助成する

　　　　　ラカンはこう述べている。統合失調症者は「確定された語らいの助けがなく自分の諸器官に立ち向かっている」。しかし確定された語らいが諸器官に到来するとき，それはどんな役に立つのだろうか？　享楽に対して，境界，標準的な障壁を

---

[229] 自我はこの点で，万事を口に合うように説明しようとするイデオロギー的なシステムのように見なせる。このシステムにより，それ以外では説明がつかなかったり，受け入れられない出来事と思われるようなことに対しては，その場限りの理由や受け入れ可能と考えられる理由がつけられるのである。

[230] ここでは，患者のイデオロギー的枠組みに亀裂が生じ，すべてをカバーするためにはそれが拡張される必要があると言えるかもしれない。

[231] ラカンはこの文脈ではっきりと「原初的な Verwerfung〔排除〕によって構成された空虚……を補填している」（Lacan, 2006, p. 582）〔第二巻，三五八頁〕と述べている。

確立する助けとなるのである。それゆえ，すべての語らいはそれによって何らかの去勢をもたらすのである。

—— ソレル（Soler, 2002, p. 121）

　神経症者には，どれほど曖昧で混乱していようと，常にちょっとした物語——自分の両親はなぜ自分を望んだのか，なぜ最初は望んでいなかったがだんだんと自分を愛するようになったのかの物語——がある。このちょっとした物語は神経症者に，自分が両親の欲望の中で占めている位置について何らかのことを教えてくれるし，その欲望の中のスペースは，どれほど小さくとも，神経症者の人生の足がかりである。最小限のレベルでも，それは神経症者がこの世界に存在する理由を説明し，なぜ自分がここにいるのかも説明する。この意味で，物語は説明原理として役に立っているのである。

　しかし，これが問題のすべてではない。神経症者は何ゆえに望まれたのか？これが問題である。[232] 自分は両親の延長としてだけ望まれている，あるいは「両親の性的奉仕」に身を献げるよう期待されていると神経症者が感じているなら，問題は続くだろう（Lacan, 2006, p. 852）〔第三巻，三八二頁〕。神経症者には，何か他のこと，かなり曖昧なことのために望まれたというほうがずっとましだろう。「ただおまえが幸せになってくれればいいんだよ」とか「おまえが何をしたいのであれ，それがうまくいけばいいよ」といった具合である。こうした両親の欲望が神経症者に不安を生み出すことがよくあるが，それによって，子どもには，自分が両親から何らかの仕方で分離していて，世界の中に自分自身の場所があることがはっきり分かるのである。それが自分の存在理由であり，この理由は必ずしも人生全体に使命や最優先目標をもたらすほどではないが，しかしとにかく自分をこの世界に根づかせてくれるのである。

　精神病者はこうした一貫した説明原理を持っておらず，自分をこの世界に根づかせてくれるものも何もない。幾度も幾度も精神病者は物語る。自分がどれほど一方の親や両親から，この世に存在する権利を持つ人間として扱われないできたかを。自分の身体は冒すことのできない自分だけのものであることがな

---

[232] ラカンによれば，神経症者ではこの問いに対する答えは根源的幻想によって与えられる。ブランションらによれば，精神病には根源的幻想はなく，ただ享楽のみがある（J.-L. Belinchon and colleagues, 1988, p. 294）。

いかのように扱われてきたかを。また，他人が自分にできることには現実の限界があり，そうした限界が尊重されなければ法的な手段に訴えることもできるのに，その権利がないかのように扱われてきたかを。私の事例を挙げよう。分析主体の父親は，妻が結婚早々妊娠したとき，自分は子どもを望んでいたのだと主張した（そして妻は中絶を望んでいたと付け加えた）。他方，分析主体の母親はこう主張した。「夫は，私が子どもをあきらめて養子に出すことを望んだのですが，私はそれを拒否したのです」と。両者の物語は和解不可能であり，分析主体に対して，なぜ自分がここにいるのか，なぜ自分が望まれたのか，どれほど望まれたのか等を説明できるものではなかった。つまり，両親は分析主体にとって説明原理としての用をなさなかったのである。

　こうした説明原理がないために，精神病者の中には，いわば足場を見つけられずに崩れてしまう者もいれば，幸運にも人生の意味を与えてくれる**プロジェクト project** を見つける者もいる。しかし，十分に展開できれば主体に世界の中の特別な場所をもたらす妄想体系を形成する者も依然としている。この特別な場所は，国際的なスパイという場所かもしれず，キリストのような宗教的人物像の場所，あるいは神の妻という場所（フロイトのシュレーバー症例のように）かもしれない——手短に言うと，簡単に認められるとはいえない場所であり，実際周囲の人間だけでなく精神病者本人が最初は激しく異を唱えることも多い。しかし，こうした妄想体系は一般にかなり安定性をもたらす。そして主体に人生の目的と使命をももたらすことが多いが，少なくともその時代の地上の生活とは完全に両立できない。最良のケースでは，この目標と使命は完全に周囲の人間の追求するゴールと両立する。こうした精神病者は教育者（Morel & Wachsberger, 2005, p. 79 で論じられている事例を参照），あるいは看護師や伝道師であるかもしれず，その他の多くの活動につくことになるかもしれない。

　精神病者は自分の世界に起きる出来事を——妄想的なプロセスを通じて——説明しようとし，特に自分自身の説明原理を形づくろうとし始める。**精神病者の構築する妄想は説明原理の欠如を補う役割を果たしている**。つまり，その欠如を補填するのである。妄想的活動は，治療者の介入や投薬によって沈黙することなく自由に展開してゆく場合は，時としてラカンが「妄想的隠喩」と呼んだものを構築するに至る——このプロセスには何年もかかるかもしれ

ないが（Lacan, 2006, p. 577）〔第二巻，三四六頁〕。これは新たな出発点であり，それをもとにして精神病者は自分の人生と世界の意味を確立する。精神病者の妄想は——自由に展開することを許された場合——，精神病者に重要な位置，決定的な役割を割り当てている世界を想像する方向に向かって動き出す。精神病者の幻覚の宇宙論は，なぜ精神病者が生まれるのか，そしてこの地上での生の目的は何かを説明するのに役立つのである。[233]

　患者に妄想的活動の徴候がまだ一切見られないときは（たとえば，患者が前精神病の段階なら），分析家は患者がシュレーバーふうの宇宙に引きこもらないよう，患者を生活の中で支える意味を構築する手助けに尽力すべきである。どうしたらそれができるのか，料理のレシピ本のようなものはない。分析家は分析主体を不安定にしかねないものが何かを見極め，満足できていわば負荷に耐えられるような意味——つまり，分析主体が人生で遭遇しそうな周辺環境のストレスに耐え得る意味を分析主体とともに構築するようにしなければならない。このプロセスには必ずしも限りがあるわけではないし，**分析家は分析主体といつまでも続くような関係を形成する準備をすべきである**。確かに作業の密度としては，最初は10年，15年よりもはるかに長くかかるだろうが，分析主体は分析家と話をして時にやっかいな立場を切り抜けてゆくことが，何十年にもわたって助けになると思い続けられることになろう。

　一方，患者に既に妄想的活動の徴候が見られるときは，分析家は分析主体から妄想を取り除こうとすべきではない。フロイトが既にシュレーバー判事の事

---

[233] ラカンはこうした新しい世界観を妄想的隠喩と呼んでいる。なぜなら，それはある意味で，神経症でより普通に見られる「父性隠喩」の代わりをするからである。それによって，語と意味は相対的に安定した，持続可能な形で結びつけられる。たとえばフロイトのシュレーバー症例では，シュレーバーは高度に特異な新しい宇宙論を展開するのに幾年も費やしていた。しかしその結果出てきたのは安定した意味の世界であり——その意味は多くの人に共有されなかったが，しかし意味であることには変わりない——，この世界の中では，シュレーバーのために確保された場所，耐えることのできる役割がある。シュレーバーは結局，自分自身の作った世界の中に自分の場所をどうにか見つけ出したのである。ラカンはこれをシュレーバーの「精神病的過程」の「終結」点と呼んでいる（Lacan, 2006, p. 571）〔第二巻，三三八頁〕。ひとたび彼が「終結点」にたどり着いたとき，彼は自分は精神病院から解放されるべきであると堂々と主張できたのである（にもかかわらず彼は数年後には不安定化した，と私は思う）。

　倒錯者は精神病者のように，象徴的《他者》を存在へともたらす**父性機能を補填**しようとすることを銘記されたい。倒錯者は法の言表行為を上演する，ないし演じることで，この補填を試みる。この点についてはフィンク（Fink, 1997, 第9章）を参照。

例の注釈で指摘していたように，幻覚は治癒のプロセスの一部なのである（Freud, 1911a/1958, pp. 71, 77）〔全集第一一巻，一七五，一八七頁〕。幻覚と妄想は多くの場合，患者にとって非常に大事なものであり——フロイトが述べているように，自分自身より愛している——電気ショック療法や薬物療法を押しつけられてそれが取り去られたなら，患者はそれを奪われたと感じることもあろう。他人が見聞きしたり信じていたりしないものを，患者が見聞きし信じているという事実は，患者を特別なものにしているものの一部かもしれないし，患者の人生に特別な役割と目的を与えるものの一部をなしているかもしれない。分析家にとって難しいのは，この妄想体系の形成の証人となり，その枠内で作業をしようすることである。分析家自身のものとはかなり異なっているような概念的宇宙の中で作業する間，その最も重要な諸側面については疑念を呈さないようにしながらも，分析家は時として分析主体に対して，いくつかの物事を少し違うように見るよう説得すべきである——特に，自傷したり他人を害したり，家から追い出されたり，仕事をクビになりそうな重要なことについて分析主体が解釈するときには。

　分析家はまた，分析主体の周囲の人間に邪悪な意図があるとみなすような分析主体による投射を解消し，周囲の人間が分析主体に語ったことの持つ，人を傷つけるような意味合いを和らげるようにしなくてはならない。たとえば分析主体が，自分の姿が数日見えなかったからといって，自分の友人たちが繰り返し電話をしてきて自分は迫害されていると感じ始め，分析家の知る限りでこれまで分析主体の人生の命綱とも言うべき人々が自分に対して有害な意図を持っているとみなし始めたとしよう。このとき，分析家は（ある私のスーパーヴァイジーがそうしたように），そうした人々が分析主体を気にかけてくれているのは，単純にしばらく分析主体のことを見なかったからだと伝えてあげるとよいだろう。つまり，分析家が，分析主体が自分の友人の行動に結びつけようとしたパラノイア的な意味を解消させ，事態を和らげ，状況を沈静化させようとするとよいだろう。ソレルはこの技法のことを「《他者》の享楽を迎撃する」と呼んでいる（Soler, 1997, p. 214）。ここで，分析家は，分析主体が誰か（あるいは数人の人物）を，自分をむさぼり破壊して享楽するだろう有害な《他者》のポジションに位置づけるのを食い止めようとしているからである。

　スティーブンスが論じたある事例では，分析家は，分析主体が心のうちで演

じ始めた「[潜在的に危険な] シナリオのガス抜きをしている」(Stevens, 2005, p. 193)。あるセッションで主体が「私は自分の上司の霊的な子どもになろうとしていると思います」と分析家に語ったとき，この分析家は「あなたは，単に働くため，自分の仕事をするために上司に雇われているのです」と答えた。分析家は，分析主体の心の中では霊的な父としての上司という位置から，悪意ある迫害的な《他者》の位置まで，ほんの一歩しかないと疑っていたのだろう。

分析家は新しい概念体系の展開の証人となること，必要なときそれをあり得る破局的な衝突から逸らすこと，この両者の間の隘路を進まねばならない。繰り返すが，そうするための，型通りの方法は存在しない。分析家は自分の技法をそれぞれ異なった事例に，しかもその事例が展開する独自の道程に対して適用せねばならない。(このような事例がどのように展開するのか，二，三の例については École de la Cause Freudienne, 1993 および Fink, 2001 を参照)。

しかしながらこうした事例のすべてで，私たちはできる限り患者が既に描いている信念体系の枠内にとどまらざるを得ない。それが宗教原理主義者のものであれ，黒魔術のものであれ関係はない。個人としては，自分自身の世界観をもってすれば，こうした患者の信念のシステムはどのようにも反論できると思われるだろうが，私たちが何らかの安定をもたらすことができそうなのは，いわば外側から私たち自身の見方を押しつけることによってではない。私たちに必要なのは，患者自身の信念体系の中に患者が占めることのできる場所を見つけられるよう患者を助けることである――患者にあるプロジェクトや自分の行動を導くようなものを与えることのできる，その信念体系に属する使命を伴った重要な場所を。

治療者には注意を

精神病者との作業では常に，主体のために……我慢できる程度にまで享楽を飼いならすような転換をもたらす道を探すことが必要である……。最もたやすく見つかる解決策は，補填的な象徴的なものを伴うものである。それはエディプス的なフィクションではないフィクションを構成することで成り立っており，主体に安定化のポイントをもたらすのである。

——ソレル（Soler, 2002, p. 189）

　精神病にも数多くの異なった形態がある以上，そのすべてに処方箋を出すことは不可能である。それでも私としては，いわゆる前精神病と，妄想によって特徴づけられる精神病の間のある種の中間的な段階と思われることについて手短に検討しておきたいと思う。この段階については，私も自分の実践や他人のスーパーヴァイズといった数多くの機会に眼にしてきたが，この段階では，精神病者の意味体系の裂け目は，説明手段として使われている特定の用語によってふさがれている（この「中間的な段階」はラカンが「サントーム」と呼んだものによって理解できることを後に見よう）。私がよく知っている諸事例では，その用語は主体が探し求めていたというよりは，主体を注意欠陥障害 ADD と診断したメンタルヘルスの専門家によってもたらされ，たまたま出くわしたのである。注意欠陥障害（あるいは注意欠陥・多動性障害 ADHD）という用語は説明手段として，つまり，こうした主体たちの宇宙のすべてを説明するものとして，すぐに彼らのために利用されるようになった。なぜ彼らが寝転がったような仕方で彼らは寝転がったのか，なぜ物事は彼らがやったように起きたのか，そしてなぜ彼らはこの世界にある一定の場所を占めているのか。こうしたことがこの用語によって説明されるのである。ある事例では，このレッテルは主体に実存的なプロジェクトや人生の使命さえもたらした。すなわち，その事例は，同じ診断を受けた他の人々を助け，自分のような他の人々の利益と権利のためにロビー活動をしたのだった。治療者の意図がこうした主体が自分の世界観に空いた穴をふさぐのを助けようというものではなかったのは確かだが，現代の「科学的」言説によってもたらされる意味ある素材は，主体が自分の世界に与えた意味という織物に織り込まれ，ある一定の安定性をもたらし，信念体系を安定させる。

　こうした主体に出会ったとき，臨床家は欲求不満を感じやすい。彼らは自分たちが治療しているのは神経症者で，万事を説明してくれ，窮地を救ってくれるレッテルにすがっているにすぎず，自分の人生に起きていることの責任から逃れようとしているのだと信じていることが多い。もちろんこうしたことは時にはあるが，この主体の世界観の特殊な要素に性急に疑いを差し挟まないよう注意しなければならない。その要素が深淵を覆っている要素，個人史に開いた

穴を覆っている要素かもしれないからである。有害な投薬やその他の極悪な形態の治療に従うよう人を誘導するものでない限り、この「穴埋め」となる説明原理は精神病の主体には十分役に立つだろうし、治療者はそれを過小評価するべきではない。ジョルジュは、自分は平凡な抑うつという問題に苦しんでいると思い込んでいる若い男から、ただ単に父親にそう納得させてほしいと相談を受けたことについて報告している（Georges, 1997, pp. 39-47）。ジョルジュはこの男の確信を問題にしたいという誘惑に駆られてはいるが、すぐにそれを考え直した。それはその他の点で精神病の臨床像であったからであり、**抑うつ**という用語によって世界の中の認識可能な場所がこの若い男に与えられ、彼がこの世界に根づいていると思われたからである。[234]

「境界例」

> 理論のレベルで私が関わらなければならない無意識は、分析家の抵抗によって擬人化した無意識であることは認めなければなりません。実際、フロイト以降の精神分析の展開（時間的な意味で）は、無意識を大部分拒絶したことの帰結なのです。
>
> ——ラカン（Lacan, 1969b）

ラカン派の基準に従えば前精神病と見なされる人たちの中には、現代の精神分析の言い方では「境界例」（ないし「自己愛性」〔人格障害〕）とみなされる人もあるだろう[235]。しかし、神経症と精神病は抑圧の在り・無し（より厳密にラカン用語で言えば、神経症は抑圧によって定義され、精神病は排除によって定義される）で区別されるという見方をとり、さらに抑圧がオールオアナッシング（起きたか起きないか）の現象であることを認めるのであれば、神経症と精

---

[234] ここでの教訓は、私たちがある人物の症状とみなすものを行き当たりばったり取り除いたりしないよう注意しなければいけないということである。それはおそらく、その人にとって現実的なもの、象徴的なもの、想像的なものを一つにまとめているサントーム（これについては後に論じる）だろう。この例は、治療で症状を取り除くことを治療の第一目標とすることがどれだけばかげているかを示唆している。

[235] ラカン派の基準によれば神経症と考えられる人々（特にヒステリー者）が、こんにちの精神分析の用語では「境界例」とみなされることもよくある。

神病の間に純粋な境界領域はあり得ない。既に述べたように，正確な診断を確実に決定するのがかなり困難になるときがあるが，二つの診断の間でためらい揺れ動くのは治療者であって，分析主体のほうではない。

いくつかの理論的なアプローチでは，患者が精神病的になりつつあるとか，おそらくもはや精神病的ではないという意味で「寛解」しつつあるとかいう言い方は普通である。また別の派では，「人格の精神病的な部分と非精神病的な部分」について語ることは異例なことではない（Bion, 1957, p. 269）〔五九頁〕。**しかしラカン派の伝統では，神経症と精神病の間には連続性はなく，むしろ鋭い断絶がある**——ひとつの人生の異なった時点で，神経症と精神病の間の境界線を行ったり来たりすることもない。

現代の心理学的，精神分析的，精神医学的な考え方の多くは，「成熟した防衛」と対照的な「原初的防衛」を使っているかどうかによって患者を分類する方向に動いてきている（この方向がかなりはっきりしてきたため，DSM-IV の著者たちもうわさによると DSM-V では診断図式に，防衛機制をカバーする第五軸を付け加えることを検討しているという。Millon & Davis, 2000, p. 25）。しかし私は，防衛機制を神経症と精神病というより広い構造的な見出しのもとに包摂するほうが理にかなっていると提案したい。抑圧は，神経症者が使う，長々としたリストにあるその他多くの長い防衛の中の一つの防衛機構にすぎないとみなすべきではない。むしろ，そうした防衛（否認，置き換え，情動の孤立化，妥協形成，省略，転換，自己への振り替え，反動形成，情動の抑

---

[236] 私がここで述べていることはフロイトの推奨することとは相反していることに注目していただきたい。フロイトは，抑圧とは他の多くの防衛の中の一つにすぎないとみるよう奨めている（Freud, 1926/1959, p. 163）〔全集第一九巻，九一頁〕——なお，これは彼が長い間抱いていた，抑圧は他のさまざまな防衛機制よりもはるかに重要であるという見方を比較的後年になってからひっくり返した見方である。アンナ・フロイトは父親のたった一度の単発的な発言を取り上げて，それを防衛の一貫した「時系列的分類」をつくるよう勧めているのだとみなした。不幸にも，そのため今もなおさまざまな結果が生まれている。しかし銘記すべきは，フロイトがこの発言の文脈でも，診断と防衛の連続的系列をつくったのではなく，むしろ「自我とエスがはっきり区別される以前，そして超自我の形成以前には，精神装置はそうした組織化の段階以後に行使するものとは異なる防衛方法を利用する」という仮説を立てている点である（Freud, 1926/1959, p. 164）〔全集第一九巻，九三頁〕。言い換えれば，フロイトは原抑圧を経た自我の形成に先立って用いられる可能性のある防衛一式（これは原抑圧の不在下で，つまり精神病では継続して使われるだろう）と，原抑圧を前提とする別の防衛一式とを仮定している。

制，取り消し）を可能にする条件だと見なすべきである。[237]

　フロイトはその初期の論文の一つでこう述べている。抑圧を経ることで観念はそれに伴う情動から切り離され，情動は別の観念に置き換えられるか（強迫神経症の場合），あるいは身体症状に転換される（ヒステリーの場合）。さらに続けてフロイトは，こうしてこの観念は実質的に「弱められ」「すべての観念連合から分離される」（Freud, 1894/1966, p. 52）〔全集第一巻，四〇〇頁〕とも述べている。これは，この観念が「第二の心理的集団」（p. 55）〔全集第一巻，四〇四頁〕の一部となった，言い換えれば，無意識的になったということである。こうした観念と情動の変形（大雑把に言うとそれぞれ，置き換え，転換，分離に対応する）はいずれも，フロイトが「原抑圧」（Freud, 1914b/1957, p. 148）〔全集第一四巻，一九七頁〕と呼ぶ働きを通して無意識が既に成立していないと一切不可能だろう。それらを抑圧と同一視することは，厳密に言えばできないが，原抑圧が生じていない主体にはそれらが生じることはない。それらのどれ一つとして，原抑圧が生じていない精神病では可能ではない。フロイトは verwirft 排除という言葉を 1894 年以来使い（ラカンはそれを当初は「拒絶された rejected」と，のちに「排除された foreclosed」と訳した），一つの観念を**抹消されたもの**と特徴づけて，置き換えや身体症状への転換，他の諸観念からの分離と対立させている。こうした抹消が起こると，人は「そうした観念が［自分には］まったく到来しなかったかのように振舞う」（p. 58）〔全集第一巻，四〇八頁〕。こうした事例では，原抑圧を通じた無意識の創造は起こらず，したがって神経症者が使えるような防衛は機能しない。以上の理論的観点から，グレーゾーンや境界領域は一切介在しない二者択一——原抑圧か排除か——が導かれる。[238][239]

---

[237] 第 1 章で指摘したように，これらの多くは修辞学の用語に対応している。置き換えは換喩に，省略は省略法に，などのように。

[238] それぞれの防衛がすべて神経症と精神病のどちらかにきれいに区分されるということではない。たとえば投射はどちらのグループでも生じる。

[239] 以前の注で私が提案した考え方にそって言えば，この二者択一の見方を拒否することによって，精神分析は倒錯的（精神病的ではないとしても）論理を優先させて神経症的論理を避けていることを銘記していただきたい。

サントーム

> 精神病の場合，ほとんど常になすべきは，一つの結び目の結びが危うくなっている［三つの次元を］一つに結びあわせることである。それにより，主体がそうした危険な目に遭いそうなとき，それらがほどけてしまうのを防いだり，発症した成人精神病の場合のように，以前の結び目がほどけてきたところを結び直す手助けをするのである。
>
> ——ノミネ（Nominé, 2005, p. 198）

ラカンはその晩年（ほぼ 1973 年から 1981 年）の著作で，神経症と精神病に対して，やや異なった仕方でアプローチしている。精神病では純粋に象徴的な次元は存在しない，それゆえ機能している無意識も存在しないと言うのではなく，むしろ，三つの次元——想像的なもの，象徴的なもの，現実的なもの——が精神病でも一般的には存在しているが，神経症の場合のように一つに結ばれておらず，また神経症で機能しているような形では同時に機能していない，と述べている。[240] かなり単純化すれば，これら三つの次元は神経症ではある種の結び目ができていて堅固に一つに結ばれている——この結び目をフロイトはエディプス・コンプレクスと呼び，ラカンはそれを「父性隠喩」として一般化している。この結び目が作られる仕方が常に適切というわけではなく，そのため，神経症者に対してありとあらゆる問題がもたらされるだろうが，結び目は安定しており，最善の場合，その不適切な影響は分析を通じてほとんど軽減できる。[241]

---

[240] しかしラカンは，統合失調症では，象徴的なものはすべて現実的であると示唆している。統合失調症では，潜在的にでも一つに結ばれているかもしれない三つの次元は本当の意味では存在していない。

[241] この点に関するラカンの当初の説明は（Lacan, 1973-1974, 1973 年 12 月 11 日），私のここでの説明よりもいくぶんかニュアンスに富んでいる。彼の主張によれば，正常な人々（彼が**正常 normal** という語を使っている非常に稀なケースの一つである）にとっては，想像的なもの，象徴的なもの，そして現実的なものという次元は，そのうちの一つが切断ないし削除されれば，残りの二つも一緒に引っ掛かってはいない。他方，神経症者では，そのうちの一つが切断ないし削除されると，残りの二つは互いに引っ掛かっている。それを彼はこう述べている。「最良の場合，このヒモの環［この三つの次元に対応する］の一つが失われれば，狂うに違いありません。……正常なる

他方，精神病では，決して想像的なもの，象徴的なもの，現実的なものは，エディプス・コンプレックス（理論的に言えば，これは精神病では，とにかく完全な形では発生しない）を通じて，ひとつに結ばれてはいない。ある程度の年齢になるまで精神病がそのものとしてはっきり現れてこない事例では，この三つの次元は何らかの違う形，ある意味で「非標準的」な結び目（エディプス・コンプレックスという観点から見て「非標準的」）によって，離れないでまとまっている。精神病が発症するとこの結び目がほどけてしまう。結局のところ，この三つの異なった次元はある程度の範囲にわたるやり方でまとめることができるのであり，それは私たちが非常に多様な精神病の事例を通じて，不安定化ないし発症に導いた出来事を検討する際に理解できる。たとえば，精神病者が家族の中で特定の役割を果たすことを可能にし，その身体が精神病者の享楽の境界として機能していたパートナーを喪失したとか，あるいは何らかのアクシデントで芸術その他の創造的活動に従事できなくなったとか，さらには精神病者に人生の目的をもたらしていた仕事を失ったとか，そういったものである。これらどの場合でも，溯及的に，主体がその身体のイメージと言語活動，そして享楽とを協働させることを可能にしていたものが，エディプス・コンプレックス（父性隠喩）ではなく，むしろそれぞれ生活のパートナー，芸術への努力，特定の職業や活動であった，という仮説が立てられる。

この三つの次元が，神経症者でそうなりがちなように，一緒に協働しなかったとき，それはどのような様相を呈するのだろうか？[242] ラカン（Lacan,

---

ものがあるとすると，この次元の一つが何らかの理由で外れたとき，本当の意味で狂うに違いありません」。しかし，彼が神経症に関して 1970 年代に最も繰り返し述べていたコメントはこうである。想像的なもの，象徴的なもの，現実的なものが互いに交差している（つまり互いに連結し合ったままでいる）のは，それらが持続的な仕方で一つに結ばれているからである。その仕方は分析の終結時でも症状的なものであり，そのため症状がなくなるような地点にまで到達することは決してない。しかしだからといって，このことは，やっかいな症状がなくなる地点にたどり着くこともないという意味ではない。

242 こうした問題が，たとえば，身体，中枢神経システム，そして本能が人間存在に最初の，そしてある意味で自動的な統一性をもたらすとしたボウルビー（Bowlby, 1982）のような論者において浮上した気配さえなかったことは特記されてよい。しかし，自分の身体が協調的に機能しない人々——たとえば足は歩いているが腕や胴はそれに伴っていないとか，懸命に排便しようとしているのに顔にはその気配も感じられないというような（Bettleheim, 1967 を参照）——に私たちは出会っており，それゆえ，どうして，ごく部分的にしか統合されていなくとも自己感覚や身体機能を持つことが，ある症例で実現され，他の症例では実現しないのか，その理由を説明しなければな

2005b)によれば，ジェイムズ・ジョイスの『若い芸術家の肖像』(Joyce, 1916/1964)の登場人物スティーブン・ディーダラス（大部分ジョイス本人をモデルにしている）を見れば，エディプス・コンプレクスによって規定される仕方でそれらを協働させることに失敗した例をおおよそ理解できるという。スティーブンはあるときバイロンは史上最高の詩人であると言い出したことでクラスメイトからばかにされ，それを撤回しなかったので少々手荒く殴られる。おかしなことに，彼は突然「自分をいじめた連中に何の恨みも感じない……まるで柔らかに熟した果物の皮がくるりとむけるように，何かの力で，あの突然絡みついた怒りがあっさりはぎとられてしまうのを感じたのだった」(p. 82)〔一五四頁〕。スティーブンは単にマゾヒスティックなのだ——つまり，おそらく彼はクラスメイトから痛めつけられることを享楽していた——と推測するのではなく，ラカンはむしろ次のように示唆している (Lacan, 2005b, pp. 148-150)。スティーブンは自分の身体との普通ではない関係を表現している，一般にはある程度長く持続する身体感覚として感じられるだろう怒りが，そうではなくバナナの皮のようにむけてしまっているというのだから，と。アドレナリン全開で興奮して動き回るのではなく，怒りを沸騰させるのでもなく，スティーブンはむしろ「突然絡みついた怒り」をヘビの脱皮のように脱ぎ捨てるのだ——だがそこには赦しのような超越的な考え（たとえば「父よ，彼らを許し給え，彼らは為すところを知らざればなり」）は一切なく，またそのうちに仕返しをしてやろうという確固とした決意（つまり象徴的な行動計画の作成）もない。むしろそれは，ぶちのめされたことが彼の存在の核には何にせよ届いていないかのようである。たいていの人間が被るような影響を，彼は受けていないのである。スティーブンの身体——ここでは，想像的なものがまず何よりも身体とその境界のイメージ（視覚的，触覚的，聴覚的など）に関わる限りで，想像的次元と関連する身体——，それが根本的に彼に結びついていないと思われる。彼は，自分の身体が攻撃されれば人としての自分が脅かされるのだということを感じているようには見えない。苦痛から，何らかの認識できない無意識的な享楽を感じているというようにも見えない。彼はどう見ても，自分がかなり不当に扱われているとか暴行されているとも感じていないよ

らないのは明らかだと思われる。ラカンによる最初の試みは「鏡像段階」を通じてなされた (Lacan, 2006, pp. 93-100)〔第一巻，一二三-一三四頁〕。

うだし，この出来事を恨みに思っているようにも見えない。

　ラカンによれば，想像的な領域と象徴的，現実的領域との間の連結の欠如が精神病の原因であり，多くの事例で離人化や脱身体体験などをもたらすのである（とはいえ，これらを切り離して精神病の「サイン」だとみなすべきではない。神経症でも生じるからである[243]）。単純化して言うと，ジョイスは執筆活動とそれによって自ら挙げた名によって想像的なものが象徴的なものや現実的なものから完全に分離しないようにしている，とラカンは言っている。この意味で，ジョイスの執筆活動はラカンが「サントーム sinthome」（「症状 symptom」の古いフランス語のスペルである）と呼ぶもの――ジョイスにとってエディプス・コンプレクスの場を占めている症状や結び目――として貢献しており，それによってジョイスはほとんど文字通りの意味で体と心を一緒にしておくことができるのである[244]。

　ジョイスのサントームは特に頑強に思われ，精神分析の助けは必要なかった。想像的なもの，象徴的なもの，そして現実的なものが，私たちが通常エディプス・コンプレクスと呼ぶものでひとつにまとめられていない他の人々がいつもそう幸運であるとは限らない。ある時点で個人でサントームを見つけたり構築できたかもしれないが，その個人が体と心を一つにしておくための解決策による安定が脅かされる，ある種の生活環境のプレッシャーのもとでは，そのサントームが崩れたり，ほどけ始めたりする。こうした事例での分析家の目

---

[243] デフューが報告する事例では（Deffieux, pp. 16-17），患者はデフューに，自分は 8 歳のときに見知らぬ人に待ち伏せされ，ひどく殴られた上，明らかにペニスを切り落とすとしてナイフを突きつけられたと語っている。この患者はデフューに「痛いかどうかも分からない」と述べた。デフューが後になってこの患者に，そのときの様子を思い出す限り細かく話すように尋ねると，患者は気落ちしたように言った。「そのとき私は小さな男の子を見ました。それは私でした。それから私は逃げました」（物理的にではなく精神的に）（pp. 17-18）。このような状況下で，自分の身体から切り離される，あるいは逃げるという傾向は，一般には精神病と関連づけられている。たとえば，男性の場合，勃起という形で性的興奮に直面すると（通常以上に）完全に狼狽してしまう傾向となって現れる。彼らはそこに結びつけるべき意味を見出せないからである（たとえば Castanet, 1997, p. 25 を参照）。

[244] **有名な**芸術家になることでジョイスがどうにかやり遂げたこと，それは「自分自身の名の父になることだった。それは隠喩ではないボタン綴じであるが，それでもエディプス・コンプレクスを避けると同時に，それを補填するようなボタン綴じなのである」（Soler, 2002, p. 209）。ラカンによれば，こうしてどうにかジョイスは自分の自我を強固にしたのである。ソレルによれば，これがまさに語の最も強い意味での安定化の定義である。これは精神病者のトラブルの単純な改善とは対立する意味を持つ。

標は，分析主体が以前の安定性を取り戻す手伝いをしたり，同じか多少違う種類の安定をもたらす新たな状況を見つける手助けをすることである。

　ある種の事例——たとえば分析主体の以前の安定が，亡くなった子どもや生活のパートナーとの親密な関係によって維持されていた場合——では，元に戻すことは不可能だろうし，何か関連したものやまったく新しいものを見つけなければいけない。また別種の事例では，いくつかの障害を取り除ければ元に戻すことが可能かもしれない。さらにまた別種の事例では，「［分析主体によって作られた］宇宙の新秩序の保証人たろうと分析家が意図し続けられれば，分析という契約自体が主体にとってサントームを構築し得る。それこそまさに主体が期待することである。つまり分析家が証人になってくれること，この秩序を保証してくれることである」(Kizer et al., 1988, p. 146)。前に示したように，これは，分析家の側がある種の精神病の分析主体と生涯にわたる契約を持つことを肯定的に論じたものである。こうした事例には，分析が内的には必然的な終結を持たない構造的な理由があるからである。

一般化されたクッション綴じ

　　われわれが思う以上に，多くの場合，特に病的に思われることもなく，静かな妄想的隠喩が人生，思考，行動，それに主体と他者との紐帯を導いているのである。
　　　　　　　　　　　　　　　　　　——デフュー（Deffieux, 1997, p. 19）

　本節では，私は1950年代から1970年代にかけてラカンが精神病を定式化した際の背景にあったいくつかの理論を非常に圧縮して説明していこうと思うが，オードブル以上のものではないと思っていただきたい。私が期待しているのはただ，ここでの議論が読者にインスピレーションを与え，その結果ラカンがこの主題を扱ったさまざまなテキストにいっそう目を通してくれることである。

　ラカンは1970年代にその「精神病理学」を再定式化する過程で，私たちは皆——精神病にせよ神経症にせよ——ある特定の症状的な仕方で一つにまと

められている，「一つの結び目を作っている」「一つに縫い合わされている」と，本質的な仮説を立てている。私たちの多くを一つにまとめている結び目や縫い目という類型はエディプス・コンプレクスに関係するものであるとはいえ，別種の縫い目もまた存在する（この再定式化は特殊相対性理論から一般相対性理論への移行と類似しており，神経症にあるものが精神病には欠如していると見なす「欠損モデル」からの移行を示すものと言えるかもしれない）。非常に興味深いことに，1950年代のラカンは，フロイトのエディプス・コンプレクスを父性隠喩として再定式化する際に，既に結び目や縫い目という領域から隠喩を使っている（「ボタン綴じ」）。父性隠喩において，父親は，子どもの母への欲望，母の子どもへの欲望を抑制し，母の欠如や欲望を父親に関係したものとして名づけるのである（母親は，子どもが母親に与えられないものを，父親に対して望むのである）。ラカンによれば，父性隠喩は身体の享楽の喪失と名とを永久に結ぶものである——つまり，子どもが母親との密接な接触を喪失したことと「父の名」（子どもを超えたところにある，母の求める何かの名としての父であり，また母に欠如しているものに対して父が与えた名でもある）とを一つに結びあわせるのである。[245]

ラカンは言語活動と享楽の喪失体験との間にあるこの最初の分解できない連結のことを，「ボタン綴じ」（フランス語では **point de capiton クッションの綴じ目**；Lacan, 2006, p. 805）〔第三巻，三一三頁〕と呼んでいる。ボタン綴じとは，椅子の張り替え職人が家具の詰め物とカバーの生地とがずれないようにするために使う一種の縫い目や結び目のことである。張り替え職人は生地と詰め物を縫う糸にボタンを付け，**互いの関係を**固定するのである。だがこのとき，生地や詰め物は家具の構造部（たとえば枠）に固定されている必要はない。[246] ラカンが1970年代に詳説した理論の観点から見ると，私たちはこのボタ

---

[245] 本書では，「父の名」や「父性隠喩」といったラカンの用語の使用が持つ広義の社会的，政治的含意に取り組むつもりはない。それは別の著作で既に行っている（Fink, 1997, 第7章）。ここで最も重要と私に思われるのは，両親を超えているものが持つ構造である。**その名の下に**両親は子どもに何かの要求をするのであり，**またその名の下に**子どもも両親もある一定の犠牲を払うのである。

[246] ラカンは，このことを明確にソシュール言語学におけるシニフィアンとシニフィエの連結と関連づけている。この連結にはいかなる指示対象も含まれていない。リチャーズとオグデンはソシュールのこの点を批判し，指示対象を含む三項的アプローチを言語学に導入したのである（Richards & Ogden, 1923/1945）。以下を参照。Lacan, 2006, pp. 271, 351, 498, 836〔第一巻，三七〇頁；第二

ン綴じが既にある意味で，ひとつのサントームであるといえる。というのも，それは言語活動（象徴的なもの），身体（想像的なもの），享楽（現実的なもの）を結びあわせる縫い目ないし結び目だからである。父性隠喩によって構成されたボタン綴じは，それゆえその他多くの中の一つのあり得る縫い目にすぎないと考えられる。[247]

こうしてサントームはクッション綴じ capitonnage（キルティング，留め具，縫い目，ボタン付け，あるいは結びあわせ）という概念の連続ないし拡張としても理解できる。それはラカンがセミネール第5巻を皮切りに発展させ，1960年に書いていることである（『フロイト的無意識における主体の壊乱と欲望の弁証法』。Lacan, 2006, pp. 804-819）〔第三巻，三一一-三三二頁〕。**クッション綴じ**という概念は，意味がどのように作られるかについての彼の基本的な洞察がもとになりでき上がっていったものである。ある文の始まりだけでは意味は生まれず，その文の終わりまで読んだり聞いて初めて意味がもたらされるよ

巻，三六頁；第二巻，二四五頁；第三巻，三五九頁〕。
[247] ほとんど誰もがサントームを持つ，そしてエディプス・コンプレクス（ないし父性隠喩）はその中の一つのサントームにすぎないが，サントームの中でも特に丈夫な形態を持つ，というふうに定式化できるかもしれない。あるいはミレールのように，父の名とサントームという，二種類のボタン綴じ（ないし縫い目）があるのだと言えるかもしれない（IRMA, 1997, p. 156）。

あるいは，ラカンが神経症症状の「隠喩構造」と呼ぶもの（たとえば，神経症者は自分が父親に激怒していることを意識しているが，その父親は一種の置き換えによる隠喩によって母親と置き換わっているのであり，その怒りの無意識的な意味は母親と関連していると思われる，といった）を精神病の「症状」も含めるような仕方で一般化して，症状という術語を拡大解釈してみることもできるかもしれない。そのためには，精神病的「症状」を置き換えによる隠喩として解釈することが必要となろう。この隠喩によって，子どもを呑み込んだり破壊するという母親の欲望として受け止められたものに，妄想が置き換わるのである。

父親への怒り	妄想
母親への怒り	《母親》の欲望

この場合，難しいのは，精神病的「症状」は必ずしも隠喩の形態をとらないという点である（おそらくパラノイアの場合に最も多く見られ，その他の形態の精神病の場合はそれほど多くはない）。それゆえ，神経症の症状と精神病のサントームとを区別したり，サントームをより一般的なカテゴリとして用い，置換による隠喩（父性隠喩のような）をサントームの可能な一形態としておくことは，依然として価値がある。

ミレールもまた，サントームをより包括的な用語として考えることを提案しており，神経症の場合は症状と根源的幻想の両方がそこに含まれることを示唆している（Miller, 1998, p. 16）。

うに，人生のある時点で起こる出来事も後になって初めて，意味を持ったり，意味をなすのである（Fink, 2004, pp. 88-91 を参照）。実際，神経症者との精神分析の作業の肝要な部分には，ある人物の過去の危機的な瞬間を検証し，それをそれほど危機的にしたのは何だったのか，いやむしろ，それを大きなターニングポイントにしたものは何かを理解しようとすることが含まれている。多くの場合，入りくんだリビードの関わり具合に注意しながら，分析の過程のさまざまな機会に，繰り返し一つの特定の出来事に立ち戻ることも必要となる。

　分析主体が繰り返し立ち戻る出来事の種類は，その傾向も発生した年齢もかなりさまざまである。私の担当したある事例では，それは母親のヒステリー的な光景であった。母親は幼い自分の子どもの養育権を取り戻した直後，世間，特に男たちが自分をどう扱ったかについてひどく泣き叫んだのである。この光景の後，彼女の子どもである分析主体は決してそれまでと同じようではいられなかった。この光景以来，彼女は多くの不可解で込み入った選択をしてきたのである。この光景は分析でようやく何年もかけて明らかになり再構築された。別な事例では，母親が急逝し，父親がほとんど即座に再婚したことで，成人していた子どもはそのときまでの家族の礎を全面的に問い直すこととなった。本当に父はこれまで母を愛していたのか？　子どもたちは本当に父に望まれていたのか？　父親のリビードが突如復活し，そのことによって子どものリビードに混乱が生じ，そしてこのことが，分析主体が「乗り切ろう」とする中で繰り返し立ち戻る大きな出来事となったのである。

　また別の事例として，ほとんど自殺のようなアルコール中毒という出来事があった。分析主体にとって，それは当初は酔っぱらうというのはどういうことか，ためしにやってみようといった程度のことだった。しかしすぐに明らかになったことだが，ある連載コミックに出てくる父親的な人物像との強い同一化があったのである。それはまた，分析主体自身のアルコール中毒の父親との同一化でもあった。その後，分析主体と母親との葛藤がテーマとなり，もし自分自身の命を犠牲にする必要があったとしてもそのとき，自分は母親から必ず何かを奪おうとしているということが分かってきた。それから後にこの出来事の意味として，分析主体が父親に対しても非難したものだろうということになった。分析主体と家族のメンバーとの間に起きていた葛藤は，次第に焦点が絞られていき，最初の出来事や状況（これを S_1 と呼ぼう）について，ここまで分

析で考え抜かれてきたもの（言い換えれば後年の出来事ないし事件によってであるが，それをここでは S_2 と呼ぼう）をもとにして一連の意味全体が与えられたのである——この意味は必ずしも互いに打ち消し合うわけでも矛盾し合うわけでもなく，それぞれがパズルのピースのようになっているのである。神経症者の分析主体はこのやり方で溯及的に早期の出来事の意味を結びあわせたり固定しようとする。それは事件の数年後，あるいは数十年後でさえあるかもしれない。こうした読み替えは，束の間だけでも意味を綴じあわせる capitonner ことに役立つし，読み替えによっては他のものより長期にわたり意味を結びあわせるものもある。この作業は，一つの解釈（語やシニフィアンによって表現される）が別の解釈のあった場におかれ，新しい解釈が古い解釈のあった場におかれるという意味で，置換による隠喩の構造を持っていることを銘記されたい。

　保存された新しい意味のそれぞれが，一種の錨として機能し（一時的，臨時的なものでしかなかったとしても），分析主体にとっては意味の領域と経験をひとつに結ぶものとなる。そしてこれらの新たな意味はそれぞれ，ラカンが「父性隠喩」と呼ぶ主要な錨のように構造化される（父の名が母の欲望および／ないし子どもの母への欲望の場所に置かれる。以下を参照。Lacan, 2006, p. 557）〔第二巻，三二一-三二二頁〕。父性隠喩によって構成された最初のボタン綴じがひとたびその場所に置かれると，その他の安定した意味（つまりその他のボタン綴じ）も，必要とあれば分析の作業を通じて確立され，再確立される。この意味のそれぞれが分析主体の無意識に影響を与える。ラカンはこの分析主体を $\cancel{S}$ と表記している（主体を表す S が意識と無意識によって分割されていることを示している。ラカンはそれを「斜線を引かれた主体」と呼ぶことが多い）。

　この非常に圧縮した議論によって，私は，ラカンが意味作用そのものの基本構造とみなしていたもののほとんどすべての要素（「マテーム」として知られている）をまとめることができた。この意味作用は精神病においてではなく，神経症においてはっきりと機能する。

$$\frac{S_1}{\cancel{S}} \quad \rightarrow \quad \frac{S_2}{a}$$

この定式の詳細全体に踏み込むことはしないが，底辺に見える両項，すなわち斜線を引かれた主体と対象 a は何らかの固定性，あるいは固着にも関係するものである，と簡単に述べておきたい。斜線を引かれた主体の場合が意味の固定性なら，対象 a の場合は主体の欲望の固着である。対象 a はラカンの用語であり，人の欲望を最初に引き起こしたもの，最も根本的に人の欲望を引き起こすもの（人の欲望がたまたま出くわす，この世界に過剰にあふれる具体的な対象とは対照をなす）を表す。神経症者の欲望の原因は，ラカンによれば，説明するのは非常に困難かもしれないが，一般的に言えばかなり特別のものである。対象 a の例としては，特別なやり方で見られること（「眼差し」），特別なトーンや音色の声，乳房等々といったものがある。ここでの本質的な考えは，神経症者の欲望はあるひとつの特別な対象（眼差しのように，質的に見ればはっきりした対象らしくないものであっても）によって引き起こされるのであり，それ以外のものが引き起こすことは稀である，ということである。

意味作用の基本構造には，神経症で成立しているものについては，意味の固定性と欲望の固着の両方がある。意味の固定性については，ある人物が誰で何であるのかの限定——言い換えれば，精神分析で言う意味での去勢——が含意されているし，欲望の固着には享楽の限定が含意される。つまり，無限定の束縛されないコントロールできない享楽ではないということである。

精神病では，私たちはこうした固定性ないし固着を見つけられないことが多い。精神分析家が軽蔑的な意味で「ナルシシズム」（「自己愛性人格障害」と言うときのように）や「誇大妄想」と呼ぶものは，**限定の欠如 lack of limitation** として考えたほうがより理解できる。というのも精神病では，最初のボタン綴じがまったく作られておらず——父性隠喩は成立していない，つまりエディプス化が起こっていない——，それはつまり，経験と意味の領域の間に明確なシニフィアンの連結も一切できていないことを意味する。精神病者との分析作業では，私たちは彼らが同じ出来事に繰り返し立ち戻り，そのつど新しい意味を与え，それが経験の他の側面を豊かにするという様子を目にするこ

---

[248] ラカン（Lacan, 2007）はこの定式をやがて「主人の語らい」と呼ぶようになった。この点についての議論はフィンク（Fink, 1995, 第 9 章）およびフィンク（Fink, 2004, 第 5 章）で参照できるが，私はそこでこの語らいと，ボタン綴じに基づいている，ラカンの「欲望のグラフ」との平行関係を論じている。

とがない。そこからは，早期の出来事の意味を遡及的に結ぶであろう S_2（先に描いた意味作用の基本構造の図に，S_2 から S_1 に向かう後ろ向きの矢印があると想像してみてほしい）が発生できず，古い解釈に代わる新しい解釈も発生できず，それゆえ置き換えによって隠喩を構成することもないのである。彼らが分節化できるものは，ただ単に一連の新しい出来事（いわば一連の S_1 である）だけであり，そのどれもが他とは独立に機能しているように思われる。またそのどれもが「閉じた意味作用」——つまり一時的にその意味作用を固定すること——のような仕方で遡及的に以前の出来事に影響を与える，ということもない。一方，神経症者の場合は，新しい解釈が以前無意識だったものを打つ（見つける）限り，分析の過程で新しい S_2 が生み出されて，意識と無意識に分割された主体にとって重要なインパクトがもたらされる（Soler, 2002, pp. 95-96）。

　それに対して，精神病では，観念の流れや運動をある特定の時点で止めることが困難なことが多い——何らかの適切な場所（S_2），セッションに区切りを入れるポイント（第4章で述べたような）となるような何らかの特別な意味の産出を見出すのが難しいのである。実際，躁病で私たちが見出すのは，しばしば「連合弛緩」や「観念奔逸」と呼ばれているもの，つまり，遡及的にピン留めすることや，精神病者が満足できるような（jouis-sens〔意味に聴従し享楽する〕）何らかの特定の意味の範囲にとどめておくことが不可能だと思われる発話の運動である。この能力の欠如は，精神医学では時として「思考障害」という，私に言わせれば何でも入る籠のようなカテゴリの枠内に包摂されるものである。この点については，意味生成の構造自体によってきちんと明確にする必要がある。精神病者の分析主体の過去の苦痛な出来事から，それに付着している病的な享楽を抜きとることは可能なように思われるが，その意味を固定することははるかに困難である。分析主体の享楽を固定したり限定することも同様であり，というのも，いったん精神病を発症すると，その時点で分析主体の「身体は取り囲まれ，語ることも解読することもできない享楽によって攻撃され，あちこち横切られるからである。神経症の場合は，むしろ身体は砂漠のよ

---

249 もちろん，ある一つの特定の意味は妄想的隠喩によってもたらされる。
250 S_2 をもたらすことができない，それゆえ閉じた意味作用も提供できない，こういったことは，ビオンが「連結への攻撃」と呼んだものと関連しているだろう（Bion, 1959）。

うに荒涼としているのだが」(Soler, 2002, p. 113)[251]。

　対象 a は，これも先に提示した意味作用の基本構造の下部に現れているが，神経症者にとっては享楽を持続的，永続的な仕方で局在化するものとなっている——実際，享楽を経験する他の方法がないかのように，神経症者は自分の幻想以外では，自分が望むような声のトーンで話しかけたり，自分が望むような見方で見てくれそうな相手は誰も見つからないと不満を言う場合が多い。一方，精神病では，対象 a は同じようなやり方では機能しておらず，症状が出ているときには，精神病者の享楽を局在化し制限することは不可能ではないにしても困難である[252]。こうして，精神病者は多くの場合，「不愉快な器官」つまり享楽に侵入されるようになったものとして経験している身体の諸部分を切断したり切り離したりすることで，自身の享楽を局在化，制限しようとするようになる。ミレール（IRMA, 1997, p. 222）はそれを次のように述べている。「去勢が象徴化されていないとき，それは現実的なものにおいて遂行されることを求める」。このミレールの発言が示唆するのは，私たち治療者はこんにち身体を切ったり自己切断をしたりするケースを非常に多く目にしているが，それは，「象徴的去勢」が生じ得なかったとき，一種の「現実的去勢」（物理的去勢）を実行しようという精神病者の試みをおそらく反映しているということである。

　分析家の目標は当然のことながら，精神病者が自分を切り刻んだりすることなく，自己の享楽を制限し画定することを助けることであり，さらには発症期に起こりかねない，安定した意味のすべてが一瞬で排出されてしまうような事

251　これは特に統合失調症において当てはまる。統合失調症では享楽が身体に侵入するからである。パラノイアでは，主体は多くの場合，《他者》の享楽に同一化する（つまり，他の誰かが大喜びで自分をむさぼり殺すと考えるのである）。

252　神経症では，対象 a はラカンが「$-\phi$」と表記した，去勢に関連するものを伴うのに対し（Lacan, 2006, pp. 823-826）〔第三巻，三三七-三四一頁〕，「精神病では，$-\phi$ が対象 a に包含されてしまっていることが問題なのである……精神病でも何かを差し引くという装いのもとで去勢が求められているが，それが象徴的な領域では達成されないがゆえに，絶えず現実的なものにおいて繰り返される」(Miller, in IRMA, 1997, p. 227)。

　躁病についてはラカンは次のようにコメントしている。「躁病では……問題なのは対象 a が機能していないことであって，単にそれが誤認されているということではない。ここでは主体はいかなる対象 a によっても安定化させられておらず，主体は純粋で無限でこっけいなメトニミーというシニフィアンの連鎖に引き渡されているということであり，そこから解放される可能性をまったく持たないことも多い」(Lacan, 2004, p. 388)。

態にストップをかけるやり方を見つける手助けをすることである。しかし，精神病者は，先に示した意味作用の基本構造の枠内で機能してはいないので，制限や意味は神経症者との作業で見つかるようなものとは違うやり方で見つけねばならない。精神病者との作業は予測不可能であり，また精神分析の作業全般でそうであるように，分析家は驚くべき事態に心を開いて，何であれ目の前にあるものを利用する心構えをしておかねばならない。想像的補填——つまり，今は一緒に機能していない三つの次元を補填ないし一つにまとめることのできる想像的な次元にあるもの——の助けを借りた安定化は非常によく知られた，また典拠も豊かな進路である。想像的補填を助成することを意図して，分析家は分析主体が既に興味を持っている芸術的な追求を奨励したりする。それはたとえば写真であり，絵画であり，彫刻，舞踏，音楽他いろいろあるだろう（たとえば，Cambron, 1997, p. 100 を参照）。象徴的補填の助けを借りた安定化もまた，別のよく知られた進路である。分析家はこのとき精神病者たちの間で共通に見られる傾向である書くという行為（フィクション，詩等々）を利用しようとする。もちろんこれは，分析家が発症した精神病の多くの事例の場合のように，妄想的な意味体系——父性隠喩に代わる妄想的隠喩であり，より一般的に言えばこの妄想的隠喩が象徴的次元を全体として構築する——の産出を承認したり手助けするだけでなくてよい場合だが。

　ラカンの 1970 年代の精神病理論の治療面での含意は，彼の初期のアプローチをより拡大したものである。分析家は発症を抑えようとしたり，妄想的企図を危険のない方向へ持っていこうとする必要はない。今や別の選択肢も浮上してきている。たとえば，分析主体を初期の安定段階に戻す（いわば結び目を初期の形態に修復することにより）とか，あるいは，必ずしも宇宙全体の妄想的再構築に基づかなくてもよい，新しい安定段階へ向かって作業することである。ラカンはそれをどのように進めるのかについては，ごくわずかしか明確なガイドラインを示してはいないのだが，とにかく新たな治療戦略はここで理解できるようになる。

　銘記していただきたいのは，ラカンは他の何人かの分析家とは違い，自分のもとを訪れた成人の精神病者を神経症者に変えることができるとは思っていないという点である。彼の見方では，父性隠喩が多少の誤差はあれ 6 歳から 8 歳以前に設立されていなければ，その後もう決して設立されない。ウィニコッ

ト，スポトニッツや他の分析家とは違い，ラカンは，患者が早期のどの「発達段階」へも「退行」できて，分析家とともに新たにそれらの段階を通過できるとは思っていなかった。成年に達して精神病者になった者は，分析が終わっても，理論的には意識と無意識とに分割された主体となることはできない。精神病治療に対するラカンの見方は，他の分析家たちほど楽観的ではないだろうが，彼はパラノイア者は統合失調症者よりも予後に期待が持てると思っていたようである。

結論的見解

> 精神病で妄想的になっている人に直面したとき，自分も一度は分析主体であった，あるいは今も分析主体であるということ，そして自分も存在しないものについて話していたということを忘れてはならない。
> ——ミレール（Miller, 1993, p. 13）

　ここでの精神病治療に対するラカン派のアプローチについての私の議論はかなり粗略なものであることを明言しておかなければならない。分析家が治療の中で自分をどのように位置づけるべきかの簡略なスケッチと，すべきことすべきでないことに関するいくつかの新しい基本的考えを提供しているにすぎない。本書の前半で論じた神経症治療に対するラカン派のアプローチについてはかなり詳細に述べたが，しっかりカバーしているのは治療の後期段階より前期段階についてであり，包括的なガイドと言えないのは確かである。本書での議論が当てはまらないケースや有効でないケース，あるいはある時点で基本ルールを変更して分析を始めたり継続しなければならないケースもあるだろう。ここでの精神病治療に関する議論についてもまったく同じである。いつか別の機会に，より完全なガイドを提供できればと思う。

あとがき

> フロイトを読むこと自体が私たちを鍛える。
> ——ラカン（Lacan, 1977b, p. 11）

　精神分析の理論と実践に関する他のアプローチに精通しようとする中で，私は，分析家たちが他の著者の文献を極めていい加減にしか読んでいないことに気がついた。そのいい加減さは参考文献を挙げる際の形式の中に現れている。著者の名前と出版日は掲載しているが，頁数の情報がなかったりする。こうしたことは多くの分析家や心理学者たちがおこなっている。一見すると，その著者の仕事について彼らが述べていることは自明だったり，広く同意されているかのようであり，また，それについていかなる特定の一節や注釈も必要ないかのように思える。しかし，本書を準備する間，何度も気がついたのは，著者たちが述べていることは自明でも広く同意されていることでもなく，注釈者の解釈と原典のテキストとを少し比較しただけでも両者にかなり違いがあるということだった。

　精神分析の研究所やその他の教育プログラムが発展している昨今，学生も講師も素材をより早く消化することに力を注いでいると思われ（この分野は収縮せず広がり続けている），二次文献以外は読まない傾向にある。私は重要な分析家による原典を読むことほど重要なことはないと声を大にして主張したい。つまり，サンドラー，ミッチェル，ブラックあるいはシーガル——つまり精神分析の思想家のよく知られた注釈家——のような熟練した臨床家兼理論家と見なされている人々（さらに，もっぱら他の注釈的文献のみに基づいて注釈している広く流布した教科書の著者たち）ではなく，フロイト，クライン，ウィニコット，ビオンなどである。分析家たちは互いの著作を読む際，真面目に理解しようと気をつけてはいないと思われる。

　このことは注釈家だけではなく，幾人かの最も有名な理論家たちにも当ては

まる。たとえば，ウィニコット（1967/2005）はラカンの鏡像段階の論文（2006, pp. 93-100）〔第一巻，一二三--一三四頁〕を参照する際，ラカン独自の概念を何一つ維持せず，その代わりに「ミラーリング mirroring」という用語を使用してまったく異なることを述べている。実際，彼はただ**鏡**という語を借用しただけと言えるだろう。同様に，ハイマン，ラッカー，そしてビオンがクラインの著書の**投射同一化 projective identification** という語を扱う場合，クラインの言う意味ではなく，彼ら自身の意味を込めてそれを読みとっていることは明らかである。まるで，ある分析家が別の分析家の論文を読んでいるとき，アイデアがひらめくと，それをその論文の著者のものだと見なしているかのようである（ラカンも時にフロイトについて同じことをしていると思われる）。これは，控えめに言っても，非常におかしな過程である。なぜなら，分析家が彼ら自身の概念について独自性を主張しようとしていると私たちは期待しているかもしれないが，その一方で，こうしたケースでは，とにかく彼らは「有名な」分析家という虎の威を借りて，いわば同じ用語をまったく異なる意味に使い，裏口から自分自身のアイデアをこっそりと入れ込んでいるからである。

これによって学生の課題はかなり分かりにくくなる。どの精神分析学派も事実上同じ用語を用いているが，学派ごとにその意味はまったく異なっている。精神分析の諸概念の歴史と展開を研究することがこの領域をしっかりと把握するには必要不可欠である。

技法について入門的な著作を勉強しても，精神分析理論と実践の主要著作を深く学ぶことの代わりにはならない。読者には，本書でのフロイトとラカンからの引用や彼らに関する議論が刺激となり，私が引用した多くの著作に直接当たってほしい。それもときどき見るというのではない。そうした著作を繰り返し読むことによって得られるものははるかに多い。他の人とグループで読むことも，主要なポイントを人に明確に伝えなくてはならなくなるという点で，得られることは多い。臨床家の技法はすべて長年にわたる研究と経験を通じて，またさまざまな病理学自体が発展するのに応じて，発展しなければならない。臨床家は，精神分析の基礎に関する深い知識に基づくことによってのみ，技法を，精神分析の単なる拒絶や精神分析以前への先祖返りではなく，新たな方向に進めることができる（過去から学ぶことのできない人は過去を繰り返すことになる）。

技法は絶えず発展しなくてはならない

> 分析ではもちろん，それを習慣にしなくてよいし，実際，他のどの方針も習慣にしなくてよい。なぜなら患者は新しい考えを抱くとすぐにそれに取り入って私たちをばかにしようとするからである。
> ——グローヴァー（Glover, 1995, p. 177）

　英語圏の分析家は技法について語るのに熱心で，フランス語圏の分析家はそれを避けるというのが通説である。後者は特にラカン派の場合そうであるが，ラカン派の分析家たちは，実践のレベルで自分たちが幅広く精神分析を理論化していることの意味を例証するのにより多くの時間を費やすほうがよいと私は思っている。彼らが技法について議論するのを避けているために，多くの英語圏の臨床家はラカン派の精神分析の正式な訓練を受けていないのに，ラカン的な方法で実践していると思い込んでいるのである。しかし，少なくとも私の目から見ると，彼らの実践はラカン的でも何でもない。この点をつかれると，彼らは次のいずれかの主張をするだろう。(1) 自分たちはラカン派の分析家と同じことをしているが，ラカン派とは別の呼び方をしているだけである。(2) ラカン派の技法がどのようなものか，誰も実際には分からない。なぜなら，今まで誰もそれを記述していないから。(3) 私たちは皆，結局同じ問題に直面しているのだから，患者に同じことをしていてはダメではないか。フランスの分析家は，自称ラカン派がやっていることや彼らの用語——たとえば，大文字のOで始まる《他者 Other》という用語（Bollas, 1983, pp. 3, 11）や弁証法と主観性という用語（Ogden, 1992, pp. 517ff）——が，象徴的次元の異種混交性を想像的次元の均質性へと還元することを本質的に意図する，まったく相容れない目的に組み入れられていることを知ったなら，おそらく自分たちの理論を実践へ翻訳しよう（あるいは，合衆国おきまりの表現を用いれば，「理論を実践へと還元」しよう）という気になるだろう。こうしたことは，特に関係論学派，対人関係論学派，間主観性学派で生じていると思われる。たとえば，オグデン（Ogden, 1994）のいわゆる分析的第三項は，決して想像的なものを超え

ていない。それどころか，それは想像的軸そのものと同等であると言ってよいかもしれない（オグデン自身が，それは，二者関係に介入する象徴的なものというラカンのいう意味での「第三項」ではないと認めている。p. 464）。

　どのような実践が自らの理論から論理的に導かれるのかを示すことは極めて重要な課題である。そうしなければ，臨床家が自分の実践はある特定の理論に基づいていると考えているだけで，実際にはその理論に反したことをおこなっている，ということが起き得るからである。それゆえ私たちは，理論の実践（構築）を検討するよう求められるように，「実践の理論」を提供するよう求められているのである。いくつかの異なる理論から，まったく同じ実践がもっともらしく導かれることもあるだろうが，私はそうしたことは普通にあるどころか，例外的だと思う（異なる理論から異なる実践が生まれるのを期待するほうがはるかに理にかなっていると思われる）。英語圏の現状からすると，ラカンの著作に関心を持つ一定の臨床家たちが，自分たちの実践はラカン理論から導かれていると主張し始めているが，私には，彼らの理論と実践の間には首尾一貫した概念的つながりは見出せないと思われる。

　理論を実践に移すことは精神病の治療にとってとりわけ焦眉の問題である。分析家は，ほとんどの場合，精神病ではないが，自分自身が経験した分析から技法の多くの要素をかなり簡単に推測できる。しかし分析家は，分析において自分の神経症的経験からは精神病者の経験について推定することは困難である。言い換えれば，自分の精神分析という冒険を通して訓練中の分析家は神経症の治療については多くを学ぶが，精神病の治療について大切なことはほとんど学べない。

　おそらくある特定の技法や技法上の工夫はどれも，ある地点で役に立たなくなる。患者の人たちが特定の精神分析の考えやアプローチにかなり詳しくなれば，それらが以前持っていた衝撃はもはやなくなる。初期十数年の精神分析の実践で，時に行われていた解釈，つまり，かなり具体的なエディプス的な意味を目標とした類の解釈がそうである。1920年代には，フロイトはもはやそうした解釈がそれまでのような衝撃的な価値を持っていないことに気がついていた。技法はそれゆえ絶えず発展しなければならないが，それは，「次の大ブーム」を求める分析家たちのように，赤ん坊を産湯と一緒に放り出す（大事なものを無用なものと一緒に捨てる）ということではない。神経症者との作業での

抑圧されているものを目指すという一般的目標は維持されなければならない。分析家は生涯にわたり，研究や自分がおこなっている日々新たな分析という冒険から精神分析について学ぶ（そして，おそらく精神分析を愛する）のだが，その主導原理は維持されねばならない。すなわち，無意識に衝撃を与え続けなければならないのである。

客観性をどこに見出すべきか？

> 精神分析についてどのように言い表しても，その説明はいつも言い古されて飽きられることになります。しかし，それでも，そのために分析が何か他のものであることをやめはしません。
> ——ラカン（Lacan, 1998, p. 434）

実に多くの分析の伝統が，臨床作業の客観性の基礎を，完全に知り得るような現実との関係に求めてきた。ここでいう現実とは分析家と分析主体双方から独立しているとみなされ，それゆえ双方の行動や省察を限定するものとして働くとされる現実である。この知り得ると仮定される現実は，分析の開始時には分析家よりも分析主体のほうが知っているとみなされている。しかし，その現実は一種の《他者》，あるいは分析家と分析主体双方にとっての客観的指示対象として機能していて，多くの臨床家の見方では，分析が二人妄想 délire à deux——つまり，ユニコーン〔一角獣と呼ばれる伝説上の動物〕とレプラコーン〔小さい老人の姿をした妖精〕についての根拠のない，とも綱を解かれ混乱した対話——にならないことを保証している。

分析の伝統の中にも所々，脱構築とポスト・モダニズムが浸透しており，「現実 reality」はもはや確たる参照点ではなくなっており，精神分析の「枠組み」自体は，分析家たちの工夫，つまり自分（分析家）の逆転移に委ねられた分析家たちの万能感に対抗する分析主体に唯一残された安全装置として理解されてきた（ウィニコットによれば，その枠組みによって分析家たちが患者に対して嫌悪感を表現できるのであり，それによって彼らは他の手段でそれを表現しなくてよくなるらしい）。枠組みがないと，分析家はガードレールも保護

ネットもない状態で作業することになるのではないかと心配するのである。

以上に対してラカン派精神分析が提唱しているのは，象徴的次元——つまり，分析主体が実際に話すこと，および《他者》においてそれが担うことになる意味すべて——に安全の目印を求め，象徴化に抵抗する現実的なもの（対象 a）に確かな道標を求める，ということである。こうした目印や道標によって，はるかに信頼できて有用なガイドラインがもたらされる。客観的で分かりやすい外的現実というその場しのぎの概念よりも，また，枠組みを守れば分析家と分析主体が同じ部屋に定期的に一定時間いること以上のことが保証されるという思い込みよりも，さらに，精神分析臨床にとって唯一の確かな参照ポイントは，良くなっている感じがしている，「望んでいた生活の変化を経験している」（Renik, 2001, p. 237）という患者の告白であるという考えよりも，である。今挙げたもののうち，第一の考えは，20 世紀前半の精神分析で支配的だった。次の枠組みをめぐる考え方は，20 世紀後半に支配的で，最後の考え方は 21 世紀に提案されている。レニクにとって，この三つ目のアプローチは分析家に「分析家の理論や仮定された専門知識からは相対的に独立した結果尺度」（p. 238）をもたらすものだが，この考え方に従うなら，たとえば，私の分析によって，いつも劣等感を感じていた人すべてを支配し，辱めたいと望んでいる私の分析主体が実際にそのように行い，そうすることで気持ちよいと感じるようになった場合に限り，私のおこなった分析は成功だったということになろう。これでは，結局「お客様はいつも正しい」という資本家の格言を採用するのと変わらない。

既に示したように，精神分析で目指し得る客観性の唯一の形式は，象徴的素材，つまり分析主体の発話とそれによりもたらされる象徴的座標に基づいて作業することである。すなわち，結局，象徴的素材によって，事例について他の分析家たちと検討したり，その事例について他の分析家が自分の見解——私たちの見解とおそらく異なる見解——を形づくることができるのである。分析家の見解がどれほど妥当性を持っているかは，事例の象徴的素材をどの程度説明しているかによる。

将来，収束するのか？

理論自体，抑圧によって特徴づけられている。
—— ミレール（Miller, 2002, p. 21）

　　カーンバーグは「英語圏の精神分析の二大潮流」について興味深い説明をしている（Kernberg, 2001, pp. 534-538）。彼は「現代精神分析の主流」と「間主観的・人間関係論的・自己心理学」の流れの二つを挙げている。本書で私が提示してきたラカン派アプローチは，カーンバーグが現代精神分析の主流としているほとんどすべての技法と対立している（転移に関する初期の体系的解釈，逆転移分析に主要な焦点を当てること，体系的な性格分析，情動の優位，技法的中立性など）。また，カーンバーグが間主観的・人間関係論的・自己心理学派に属するとしている多くの技法とも対立する（逆転移の強調，患者との逆転移による偶発的なコミュニケーション，共感の強調，欠陥のある初期発達論モデルの使用など）。カーンバーグは続いて彼が「フランス精神分析のアプローチ」と呼ぶものを簡単に説明し，ラカンの言葉を一切引用も参照もせずに次のように結論づけている。「もし以前熱心に擁護されていた学派の違いを互いに修正する傾向が継続すれば，フランス学派と英語圏の学派は将来，ある程度収束することが期待できよう」（p. 543）。本書で私が説明したことから明らかだと思うが，精神分析技法へのラカン派のアプローチは私が認識しカーンバーグが言及している英語圏のどの学派とも近いうちに収束することはないだろう。両者の不一致は，矯正不可能な理論的考え方の違いに基づいており，徹頭徹尾構造的なものだと考えられる。

参考文献

Ablon, J. S., & Jones, E. E. (1998). How expert clinicians, prototypes of an ideal treatment correlate with outcome in psychodynamic and cognitive-behavioral therapy. *Psychotherapy Research, 8*, 71-83.

Alexander, F, & French, T. (1946). *Psychoanalytic therapy: Principles and application*. New York: Ronald.

Aparicio, S. (1996). Le médium de l'interprétation [The medium of interpretation]. *La cause freudienne, 32*, 52-55.

Aries, P. (1960/1962). *Centuries of childhood: A social history of family life*. New York: Vintage.〔邦訳：フィリップ・アリエス著『「子供」の誕生：アンシァン・レジーム期の子供と家族生活』杉山光信、杉山恵美子訳、みすず書房、一九八〇〕。

Arnst, C. (2006, May 29). Health as a birthright. *Business Week, 3986*, 30-32.

Basescu, S. (1990). Show and tell: Reflection on the analyst's self-disclosure. In G. Stricker & M. Fisher (Eds.), *Self-disclosure in the therapeutic relationship* (pp. 47-59). New York: Plenum.

Bauer, G. P., & Mills, J. A. (1989/1994). Patient and therapist resistance to use of the transference in the here and now. In G. P. Bauer (Ed.), *Essential papers on transference analysis* (pp. 195-213). Northvale, NJ: Jason Aronson.

Belinchon. J.-L., Cabrera, A., Cortell, H., Duarto, M.-J., Carcia, M.-J., & Porras, J. (1988). Entrées en analyse du psychotique? [How psychotics enter analysis]. In *Clinique différentielle des psychoses* (pp. 291-296). Paris: Navarin.

Bettelheim, B. (1967). *The empty fortress: Infantile autism and the birth of the self*. New York: Free Press.〔邦訳：B. ベッテルハイム著『自閉症・うつろな砦』黒丸正四郎ほか訳、みすず書房、一九七三〕。

Bibring, E. (1937). Therapeutic results of psycho-analysis. *International Journal of Psycho-Analysis, 18*, 170-189.

Bibring-Lehner, G. (1936/1990). A contribution to the subject of transference-resistance. In A. H. Esman (Ed.), *Essential papers on transference* (pp. 115-123). New York & London: New York University Press.

Bion, W. R. (1955). Language and the schizophrenic. In M. Klein, P. Heimann, & R. E. Money-Kyrle (Eds.), *New directions in psycho-analysis* (pp. 220-239). London: Tavistock.

Bion, W. R. (1957). Differentiation of the psychotic from the non-psychotic personalities. *International Journal of Psycho-Analysis, 38*, 266-275.〔邦訳：ウィルフレッド・R・ビオン著「精神病パーソナ

リティの非精神病パーソナリティからの識別」『再考：精神病の精神分析論』中川慎一郎訳，金剛出版，二〇〇七に所収］．

Bion, W. R. (1959). Attacks on linking. *International Journal of Psycho-Analysis, 40*, 308-315. ［邦訳：ウィルフレッド・R・ビオン著「連結することへの攻撃」『再考：精神病の精神分析論』中川慎一郎訳，金剛出版，二〇〇七に所収］．

Bion, W. R. (1962). *Learning from experience*. New York: Basic. ［邦訳：ウィルフレッド・ルプレヒト・ビオン著「経験から学ぶこと」『精神分析の方法 I：セブン・サーヴァンツ』福本修訳，法政大学出版局，一九九六に所収］．

Bleger, J. (1967). Psychoanalysis of the psychoanalytic frame. *International Journal of Psycho-Analysis, 48*, 511-519.

Bollas, C. (1983). Expressive uses of the countertransference. *Contemporary Psychoanalysis, 19*, 1-34.

Bollas, C. (1987). *The shadow of the object*. New York: Columbia University Press. ［邦訳：クリストファー・ボラス著『対象の影：対象関係論の最前線』舘直彦監訳，岡達治ほか訳，岩崎学術出版社，二〇〇九］．

Bowlby, J. (1982). *Attachment and loss* (Vol. 1). New York: Basic. ［邦訳：J. ボウルビィ著『母子関係の理論』黒田実郎ほか訳，岩崎学術出版社，一九九一］．

Brenner, C. (1979/1990). Working alliance, therapeutic alliance, and transference. In A. H. Esman (Ed.), *Essential papers on transference* (pp. 172-187). New York & London: New York University Press.

Bruno, P. (1995). L'avant-dernier mot ［The second to last word］. *La lettre mensuelle, 140*, 5-6.

Cambron, C. (1997). D'une tache à l'autre ［From one stain to another］. In *La conversation d'Arcachon: Cas rares, les inclassables de la clinique* (pp. 93-100). Paris: Agalma-Seuil.

Cardinal, M. (1983). *The words to say it*. Cambridge, MA: VanVactor & Goodheart. ［邦訳：マリ・カルディナル著『血と言葉：被精神分析者の手記』柴田都志子訳，リブロポート，一九九二］．

Carey, J. (2006, May 29). Medical guesswork. *Business Week, 3986*, 73-79.

Carrade, J.-B. (2000). L'art de la coupure ［The art of the cut］. *La cause freudienne, 46*, 83-86.

Casement, P. J. (1991). *Learning from the patient*. New York & London: Guilford. ［邦訳：パトリック・ケースメント著『患者から学ぶ：ウィニコットとビオンの臨床応用』松木邦裕訳，岩崎学術出版社，一九九一，および『さらに患者から学ぶ：分析空間と分析過程』矢崎直人訳，岩崎学術出版社 (1995)．本書での邦訳の参照箇所については前者をI，後者をIIと表記してあることに留意されたい］．

Castanet, H. (1997). Un sujet dans le brouillard ［A subject in the fog］. In *La conversation d'Arcachon: Cas rares, les inclassables de la clinique* (pp. 21-26). Paris: Agalma-Seuil.

Castanet, H., & Georges, P. de (2005). Branchements, débranchements, rebranchements ［Connections, disconnections, and reconnections］. In *La psychose ordinaire: La convention d'Antibes* (pp. 13-44). Paris: Agalma-Seuil.

Castonguay, L. G., Goldfried, M. R., Wiser, S., Raue, P. J., & Hayes, A. M. (1996). Predicting the effect of cognitive therapy for depression: A study of unique and common factors. *Journal of Consulting and Clinical Psychology, 64*, 497-504.

Cottet, S. (1994). Le principe de l'interprétation [The crux of interpretation]. *La lettre mensuelle, 134*, 1-2.

Decool, C. (1997). Une suppléance rare [An unusual supplementation]. In *La conversation d'Arcachon: Cas rares, les inclassables de la clinique* (pp. 27-36). Paris: Agalma-Seuil.

Deffieux, J. -P. (1997). Un cas pas si rare [A not so unusual case]. In *La conversation d'Arcachon: Cas rares, les inclassables de la clinique* (pp. 11-19). Paris: Agalma-Seuil.

De Masi, F. (2001). The unconscious and psychosis: Some considerations of the psychoanalytic theory of psychosis. In Williams, P. (Ed.), *A language for psychosis: Psychoanalysis of psychotic states* (pp. 69-97). New York & Hove, U.K.: Brunner-Routledge.

Eco, U. (1984). Horns, hooves, insteps: Some hypotheses on three types of abduction. In U. Eco & T. A. Sebeok (Eds.), *The sign of three: Dupin, Holmes, Pierce* (pp. 198-220). Bloomington, IN: Indiana University Press. [邦訳：ウンベルト・エーコ著「角，蹄，甲――アブダクションの三つの型についての仮説」ウンベルト・エーコ，トマス・A・シービオク編『三人の記号：デュパン，ホームズ，パース』富山太佳夫ほか訳，東京図書，一九九〇に所収］.

École de la Cause Freudienne. (1993). L'énigme & la psychose. [Enigmas and psychosis] *La cause freudienne, 23*.

École de la Cause Freudienne. (1996). Vous ne dites rien [You aren't saying anything]. *La cause freudienne, 32*.

École de la Cause Freudienne. (2000). La séance analytique [The analytic session]. *La cause freudienne, 46*.

École de la Cause Freudienne. (2004). La séance courte [The short session]. *La cause freudienne, 56*.

Ferenczi, S. (1909/1990). Introjection and transference. In A. H. Esman (Ed.), *Essential papers on transference* (pp. 15-27). New York & London: New York University Press.

Fink, B. (1995). *The Lacanian subject: Between language and jouissance*. Princeton, NJ: Princeton University Press.

Fink, B. (1997). *A clinical introduction to Lacanian psychoanalysis: Theory and technique*. Cambridge, MA: Harvard University Press. [邦訳：ブルース・フィンク著『ラカン派精神分析入門：理論と技法』中西之信ほか訳，誠信書房，二〇〇八］.

Fink, B. (1999). The ethics of psychoanalysis: A Lacanian perspective. *The Psychoanalytic Review, 86, 4*, 529-545.

Fink, B. (2001). Psychoanalytic approaches to severe pathology: A Lacanian perspective. *Newsletter of the International Federation for Psychoanalytic Education*. www.ifpe.org/news_1001_p14.html

Fink, B. (2003). The use of Lacanian psychoanalysis in a case of fetishism. *Clinical Case Studies, 2, 1*, 50-69.

Fink, B. (2004). *Lacan to the letter: Reading Écrits closely*. Minneapolis, MN: University of Minnesota

Press.

Fink, B. (2005a). Lacan in "translation." *Journal of Lacanian Studies, 2, 2*, 264-281.

Fink, B. (2005b). Lacanian clinical practice. *The Psychoanalytic Review, 92, 4*, 553-579.

Fliess, R. (1942). The metapsychology of the analyst. *Psychoanalytic Quarterly, 11*, 211-227.

Florence, J. (1984). *L'identification dans la théorie freudienne* [Identification in Freud's theory]. Brussels: Facultés Universitaires Saint-Louis.

Forbes, J., Galletti Ferretti, M. C., Gauto Fernandez, C. G., Nogueira, L. C., & Sampaio Bicalho, H. M. (1988). Entretiens préliminaires et fonction diagnostique dans les névroses et les psychoses [Preliminary meetings and diagnostics in the neuroses and the psychoses]. In *Clinique différentielle des psychoses* (pp. 315-324). Paris: Navarin.

Freda, F. H., Yemal, D., Alisse, M.-L., Aparicio, S., Barrère, L., Berthouse, E., et al. (1988). Forclusion, monnayage et suppléance du Nom-du-Père [Foreclosure, exchange, and supplementation of the Name-of-the-Father]. In *Clinique différentielle des psychoses* (pp. 148-160). Paris: Navarin.

Freud, A. (1946). *The ego and the mechanisms of defence*. New York: International Universities Press. 〔邦訳:アンナ・フロイト著『自我と防衛機制』黒丸正四郎,中野良平訳,岩崎学術出版社,一九八二〕。

Freud, S. (1894/1966). The neuro-psychoses of defence. In J. Strachey (Ed. & Trans.), *The standard edition of the complete psychological works of Sigmund Freud* (Vol. 3, pp. 45-61). London: Hogarth. 〔邦訳:ジークムント・フロイト著「防衛-精神神経病」『フロイト著作集』第六巻,人文書院,一九七〇に所収,および「防衛-神経精神症」『フロイト全集』第一巻,岩波書店,二〇〇九に所収〕。

Freud, S. (1895/1966). Project for a scientific psychology. In J. Strachey (Ed. & Trans.), *The standard edition of the complete psychological works of Sigmund Freud* (Vol. 1, pp. 295-397). London: Hogarth. 〔邦訳:ジークムント・フロイト著「科学的心理学草稿」『フロイト著作集』第七巻,人文書院,一九七四に所収,および「心理学草案」『フロイト全集』第三巻,岩波書店,二〇一〇に所収〕。

Freud, S. (1900/1958). The interpretation of dreams. In J. Strachey (Ed. & Trans.), *The standard edition of the complete psychological works of Sigmund Freud* (Vols. 4-5). London: Hogarth. 〔邦訳:ジークムント・フロイト著「夢判断」『フロイト著作集』第二巻,人文書院,一九六八に所収,および「夢解釈 I/II」『フロイト全集』第四/五巻,岩波書店,二〇〇七/二〇一一に所収〕。

Freud, S. (1904/1953). On psychotherapy. In J. Strachey (Ed. & Trans.), *The standard edition of the complete psychological works of Sigmund Freud* (Vol. 7, pp. 257-268). London: Hogarth. 〔邦訳:ジークムント・フロイト著「精神療法について」『フロイト著作集』第九巻,人文書院,一九七〇に所収,および『フロイト全集』第六巻,岩波書店,二〇〇九に所収〕。

Freud, S. (1905a/1953). Fragment of an analysis of a case of hysteria. In J. Strachey (Ed. & Trans.), *The standard edition of the complete psychological works of Sigmund Freud* (Vol. 7, pp. 7-129).

London: Hogarth.〔邦訳：ジークムント・フロイト著「あるヒステリー患者の分析の断片」『フロイト著作集』第五巻，人文書院，一九六九に所収，および「あるヒステリー分析の断片〔ドーラ〕」『フロイト全集』第六巻，岩波書店，二〇〇九に所収〕．

Freud, S. (1905b/1960). Jokes and their relation to the unconscious. In J. Strachey (Ed. & Trans.), *The standard edition of the complete psychological works of Sigmund Freud* (Vol. 8, pp. 9-238). London: Hogarth.〔邦訳：ジークムント・フロイト著「機知――その無意識との関係」『フロイト著作集』第四巻，人文書院，一九七〇に所収，および『フロイト全集』第八巻，岩波書店，二〇〇八に所収〕．

Freud, S. (1905c/1953). Three essays on the theory of sexuality. In J. Strachey (Ed. & Trans.), *The standard edition of the complete psychological works of Sigmund Freud* (Vol. 7, pp. 130-243). London: Hogarth.〔邦訳：ジークムント・フロイト著「性欲論三篇」『フロイト著作集』第五巻，人文書院，一九六九に所収，および「性理論三篇」『フロイト全集』第六巻，岩波書店，二〇〇九に所収〕．

Freud, S. (1908/1959). Creative writers and day-dreaming. In J. Strachey (Ed. & Trans.), *The standard edition of the complete psychological works of Sigmund Freud* (Vol. 9, pp. 143-153). London: Hogarth.〔邦訳：ジークムント・フロイト著「詩人と空想すること」『フロイト著作集』第三巻，人文書院，一九六九に所収，および「詩人と空想」『フロイト全集』第九巻，岩波書店，二〇〇七に所収〕．

Freud, S. (1909/1955). Notes upon a case of obsessional neurosis. In J. Strachey (Ed. & Trans.), *The standard edition of the complete psychological works of Sigmund Freud* (Vol. 10, pp. 155-318). London: Hogarth.〔邦訳：ジークムント・フロイト著「強迫神経症の一症例に関する考察」『フロイト著作集』第九巻，人文書院，一九八三に所収，および「強迫神経症の一例についての見解」『フロイト全集』第一〇巻，岩波書店，二〇〇八に所収〕．

Freud, S. (1910/1957). The future prospects of psycho-analytic therapy. In J. Strachey (Ed. & Trans.), *The standard edition of the complete psychological works of Sigmund Freud* (Vol. 11, pp. 141-151). London: Hogarth.〔邦訳：ジークムント・フロイト著「精神分析療法の今後の可能性」『フロイト著作集』第九巻，人文書院，一九八三に所収，および「精神分析療法の将来の見通し」『フロイト全集』第一一巻，岩波書店，二〇〇九に所収〕．

Freud, S. (1911a/1958). Psychoanalytic notes on an autobiographical account of a case of paranoia [Schreber]. In J. Strachey (Ed. & Trans.), *The standard edition of the complete psychological works of Sigmund Freud* (Vol. 12, pp. 9-82). London: Hogarth.〔邦訳：ジークムント・フロイト著「自伝的に記述されたパラノイアの一症例に関する精神分析的考察」『フロイト著作集』第九巻，人文書院，一九八三に所収，および『フロイト全集』第一一巻，岩波書店，二〇〇九に所収〕．

Freud, S. (1911b/1958). The handling of dream-interpretation in psycho-analysis. In J. Strachey (Ed. & Trans.), *The standard edition of the complete psychological works of Sigmund Freud* (Vol. 12, pp. 91-96). London: Hogarth.〔邦訳：ジークムント・フロイト著「精神分析療法中における夢解釈の使用」『フロイト著作集』第九巻，人文書院，一九八三に所収，および「精神分析における夢解釈

Freud, S. (1912a/1958). The dynamics of transference. In J. Strachey (Ed. & Trans.), *The standard edition of the complete psychological works of Sigmund Freud* (Vol. 12, pp. 99-108). London: Hogarth.〔邦訳:ジークムント・フロイト著「転移の力動性について」『フロイト著作集』第九巻,人文書院,一九八三に所収,および「転移の力動論にむけて」『フロイト全集』第一二巻,岩波書店,二〇〇九に所収〕.

Freud, S. (1912b/1958). Recommendations to physicians practising psycho-analysis. In J. Strachey (Ed. & Trans.), *The standard edition of the complete psychological works of Sigmund Freud* (Vol. 12, pp. 111-120). London: Hogarth.〔邦訳:ジークムント・フロイト著「分析医に対する分析治療上の注意」『フロイト著作集』第九巻,人文書院,一九八三に所収,および「精神分析治療に際して医師が注意すべきことども」『フロイト全集』第一二巻,岩波書店,二〇〇九に所収〕.

Freud, S. (1913/1958). On beginning the treatment. In J. Strachey (Ed. & Trans.), *The standard edition of the complete psychological works of Sigmund Freud* (Vol. 12, pp. 123-144). London: Hogarth. [In German, see *Gesammelte Werke* (Vol. 8, pp. 454-478). Frankfurt: S. Fischer Verlag, 1945.]〔邦訳:ジークムント・フロイト著「分析治療の開始について」『フロイト著作集』第九巻,人文書院,一九八三に所収,および「治療の開始のために」『フロイト全集』第一三巻,岩波書店,二〇一〇に所収〕.

Freud, S. (1914a/1958). Remembering, repeating and working-through. In J. Strachey (Ed. & Trans.), *The standard edition of the complete psychological works of Sigmund Freud* (Vol. 12, pp. 147-156). London: Hogarth.〔邦訳:ジークムント・フロイト著「想起,反復,徹底操作」『フロイト著作集』第六巻,人文書院,一九七〇に所収,および「想起,反復,反芻処理」『フロイト全集』第一三巻,岩波書店,二〇〇九に所収〕.

Freud, S. (1914b/1957). Repression. In J. Strachey (Ed. & Trans.), *The standard edition of the complete psychological works of Sigmund Freud* (Vol. 14, pp. 146-158). London: Hogarth.〔邦訳:ジークムント・フロイト著「抑圧」『フロイト著作集』第六巻,人文書院,一九七〇に所収,および『フロイト全集』第一四巻,岩波書店,二〇一〇に所収〕.

Freud, S. (1915a/1958). Observations on transference-love. In J. Strachey (Ed. & Trans.), *The standard edition of the complete psychological works of Sigmund Freud* (Vol. 12, pp. 159-171). London: Hogarth.〔邦訳:ジークムント・フロイト著「転移性恋愛について」『フロイト著作集』第九巻,人文書院,一九八三に所収,および「転移性恋愛についての見解」『フロイト全集』第一三巻,岩波書店,二〇〇九に所収〕.

Freud, S. (1915b/1957). The unconscious. In J. Strachey (Ed. & Trans.), *The standard edition of the complete psychological works of Sigmund Freud* (Vol. 14, pp. 166-215). London: Hogarth.〔邦訳:ジークムント・フロイト著「無意識」『フロイト著作集』第六巻,人文書院,一九七〇に所収,および『フロイト全集』第一四巻,岩波書店,二〇一〇に所収〕.

Freud, S. (1916-1917/1963). Introductory lectures on psycho-analysis. In J. Strachey (Ed. & Trans.), *The standard edition of the complete psychological works of Sigmund Freud* (Vols. 15-16). London:

Hogarth. 〔邦訳：ジークムント・フロイト著「精神分析入門」『フロイト著作集』第一巻，人文書院，一九七一に所収，および「精神分析入門講義」『フロイト全集』第一五巻，岩波書店，二〇一二に所収〕．

Freud, S. (1917/1957). A metapsychological supplement to the theory of dreams. In J. Strachey (Ed. & Trans.), *The standard edition of the complete psychological works of Sigmund Freud* (Vol. 14, pp. 221-235). London: Hogarth. 〔邦訳：ジークムント・フロイト著「夢理論のメタ心理学的補遺」『フロイト著作集』第一〇巻，人文書院，一九八三に所収，および「夢学説へのメタサイコロジー的補遺」『フロイト全集』第一四巻，岩波書店，二〇一〇に所収〕．

Freud, S. (1919/1955). Lines of advance in psycho-analytic therapy. In J. Strachey (Ed. & Trans.), *The standard edition of the complete psychological works of Sigmund Freud* (Vol. 17, pp. 159-168). London: Hogarth. 〔邦訳：ジークムント・フロイト著「精神分析療法の道」『フロイト著作集』第九巻，人文書院，一九八三に所収，および『フロイト全集』第一六巻，岩波書店，二〇一〇に所収〕．

Freud, S. (1920/1955). Beyond the pleasure principle. In J. Strachey (Ed. & Trans.), *The standard edition of the complete psychological works of Sigmund Freud* (Vol. 18, pp. 7-64). London: Hogarth. 〔邦訳：ジークムント・フロイト著「快感原則の彼岸」『フロイト著作集』第六巻，人文書院，一九七〇に所収，および「快原理の彼岸」『フロイト全集』第一七巻，岩波書店，二〇〇六に所収〕．

Freud, S. (1921/1955). Group psychology and the analysis of the ego. In J. Strachey (Ed. & Trans.), *The standard edition of the complete psychological works of Sigmund Freud* (Vol. 18, pp. 67-143). London: Hogarth. 〔邦訳：ジークムント・フロイト著「集団心理学と自我の分析」『フロイト著作集』第六巻，人文書院，一九七〇に所収，および「集団心理学と自我分析」『フロイト全集』第一七巻，岩波書店，二〇〇六に所収〕．

Freud, S. (1923a/1961). Remarks on the theory and practice of dream-interpretation. In J. Strachey (Ed. & Trans.), *The standard edition of the complete psychological works of Sigmund Freud* (Vol. 19, pp. 109-121). London: Hogarth. 〔邦訳：ジークムント・フロイト著「夢解釈の理論と実践についての見解」『フロイト全集』第一八巻，岩波書店，二〇〇七に所収〕．

Freud, S. (1923b/1961). The ego and the id. In J. Strachey (Ed. & Trans.), *The standard edition of the complete psychological works of Sigmund Freud* (Vol. 19, pp. 12-66). London: Hogarth. 〔邦訳：ジークムント・フロイト著「自我とエス」『フロイト著作集』第六巻，人文書院，一九七〇に所収，および『フロイト全集』第一八巻，岩波書店，二〇〇七に所収〕．

Freud, S. (1924/1961). The economic problem of masochism. In J. Strachey (Ed. & Trans.), *The standard edition of the complete psychological works of Sigmund Freud* (Vol. 19, pp. 159-170). London: Hogarth. 〔邦訳：ジークムント・フロイト著「マゾヒズムの経済的問題」『フロイト著作集』第六巻，人文書院，一九七〇に所収，および「マゾヒズムの経済論的問題」『フロイト全集』第一八巻，岩波書店，二〇〇七に所収〕．

Freud, S. (1925a/1961). Some additional notes on dream-interpretation as a whole. In J. Strachey (Ed. & Trans.), *The standard edition of the complete psychological works of Sigmund Freud* (Vol. 19, pp.

127-138). London: Hogarth.〔邦訳：ジークムント・フロイト著「夢解釈の全体への若干の補遺」『フロイト全集』第一九巻，岩波書店，二〇一〇に所収〕．

Freud, S. (1925b/1961). Negation. In J. Strachey (Ed. & Trans.), *The standard edition of the complete psychological works of Sigmund Freud* (Vol. 19, pp. 235-239). London: Hogarth.〔邦訳：ジークムント・フロイト著「否定」『フロイト著作集』第六巻，人文書院，一九七〇に所収，および『フロイト全集』第一九巻，岩波書店，二〇一〇に所収〕．

Freud, S. (1925c/1959). An autobiographical study. In J. Strachey (Ed. & Trans.), *The standard edition of the complete psychological works of Sigmund Freud* (Vol. 20, pp. 7-74). London: Hogarth.〔邦訳：ジークムント・フロイト著「自己を語る」『フロイト著作集』第四巻，人文書院，一九七〇に所収，および「みずからを語る」『フロイト全集』第一八巻，岩波書店，二〇〇七に所収〕．

Freud, S. (1926/1959). Inhibitions, symptoms and anxiety. In J. Strachey (Ed. & Trans.), *The standard edition of the complete psychological works of Sigmund Freud* (Vol. 20, pp. 87-175). London: Hogarth.〔邦訳：ジークムント・フロイト著「制止，症状，不安」『フロイト著作集』第六巻，人文書院，一九七〇に所収，および『フロイト全集』第一九巻，岩波書店，二〇一〇に所収〕．

Freud, S. (1933/1964). New introductory lectures on psycho-analysis. In J. Strachey (Ed. & Trans.), *The standard edition of the complete psychological works of Sigmund Freud* (Vol. 22, pp. 5-182). London: Hogarth.〔邦訳：ジークムント・フロイト著「精神分析入門（続）」『フロイト著作集』第一巻，人文書院，一九七一に所収，および「続・精神分析入門講義」『フロイト全集』第二一巻，岩波書店，二〇一一に所収〕．

Freud, S. (1935/1964). The subtleties of a faulty action. In J. Strachey (Ed. & Trans.), *The standard edition of the complete psychological works of Sigmund Freud* (Vol. 22, pp. 233-235). London: Hogarth.〔邦訳：ジークムント・フロイト著「ある微妙な失錯行為」『フロイト著作集』第四巻，人文書院，一九七〇に所収，および『フロイト全集』第二一巻，岩波書店，二〇一一に所収〕．

Freud, S. (1937a/1964). Analysis terminable and interminable. In Strachey (Ed. & Trans.), *The standard edition of the complete psychological works of Sigmund Freud* (Vol. 23, pp. 216-253). London: Hogarth.〔邦訳：ジークムント・フロイト著「終わりある分析と終わりなき分析」『フロイト著作集』第六巻，人文書院，一九七〇に所収，および「終わりのある分析と終わりのない分析」『フロイト全集』第二一巻，岩波書店，二〇一一に所収〕．

Freud, S. (1937b/1964). Constructions in analysis. In Strachey (Ed. & Trans.), *The standard edition of the complete psychological works of Sigmund Freud* (Vol. 23, pp. 257-274). London: Hogarth.〔邦訳：ジークムント・フロイト著「「分析技法における構成の仕事」『フロイト著作集』第九巻，人文書院，一九八三に所収，および「分析における構築」『フロイト全集』第二一巻，岩波書店，二〇一一に所収〕．

Freud, S. (1938/1964). Splitting of the ego in the process of defence. In J. Strachey (Ed. & Trans.), *The Standard edition of the complete psychological works of Sigmund Freud* (Vol. 23, pp. 275-278). London: Hogarth.〔邦訳：ジークムント・フロイト著「防衛過程における自我の分裂」『フロイト

著作集』第九巻,人文書院,一九八三に所収,および「防衛過程における自我分裂」『フロイト全集』第二二巻,岩波書店,二〇〇七に所収〕。

Freud, S. (1940/1964). An outline of psycho-analysis. In J. Strachey (Ed. & Trans.), *The standard edition of the complete psychological works of Sigmund Freud* (Vol. 23, pp. 144-207). London: Hogarth.〔邦訳:ジークムント・フロイト著「精神分析概説」『フロイト著作集』第九巻,人文書院,一九八三に所収,および『フロイト全集』第二二巻,岩波書店,二〇〇七に所収〕。

Freud, S. (1985). *The complete letters of Sigmund Freud to Wilhelm Fliess 1887-1904*. Cambridge, MA & London: Harvard University Press.〔ジークムント・フロイト著『フロイト フリースへの手紙:1887-1904』ジェフリー・ムセイエフ・マッソン編,ミヒァエル・シュレーター ドイツ語版編,河田晃訳,誠信書房,二〇〇一〕。

Freud, S., & Breuer, J. (1893-1895/1955). Studies on hysteria. In J. Strachey (Ed. & Trans.), *The standard edition of the complete psychological works of Sigmund Freud* (Vol. 2, pp. 1-307). London: Hogarth.〔邦訳:ジークムント・フロイト著「ヒステリー研究」『フロイト著作集』第七巻,人文書院,一九七四に所収,および『フロイト全集』第二巻,岩波書店,二〇〇八に所収〕。

Frieswyck, S. H., Allen, J. G., Colson, D. B., Coyne, L., Gabbard, G. O., Horwitz, L., & Newsom, G. (1986). Therapeutic alliance: Its place as a process and outcome variable in dynamic psychotherapy research. *Journal of Consulting and Clinical Psychology, 54*, 32-38.

Gaston, L. (1990). The concept of the alliance and its role in psychotherapy: Theoretical and empirical considerations. *Psychotherapy, 27*, 143-153.

Georges, P. de (1997). Paradigme de déclenchement: Un mot de trop [Triggering paradigm: One word too many]. In *Le conciliabule d'Angers* (pp. 39-47). Paris: Agalma-Seuil.

Gilet-Le Bon, S. (1995). L'interprétation: 'Apophantic' et 'oraculaire' [Interpretation: Apophantic and oracular]. *La lettre mensuelle, 138*, 5-8.

Gill, M. M. (1982). *Analysis of transference. Vol. I: Theory and technique*. New York: International Universities Press.〔マートン・M・ギル著『転移分析:理論と技法』神田橋條治,溝口純二訳,金剛出版,二〇〇六〕。

Gill, M. M., & Hoffman, I. Z. (1982). *Analysis of transference. Vol. II: Studies of nine audio-recorded psychoanalytic sessions*. New York: International Universities Press.

Glover, E. (1931). The therapeutic effect of inexact interpretation: A contribution to the theory of suggestion. *International Journal of Psycho-Analysis, 12 (4)*, 397-411.

Glover, E. (1955). *The technique of psycho-analysis*. New York: International Universities Press.

Goldfried, M. R. (1991). Research issues in psychotherapy integration. *Journal of Psychotherapy Integration, 1*, 5-25.

Grandin, T. (1995). *Thinking in pictures*. New York: Doubleday.〔邦訳:テンプル・グランディン著『自閉症の才能開発:自閉症と天才をつなぐ環』カニングハム久子訳,学習研究社,一九九七〕。

Grandin, T., & Johnson, C. (2005). *Animals in translation*. New York: Scribner.〔邦訳:テンプル・グランディン,キャサリン・ジョンソン著『動物感覚:アニマル・マインドを読み解く』中尾ゆか

り訳，日本放送出版協会，二〇〇六〕。

Green, M. F. (2001). *Schizophrenia revealed: From neurons to social interactions*. New York: Norton.

Greenson, R. (1965/1990). The working alliance and the transference neurosis. In A. H. Esman (Ed.), *Essential papers on transference* (pp. 150-171). New York & London: New York University Press.

Greenson, R. (1967). *The technique and practice of psychoanalysis*. New York: International Universities Press.

Grosskurth, P. (1987). *Melanie Klein: Her world and her work*. Cambridge, MA: Harvard University Press.

Guntrip, H. (1971). *Psychoanalytic theory, therapy and the self*. New York: Basic. 〔邦訳：H. ガントリップ著『対象関係論の展開：精神分析・フロイト以后』小此木啓吾，柏瀬宏隆訳，誠信書房，一九八一〕。

Heidegger, M. (1975/1982). *The basic problems of phenomenology*. Translated by A. Hofstadter. Bloomington, IN: Indiana University Press. 〔邦訳：マルティン・ハイデッガー著『現象学の根本問題』虫明茂，池田喬，ゲオルク・シュテンガー訳，創文社，二〇一〇〕。

Heimann, P. (1950). On counter-transference. *International Journal of Psycho-Analysis, 31*, 81-84. 〔邦訳：「逆転移について」『対象関係論の基礎：クライニアン・クラシックス』松木邦裕編・監訳，新曜社，二〇〇三に所収〕

Heinlein, R. (1961/1968). *Stranger in a strange land*. New York: Berkeley Publishing Co. 〔邦訳：ロバート・A・ハインライン著『異星の客』井上一夫訳，東京創元社，一九六九〕。

IRMA. (1997). *La conversation d'Arcachon: Cas rares, les inclassables de la clinique* [The Arcachon conversation: Unusual cases, clinically unclassiflable]. Paris: Agalma-Seuil.

Joseph, E. D. (1982). Presidential address: Normal in psychoanalysis. *International Journal of Psycho-Analysis, 63*, 3-13.

Joyce, J. (1916/1964). *A portrait of the artist as a young man*. New York: Viking. 〔邦訳：ジェイムズ・ジョイス著『若い芸術家の肖像』丸谷才一訳，新潮社，一九九四〕。

Joyce, J. (1939/1975). *Finnegans wake*. London and Boston: Faber and Faber. 〔邦訳：ジェイムズ・ジョイス著『フィネガンズ・ウェイク』柳瀬尚紀訳，河出書房新社，一九九一〕。

Kernberg, O. (2001). Recent developments in the technical approaches of English-language psychoanalytic schools. *Psychoanalytic Quarterly, 70*, 519-547.

King, C. D. (1945). The meaning of normal. *Yale Journal of Biological Medicine, 17*, 493-501.

Kirsner, D. (2000). *Unfree associations: Inside psychoanalytic institutes*. London: Process Press.

Kizer, M., Vivas, E. L., Luongo, L., Portillo, R., Ravard, J., & Réquiz, G. (1988). L'Autre dans les psychoses [The Other in the psychoses]. In *Clinique différentielle des psychoses* (pp. 135-147). Paris: Navarin.

Klein, M. (1950). *Contributions to psycho-analysis*. London: Hogarth. 〔おおむねメラニー・クライン著作集第一巻および第三巻に相当〕。

Klein, M. (1946/1952). Notes on some schizoid mechanisms. In J. Riviere (Ed.), *Developments in psycho-analysis* (pp. 292-320). London: Hogarth. 〔邦訳：メラニー・クライン著「分裂的機制についての覚書」『妄想的・分裂的世界』（メラニー・クライン著作集第四巻）狩野力八郎ほか訳，誠信書房，一九八五に所収〕。

Klein, M. (1955). On identification. In M. Klein, P. Heimann, & R. E. Money-Kyrle (Eds.), *New directions in psycho-analysis* (pp. 309-345). London: Tavistock. 〔邦訳：メラニー・クライン著「同一視について」『妄想的・分裂的世界』（メラニー・クライン著作集第四巻）狩野力八郎ほか訳，誠信書房，一九八五に所収〕。

Klein, M. (1957). *Envy and gratitude, a study of unconscious sources*. New York: Basic. 〔邦訳：メラニー・クライン著『羨望と感謝』（メラニー・クライン著作集第五巻）松本善男ほか訳，誠信書房，一九九六に所収〕。

Kohut, H. (1984). *How does analysis cure?* Chicago: University of Chicago Press. 〔ハインツ・コフート著『自己の治癒』幸順子ほか訳，みすず書房，一九九五〕。

Kuhn, T. S. (1962). *The structure of scientific revolutions*. Chicago: University of Chicago Press. 〔トーマス・クーン著『科学革命の構造』中山茂訳，みすず書房，一九七一〕。

Lacan, J. (1965-1966). *Séminaire XIII, L'objet de la psychanalyse* [Seminar XIII, The object of psychoanalysis] (unpublished).

Lacan, J. (1966). Réponses à des étudiants en philosophie sur l'objet de la psychanalyse [Responses to philosophy students about the object of psychoanalysis]. *Cahiers pour l'analyse, 3*, 5-13.

Lacan, J. (1966-1967). *Séminaire XIV, La logique du fantasme* [Seminar XIV, The logic of fantasy] (unpublished).

Lacan, J. (1967-1968). *Séminaire XV, L'acte psychanalytique* [Seminar XV, The psychoanalytic act] (unpublished).

Lacan, J. (1968a). Proposition du 9 octobre 1967 sur le psychanalyste de L'École [The October 9, 1967 proposition regarding the Psychoanalyst of the School]. *Scilicet, 1*, 14-30.

Lacan, J. (1968b). La méprise du sujet supposé savoir [The misunderstanding of the subject supposed to know]. *Scilicet, 1*, 31-41.

Lacan, J. (1969a). Intervention sur l'exposé de M. Ritter: 'Du désir d'être psychanalyste' [Remarks on Ritter's talk: "On the desire to be a psychoanalyst"]. *Lettres de L'École Freudienne, 6*, 87-96.

Lacan, J. (1969b). Interview by Paolo Caruso. In P. Caruso (Ed.), *Conversaciones con Lévi-Strauss, Foucault y Lacan*. Barcelona, Spain: Anagrama.

Lacan, J. (1970-1971). *Séminaire XVIII, D'un discours qui ne serait pas du semblant* [Seminar XVIII, On a discourse that would not want to be mere semblance] (unpublished).

Lacan, J. (1971-1972). *Séminaire XIX, …ou pire* [Seminar XIX, …or worse] (unpublished).

Lacan, J. (1973). L'Étourdit. *Scilicet, 4*, 5-52.

Lacan, J. (1973-1974). *Séminaire XXI, Les non-dupes errent* [Seminar XXI, Nondupes go astray] (unpublished).

Lacan, J. (1974-1975). *Séminaire XXII, R.S.I.* (unpublished).

Lacan, J. (1975a). Introduction à l'édition allemande d'un premier volume des *Écrits* [Introduction to the German edition of a first volume of *Écrits*]. *Scilicet*, 5, 11-17.

Lacan, J. (1975b). La Troisième [The third]. *Lettres de l'Ècole Freudienne*, 16, 177-203.

Lacan, J. (1976). Conférences et entretiens dans des universités nord-américaines [Lectures and interviews at North American universities]. *Scilicet*, 6/7, 5-63.

Lacan, J. (1976-1977). *Séminaire XXIV, L'insu que sait de l'une-bévue s'aile à mourre* (unpublished).

Lacan, J. (1977a). Ouverture de la section clinique [Inauguration of the clinical program]. *Ornicar?*, 9, 7-14.

Lacan, J. (1977b/1984). Préface à l'ouvrage de Robert Georgin [Preface to Robert Georgin's book]. In R. Georgin. *Lacan* (2nd ed., pp. 9-17). Paris: L'Age d'homme.

Lacan, J. (1977-1978). *Séminaire XXV, Le moment de conclure* [The moment for concluding] (unpublished).

Lacan, J. (1978). *The four fundamental concepts of psychoanalysis* (1964). (J.-A. Miller, Ed., & A. Sheridan, Trans.). New York & London: Norton.〔邦訳：ジャック・ラカン著『精神分析の四基本概念』小出浩之ほか訳，岩波書店，二〇〇〇〕．

Lacan, J. (1988a). *The seminar of Jacques Lacan, Book I: Freud's papers on technique (1953-1954)*. (J.-A. Miller, Ed., & J. Forrester, Trans.). New York & London: Norton.〔邦訳：ジャック・ラカン著『フロイトの技法論』上巻，下巻，小出浩之ほか訳，岩波書店，一九九一〕．

Lacan, J. (1988b). *The seminar of Jacques Lacan, Book II: The ego in Freud's theory and in the technique of psychoanalysis (1954-1955)*. (J.-A. Miller, Ed., & S. Tomaselli, Trans.). New York & London: Norton.〔邦訳：ジャック・ラカン著『フロイト理論と分析技法における自我』上巻，下巻，小出浩之ほか訳，岩波書店，一九九八〕．

Lacan, J. (1990). *Television: A challenge to the psychoanalytic establishment* (D. Hollier, R. Krauss, & A. Michelson, Trans.). New York & London: Norton.〔ジャック・ラカン著『テレヴィジオン』藤田博史，片山文保訳，青土社，一九九二〕．

Lacan, J. (1991). *Le séminaire de Jacques Lacan, Livre VIII: Le transfert (1960-1961)*. [The seminar of Jacques Lacan, Book VIII: Transference (1960-1961)]. (J.-A. Miller, Ed.). Paris: Seuil.

Lacan, J. (1992). *The seminar of Jacques Lacan, Book VII: The ethics of psychoanalysis (1959-1960)*. (J.-A. Miller, Ed., & D. Porter, Trans.). New York & London: Norton.〔邦訳：ジャック・ラカン著『精神分析の倫理』小出浩之ほか訳，岩波書店，二〇〇二〕．

Lacan, J. (1993). *The seminar of Jacques Lacan, Book III: The Psychoses (1955-1956)*. (J.-A. Miller, Ed., & R. Grigg, Trans.). New York & London: Norton.〔邦訳：ジャック・ラカン著『精神病』上巻，下巻，小出浩之ほか訳，岩波書店，一九八七〕．

Lacan, J. (1994). *Le séminaire de Jacques Lacan, Livre IV: La relation d'objet (1956-1957)*. [The seminar of Jacques Lacan, Book IV: The relation to the object (1956-1957)]. (J.-A. Miller, Ed.). Paris: Seuil.〔邦訳：ジャック・ラカン著『対象関係』上巻，下巻，小出浩之ほか訳，岩波書店，二〇〇六〕．

Lacan, J. (1998a). *The seminar of Jacques Lacan, Book XX, Encore: On feminine sexuality, the limits of love and knowledge (1972-1973)*. (J.-A. Miller, Ed., & B. Fink, Trans.). New York & London: Norton.

Lacan, J. (1998b). *Le séminaire de Jacques Lacan, Livre V: Les formations de l'inconscient (1957-1958)*. [The seminar of Jacques Lacan, Book V: Unconscious formations (1957-1958)]. (J.-A. Miller, (Ed.). Paris: Seuil.〔邦訳：ジャック・ラカン著『無意識の形成物』上巻，下巻，小出浩之ほか訳，岩波書店，二〇〇五-二〇〇六〕．

Lacan, J. (2001). *Autres écrits* [Other writings]. Paris: Seuil.

Lacan, J. (2004). *Le séminaire de Jacques Lacan, Livre X: L'angoisse (1962-1963)*. [The seminar of Jacques Lacan, Book X: Anguish (1962-1963)]. (J.-A. Miller, Ed.). Paris: Seuil.

Lacan, J. (2005a). *Mon enseignement* [My teaching]. Paris: Seuil.

Lacan, J. (2005b). *Le séminaire de Jacques Lacan, Livre XXIII: Le sinthome (1975-1976)*. [The seminar of Jacques Lacan, Book XXIII: The sinthome]. (J.-A. Miller, Ed.). Paris: Seuil.

Lacan, J. (2006). *Écrits: The first complete edition in English* (B. Fink, Trans.). New York & London: Norton. (Pages cited refer to the page numbers in the margins that correspond to the pagination of the 1966 French edition.)〔邦訳：ジャック・ラカン著『エクリ』第一巻，第二巻，第三巻，宮本忠雄ほか訳，弘文堂，一九七二-一九八一〕．

Lacan, J. (2007). *The seminar of Jacques Lacan, Book XVII: The other side of psychoanalysis (1969-1970)*. (J.-A. Miller, Ed., & R. Grigg, Trans.). New York & London: Norton. (Pages cited refer to the page numbers in the margins that correspond to the French edition.)

Laing, J. R. (2006, June 26). Is your CEO lying? *Barron's*, 21-23.

Levenson, H. (1995). *Time-limited dynamic psychotherapy: A guide to clinical practice*. New York: Basic.

Lichtenberg, J., & Slap, J. (1977). Comments on the general functioning of the analyst in the psychoanalytic situation. *The Annual of Psychoanalysis, 5*, 295-314. New York: International Universities Press.

Little, M. (1951). Counter-transference and the patient's response to it. *International Journal of Psycho-Analysis, 32*, 32-40.〔邦訳：マーガレット・I・リトル著「逆転移とそれに対する患者の反応」『原初なる一を求めて：転移神経症と転移精神病』神田橋條治，溝口純二訳，岩崎学術出版社，一九九八に所収〕．

Little, M. (1990). *Psychotic anxieties and containment: A personal record of an analysis with Winnicott*. Northvale, NJ & London: Jason Aronson.〔邦訳：マーガレット・I・リトル著『ウィニコットとの精神分析の記録：精神病水準の不安と庇護』神田橋條治訳，岩崎学術出版社，二〇〇九〕．

Macalpine, I. (1950/1990). The development of the transference. In A. H. Esman (Ed.), *Essential papers on transference* (pp. 188-220). New York & London: New York University Press.

Mack, A., & Rock, I. (1998). *Inattentional blindness*. Cambridge, MA: MIT Press.

Mahler, M. S. (1972). On the first three subphases of the separation-individuation process.

International Journal of Psycho-Analysis, 53, 333-338.

Malan, D. H.（1995/2001）. *Individual psychotherapy and the science of psychodynamics*. London: Arnold. 〔邦訳：D. H. マラン著『心理療法の臨床と科学』鈴木龍訳, 誠信書房, 一九九二。ただし原著は 1979 年の Butterworth 版〕.

McWilliams, N.（2004）. *Psychoanalytic psychotherapy: A practitioner's guide*. New York & London: Guilford.〔邦訳：ナンシー・マックウィリアムズ著『精神分析的心理療法：実践家のための手引き』妙木浩之他訳, 金剛出版, 二〇〇九〕.

Miller, J.-A.（1993）. Clinique ironique [Ironic clinic]. *La cause freudienne, 23*, 7-13.

Miller, J.-A.（1996）. L'interprétation à l'envers [The flip side of interpretation]. *La cause freudienne, 32*, 9-13.

Miller, J.-A.（1998）. Le sinthome, un mixte de symptôme et fantasme [The sinthome: a mixture of symptom and fantasy]. *La cause freudienne, 39*, 7-17.

Miller, J.-A.（1999, July 3）. Vers le corps portable [Toward the portable body]. *Libération*.

Miller, J.-A.（2002）. Le dernier enseignement de Lacan [Lacan's final teaching]. *La cause freudienne, 51*, 7-32.

Miller, J.-A.（2003）. Contre-transfert et intersubjectivité [Countertransference and intersubjectivity]. *La cause freudienne, 53*, 7-39.

Miller, J.-A.（2005）. *Le transfert négatif* [Negative transference]. Paris: Navarin.

Millon, T., & Davis, R.（2000）. *Personality disorders in modern life*. New York: John Wiley & Sons.

Milner, M.（1952）. Aspects of symbolism in comprehension of the not-self. *International Journal of Psycho-Analysis, 33*, 181-195.

Mitchell, S. A., & Black, M. J.（1995）. *Freud and Beyond*. New York: Basic Books.

Money-Kryle, R.（1956）. Normal counter-transference and some of its deviations. *International Journal of Psycho-Analysis, 37*, 360-366.

Morel, G., & Wachsberger, H.（2005）. Recherches sur le début de la psychose [Studies on the beginning of psychosis]. In *La psychose ordinaire: La convention d'Antibes* (pp. 69-88). Paris: Agalma-Seuil.

Nacht, S.（1956）. La thérapeutique psychanalytique [Psychoanalytic therapeutics]. In *La Psychanalyse d'aujourd'hui* (pp. 123-168). Paris: Presses Universitaires de France.

Nobus, D.（2000）. *Jacques Lacan and the Freudian practice of psychoanalysis*. London & Philadelphia: Routledge.

Nominé, B.（2005）. Le psychanalyste comme aide contre [The analyst as a help against]. In *La psychose ordinaire: La convention d'Antibes* (pp. 195-218). Paris: Agalma-Seuil.

Ogden, T. H.（1979）. On projective identification. *International Journal of Psycho-Analysis, 60*, 357-373.

Ogden, T. H.（1982）. *Projective identification and psychotherapeutic technique*. Northvale, NJ: Jason Aronson.

Ogden, T. H. (1992). The dialectically constituted/decentred subject of psychoanalysis. I. The Freudian subject. *International Journal of Psycho-Analysis, 73*, 517-526.〔邦訳：トーマス・H・オグデン著「フロイト学派の主体」『「あいだ」の空間：精神分析の第三主体』和田秀樹訳，新評論，一九九六に所収〕．

Ogden, T. H. (1994/1999). The analytic third: Working with intersubjective clinical facts. In S. A. Mitchell & L. Aron (Eds.), *Relational psychoanalysis: The emergence of a tradition* (pp. 461-492). Hillsdale, NJ: Analytic Press.〔邦訳：トーマス・H・オグデン著「分析の第三主体：間主体の臨床を考える」『「あいだ」の空間：精神分析の第三主体』和田秀樹訳，新評論，一九九六に所収〕．

Ormont, L. R. (1969). Acting in and the therapeutic contract in group psychoanalysis. *International Journal of Group Psychotherapy, 19, 4*, 420-432.

Poe, E. A. (1845/1938). The purloined letter. In *The complete tales and poems of Edgar Allan Poe* (pp. 208-222). New York: Modern Library.〔邦訳：E. A. ポオ著「盗まれた手紙」『ポオ全集　一』佐伯彰一，福永武彦，吉田健一編，東京創元新社，一九六九に所収〕．

Queneau, R. (1947/1971). *On est toujours trop bon avec les femmes* [One is always too good to women]. Paris: Gallimard.

Racker, H. (1968). *Transference and countertransference*. New York: International Universities Press. 〔邦訳：H. ラッカー著『転移と逆転移』坂口信貴訳，岩崎学術出版社，一九八二〕．

Reik, T. (1937). *Surprise and the psychoanalyst*. New York: E. P. Dutton.

Renik, O. (1999). Playing one's cards face up in analysis: An approach to the problem of self-disclosure. *Psychoanalytic Quarterly, 68*, 521-539.〔邦訳：オーウェン・レニック著「カードを開くトランプ遊び」『セラピストと患者のための実践的精神分析入門』小此木加江訳，金剛出版，二〇〇七に所収。ただしフィンクが参照している原著論文と単行本収録のものには異同が多くあり，引用された文に邦訳の対応箇所が必ずしも存在するわけではないことに留意されたい〕．

Renik, O. (2001). The patient's experience of therapeutic benefit. *Psychoanalytic Quarterly, 70*, 231-241.〔邦訳：オーウェン・レニック著「治療利益の追跡」『セラピストと患者のための実践的精神分析入門』小此木加江訳，金剛出版，二〇〇七に所収。ただしフィンクが参照している原著論文と単行本収録のものには異同が多くあり，引用された文に邦訳の対応箇所が必ずしも存在するわけではないことに留意されたい〕．

Richards, A., & Goldberg, F. (2000). A survey of Division 39 members regarding telephone therapy. Paper presented at the American Psychological Association Conference in a panel entitled Telephone Therapy――Advantages and Disadvantages. August 2000, Washington D.C. (unpublished).

Richards, I. A. & Ogden, C. K. (1923/1945). *The meaning of meaning*. New York: Harcourt, Brace.〔邦訳：C. オグデン，I. リチャーズ著『意味の意味』石橋幸太郎訳，新泉社，2008〕．

Rogers, C. (1951). *Client-centered therapy*. Boston: Houghton Mifflin.〔邦訳：C. R. ロジャーズ著『クライアント中心療法』保坂亨，諸富祥彦，末武康弘訳，岩崎学術出版社，二〇〇五〕．

Sandler, J. (1987). *Projection, identification, projective identification*. Madison, CT: International

Universities Press.

Saussure, F. de (1916/1959). *Course in general linguistics* (W. Baskin, Trans.). New York: McGraw-Hill.〔フェルディナン・ド・ソシュール著『一般言語学講義』小林英夫訳，岩波書店，一九七二〕．

Segal, H. (1964). *Introduction to the work of Melanie Klein*. New York: Basic.〔H. スィーガル著『メラニー・クライン入門』岩崎徹也訳，岩崎学術出版社，一九七七〕．

Silberer, H. (1921). *Der Zufall und die Koboldstreiche des Unbewussten* [Chance and the impish pranks of the unconscious]. Bern: Bircher.

Sleek, S. (1997, August). Providing therapy from a distance. *American Psychological Association Monitor*, 1 & 38.

Soler, C. (1996). Silences [Silences]. *La cause freudienne, 32*, 26-30.

Soler, C. (1997). Contributions to the discussion in *Le conciliabule d'Angers*. Paris: Agalma-Seuil.

Soler, C. (2002). *L'inconscient à ciel ouvert de la psychose* [Psychosis: The unconscious right out in the open]. Toulouse, France: Presses Universitaires du Mirail.

Spotnitz, H. (1999). *Modern psychoanalysis of the schizophrenic patient*. Northvale, NJ: Jason Aronson.〔ハイマン・スポトニッツ著『精神分裂病の精神分析：技法と理論』神田橋條治，坂口信貴訳，岩崎学術出版社，一九七四．ただしフィンクが参照している第二版と邦訳の底本となった初版には異同が多くあり，引用された文に邦訳の対応箇所が必ずしも存在するわけではないことに留意されたい〕．

Spoto, D. (1993). *Marilyn Monroe: The biography*. New York: HarperCollins.〔ドナルド・スポト著『マリリン・モンロー最後の真実』小沢瑞穂，真崎義博訳，光文社，一九九三〕．

Sterba, R. (1934). The fate of the ego in analytic therapy. *International Journal of Psycho-Analysis, 15* (2-3), 117-26.

Sterba, R. (1940/1990). The dynamics of the dissolution of the transference resistance. In A. H. Esman (Ed.), *Essential papers on transference* (pp. 80-93). New York & London: New York University Press.

Stevens, A. (2005). Le transfert et psychose aux limites [Transference and psychosis at the borders]. In *La psychose ordinaire: La convention d'Antibes* (pp. 179-194). Paris: Agalma-Seuil.

Strachey, J. (1934/1990). The nature of the therapeutic action of psycho-analysis. In A. H. Esman (Ed.), *Essential Papers on Transference* (pp. 49-79). New York & London: New York University Press.

Szasz, T. (1963). The concept of transference. *International Journal of Psycho-Analysis, 44*, 432-443.

Twain, M. (1896/1996). *Tom Sawyer abroad*. Oxford, England: Oxford University Press.〔マーク・トウェイン著『トム・ソーヤーの冒険』石井桃子訳，岩波書店，二〇〇一〕．

Vanneufville, M. (2004). Un cas de mélancolie grave [A serious case of melancholia]. *Savoirs et clinique: Revue de psychanalyse, 5*, 91-96.

Williams, P. (Ed.). (2001). *A language for psychosis: Psychoanalysis of psychotic states*. New York & Hove, U.K.: Brunner-Routledge.

Winnicott, D. W. (1949). Hate in the counter-transference. *International Journal of Psycho-Analysis, 30* (2), 69-74.〔邦訳：D. W. ウィニコット著「逆転移のなかの憎しみ」『小児医学から精神分析へ ウィニコット臨床論文集』北山修監訳, 岩崎学術出版社, 二〇〇五に所収〕.

Winnicott, D. W. (1949/1958a). Mind and its relation to the psyche-soma. In *Collected papers: Through pediatrics to psycho-analysis* (pp. 243-254). London: Tavistock.〔邦訳：D.W. ウィニコット著「心とその精神―身体との関係」『小児医学から精神分析へ ウィニコット臨床論文集』北山修監訳, 岩崎学術出版社, 二〇〇五に所収〕.

Winnicott, D. W. (1954/1958b). Metapsychological and clinical aspects of regression within the psycho-analytical set-up. In *Collected papers: Through pediatrics to psycho-analysis* (pp. 278-294). London: Tavistock.〔邦訳：D.W. ウィニコット著「精神分析の設定内での退行のメタサイコロジカルで臨床的な側面」『小児医学から精神分析へ ウィニコット臨床論文集』北山修監訳, 岩崎学術出版社, 二〇〇五に所収〕.

Winnicott, D. W. (1955-1956/1958c). Clinical varieties of transference. In *Collected papers: Through pediatrics to psycho-analysis* (pp. 295-299). London: Tavistock.〔邦訳：「転移の臨床的諸相」『小児医学から精神分析へ ウィニコット臨床論文集』北山修監訳, 岩崎学術出版社, 二〇〇五に所収〕.

Winnicott, D. W. (1960/1965a). Ego distortion in terms of true and false self. In *The maturational processes and the facilitating environment* (pp. 140-152). London: Hogarth.〔邦訳：D.W. ウィニコット著「本当の, および偽りの自己という観点からみた自我の歪曲」『情緒発達の精神分析理論』牛島定信訳, 岩崎学術出版社, 一九七七に所収〕.

Winnicott, D. W. (1960/1965b). The theory of the parent-infant relationship. In *The maturational processes and the facilitating environment* (pp. 37-55). London: Hogarth.〔邦訳：D.W. ウィニコット著「親と幼児の関係に関する理論」『情緒発達の精神分析理論』牛島定信訳, 岩崎学術出版社, 一九七七に所収〕.

Winnicott, D. W. (1960/1965c). Counter-transference. In *The maturational processes and the facilitating environment* (pp. 158-165). London: Hogarth.〔邦訳：D.W. ウィニコット著「逆転移」『情緒発達の精神分析理論』牛島定信訳, 岩崎学術出版社, 一九七七に所収〕.

Winnicott, D. W. (1977). *The piggle*. New York: International Universities Press.〔邦訳：D.W. ウィニコット著『ピグル：分析医の治療ノート』猪股丈二, 前田陽子訳, 星和書店, 一九八〇〕.

Winnicott, D. W. (1967/2005). Mirror-role of mother and family in child development. In *Playing and reality* (pp. 111-118). London and New York: Routledge.〔邦訳：D.W. ウィニコット著「小児発達における母親と家族の鏡としての役割」『遊ぶことと現実』橋本雅雄訳, 岩崎学術出版社, 一九七九に所収〕.

Wodehouse, P. G. (1933/1981). Heavy weather. In *Life at Blandings* (pp. 533-828). London: Penguin.〔邦訳：P. G. ウッドハウス著『ブランディングズ城は荒れ模様』森村たまき訳, 国書刊行会, 二〇〇九〕.

Zalusky, S. (1998). Telephone analysis: Out of Sight, but not out of mind. *Journal of the American*

Psychoanalytic Association, 46, 1221-1242.

Zalusky, S., Argentieri, S., Mehler, J. A., Rodriguez de la Sierra, L., Brainsky, S., Habib, L. E. Y., et al. (2003). Telephone analysis [special issue]. *International Psychoanalysis: News Magazine of the International Psychoanalytic Association, 12*, 1.

Zetzel, E. R. (1956/1990). Current concepts of transference. In A. H. Esman (Ed.), *Essential papers on transference* (pp. 136-149). New York & London: New York University Press.

訳者あとがき

　本書は *Fundamentals of Psychoanalytic Technique: A Lacanian Approach for Practitioners*, 2007 の全訳である。フィンク氏の邦訳書としては，『ラカン派精神分析入門』（誠信書房，2008）に次いで 2 冊目となる。『ラカン派精神分析入門』が無事に出版されたことをフィンク氏に報告した際，本書の翻訳を勧められたのが今回の出版のきっかけである。『ラカン派精神分析入門』では，神経症，精神病，倒錯が構造的な観点から解説され，それぞれにかなり長い臨床事例が報告されている。本書では，各章に盛り込まれた多様なサブテーマに即して，やはり事例が豊富に示されているが，臨床像の理解よりも精神分析技法の提示と検討に重点が置かれている。

　著者ブルース・フィンク氏に関しては改めて紹介するまでもなく，アメリカを代表するラカン派精神分析家であると言えば十分だろう。3, 4 年に 1 冊のペースで著作を発表し，その一方で大著 *Écrits* の完訳をはじめとするラカンの文献の英訳，アメリカで出版されているラカン派の雑誌への論文寄稿など，日々の臨床活動の傍らで，フロイトのようにきわめて旺盛な執筆活動をこなす彼の精力には驚かされるばかりである。また，その筆致は精密かつ平易であり，謎めいた書き方をして読者を戸惑わせるようなところもない。本書でも，随所に読者の理解を促す氏の心づかいが感じられる。氏の著書が広く受け入れられる背景には，本書にあるように，ラカンの諸概念によって臨床的な素材，問題が解きほぐされるという内容面の魅力とともに，その平易な文体や形式が読者に安心感を与えるためだろう。本訳書でも，訳者らの抱いたこうした印象を反映させるために，横書きにし，脚注も原書通り頁末に配した。「まえがき」で述べられているとおり，本書は，初学者はもとより熟練した臨床家にとっても役立つように意図された精神分析技法に関する入門書だが，その誕生から 100 年以上経てもなお，なぜ精神分析技法への入門が必要なのかという問いに大きな意義があることを本書から感じ取っていただけるだろう。

ここではまず，精神分析を取り巻く米国精神医療の今日の状況を簡単に確認しておきたい。よく知られているとおり，アメリカは，第二次大戦以後，精神分析が最も栄華を極めた土地だったが，しかし——にもかかわらず，なのか，それゆえにこそ，なのか——今やこの国は，アンチ精神分析の最前線ともなっている。この急展開は，まずは1980年アメリカ精神医学会が刊行した精神医学実践の指針的手引書『DSM-III（精神障害の診断と統計マニュアル）』がそれまで精神疾患理解の中に明に暗に取り入れられてきた精神分析的病理学を徹底して退けたときに，実質的に始まったと言えよう。同時にこの開始は，神経学・神経心理学や脳科学の進歩，精神薬理の普及，科学実証主義的プラグマティズムといったことに基づく新たな精神医学パラダイムの隆盛を兆すものであった。それから現在に至るまでのおよそ30年の間，アメリカにおいて，精神分析を始めとする数々の精神療法は，反精神分析の潮流——それは90年代には「フロイト戦争」と物々しく呼ばれる現象にまで発展していった——，そして新たな精神医学パラダイムとのある種の駆け引きのうちで，自らの持ち場を保つ努力を余儀なくされてきたと言ってよい。そうしたなか，本書でフィンク氏が批判的に参照している精神分析家，精神療法家もまた，彼らなりの理論・診断・技法を発展させ，提示してきたのである。

　本書は，そうして登場してきた新たな傾向の中で，精神分析作業それ自体が見失われようとしていることへの懸念から出発している。そのためにこそ，精神分析の基礎的な技法を確認することが必要なのである。読者は，著者が各章で丁寧に，現代アメリカで主流の精神療法の理論と実践を吟味し，その内容と射程を問い直しながら，フロイト，そしてラカンの仕事に可能な限り忠実に精神分析作業を組み立て直していくのを目にすることだろう。著者のこの情熱的な仕事を裏打ちするのに，ラカンという参照項が果たしている大きな役割についてはことさら強調するまでもあるまい。言うまでもなく，ラカンその人こそ，当時の主流派精神分析療法の偏流に対して批判的考察を開始し，精神分析という実践の精髄をフロイトのテクストそのものに向かって問いなおした人であった。フィンクもまた，パリのラカン派グループで精神分析家として養成された生粋のラカニアンであるけれども，そうしたキャリア以上に，フロイトへの真摯な回帰を通じて，精神分析の基本的洞察を確保しようとする努力において，よりいっそうラカニアンであると言ってよいだろう。

しかしもちろん本書はただ批判のための書ではなく，非常に豊かなその内容の面からまず評価されるべきものであることは言うまでもない。「いかにして分析主体の言葉を聞くのか」という問いから始まり，解釈，夢，電話による分析，そして精神病における治療的方向性にまで臨床的・理論的解説がなされている。そのどれもが具体的な臨床現場に根ざしたもので，読者はその隅々に，ラカン派精神分析の知恵が生き生きと機能している姿を見ることができる。これまでラカン派精神分析の紹介は，どちらかと言えば，彼の哲学的背景に依拠するその難解な思想性が強調されることが多く，臨床家には，どこかとっつきにくいといった印象を与え続けてきたことは否めない。ラカンが述べることの重要性について知りたく思いながらもどかしさを覚えてきた読者にとって，本書はきっと，ずっと待ち続けていた臨床的ラカンとの最初の出会いとなるだろうと信じている。

そこにはひょっとすると，本書がラカン派の本場フランスからではなく，アメリカから届いたという事情が有益に働いているという側面もあるかもしれない。先に述べたようなアメリカの精神医療事情は，実際，日本を含む世界にも大きな影響力を持っている。本書で議論に付されているいくつかの問題，例えば「科学的実証的医学」や機能主義的診断基準の問題などは，日本の読者にも久しく馴染みとなっているものであり，場合によっては，日本で感じ取られる困難や違和感に直接的に響いてくるものも少なくないだろう。そうした様々な問題に対して本書が果敢に提示する応答は，私たちの日々の実践を立て直す助けを与えてくれるに違いない。

本書は，いくつか最先端の論点にも切り込んでいる。とりわけ第10章の精神病の治療に関する議論では，近年フランスでも盛んに論じられる後期ラカンの臨床理論，特に「サントーム」や「補填」による精神病理解が，具体的な事例とともに紹介されている。日本でも，このあたりの議論の紹介は少しずつ始まりつつあるが，現時点で，臨床記述を交えてのまとまった紹介としては，本書のこの章は貴重なものである。著者も当該章の最後に断っているように，この分野での議論は，今後いっそう発展されることが望まれるものである。わが国でもますます重要となることが予想されるこの分野の検討にとって，本書が重要な参考文献となることは疑いない。

最後に，本訳書の出版にあたり，前訳書の際と同様，多大なる支援をいただ

き，作業を支えて続けてくださった編集部の児島雅弘氏に心から御礼を申し上げる。

平成 24 年 10 月

訳者一同

索　引

ア　行

アイコンタクト　12
曖昧さ　36
　　分析主体の語りにおける──　120
　　発話における──　121
曖昧な陳述　307
曖昧な夢　135
アイロニー　22
　　精神病者の発話における──の欠如　315
悪夢　52, 152, 264
圧縮　20, 22
アパシー
　　──についてのラカンの見解　71
アパリシオ, S.　120
アポパンシス的　110
アメリカ社会における主流の道徳的，文化的価値観　287
アメリカ人の移動
　　電話セッションと──　247
アメリカ心理学会
　　──内の精神分析部門　267
新たな素材
　　──により拍車のかかる分析　111
アルコホリックス・アノニマス　81
暗示
　　意味と──の力　107
言い間違い　7, 15, 19, 26, 28, 188, 209, 311
医学界
　　トレーニングの落とし穴と──　29
閾　99
「一貫性のなさ」歓迎　58
EBTs（科学的根拠に基づく治療）　29
EVT（経験的に妥当な治療）　29
意味　349, 350
　　──の固定性　350
　　暗示の力と──　107

衝撃対──　105
意味作用の基本構造　350
言わずもがなの否定　53, 54, 311
陰性転移　179, 205
インパクトによるコミュニケーション　227
隠喩　20
　　──の混交　188
引用　120
ウィニコット, D. W.　6, 67, 68, 70, 108, 177, 198, 222, 225, 236, 259, 267, 277, 301, 303, 353, 356, 359
迂言法　22
ウッドハウス, P. G.　235
埋め草　92
エディプス・コンプレクス　115, 341
婉曲表現　51
遠近法主義　282
置き換え　20, 22, 339
置き換えられた情動　285
オグデン, T. H.　239, 243
汚染恐怖　280
オチを最後にとっておく　93
オッカムの剃刀　235
オブライエン, C.　138

カ　行

懐疑的な態度　11
解釈　71, 183, 202, 204
　　──と構築　113
　　──の価値　113
　　──の正しさ　97
　　多くの主流のアプローチでの──の目標　104
　　多義的な──　120
解釈すること　97, 182
解釈不安　124
外傷的に現実的なもの　100
回避　51

発話における—— 51
抱える環境　267
家族状況
　　転移と——の複雑さ　171
家族の名前　39
語らい
　　精神病と——の形式　311
可変時間セッション　61
　　安全な枠組みと——　68
　　手頃さの問題と——　77
『カラマーゾフの兄弟』
　　ドストエフスキーの作品　79
ガルシア＝カステラーノ，M.-J.　326
感覚
　　電話セッションと——　255
感覚的過負荷
　　精神病患者と——　23
感覚的知覚
　　転移と——　165
簡潔さ　125
観察自我　103, 183, 185, 190, 211, 212
感情　167, 231, 232, 233, 235, 238
感情的信号
　　転移と——　167
感情の成熟　273
緩叙法　21
関心
　　儀礼的な仕方で示される——　11
願望
　　意識的—— 対 無意識的——　147
　　直感に反する——　145
　　夢における——　143
換喩　20
関与
　　分析家と分析主体の間の——　12
慣用表現　51, 56, 111
　　——を繰り返す　55
慣用表現的曖昧さ
　　分析主体の発話での——　121
気が逸れること　52
危機的な瞬間　348
聞くこと
　　理解しないで——　15
　　電話セッションと——　255
聴くこと

　　注意深く——　1
聴くと聞く　1
記号システム sign systems
　　転移と——　166
記号論的特徴
　　転移の——　167
偽装　41
機能不全　298
逆言法　19
逆転移　51, 177, 178, 193, 206, 207, 216, 220,
　　221, 222, 242, 243
　　客観的——　243
　　固定時間セッションと——　71
　　想像的領域の特別扱いと——　217
　　遅刻と——　176
　　電話セッションと——　267
　　ラカンによる——の定義　74, 177
キャンセル　172
嗅覚的投射
　　電話セッションと——　255
キュビー，L. S.　275
教育
　　養成の落とし穴と——　30
教育分析
　　個人分析と——　73
「境界例」の患者　338
共感
　　同一化と——　2
共感同一化　221
教師
　　——と学生の関係と転移の役割　174
競争的資本主義　299
強調しすぎる断言　53, 54
共通因子　67
享楽　346, 347
　　——の危機　119
　　精神病と——　332
　　精神病と——の制限　352
　　ボタン綴じと——　346
　　欲望の固着と——　350
去勢　118, 149, 350
　　——への無意識的な願望　149
去勢不安　36
ギル，M.　186, 187, 188, 242
禁圧　53

区切り　61, 106, 307
　——についての理解・誤解　61
　スケジュール設定と——　94
　「治療的枠組み」と——　65
　電話セッションと——　264
　ミニ去勢としての——　69
具体的な発話
　精神病者と——　312
句読点を打つ　55
句読法　47, 69, 106, 307
　強調——　64
クライン, M.　116, 217, 233, 275, 276
　迫害不安　276
　抑うつ不安（抑うつ態勢）　276
グローヴァー, E.　112
クーン, T.　214
経験
　——の想像的次元　6
経験自我　183, 211, 212
継続的な卒後教育　30
ケースメント, P. J.　116, 125, 126, 211, 212, 227, 229, 230, 236, 237, 238
ゲートを構成することの困難
　言語獲得と——　24
権威を持つ者
　精神病者と——　324
幻覚　305
言語
　分析主体の——使用の特殊性に注意を払わないこと　189
　分析理論の——　115
　母国語以外の——で話す分析主体との作業について　36
言語活動　22, 347
　——と知覚　23
　——に参入する「精神病的方法」　24
　——に参入する「通常の神経症的方法」　24
　——に参入する二つの主要な通路　24
現実検討　290
現実へのアクセス　291
幻声　309
幻想　32, 43, 53, 55, 58, 95, 129, 181, 210, 213, 215, 264, 294, 308
原抑圧　277, 340
権力　120

語
　——の比喩的使用　32
　文脈から取り出された——　58
恋に落ちるプロセス
　転移と——　173
後期セッション
　——の内的論理　88
高機能と低機能　289
攻撃性　129
口唇期　272
構築　117
　解釈と——　113
行動化
　転移と——　202
肛門期　272
声
　精神病的な——　309
　対象aの例としての——　350
心の中のスーパーヴァイザー　211
個人分析
　教育分析と——　73
誇大妄想　350
固着　350
ゴッホ, V.　59
固定時間セッション　66
　安全な枠組みと——　68
　逆転移と——　71
　時は金なり，金は時なりと——　75
固定性　350
異なる言語間で生じる現象　38
異なる言語的背景
　電話セッションと——　257
コフート, H.　275
ゴールドバーグ, F.　267
根源的幻想　162, 213
混喩　20

サ　行

再認
　神経症者と——　328
細部の重要性　39
催眠療法家
　——の人格的影響　107

削除　22
作家のスランプ　124
ザルスキ, S.　267
サントーム　337, 347
サンドラー, J.　219, 221, 234
自慰幻想　151, 154, 269, 270
　根源的幻想と——　162
自我
　——の強さ　296
　神経症者における——の強さ　330
　精神病者における——の脆弱さ　331
視覚的接触
　電話セッションと——　255
視覚的手がかり
　電話セッションと——の不在　258
「自我対自我」の行き詰まり　206
自己愛性人格障害　338, 350
試行的同一化　212
自己開示
　分析家による——　325
自己切断　352
自己中心性
　聴くことと——　1
自己分析　74, 206
　フロイト　205
自己への振り替え　339
姿勢　257
失錯行為　19, 20, 28
嫉妬
　想像的次元と——　324
質問をする　31
視点の反転　210
支払いの問題　262
自閉症　23
　言語と——　25
自閉症者　23
自閉症の主体
　刺激を濾過できないことと——　24
資本主義　287
斜線を引かれた主体　349
洒落　129
宗教的人物像
　妄想的体系に含まれる——　333
自由連想　13, 188
　——によって抑圧されたものが知覚されること 59
ジョイス, J.　38, 343
障害　298
衝撃
　意味 対 ——　105
冗語法　22
症状
　——の消失　102
象徴化　170
　転移と——の作業への抵抗　191, 192
象徴的座標　214
　——の特異性についての分析家の認識　213
　分析主体という存在の——　213
象徴的次元　198, 243
　精神病者と——の欠如　323
象徴的素材　207, 210
　客観性と——　222, 360
　スーパーヴィジョン, 事例の再構成と——　208
象徴的なものの中の穴　307
象徴的補填　353
情動
　——の孤立化　339
　——の伝達可能性　231
　——の不適切な制御　286
　——の抑制　339
情動効果　167
省略　19, 21, 51, 339
初期セッション
　——の内的論理　80
女性の欲望の論理　279
書面によるまとめ
　分析家の自己スーパーヴィジョン過程と——　213
ジョルジュ, P. de　338
ジョーンズ, E. E.　275
ジルベラー, H.
　『偶然と無意識の悪戯』　127
事例のまとめ
　分析家の自己スーパーヴィジョン過程と——　214
神経回路　278
神経症　69, 191, 204, 215, 224, 239, 350
神経症者　70, 175, 204, 219, 238, 241
　——との精神分析の作業　348

区切りと―― 68
　自我の同一化と―― 109
　想像的，象徴的，現実的なものの水準での――の転移 322
　欲動を言葉で表現することと――の治療 129
神経症治療 304
真（侵）襲的思考 intruthive thoughts 101
心酔 179, 190
　正真正銘の精神分析作業と―― 190
人生史 80
人生の方向性
　解釈と―― 117
身体
　ボタン綴じと―― 347
神託的な発話 308
「親友」的立場
　精神病者と―― 326
真理
　――を打つ 101
　ラカン 80, 88
ステルバ, R. 211
ストレス 298, 299
スーパーヴァイザー 204
　転移／逆転移の袋小路と―― 207
スポトニッツ, H. 243, 354
性器期 272
正常規範の独裁 270
正常性 269
精神内部の声 309
精神病 69, 70, 191, 204, 218, 239, 244, 337, 342, 351
　――での「ボタン綴じ」 69
　――における固定性と固着の不在 350
　――の発症 23, 302, 324
　――を診断する 309
　――を治療する 301
　区切りと―― 351
　セッションの終わりと―― 70
精神病者 viii, 23, 26, 218, 219, 239
　――との同盟 325
　――の助けとなる他者としての分析家 327
　――のための安全な枠組み 68
　陰性転移 204
　観察自我と――の治療 103
　幻想と―― 129

想像的および現実的な水準での――の転移 322
精神病治療 304
精神病的幻声 310
精神病的構造 302
精神病理学 239
精神分析
　――における真理の時間性 99
性的幻想 151, 153
　――の直観に反する領域 152
性的志向 54
性的衝動 152
ゼツェル, E. R. 244
セッション
　――に来ない 202
　――を延長する 52
　可変時間―― 61
　後期――の内的論理 88
　初期――の内的論理 80
セッション・スケジュールの組み直し 325
セッションのキャンセルに関する透明性
　精神病的分析主体と―― 325
絶望 174
説明原理
　――の構築を助成する 331
　精神病と―― 332
前精神病 337
専門知識のシステム 29
相互交流性コミュニケーション 227
相互主観性 192
　転移と―― 193
想像の現象
　電話分析と―― 250
想像的次元 6
想像的なもの
　――の特別扱い 217
　「試行的同一化」の限界と―― 212
想像の補填 353
想像の役割
　精神病者と―― 324
　精神分析家の―― 324
想像の領域
　――を強調して目指す治療タイプ 対 象徴的領域を強調して目指す治療タイプ 244
躁病 302, 351

相補同一化　*220*
ソクラテス　*174, 182*
ソレル, C.　*323*

タ　行

退行　*277, 299*
対象 a　*352*
　　神経症者にとっての享楽の局在化と──　*352*
　　精神病と──　*352*
　　欲望と──　*350*
対面セッション
　　──の補足としての電話セッション　*249*
対面分析
　　──の補完物としての電話分析　*267*
多価性　*126*
　　神託的解釈の──　*114*
多義性　*57, 115, 307, 308*
　　神経症者と──　*317*
多義的な解釈
　　──の例　*120*
妥協形成　*339*
他者性
　　聴くことと──　*2*
《他者》（Other）の享楽　*156*
《他者》の欲望を作用させる幻想　*156*
脱身体体験　*344*
脱線　*22*
誰にとって正常なのか　*278*
探索的な質問　*35*
談話療法　*181*
知
　　神経症における転移と──　*321*
知覚
　　転移と──　*165*
知覚されたもの　*23*
遅刻　*172, 177, 178*
　　分析家側の──　*175*
　　分析主体側の──　*169*
父親　*306*
乳房　*350*
注意が逸れること　*52*
注意欠陥障害　*337*
調和同一化　*221*

直面化　*71*
直感に反する願望　*145*
治療上の困難　*173*
　　転移と──　*172*
治療同盟　*3, 85*
治療の目標
　　精神病者と──　*330*
沈黙　*125, 170, 171, 200, 203, 228, 229*
　　転移と──　*169, 172, 202*
　　分析主体の側の──　*116*
ツァイガルニーク効果　*63*
辛い思い
　　質問をすることと──　*32*
辛い経験
　　質問をすることと──　*33*
DSM（精神障害の診断と統計の手引き）　*29*
DSM-IV　*301*
低機能　*288*
抵抗　*170, 172, 182, 191, 204, 217*
　　転移と──　*192*
　　電話分析と──　*262*
適応性と不適応性　*299*
出来事　*348*
適者生存法則　*299*
手頃さの問題
　　可変時間セッションと──　*77*
撤回　*22*
手の込んだ夢　*136*
デフュー, J.-P.　*345*
テレビ会議　*255*
転移　*31, 95, 111, 130, 165, 229, 230, 242, 243*
　　──／逆転移の袋小路の扱い　*205*
　　──の扱い　*179*
　　──の解釈は悪循環である　*183*
　　──の形　*168*
　　──の認識　*165*
　　──のほのめかし　*188, 189*
　　──はどこにでもある　*173*
　　陰性──　*179, 204*
　　行動化と──　*202*
　　精神病と──　*316*
　　想像的領域の特別扱いと──　*217*
　　それほど陽性ではない──　*192*
　　電話セッションと──　*250, 264*
　　電話分析と──　*262*

索引 391

複雑な　171
フロイトによる用語の導入　165
陽性——　179, 180
陽動作戦としての——　191
転移性恋愛　191
転回点　99
転換　339
電気ショック療法　335
天候
　——のせいで行われる電話セッション　249
電析主体（telysand）・電話分析主体　250
伝統的な精神病の徴候　309
電話セッション
　共通の実践としての——　266
電話分析　247, 259
　——の特有の難問　259
　ボディランゲージと——　256
問い
　答えと——の形成　41
問いかけ　106
　——の形で分析家により提供された解釈　110
同音異義　127
同音性　121
頭音転換　8
統合失調症　302
統合失調者　23, 354
　刺激を取り除くことと——　23
投射　110, 193, 196, 198, 202, 218, 221, 243
　転移性——　197
　恋愛と——　196
投射逆同一化　239
投射超同一化　239
投射同一化　176, 178, 215
　——概念の歴史的展開　217
　——概念批判　223
　——に関わる経験的に確かな方法　239
　正常化へ向かう——　235
時は金なり，金は時なりの原理
　固定時間セッションと——　75
読心術　226
ドストエフスキー, F.　79
取り消し　340
トレーニングの落とし穴
　精神医学，精神分析，ソーシャル・ワークでの——　29

ナ　行

内精神的な声　309
内的論理
　後期セッションの——　88
　初期セッションの——　80
　セッションの——　78
ナルシシズム　350
ナンセンス　127
匂い
　電話分析と——　255
二重の意味　56
二重否定　21
似た者同士　324
入院
　電話セッションと——　266
人間本性の普遍理論　275
寝椅子
　視覚的接触と——の使用　255, 258
鼠男　285
眠気　241, 243
ノミネ, B.　341

ハ　行

ハイマン, P.　216, 243
パーキンソンの法則　93
迫害不安　276
白昼悪夢　152
白昼夢　32, 43, 53, 58, 95, 181, 264
　解釈と——　113
パース, C. S.　176
発症に導いた出来事　342
パッペンハイム, B.（アンナ O.）　181
発話　47, 48, 59, 167, 183, 187, 204, 215, 224, 240
　——での回避の形式を注意深く見出す　51
　——における句読法　48
　——の形態　22
　——を通じて進展する精神分析作業　266
　神託的——　114
　分析主体の——の解釈　223, 226

ラカン　*247*
話
　——から除外されたものに焦点を当てる　*53*
パニック発作
　電話セッションと——　*266*
幅広い料金設定
　ラカン派と——　*78*
パラノイア　*302*
パラノイア者　*354*
パリ精神分析協会（SPP）　*254*
ハリソン，R.　*279*
ハルトマン，H.　*275*
反抗的態度
　転移から生じる——　*169*
反駁
　解釈と——　*113*
反動形成　*339*
ビオン，W.　*221, 223, 234, 242, 244*
控えめな表現　*21*
ヒステリー　*340*
否定
　言わずもがなの——　*53*
　神経症と——　*319*
非特性因子　*67*
非難
　転移と——　*196*
否認　*339*
　——を表明する言葉　*51*
比喩の誤用　*21*
表情　*258*
不安夢と悪夢　*158*
不注意性盲目　*26*
不適切な情動　*283*
不眠
　刺激に対して「ゲートを構成する」ことができないことと——　*23*
不明瞭な発音　*8, 15, 26, 28*
フリース，R.　*212*
ブロイアー，J.　*181*
フロイト，S.　*71, 73, 97, 115, 118, 174, 190, 197, 225, 228, 229, 244, 250, 276, 283, 301*
　——が導入した分裂の概念　*233*
　解釈と構築　*113*
　可変時間セッションと——　*62*
　逆転移　*207*

行動化　*202*
自己分析　*205*
自罰　*145*
自由に漂う注意について　*13*
　シュレーバー判事の事例に関する——の注釈　*334-5*
ダチョウ政策（現実逃避政策）　*173*
懲罰夢　*145*
転移　*165, 167, 168, 182*
反復強迫　*160*
自分の思考と幻想についての分析家の無知について　*33*
分析の主な目的について　*16*
分析の動因としての問い　*44*
分裂　*233*
夢解釈での「象徴的」方法　*134*
夢と抑圧されたものについて　*133*
夢の願望を見出す　*141*
夢の作業に関与している検閲　*158*
夢の調査　*262*
抑圧について　*1*
フロイト的言い間違え　*305*
フロイト的否定　*319*
文
　——を最後まで言う　*188*
分析
　新たな素材と——　*111*
分析家
　——による解釈　*100*
　——の欲望　*72*
　既存の句読法の変化と——　*47*
　芸術家としての——　*59, 93*
分析家の「コード化された」特徴
　転移と——　*166*
分析家の現前
　電話セッションと——　*253*
分析家の中立性
　神話としての——　*13*
分析主体
　——によって形成された問い　*42*
　——の夢と連想に関する口頭での説明　*134*
　質問をすること　*31*
　分析的文脈で——によって経験される真理　*100*
分析的状況の「括弧入れ」　*329*

文法的曖昧さ
　分析主体の発話の―― *121*
分裂
　フロイト　*233*
変動時間セッション
　電話セッションと―― *264*
防衛機制　*339*
ボウルビー, J.　*276*
母子間の愛着関係　*278*
ボタン綴じ　*99, 346*
ホッブス, T.　*237*
ボディランゲージ　*223*
　電話セッションと―― *256, 268*
補填　*331*
ホフマン, I. Z.　*186*

マ 行

『マイ・フェア・レディ』　*279*
マカルピン, I.　*282*
マックウィリアムズ, N.　*269*
抹消　*340*
マテーム　*349*
眼差し　*255, 350*
マーラー, M. S.　*276*
マラン, D. H.　*168*
満足の危機　*119*
見捨てられる　*227*
見た目の類似　*250*
ミニ去勢
　――としての区切り　*69*
　唐突な区切りと―― *264*
身振り　*257, 260*
無意識　*302*
　分かりやすい・それほど分かりやすくない――
　　の現れ　*49*
ムージル, R.　*176*
メタ言語　*291*
　――のようなものとしての解釈　*115*
メタコミュニケーション　*183*
メランコリー　*302*
喪
　――の解釈　*123*
妄想　*305*

妄想体系　*335*
モネ, C.　*59*
モネ＝カイル, R.　*275*

ヤ 行

薬物療法　*335*
休む　*169, 200, 229*
Übertragung の文字通りの意味　*165*
ユーモア　*127*
夢　*32, 43, 52, 53, 55, 58, 93, 95, 264*
　――の探究についてのフロイトの見解　*262*
　――の中の語や語句を強調する　*57*
　　圧縮と置き換え　*20*
　　解釈と―― *113*
　　精神病と―― *308*
　　懲罰夢　*145*
　　ラカン　*266*
夢, 白昼夢, 幻想に関する作業　*133*
　――と記憶　*133*
　――の願望を見出す　*141*
　――の顕在内容　*135*
　――の潜在内容　*135*
幼児の死亡　*237*
養成
　「欲望の経済」と―― *73*
陽性転移　*179*
　過度の―― *189*
抑圧　*169, 197, 202, 203, 228, 232, 238, 302*
　――に関わる発話の形態を読み取れるようになること　*19*
　――に関連したこと　*22*
　――によって定義される神経症　*338*
　精神病と――の不在　*338*
　精神分析の導きの灯台としての―― *18*
　忘却と―― *135*
抑圧されたもの
　――を目指す　*49*
抑うつ
　電話セッションと―― *266*
抑うつ態勢　*223, 276*
抑うつ不安　*276*
欲望　*123*
　――の経済　*73*

予備面接
　——において質問をすること　31
読むことを学ぶこと　22
予約したのに来ない　172, 200

ラ　行

ライク, T.　14
ライバル関係
　想像的次元と——　324
ラカン, J.　6, 66, 69, 76, 78, 87, 97, 105, 114,
　253, 256, 276, 278, 304
　——による逆転移の定義　74, 177
　アパシー　71
　言い間違い　310, 311
　解釈　112, 240
　解釈のアプローチ　119
　患者の発話　247
　感情　223
　逆転移　242
　句読法　47
　言語活動　217
　言語活動と享楽　346
　言語活動の本質　22
　幻想と願望　150
　根源的幻想　297
　示唆的な解釈　114
　「知っていると想定された主体」　110
　「シニフィエ」　106
　修辞学者としての精神分析家について　19-20
　知りたくないという意志　44
　「神託的発話」のようなものとしての解釈
　　114
　真理　80, 88, 98
　スーパーヴィジョン　211
　精神分析とユーモア　127
　1970年代の精神病理論の治療面での含意　353
　多義性　120
　《他者》の享楽について　156
　知を想定された主体　190
　抵抗　172, 217
　転移　165, 168, 173, 175, 183, 186, 191, 243
　転移と逆転移　244
　転移と相互主観性　192, 193
　問いを抱き続けることについて　31
　統合失調症者　331
　話すという行為について　18
　否定　53
　父性隠喩　341
　分割された主体　59
　分析家が第三の耳を求めることについて　14
　無意識と記憶について　16
　妄想的隠喩　333
　夢解釈　266
　夢を判じることの重要性　145
　ララング　48
ラッカー, H.　219, 220
離人化　344
リトル, M.　68
リビード備給
　人生における——　118
両価性　24
両義性　37
料金　261
両親の欲望
　神経症者と——　332
レトリック　58
恋愛
　転移と——　173, 174, 191, 196
恋愛妄想　302
連想
　解釈と——　113
ロー, J.　237

ワ　行

『若い芸術家の肖像』　343
笑い　37, 127

ン

"hmm〔んー〕", "huh〔ふん〕"　11, 12
　精神病者の治療では分析家は——を使わない
　　305

訳者紹介

椿田貴史（つばきた・たかし）
京都大学大学院人間・環境学研究科博士後期課程修了。博士（人間・環境学）。臨床心理士。専門は臨床心理学。現在，名古屋商科大学コミュニケーション学部教授。著書に『精神分析を学ぶ人のために』（共著，世界思想社），『人間学命題集』（共著，新曜社）など。訳書にブルース・フィンク『ラカン派精神分析入門 —— 理論と技法』（共訳，誠信書房）。論文に「『失語論』から精神分析へ —— 精神分析における主体と他者の出現」（『精神分析研究』），「Freud, S. の精神分析とロマン主義 —— Freud, S. におけるロマン主義的なものの克服」（『精神分析研究』）など。

中西之信（なかにし・ゆきのぶ）
京都大学大学院人間・環境学研究科博士後期課程修了。博士（人間・環境学）。言語聴覚士。専門は失語症言語臨床・「言語と人間」論・精神分析学。言葉人研究所（失語症訪問相談室シェヴー）所長（H24.12 月開設予定）。著書に『現代精神医学事典』（項目分担執筆，弘文堂），『よくわかる失語症と高次脳機能障害』（共著，永井書店），『言語臨床の「人間交差点」』（編著，学苑社）など。訳書にブルース・フィンク『ラカン派精神分析入門 —— 理論と技法』（共訳，誠信書房）。論文に，「失語症者の"言葉の世界"に戻る仕事" —— 失語症治療と「精神分析的態度」」（『精神分析研究』），「失語症者はなぜ「言葉の回復」に固執するのか —— フロイト-ラカンの精神分析による検討」（『コミュニケーション障害学』）など。

信友建志（のぶとも・けんじ）
京都大学大学院人間・環境学研究科博士後期課程修了。博士（人間・環境学）。専門は思想史・精神分析。現在，龍谷大学，京都大学で非常勤講師。主な著書に『メディアと無意識』（共著，弘文堂），『フロイト＝ラカン』（共著，講談社選書メチエ）など。主な訳書にエリザベート・ルディネスコ『ラカン —— すべてに抗って』（河出書房新社），アントニオ・ネグリ『スピノザとわたしたち』（水声社），ジャン＝クレ・マルタン『百人の哲学者，百人の哲学』（共訳，河出書房新社），ブルース・フィンク『ラカン派精神分析入門 —— 理論と技法』（共訳，誠信書房）など多数。

上尾真道（うえお・まさみち）
京都大学大学院人間・環境学研究科博士後期課程修了。博士（人間・環境学）。専門は精神分析・精神医療史・思想史。現在，学術振興会特別研究員（PD）。論文に「フロイトにおける必然」（『人文学報』），「近代精神医学の始まりにおける「人間」—— ピネルとイデオロギー」（『精神医学史研究』）など。訳書にジャン＝クレ・マルタン『百人の哲学者，百の哲学』（共訳，河出書房新社），アントニオ・ネグリ「スピノザにおける必然と自由」（『別冊情況』），バゴーイン＆サリヴァン編『クライン-ラカン・ダイアローグ』（共訳，誠信書房）など。

ブルース・フィンク
精神分析技法の基礎——ラカン派臨床の実際

2012年11月10日　第1刷発行

訳　者	椿田貴史 中西之信 信友建志 上尾真道
発行者	柴田敏樹
印刷者	日岐浩和
発行所	株式会社 誠信書房

〒112-0012　東京都文京区大塚3-20-6
電話　03(3946)5666
http://www.seishinshobo.co.jp/

中央印刷　協栄製本
検印省略
©Seishin Shobo, 2012
落丁・乱丁本はお取り替えいたします
無断で本書の一部または全部の複写・複製を禁じます
Printed in Japan
ISBN 978-4-414-41450-9　C3011

ラカン派精神分析入門　理論と技法

ブルース・フィンク著
中西之信・椿田貴史・舟木徹男・信友建志訳

ラカン派精神分析の理論と技法に関する包括的で実践的な入門書。著者B.フィンクは『エクリ』全編の新英訳を完成させたアメリカを代表するラカン派の臨床家である。ラカンの基本概念とラカン派の実践について豊富な事例を通じて手に取るように理解できる驚嘆の書。

目　次
第一部　欲望と精神分析技法
　1　分析における欲望
　2　治療過程に患者を導くこと
　3　分析的関係
　4　解釈──欲望の場所を開くこと
　5　欲望の弁証法
第二部　診断と分析家の位置
　6　診断に対するラカン派のアプローチ
　7　精神病
　8　神経症
　9　倒錯
第三部　欲望を越える精神分析技法
　10　欲望から享楽へ

A5判上製　定価（本体5000円+税）

ラカン派精神分析の治療論　理論と実践の交点

赤坂和哉著

ラカン派精神分析の実践法を解説する書。ラカンの精神分析は，理論にくらべ，その臨床実践の部分はこれまであまり明らかにされてこなかった。著者は，現在もパリで続けられているミレールの講義（セミネール）を基にして，ラカン派の理論から実践の在り方を導き出した。本書には，このラカン派の技法に加え，後期を含めたラカンの思想体系の概要が記されている。

目　次
ラカンの世界を歩くための道しるべ
　　──簡易ラカン用語集
　1　序論──目的と導入
　2　三項関係および二項関係における分析症例
　3　ラカン第一臨床あるいは同一化の臨床
　4　ラカン第二臨床あるいは幻想の臨床
　5　分析的経験の前面に位置する沈黙
　6　共時的なものとして存在する二つの臨床形態
　7　治癒に向けて反覆として機能する幻想
　8　ラカン派のオリエンテーション

A5判上製　定価（本体3300円+税）

精神分析すること
無意識の秩序と文字の実践についての試論

S. ルクレール著　向井雅明訳

ラカンの第一の弟子とも言えるS.ルクレールの著した精神分析の解説書。ラカン派の初期の名著で多くの人に認められ、未だにその価値は失われていない。この本の内容についてはラカンも自らのセミネールのなかで参照しており、ラカンを学ぼうとする人には必読の書であろう。

目　次
1　いかなる耳で聴くべきか
2　無意識の欲望——フロイトと共に、フロイトを読む
3　身体を文字通りに取ること、またはいかに身体について語るか
4　文字の身体、または対象と文字の絡み合い
5　一角獣の夢
6　無意識または文字の秩序
7　抑圧と固着、もしくは享楽と文字の繋がり
8　精神分析すること——転移および去勢についての覚書

四六判上製　定価（本体2600円+税）

クライン-ラカン ダイアローグ

B. バゴーイン／M. サリヴァン編
新宮一成監訳　上尾真道・徳永健介・宇梶卓訳

1994〜95年にかけて、クライン派分析家とラカン派分析家の間で行われた一連の討論を記録した書。対立関係にあった両派の対話を詳述し、共通点と相違点を浮き彫りにする。精神分析の創造的な諸問題を開示する待望の書。

目　次
■児童分析
　　　M. ラスティン／B. ベンヴェヌート
■解釈と技法
　　　C. ブロンシュタイン／B. バゴーイン
■幻想
　　　R. ヤング／D. リーダー
■セクシュアリティー
　　　J. テンパリー／D. ノブス
■逆転移
　　　R. ヒンシェルウッド／V. パロメラ
■無意識
　　　R. アンダーソン／F. ジェラルディン
■今日のクラインとラカン
　　　M. デュ・リー／E. ロラン

A5判上製　定価（本体4000円+税）

フロイト フリースへの手紙
1887-1904

J.M. マッソン編
M. シュレーター（ドイツ語版）編
河田 晃訳

フロイトが30〜40代の頃に親交のあった耳鼻科医ヴィルヘルム・フリースに宛てた284通の手紙と数編の「草稿」を網羅した精神分析史上最も重要な書簡集。あまりにも私的な文書のためフロイトは焼却を希望していたが，文書の重要性に気づいた人びとの献身により奇跡的に破棄を免れた。1950年にその一部が公刊されたものの，全文の公表は娘アンナの死後まで待たなければならなかった。本書はその全文書の完訳であり，精神分析に精力を注ぐフロイトの姿とその人となり，交友関係，19世紀末から20世紀初頭にかけたヨーロッパでの生活が活き活きと描写されている。

A5判上製　定価（本体8500円＋税）

知の精神分析
フランスにおけるフロイト理論の展開

R. ドロン著　外林大作監修　高橋協子訳

やがてラカンと出会うことになるフロイトの精神分析がフランスにおいてどのように受容され発展したかを，鍵となる論文を豊富に引用しながら手際よく概説し，認識の科学としての精神分析の核心に迫る。

目　次
第Ⅰ部　歴史
1　パリにおける精神分析のはじまり
2　シュルレアリスムと精神分析
3　哲学者，医者，心理学者，精神分析家
4　精神分析イメージ
5　精神分析の普及
第Ⅱ部　臨床
6　症状，記号，話：精神分析の発見と発展
7　心的装置：その「場所」と「機能」
8　主体とその身体：ナルシシズムと性
9　神話，象徴，昇華：生と芸術における創造性
10　精神分析的場：変化と死
11　精神病と集団：「生成」と「退行」
終章　精神分析と心理学

A5判上製　定価（本体3800円＋税）